Die Illustrationen stammen aus den 1473 bei
dem Drucker Johann Zainer in Ulm erschienenen Ausgaben von „De claris mulieribus" in
lateinischer und in deutscher Sprache; die Ka-
pitelüberschriften entsprechen der Schreib-
weise in der Zainerschen lateinischen Ausgabe.

Irene

iserin von Byzanz; 802 machte ihr Kaiser
rl der Große ein Eheangebot; sie wurde im
folgenden Jahr gestürzt.
„De Yrene Cratini filia"

Thisbe

Geliebte des Pyramus; er bringt sich um, da er
glaubt, Thisbe sei von einem Löwen zerrissen
worden, und sie folgt ihm an seinem Leichnam in den Tod.
„De Tisbe babilonia virgine"

Kleopatra

e ägyptische Königin, Geliebte Caesars und
attin des Antonius, nahm sich nach der Nie-
rlage gegen Oktavian bei Aktium 30 v. Chr.
durch Schlangenbiß das Leben.
„De Cleopatra regina egiptiorum"

Mariamne

Gattin des Königs Herodes des Großen; sie
wurde auf seinen Befehl 29 v. Chr. unter fal-
scher Anklage hingerichtet.
„De Marianne iudeorum regina"

GIOVANNI BOCCACCIO

DIE GROSSEN KLASSIKER

LITERATUR DER WELT
IN BILDERN, TEXTEN, DATEN

GIOVANNI BOCCACCIO

DARGESTELLT VON
EGON FLAIG

ANDREAS

Die Boccaccio-Texte sind folgender Ausgabe entnommen:

Giovanni Boccaccio: Das Dekameron, übertragen von K. Witte, mit einem Nachwort von A. Bauer. Mit 27 Kupferstichen von Gravelot, Boucher und Eisen. München (Winkler Verlag) 1952.

Literatur:

Wertvolle Hilfe bei der Abfassung und Gestaltung der Chronik zu Leben, Werk und Wirkung sowie der Kommentierung der Textbeispiele boten u. a. die folgenden Veröffentlichungen:

Branca, Vittore: Giovanni Boccaccio. Profilo biografico. Florenz 1977.

Brockmeyer, Peter (Hrsg.): Bocc. Decameron, Darmstadt 1974.

Chledowski, Casimir von: Neapolitanische Kulturbilder, 14.–18. Jahrhundert, 2. Auflage. Berlin 1920.

Elias, Norbert: Über den Prozeß der Zivilisation. Soziogenetische und psychogenetische Untersuchungen. 2 Bde. Frankfurt 1976.

Grabher, Carlo: Giovanni Boccaccio. Leben und Werk des Frühhumanisten. Hamburg 1946.

Hauvette, Henri: Boccacce. Etude biographique et littéraire. Paris 1914.

Hollander, Robert: Boccaccio's two Venuses. New York 1977.

Katzenellenbogen, Adolph: Allegories of the Virtues and Vices in Medieval Art: From early christian times to the 13th century. New York 1964.

Marcus, Millicent Joy: An Allegory of Form. Literary Self-Conciousness in the Decameron. Saratoga 1979.

Marino, Lucia: Allusion, Allegory and Iconology in the Decameron Cornice: Boccaccios Case for a Humanistic Theory of Literature. Los Angeles 1977.

Neuschäfer, Hans-Jörg: Boccaccio und der Beginn der Novelle. München 1969.

Panofsky, Erwin: Sinn und Bedeutung in der bildenden Kunst. Köln 1975.

Pabst, Walter: Venus als Heilige und Furie in Boccaccios Fiammetta-Dichtung. Krefeld 1958.

Scaglione, Aldo: Nature and Love in the late Middle Ages. Berkeley und Los Angeles 1963.

Danksagung:

Die Filmographie stellte freundlicherweise Eberhard Spiess (Deutsches Institut für Filmkunde in Frankfurt am Main) für diesen Band zusammen.

ISBN 3-85012-137-2 (Normalausgabe)
ISBN 3-85012-138-0   (Luxusausgabe)

Entwicklung und redaktionelle Durchführung: Rabe Verlagsgesellschaft mbH., Stuttgart
Redaktion: Rüdiger Werle
Bildredaktion: Martha Dibak, Egon Flaig, Rüdiger Werle und Christoph Wetzel
Vorsatzkarte: Heidi Wetzel

Herstellung: Anton Leitner

Einbandgestaltung: Volker Uiberreither, Salzburg

Farbreproduktion: Gerhard Ludwig, Zell am See

Gesamtherstellung: Druckhaus Nonntal, Salzburg. – Printed in Austria

INHALTSÜBERSICHT

DATEN
CHRONIK ZU LEBEN, WERK UND WIRKUNG

„Wenn sich der gebildete Mensch bei Kunst und Poesie der Vergangenheit zum Mahle setzt, wird er die schöne Illusion, daß jene glücklich gewesen, als sie dies Große schufen, nie völlig von sich abwehren können oder wollen. Jene freilich retteten nur mit großen Opfern das Ideale ihrer Zeiten und kämpften im täglichen Leben den Kampf, den wir alle kämpfen. Ihre Schöpfungen sehen nur für uns aus wie gerettete und aufgesparte Jugend."

Jacob Burckhardt

Sinnt man der Lebensbahn Boccaccios nach, erhält man den Eindruck, daß eine nie nachlassende Unruhe den Dichter getrieben und ein sich bisweilen lichtendes Unglücklichsein auf ihm gelegen hat. So hartnäckig sich die Vorstellung hält, er sei ein Lebemann à la Casanova gewesen, so flach ist sie auch.

Die Biographie durchmißt – als Resultante zwischen Schicksal und Energie – einen Zeitraum, den der zurückblickende Betrachter in geographische und historische Koordinaten zerlegen muß. Zwei Städte bestimmten Boccaccios Leben: Florenz und Neapel. Sie verkörpern unterschiedliche politische Ordnungen, ja unterschiedliche Lebensideale. Im bürgerlichen Florenz bringt Boccaccio sein Leben wider Willen zu, als befinde er sich im Exil; doch er trägt dasselbe nicht wie Dante, dem es zur Signatur seines Schicksals geworden ist, ein Verbannter zu sein, sondern er lauert fortwährend auf Gelegenheiten, nach Neapel zurückzukehren. Es mangelt ihm nicht an Entschlußkraft, auch öffnen sich mehrmals Wege – aber sie täuschen stets. Der unbändige Wunsch prallt mit einem sich jedesmal wiederholenden Mißgeschick auf seltsame Weise zusammen: die dauerhafte Heimkehr zum Ort der Jugend mißlingt ständig.

Zwei Freundschaften flankieren sein Leben, eine nach Süden, eine nach Norden. Diejenige zu Niccolò Acciaiuoli gerät zur Quelle andauernder Enttäuschungen, ja Demütigungen; sie wird völlig einseitig; und dennoch ist Boccaccio nicht imstande, sich von ihr loszureißen. Mit Petrarca verbindet ihn eine der schönsten Dichterfreundschaften der abendländischen Kultur. Sie bringt einen tröstenden Ton in dieses um seinen Halt ringende Gemüt. Freilich tauschen die beiden sich nicht soviel über Dichtungstheorie aus wie

Schiller und Goethe, aber ihr Verhältnis ist weitaus persönlicher und inniger. Anfangs hat Boccaccio Mühe, seine ureigenste Begabung herauszufinden, später, ihr zu folgen. Wie er in jüngeren Jahren zwischen Prosaroman und Versdichtung pendelt, so im Alter zwischen italienischer Poesie und gelehrsamem Schrifttum in Latein. Fast alle italienischen Dichter bis ins 16. Jahrhundert haben sich dazu verleiten lassen, auch lateinisch zu schreiben; bei Boccaccio jedoch ist streckenweise Fahrigkeit und Hast am Werke; es fehlt ihm der Wille, in Ruhe ein einheitliches Ganzes zu formulieren, das heißt der Wille zur eigentlichen dichterischen Arbeit. Ermüdet nach der Abfassung des *Decamerone* seine gestalterische Kraft? Oder wird sein Geist noch unsteter? Schnell ist er zu verunsichern, von religiösen Skrupeln wie von äußeren Angriffen. In diesem unruhigen Charakter ringen Entsagungen und ein stetiges Suchen mit ihrer Bewältigung. Sucht er die Mutter, die er nie gehabt? Oder bloß Neapel, diese traumhafte Wahlheimat, die als Sehnsuchtsziel immer mehr zum verlorenen Paradies wird? Jedenfalls zieht die Rastlosigkeit tiefe Spuren in seine Werke, die man fast alle mit dem Gebet des hl. Augustin überschreiben könnte: „Und ruhelos ist unser Herz, bis daß es seine Ruhe hat in Dir."

Aber was der Charaker nicht zu bewältigen vermag, das leistet bisweilen das poetische Schaffen. Die Dichtung erlaubt, daß die verlorene Vergangenheit im Geiste wiedererlangt werde. In ihr findet die Sehnsucht, wenn auch keine reale, so doch imaginäre Erfüllung. Sie ist ein künstliches Paradies. Je vollkommener das Werk, desto weniger spürt der Leser die Leiden, die zu ihm geführt haben und in ihm zur Ruhe gekommen sind. Deshalb schimmert das *Decamerone* in so heiterer Vollendung.

Die vollkommenen Werke der Dichtung sind entweder schwer verständlich oder sie scheinen leicht erschließbar, um dann mit Doppelsinn und Dunkelheiten zu überraschen. Die weniger gekonnten Werke und auch die Fragmente verhalten sich wie Ruinen: das Auge betastet ungehindert die abgeblätterten Pfeiler, erkennt auf Anhieb das Material und ermißt den Schwung der eingestürzten Bögen sowie deren Spannung. Ruinen liegen gewis-

Mailand •

Venedig •

Padua •

• Avignon

Lucca • • Ravenna

Pisa • • Forli

• FLORENZ

• Siena

• Monte Cassino

• Neapel

Wenn man das Dasein eines Menschen als Reise darstellen könnte, dann bewegte sich Boccaccios Leben zwischen den beiden Extremen Neapel und Avignon. In Neapel verbrachte er seine schönste Zeit (1327-1340), nach Avignon kam er kurz in diplomatischer Mission. Nach Neapel zog ihn die Sehnsucht und die Hoffnung auf seinen ehemaligen Freund Acciaiuoli; in der Umgebung Avignons hingegen bewunderte er die langjährige Heimat seines Freundes Petrarca. Abgesehen von der Reise in die Provence und abgesehen von den Aufenthalten in Ravenna und Forli (1346/47), als Boccaccio versuchte, Florenz zu entkommen, gelten die Reisen in den Norden alle Petrarca. Und ebenso haben die in den Süden nur ein Ziel: Neapel. Das ungefähre Zentrum des Umkreises seiner Reisen ist aber Florenz/Certaldo; er bewegt sich um diese Mitte, als wäre er da angepflockt und kehrt hierher immer wieder zurück: Ausgangspunkt und Endstation seines Lebens.

sermaßen ungeschützt da und müssen dem forschenden Blick ihren Bauplan preisgeben. Erhaltene Gebäude hohen Ranges bereiten dagegen viel mehr Schwierigkeiten: die Pilaster täuschen Kraftlinien vor, wo keine sind; der Blick verfängt sich im Ornament. Eine solche poetische Architektur ist das *Decamerone*: es rächt sich tückisch für seine leichte Zugänglichkeit. Mit einigen Tücken soll dies Buch vertraut machen.

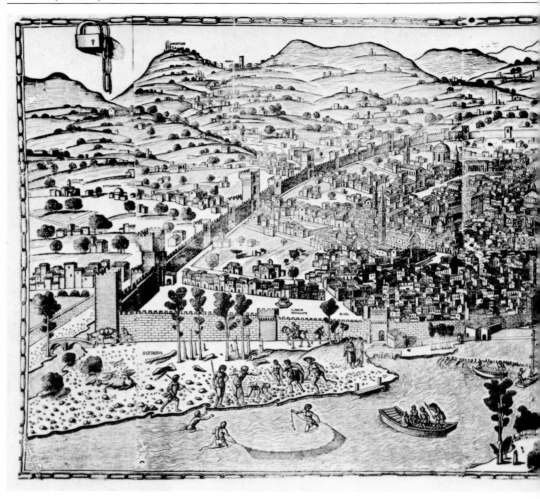

Nach seiner Kettenumrahmung wird dieser Holzschnitt (1475) als „Kettenplan von Florenz" bezeichnet. Die markanten Gebäude des Stadtbildes wurden fast alle zwischen 1295 und 1335 begonnen. In der Mitte die mächtige Kuppel des Domes Santa Maria del Fiore, die Brunelleschi 1436 fertigstellte. Davor der von Giotto entworfene und 1359 vollendete Campanile. Links davon die Kuppel von San Lorenzo, vorne Santa Maria Novella. Rechts vom Dom ragen zwei Palazzi auf: Or San Michele, zuerst Verkaufshalle, später Kirche, und der Palazzo Vecchio, der Sitz der Signoria, mit seinem zinnenbekrönten Glockenturm. Vorne rechts führt der Ponte Vecchio über den Arno. Von ihm aus schräg links ist die kleine Kirche San Stefano zu sehen, wo Boccaccio 1373/74 seine Kommentare zu Dantes „Göttlicher Komödie" vorgetragen hat. Die Ebenmäßigkeit des Dächermeeres und die starke Horizontalgliederung der Bauwerke werden erst im Panorama sichtbar. In den schmalen und teilweise verwinkelten Straßen ist der Abstand zu den Gebäuden sehr kurz; die Senkrechte wirkt daher auf das Auge weitaus stärker; der Blick wird nach oben gezogen. Die verwinkelte Anlage der mittelalterlichen Stadt bietet dem Fußgänger vielfältige optische Überraschungen. Seit 1339 war ganz Florenz gepflastert, die Stadt wird von Lionardo Bruni wegen ihrer Reinlichkeit gepriesen. Sie hatte 1340 rund 90.000 Einwohner, 25.000 waffentüchtige Männer, 1500 Ausländer (Händler und Durchreisende), 1500 Magnaten, 75 Ritter, 80 Geldwechsler, 600 Notare, 60 Ärzte und Chirurgen. Die größte Berufsgruppe waren die in und für 200 Werkstätten arbeitenden Wollweber. Von dem Jahresumsatz der Tuchproduktion (1,2 Mio. Gulden) gingen ihnen rund 33% in Form von Löhnen zu. Von diesen 400.000 Gulden mußten 30.000 Menschen leben. 8.000–10.000 Kinder lernten lesen, 1.100 lernten in sechs Schulen rechnen, 600 Schüler wurden in vier Schulen in lateinischer Grammatik und in Logik unterreichtet. Es gab 30 Spitäler mit mehr als 1.000 Betten, 110 Kirchen, knapp 6.000 Geburten jährlich und einen Überschuß von 300–500 männlichen Geburten. Die Chronik beginnt mit einer kulturhistorischen Betrachtung der Stadt.

In Florenz ragte das ganze Mittelalter hindurch am Brückenansatz des Ponte Vecchio eine uralte Statue empor; erst die furchtbare Überschwemmung 1333 hat sie weggespült. Das Standbild stellte Mars dar, den Gott des Krieges; es wurde nie mehr gefunden – doch der Gott vererbte der Stadt seinen Geist.

In der Antike spielte Florenz gar keine Rolle. Es wurde von der alten Etruskerstadt Faesulae (heute Fiesole) als Hafen angelegt und blieb im Schatten der Mutterstadt, während das römische Imperium unterging, die Byzantiner mit den Langobarden sich um Italien „rauften" und die Halbinsel zum Anhängsel des Deutschen Reiches wurde. Erst im 12. Jahrhundert begann jener Aufschwung, der die Stadt zu Weltgeltung führte. Sie entwuchs ihren Mauern, die ihr zwölfhundert Jahre Schutz verliehen und zugleich Grenzen gesetzt hatten, sie entwand sich der markgräflichen Herrschaft und der bischöflichen Oberhoheit, und hatte teil an der Entfaltung von Handel und Gewerbe, die den italienischen Städten ihren wirtschaftlichen Vorsprung in Europa sicherte und vergrößerte.

Von jeher neigte die Stadt zur päpstlichen Seite. Der immer zahlreicher werdende Lehensadel, die Stütze des Kaisertums, behinderte nur den Handel. Als im 13. Jahrhundert der Endkampf zwischen den Staufern und dem Papst anhob, entstanden ausgerechnet in der Arnostadt jene politischen Parteinamen, die beinahe zweihundert Jahre durch die Halbinsel schallen sollten: „Guelfen" und „Ghibellinen". (Ersterer leitet sich von den „Welfen" ab und bezeichnet die päpstliche oder zumindest gegen die kaiserliche Reichsgewalt opponierende Partei; in „Ghibellinen" steckt „W[a]iblingen", der Name der staufischen Stadt im schwäbischen Remstal). Bei der Betrachtung der Parteikämpfe fällt ein Merkmal ins Auge, das in allen italienischen Stadtrepubliken vorzufinden war, in Florenz jedoch zum bleibenden Charakterzug wurde: am unterlegenen Feind wurde gnadenlose Rache genommen; sie tobte sich in der Zerstörung der Paläste aus, in Verbannungen und Hinrichtungen.

Als im Jahre 1250 der Stauferkaiser Friedrich II. starb, erhob sich das Volk von Florenz gegen den städtischen Adel: eine demokratische Verfassung wälzte die Herrschaftsverhältnisse völlig um. Das Volk wurde militärisch organisiert und bewaffnet. Welches Übermaß an aufgestauter Erbitterung und trotziger Genugtuung bewegte die Schmiede, die Wollgerber, die Händler und die Menge der anderen „Popolani", als sie, mit Spitzhacken bewaffnet, die verhaßten Wohntürme abtrugen, welche die adligen Geschlechter erbaut hatten. Sie wurden abgebrochen, bis sie nur noch fünfzig Ellen hoch aufragten, und niemand durfte künftig höher bauen. Dies ruhige, ebenmäßige Dächermeer, das Florenz in der Überschau darbietet und aus dem mit entschlossener Großartigkeit die Kirchtürme und der Turm des Palazzo Vecchio allein herausragen – es ist ein mit unendlich viel Blut bezahltes Panorama.

Bereits zu jener Zeit waren die Florentiner äußerst emsige Geschäftsleute. Doch wie sollte die Stadt sich behaupten ohne Seehafen? Venedig, Genua und das benachbarte Pisa beherrschten den überseeischen Großhandel. Mit größtem Geschick verschafften sich die florentinischen Handelshäuser das Recht, die Kreuzzugszehnten für den Papst einzuziehen. Die so gewonnenen Kapitalien wurden verliehen. Man umging das Zinsverbot auf folgende Weise: bei einem Darlehen von zum Beispiel 5000 Lire wurden 4000 Lire ausbezahlt; doch der Schuldner unterschrieb einen befristeten Schuldschein über 5000 Lire. Der auf solche Weise erzielte Gewinn betrug je nach Wirtschaftslage bis zu 40 Prozent. Solange Fried-

rich II. lebte, waren seine Augustalen die einzigen Goldmünzen des Abendlandes. Zwei Jahre nach seinem Tod prägte Florenz eigene Goldmünzen: den Florino, Fiorino oder „Gulden". Diese Münze gewann binnen zweier Generationen die unangefochtene Vorherrschaft auf dem europäischen Geldmarkt.

Die Vernichtung der Stauferherrschaft in Unteritalien glich einer gigantischen finanziellen Spekulation: mehrere hunderttausend Gulden wurden von den Bankherren in den Kriegszug Karls von Anjou (1226–1285, König von Neapel–Sizilien ab 1265) investiert. Klemens IV. (Papst 1265–1268) ließ 1265 sogar auf Kirchengüter Hypotheken legen. Die waghalsige Spekulation machte sich bezahlt: Karls

Castel del Monte in Apulien, um 1230 nach den Plänen Friedrichs II. erbaut. Von den süditalienischen Bauten des Kaisers ist einzig dieses Jagdschloß, in dem die Persönlichkeit Friedrichs „ihren stärksten und reinsten Ausdruck gefunden hat" (Hans Martin Schaller), „wenigstens" in seiner äußeren Architektur erhalten. In der flachen, nach allen Seiten bis zum Horizont ausgedehnten Ebene erhebt sich auf einem sanft ansteigenden Hügel weithin sichtbar der massive achteckige, mit acht abgeplatteten Türmen bewehrte Bau aus gelblichem Sandstein, auf halber Höhe durch einen horizontalen Sims gegliedert. Im Untergeschoß sind die Türme von gotischen Spitzbogenfenstern, im oberen Stock von Doppelfenstern unterbrochen. Achteckig ist auch der Innenhof, auf den die inneren Räume jeweils trapezförmig zulaufen. Die monumentale Düsterkeit, in der sich das Castel heute dem Betrachter darbietet, war in der damaligen Zeit graziös aufgelockert durch Marmorwände, mosaikbelegte Böden, ein Badebassin aus Marmor im Innenhof und durch antike oder nach antikem Vorbild gestaltete Skulpturen" (Herbert Nette). Friedrich II. ist der letzte Repräsentant des mittelalterlichen Kaisertums, das einen inneren Zusammenhang zwischen geistlicher und weltlicher Gewalt noch kennt.

Sieg verschaffte seinen Gläubigern, den Florentiner Banken, den entscheidenden Durchbruch; fortan war Florenz die Finanzmetropole des Kontinents. Die „Wechsler" aus der Arnostadt bestachen durch ihren Wagemut, wo sie auch auftauchten. Ein erstaunlicher Spürsinn für die günstigen Fügungen samt einer ungewöhnlichen Energie, die Gelegenheiten sofort zu ergreifen, trug ihnen Achtung ein; und sie standen im Ruf außerordentlicher Intelligenz: Bonifaz VIII. (um 1235–1303, Papst ab 1294) bezeichnete die Florentiner als das fünfte Element. Die ganz italienische Begabung, das Nützliche mit dem Schönen zu verbinden, sollte sich bei ihnen besonders entfalten. Reiche Bürger kauften Landgüter und Adelssitze

auf, wo immer sie konnten; sie taten dies jedoch kaum (wie so oft in der europäischen Geschichte), um sich als Adlige zu gebärden, sondern um die Finanzoperationen mit Immobilien abzudecken. Die prächtigen Villen in der Toskana haben diesen profanen Ursprung; die Sorgfalt ihrer Anlage allerdings erteilt dem vorschnell soziohistorisch Urteilenden eine Belehrung: die Gründer dieser Villen waren nicht allein umsichtige Kaufleute, sondern, wie die hochkultivierte Ausstattung verrät, auch Liebhaber des ländlichen Lebens.
Die Bürger von Florenz lebten ständig inmitten schwerster sozialer Auseinandersetzungen. 1293 setzten die volksfreundlichen Politiker die „Ordonnanzen der Gerechtigkeit" durch:

Der in den Jahren 1299 bis 1314 erbaute „Palazzo Vecchio" in Florenz soll von Arnolfo di Cambio († 1301) ent-
worfen worden sein. Als Sitz des obersten Magistrats der
Republik und zugleich erster ständiger Sitz der weltlichen
Regierung wurde er auch „della Signoria" genannt (und
der Platz davor). Signorie wurden die Prioren (Zunft-
meister; der Palazzo war ihr erstes festes Haus) und der
Gonfaloniere (Repräsentant der Bürger) genannt. Der
„Palazzo Vecchio" hat seine ursprüngliche Gestalt behalten. Auf der Außenseite des Laufgangs erhebt sich der
94 m hohe Turm, gekrönt von der Glockenstube. 1342

stattete der sich zum Tyrann über die Stadt erhobene
„Herzog von Athen und Graf von Lecce" (Walter von
Brienne, auch Gautier genannt, vgl. auch S. 48 ff.) den
Palast als Festung aus; kurz nach seiner Vertreibung
(1343) errichtete die Stadt die hohe „Rhinghiera" (Tri-
büne) in der Mitte der Vorderfront. Auf der „Piazza della
Signoria" links im Bild der Neptunbrunnen von der Hand
Bartolomeo Ammanatis (1511–1592), vor dem Hauptpor-
tal des Palasts links die Kopie des „David" von Miche-
langelo Buonarrotti (1475–1564), rechts „Herkules und
Cacus" von Baccio Bandinelli (1493–1560).

1. Kein „Großer" darf sich mehr um die wichtigsten Ämter der Stadt bewerben (und als „groß" gelten alle Familien, in denen auch nur ein einziges Mitglied adlig ist).
2. Jede Verwundung eines „Popolanen" (wie sich die nichtadligen Großbürger und die Menge der kleinen Leute nannten) durch einen „Großen" wird mit hohen Geldstrafen belegt. Das Wohnhaus des Schuldigen soll zerstört werden.

Diese Verordnungen brachten eine immerwährende Hochspannung in das städtische Leben. Wehe dem Podestà (oberster Richter), der nicht sofort die Sturmglocke läuten ließ, wenn ein „Großer" sich an einem „Popolanen" vergangen hatte. Ihm drohte sofortige Amtsenthebung oder Schlimmeres. Und wenn auf die Sturmglocke hin der „Bannerträger der Gerechtigkeit" mit tausend bewaffneten Bürgern vor dem Palast des Rechtsbrechers aufmarschierte, 150 Maurer und Zimmerleute im Gefolge samt 50 Männern mit Spitzhacken, dann überprüfte das rings sich dazudrängelnde Volk mit boshafter Genauigkeit, ob der „Bannerträger" nicht zu milde gegen den „Großen" vorging: nicht ein Stein durfte auf dem anderen bleiben!

Doch Geburtsadel und Schwerreiche waren allzusehr miteinander verquickt, sei es durch Familienbande, sei es durch die Geschäfte. Und die Zünfte brachten es selten zur geschlossenen Einigkeit; sie wurde durch die unvermeidbaren Gegensätze zwischen den reichen Kaufleuten und den Handwerkern verhindert. Die „Ordonnanzen" wurden bisweilen gelockert und manchmal außer Kraft gesetzt, denn die Verfassung änderte sich andauernd. Das Regierungskollegium, die Signorie, setzte sich meist aus den Prioren (üblicherweise zwölf an der Zahl, sie wurden von den 21 Zünften gewählt) und den 19 „Bannerträgern" (Kompanieführern) der Bürgerwehr zusammen. In manchen Jahren gehörten noch die 24 Konsuln der Zünfte dazu oder auch von den Prioren kooptierte Bürger aus den sechs Stadtteilen. Seit 1328 existierten zwei Räte: der Rat der 300 (Rat des Volkes) und der Rat der 250 (Rat der Gemeinde); in den letzteren durften auch Adlige gewählt werden.

Die Verfassungen wechselten bei jeder Volkserhebung, bei jedem Kampf zwischen den Adelsgeschlechtern, fast bei jedem Tumult.

„Athen und Sparta gaben sich Gesetze,
Und gute Sitten waren ihr Gewinst!
Doch, wenn ich in Vergleich mit dir sie setze.

Verlieren sie, da du so Feines sinnst,
Daß überleben nicht Novembermitte
Die Pläne, die du im Oktober spinnst!"

So höhnt Dante im VI. Gesang des „Purgatorio" seiner „Divina Commedia" über die politische Unbeständigkeit seiner Heimatstadt. Doch ein Gutteil dieses haltlosen Änderns entsprang der politischen Spekulation, worin gerade Dante ein früher Meister war. Denn das fortlaufende Trauerspiel der Verfassungskämpfe war zugleich das Indiz für einen radikal modernen Geist: das Überkommene gilt nicht; es gilt das Zweckmäßige, Jeder verfolgt aber bekanntlich andere Zwecke. Auch die untereinander verfeindeten Parteien taten dies – mit erschreckender Zielstrebigkeit: untrennbar vom blutigen Parteihader war die Austreibung der jeweils Unterlegenen, die Verbannung. Dantes Beispiel spricht – trotz der Unterschiede in Vermögen oder Ansehen – für alle Verbannten. 1315 wurde eine allgemeine Amnestie erlassen, jedoch sollten die Heimkehrer eine hohe Strafsumme zahlen und sich im Baptisterium San Giovanni dem Stadtheiligen als reuige Büßer vorstellen. Dantes ablehnende Antwort („Was tut's auch? Kann ich nicht überall den Glanz der Sterne erblicken? Kann ich nicht unter jedem Himmel die süßesten Wahrheiten durchdenken...?") ist kulturgeschichtlich höchst bedeutsam: sie zeigt die Bruchlinie zwischen dem Individuum und der Überspannung des politischen Lebens an. Die Zahl der Verbannten war ständig sehr hoch. Als 1323 Florenz den Feldzug gegen Lucca vorbereitete, versprach die Signorie jedem Verbannten, der sich beim Feldheer einfände, freie Rückkehr: über 4000 eilten zum Sammelplatz.

Was den Florentinern am allerhärtesten ankam, war ihre Unfähigkeit, sich selbst zu schützen. Die Stadt hatte 25.000 waffenfähige Männer; diese Bürgerwehr – in zwanzig Banner eingeteilt – konnte es mit manchen Ritterheeren und jedem Söldnerhaufen aufnehmen. Aber der Neid auf die Kommandeure und das gegenseitige Mißtrauen war im Felde noch schlimmer als zu Hause. Florenz mußte sich in jeder bedrohlichen Lage nach einem auswärtigen Oberbefehlshaber umsehen – einem Einheimischen hätten die Bürger nicht gehorcht. 1315 mußte Robert I. (König 1309–1343) ihnen seinen Bruder Piero schicken, damit sie sich gegen die Pisaner wehren konnten. Nach dessen Niederlage und Tod sandte er ihnen den Grafen von Andria. Dieser spielte aber mehr Stadtherr als Feldherr, und sie vertrieben ihn. Doch er hatte ein Beispiel gegeben, wie die Zwietracht innerhalb der Städter vielleicht gedämpft werden könnte: sie begannen, aus freien Stücken Stadtherren auf Zeit von auswärts zu berufen, die als oberste Schiedsrichter ihre Zwistigkeiten beilegen sollten. „Sie fuhren fort, sich einen Herrn zu suchen, vor dem sie sich beugen könnten", kommentiert Niccolò Machiavelli (1469–1527). Die Erfahrung mit solcherlei Herren war übelster Art, und die Beschämung, daß sie zu derartigen Mitteln greifen mußten, um nicht nur im Felde bestehen zu können, sondern auch in der Stadt Ordnung zu haben, lastete auf dem hochentwickelten Stolz der Bürger. Sie blieben unfähig zum Gehorsam gegenüber Mitbürgern und trotz höchstem Kampfgeist militärisch hilflos und auf Condottieri angewiesen. „Die heftige, natürliche Feindschaft zwischen Volk und Adel, deren Grund darin liegt, daß dieser befehlen, jenes nicht gehorchen will, ist Ursache aller Übel, die in den Städten entstehen" (Machiavelli). Die fürchterlichen Klassenkämpfe hatten gewiß ihre Hintergründe in der sozialen Pathologie der frühkapitalistischen Epoche: die Verarmung eines Teils der Handwerker und die zunehmende Armut der Wollarbeiter, die immerhin ein Fünftel bis ein Viertel der Bevölkerung gezählt haben mögen. Doch die Form dieser Spannungen und die Art, wie sie ausgetragen wurden, ist eigentümlich und einzigartig.

Die Stadt pflegte eine hohe Geselligkeit, obwohl oder gerade weil kein Hof existierte. Überall gab es „Brüderschaften" („Compagnie"), organisiert nach Zünften, nach Stadtteilen oder nach Verehrung bestimmter Heiliger. Meistens waren in ihnen reich und arm gemischt. Sie kümmerten sich um die Armenfürsorge – im Pestjahr 1348 spendete eine einzige Kompanie 350 000 Gulden! –, doch wurde auch jede Gelegenheit genutzt, Canzonen zu singen oder zu erzählen. Dabei darf der Bildungsgrad der ärmeren Bevölkerung nicht unterschätzt werden. Handarbeiter besaßen Abschriften von Dantes „Göttlicher Komödie"; seine Sonette aus der „Vita Nuova" waren bekannt, man wußte sie auswendig und sang sie, und andere Dichter, die in der Volkssprache schrieben, waren ähnlich beliebt. Früher als in jeder anderen europäischen Stadt ist hier die Bildung geachtet worden. Gelegentlich gab ein bloßes Nützlichkeitsdenken den Ausschlag; die seit 1321 geplante Universität wurde erst 1349 eröffnet.

So geachtet die Dichtung war – müßige Poeten waren ein Ärgernis; Väter verfügten nicht selten testamentarisch, daß der Staat dem Erben das Vermögen zu entziehen habe, falls dieser keinem geregelten Beruf nachginge. Jedoch waren die Kaufleute und Bankherren (und nicht allein sie) gebildet, und sie wurden auswärts um dieser Eigenschaft willen geschätzt. Als Karl II. von Neapel (1254–1309, ab 1285 König von Neapel–Sizilien – er war wie sein Vater, Karl I. von Anjou, zugleich Graf der Provence) die Familie Gianfigliazzi 1294 durch ein Gesetz gegen den Wucher aus Avignon vertreiben wollte, wurden die Doktoren und Professoren der dortigen Universität bei ihm vorstellig: man möge doch die Herren aus Florenz nicht vertreiben, denn wer würde den Scholaren und Doktoren mit so anmutiger Höflichkeit Geld borgen wie sie? Die Motive mögen wirtschaftliche gewesen sein – bemerkenswert ist, was die Gelehrten an den Bankiers vom Arno würdigten: weit entfernt von krämerischer Unterwürfigkeit, was die Verachtung der Professoren nach sie gezogen hätte, verkörperten die Bankherren die glückliche Paarung von Weltmännischem und Bildung.

Die antike Rhetorik begann hier wieder aufzuerstehen. Bruno Casini unterrichtete Rhetorik völlig für die Praxis zugeschnitten: Argumentierkunst, Vortragsweise, Gestik. Er hatte Zulauf, und die Bürger, die in diesem hochpolitisierten Gemeinwesen andauernd in die Lage gerieten, reden zu müssen, waren ihm dankbar und ehrten ihn. Die Neapolitaner blieben redselig, die Florentiner wurden redegewandt. „Scharfe Augen, scharfe Zungen", hieß es über sie. Die krisengeschüttelte Stadt förderte eine kühle, objektive Haltung gegenüber den Dingen und Menschen. Protziges Auftreten, wie etwa König Roberts Sohn es sich 1326

leistet, erregte anfangs Verwunderung, dann bloß noch Spott. Die Lust am Spotten blüht auf in Florenz und fügt sich als schneidender Zug ins Charakterbild des typischen Florentiners. Vielleicht bedürfen Witz und Spott der voll ausgeprägten modernen Persönlichkeit, die sich nach allen Seiten gegen Unterordnung wehrt; denn die Kultur des Mittelalters – obwohl sie fröhlich ist – kennt nicht den scharfen Witz oder den verletzenden Spott. Womöglich sind beide auch das Ergebnis eines Lebens, das sich in ungeheurem Maße in der Öffentlichkeit abspielte: in den selbstverwalteten Zünften, in den Ratsversammlungen, in den Kompanien der Bürgerwehr, am Wechslertisch – überall bestand die Gefahr, daß man einen Fehler machte vor den allzuscharfen Augen dieser hämischen, mißtrauischen und rachsüchtigen Leute.

Dante, Petrarca und Boccaccio sind Florentiner. Diese Stadt hat in drei Jahrhunderten mehr Genies hervorgebracht als viele Nationalkulturen zusammengenommen. Nur das alte Athen kann ihr darin zur Seite treten. So weit sie auch zeitlich auseinanderliegen, an einem Punkt sind beide Städte sich ähnlich, beinahe gleich: sie haben beide eine einzigartige Intensität des Lebens erreicht, die sonst nirgendwo zu finden war. Die Lebenskräfte waren aufs äußerste angespannt. Die Zähigkeit, mit der bankrotte Bankhäuser durchhielten und sich sogar erholten, hielt der Verbissenheit die Waage, mit der Staatsstreiche ausgeheckt und wieder niedergerungen wurden und mit der Verbannte um ihre Heimkehr kämpften.

Die florentinischen Chroniken hallen wider von Leid, Haß und Jammer; doch haben diese Chroniken an Sicherheit des Urteils und an klarem Verständnis kulturgeschichtlicher Zusammenhänge nicht ihresgleichen im ausklingenden Mittelalter; mit ihnen beginnt die moderne Geschichtsschreibung.

1297

Vanni di Chelino läßt sich in Florenz nieder. Er stammt aus dem kleinen Städtchen Certaldo zwischen Florenz und Siena. Kurz darauf zieht sein Bruder Boccaccino ebenfalls nach Florenz. Die Brüder gehören zu jenen „Eingebürgerten aus Campi, aus Certaldo und aus Fegghine", die Dante so geringschätzt („Paradiso" XVI,5). Sie arbeiten als Geldwechsler. Das Geschäft läuft gut, denn sie verlegen ihren Wohnsitz bald ins Viertel San Pier Maggiore, einem Handelszentrum der Stadt.

1312

Heinrich VII. (1275 bis 1313, deutscher König ab 1308), in Italien erschienen, um alte Reichsrechte geltend zu machen, läßt sich in Rom zum Kaiser krönen. Er belagert von Ende September bis Ende Oktober Florenz – erfolglos. Der Kaiser rüstet dennoch, um gegen Neapel zu marschieren. Er plant, Unteritalien, seit 56 Jahren unter der Herrschaft der Anjou, wieder dem „Heiligen Römischen Reich Deutscher Nation" anzugliedern.

1313

Kaiser Heinrich VII. stirbt und wird im Dom zu Pisa beigesetzt. Der letzte ernsthafte Versuch der deutschen Kaiser, ihre Oberhoheit in Italien durchzusetzen, ist gescheitert.
Im Rahmen ihrer beruflichen Tätigkeit halten sich die Brüder Vanni di Chelino und Boccaccino in Paris auf: „Die Lombarde Boccassin, Wechsler, und sein Bruder" sind im „Livre de Taille", dem Steuerregister, erwähnt (die italienischen Bankiers werden im damaligen Europa sämtlich „Lombarden" genannt).
In Certaldo oder in Florenz selbst wird Giovanni Boccaccio geboren, und zwar im Monat Juni oder Juli. Er ist ein uneheliches Kind Boccaccinos; doch der Vater nimmt ihn an und läßt ihn als rechtmäßigen Sohn registrieren. Der Junge wächst im väterlichen Hause in Florenz auf. Die häusliche Atmosphäre ist vollkommen geprägt von den regen Geldgeschäften des Vaters und des Onkels. Die beiden arbeiten meist mit größeren Bankhäusern zusammen, ihre Partner wechseln häufig.

Das Boccaccio-Haus (mit Turm) in der Via Boccaccio, Wohn- und Sterbehaus Giovanni Boccaccios, in Certaldo, über dem Elsatal in der Provinz Florenz gelegen.

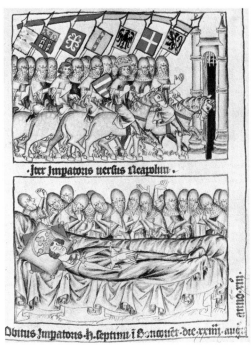

·iter imparotus verfus neapolim·

Obitus impatons·h·septimi i Bonconet·die·rxiii·aug·

Der Zug des Ende Juni 1312 gekrönten Kaisers Heinrich VII. gegen Neapel („iter imperatoris versus Neapolim") und sein Tod am 24. August 1313 in Buonconvento, dargestellt in einer Bilderchronik, die um 1340 im Auftrag von Heinrichs Bruder, des Kurfürsten Balduin (1285–1354) geschaffen wurde (Staatsarchiv in Koblenz). Sie reicht von der Weihe Balduins zum Erzbischof von Trier (1307) bis zum Bild von Heinrichs Grabmal im Dom von Pisa.

1320

Vermutlich in diesem Jahr heiratet Boccaccino. Seine Frau, Margherita de Mardoli, entstammt einer wohlhabenden florentinischen Bürgerfamilie. Boccaccios Stiefbruder Francesco wird im gleichen Jahr geboren. Um dieselbe Zeit erhalten Boccaccino und sein Bruder das florentinische Bürgerrecht.
Der Vater bemüht sich, dem kleinen Giovanni eine gute Ausbildung zu geben; mit sechs Jahren kann der Junge ein wenig lesen und schreiben. Sein Lehrer, Giovanni da Strada, ist eine angesehene Persönlichkeit. Dessen Sohn Zanobi ist ein Jahr älter als Boccaccio und sehr bald mit diesem befreundet (auch Zanobi wird später Dichter und ein Rivale Boccaccios). Die Knaben werden in die lateinische Sprache eingeführt und auf einfachste Weise mit Ovid bekannt gemacht. Dantes Ruhm beginnt sich in

19

Wechseltabelle zur Umrechnung unterschiedlicher Währungen, 15. Jahrhundert. Der Geldwechsel diente zur Umgehung des kirchlichen Zinsverbotes. Es lautete: „Was den Kapitalbetrag übersteigt, ist Wucher." Dazu müssen zwei Bedingungen erfüllt sein: 1. der Gewinn ist risikofrei, 2. es handelt sich um ein Darlehen. Die Bankiers fanden folgende Lösung: der Borgende unterzeichnet einen „Wechselbrief", ausgestellt in ausländischer Währung und zahlbar an einem auswärtigen Ort. Währungsschwankungen machen das Geschäft zur Spekulation; daher kann die Differenz zwischen ausbezahltem Betrag und Rückzahlsumme als Risikovergütung deklariert werden. Überdies ist es nun ja kein Darlehen, sondern ein Wechselgeschäft („Cambium non est mutuum"). Dies war der sehr umstrittene, aber gültige Standpunkt der Kirche. Die ausstellende Bank mußte ein internationales Netz zahlungsfähiger Korrespondenten haben, denen die akzeptierten Wechsel zugeleitet wurden. Der Fernhandel wurde dadurch enorm begünstigt und es entwickelten sich geschäftsmäßige und rechtliche Gepflogenheiten, die international verbindlich waren.

Florenz schon zu verbreiten; wahrscheinlich versucht da Strada, seine Schüler an die Dichtung des großen Verbannten heranzuführen. Boccaccios Stiefmutter ist mit der Familie der von Dante besungenen „Beatrice" verwandt; und die Mutter seiner Stiefmutter erzählt ihm manchmal von Dante und „Beatrice", die sie beide noch gekannt hat. Doch der Unterricht erstreckt sich auch auf die Kunst des Rechnens, da der Junge nach des Vaters Willen ein tüchtiger Wechsler oder Händler werden soll – sehr zum Kummer des kleinen Giovanni, der sich schon früh zum Dichter berufen fühlt. „Was mich anbelangt, so hat die Natur schon im Mutterleib mich für das Studium der Poesie vorgesehen; und soweit ich darüber urteilen kann, bin ich deswegen geboren. Denn ich erinnere mich, daß seit meiner Kindheit mein Vater alles daran setzte, aus mir einen Händler

zu machen; und ich hatte noch nicht die Schwelle zur Jugend überschritten und gerade die Arithmetik beigebracht bekommen, als er mich auch schon bei einem Großhändler in die Lehre gab . . ." So urteilt Boccaccio rund vierzig Jahre später im XV. Kapitel seiner *Genealogiae deorum gentilium (Genealogien der heidnischen Götter)*.

1326

Florenz befürchtet seit geraumer Zeit militärische Übergriffe des Stadtherrn von Lucca, Castruccio Castracani. Die Bevölkerung ist jedoch derart gespalten, daß kein einheimischer Oberbefehlshaber ernannt werden kann. Die alte Guelfenstadt wendet sich an König Robert von Neapel und bittet um Hilfe. Robert schickt seinen Sohn, Herzog Karl von Kalabrien, in die Toskana.

Im Juli hält der Herzog mit mehr als zweitausend goldgespornten Rittern seinen Einzug in Florenz; sechshundert karminrot gesattelte Tragtiere schleppen die Garderobe von Baronen und neapolitanischen Damen, die den Zug begleiten. Der ungewohnte Prunk der neapolitanischen Adligen wie ihre phantastische Tracht verfehlen nicht ihre Wirkung auf die Florentiner. Die Patrizierinnen der Stadt, die den französischen Luxus nicht kennen, entrüsten sich eher über die Toiletten der Hofdamen. Militärisch richtet der neue Oberbefehlshaber so gut wie nichts aus, aber mehrere Monate lang hat die Stadt Gelegenheit, dem höfischen Treiben aus nächster Nähe zuzuschauen, für das sie die Kosten zu tragen hat: „In der Zeit von einem Jahr zog er 400 000 Gulden aus der Stadt, obgleich man ihm nach der Übereinkunft nur 200 000 zu verabfolgen hatte", berichtet Machiavelli.

1327

Der Vater Boccacios übernimmt, nachdem er mehrere Ämter bekleidet hat und schon einige Zeit Partner der Bardi-Bank ist, deren Vertretung in Neapel. Den 14jährigen Sohn nimmt er mit sich; Giovanni soll in Neapel die Kaufmannslehre zu Ende bringen.

Neapel ist mehr als zweitausend Jahre geblieben, was es war: sowenig die Erdbeben der zauberhaften Landschaft weh taten, sowenig konnte die Geschichte dem Charakter der Neapolitaner etwas anhaben. Die ehemalige Griechenstadt hatte ihre Sprache und einen großen Teil der Gebräuche immer noch bewahrt, als das Römische Reich zusammenbrach. Der Gotenherrschaft folgte die byzantinische. Und als die Araber ihre Herrschaft über Sizilien errichteten und die Hände nach Neapel ausstreckten, da rettete sich die Stadt, indem sie arabischem Handel, arabischer Kunst und Kultur weit die Tore öffnete. 1130 von den Normannen erobert, die Sizilien und Unteritalien den Arabern entrissen hatten, wurde sie Teil eines der blühendsten Länder jener Zeit. Während Europa einen Kreuzzug nach dem anderen veranstaltete, erfreuten sich die sizilianischen Moslems der freien Ausübung ihrer Religion, der Teilnahme am öffentlichen Leben und sogar eigener Gerichtsbarkeit. Mit gleicher Rücksicht wurden die Anhänger der orthodoxen Kirche behandelt.

Lateinisch, Griechisch und Arabisch waren die Amtssprachen. Am Hof von Palermo lebten hervorragende Gelehrte, unter denen – der weit überlegenen Kultur wegen – die Araber überwogen. Der Kosmopolitismus läßt sich bis heute am gemischten Baustil jener Epoche ablesen. An all dem nahm Neapel vollen Anteil.

1164 ging das Königreich „beider Sizilien" (Sizilien und Unteritalien) in den Besitz der Staufer über. Mit ihnen begann die Kette von Gewaltherrschaften, die über Jahrhunderte hinweg Unteritalien immer wieder heimsuchten. Heinrich VI., Sohn Barbarossas, liebte an Neapel das Castel Capuano, die Zwingburg, am meisten: hinter ihren Mauern durfte er allen Aufständen höhnen. Dennoch erreichte ihn 1197 das Gift. Die Stadt wurde in das Ringen zwischen Papsttum und Kaisertum hineingerissen. Friedrich II., von allen Herrschern des Mittelalters der weltoffenste, umgeben vom glänzendsten Gelehrten- und Künstlerkreis, erhob die Stadt zur zweiten Residenz neben Palermo. „Wenn der Gott der Juden Neapel gekannt hätte, würde er Palästina nicht so sehr gelobt haben", schwärmte der geistreiche Kaiser. Er gründete in der Stadt eine Universität, obwohl das nahe Salerno bereits eine Hochschule besaß, die – dank der arabischen Mediziner – in der Heilkunde führend auf dem Kontinent war.

Die Geistlichkeit hatte in Unteritalien/Sizilien nicht viel zu sagen, weder unter den Normannen noch unter den Staufern. Die Weltoffenheit war den Wissenschaften außerordentlich förderlich, wenn auch die politische Bedrükkung ungewohnte Ausmaße annahm. Der prächtige staufische Hof blieb der größten unteritalienischen Stadt fremd; sie stand bei jeder Gelegenheit in Gegensatz zu ihm. Und als der Kampf zwischen Papst Innozenz IV. und Friedrich II. dem Höhepunkt zueilte, fiel sie vom Kaiser ab. Mit Mühe brachte sein Sohn Manfred (1231–1266, ab 1258 König) nach des Vaters Tod Neapel wieder unter staufische Botmäßigkeit. Als Manfred 1266 bei Benevent Schlacht und Leben gegen Karl von Anjou verlor, der für den Papst die Beseitigung der staufischen Herrschaft durchführte, da hatte Neapel längst wieder gegen ihn Partei ergriffen. Neapel sah 1268 der Hinrichtung Konradins (geb. 1252), des letzten Staufers zu; es war zugleich die letzte Rache der Stadt an dem verhaßten schwäbischen Geschlecht. Die Herrschaft Karls von Anjou war nun abgesichert; sofort kam es zu zahlreichen Veränderungen im Königreich. Mit der französischen Herrschaft trat eine stärkere Feudalisierung ein. Tausende von Lehen wurden vergeben. Die gesellschaftliche Hierarchie wurde betont. Der Adel hatte das Sagen. Ein kirchlicher Orden nach dem anderen faßte Fuß im Königreich, tatkräftig gefördert von Karl I. und seinen Nachfolgern, die der Kirche immer in besonderem Maße verbunden blieben. Die Kirche gewann eine entscheidende Stellung auf gesellschaftlichem und politischem Gebiet. Karl I. ließ in Neapel zwei Kirchen bauen: San Lorenzo und Santa Maria Nuova. Außerdem begann er 1282 mit dem Bau des Domes (vollendet erst 1314 unter Robert I.). Französische Mode und französischer Hofstil begannen in Neapel, das Karl I. zur alleinigen Residenz erhob, vorzuherrschen; so gut wie alle Hofämter wurden mit Provenzalen besetzt (die anjoinischen Herrscher waren zugleich Grafen der Provence), ebenso die zahlreichen Ämter in dem riesigen Verwaltungsapparat, den Normannen und Staufer hinterlassen hatten.

1282 erhob sich Sizilien gegen die Herrschaft der Franzosen und verjagte sie nach einem entsetzlichen Blutbad, der „Sizilianischen Vesper". Das auf Unteritalien beschränkte Königreich fiel in den Rang einer zweitklassigen Macht zurück. Nur die Florentiner Banken retteten die Dynastie vor dem finanziellen Zusammenbruch. Die Bemühungen, die Wirtschaft des Reiches anzukurbeln, hatten zwar Erfolg, aber der Preis war hoch, da der französisierte Adel alles Geschäftsleben verachtete, sollten Genuesen und Venezianer den Handel in die Hände bekommen, die Florentiner das Finanzwesen (vor allem die Banken der Acciaiuoli, der Bardi und der Peruzzi).

Die Städte blühten, und Neapel wuchs (es sollte um 1330 schon sechzigtausend Einwohner haben), doch das reiche Land war eine Beute der Handels- und Finanzzentren des nördlichen Italien. Bemerkenswert ist, daß die Stadt inmitten ihrer Bautätigkeit kaum bildende Künstler hervorbrachte und die erstrangigen Künstler alle aus der Toskana geholt werden mußten. Es war, als liege eine unerklärliche Last auf dem Königreich, die es hinderte, die schöpferischen Kräfte auf wirtschaftlichem und künstlerischem Gebiet zu entfalten. Die Kräfte waren da, aber sie verausgabten sich in anderen Bereichen des Lebens. Die Bauwerke der Zeit, auch die kirchlichen, sind bescheiden, was den Kunstsinn angeht; sie verblassen vor den Bauten der normannischen Epoche. Und mit dem Bau der dritten Zwingburg in der leichtlebigen Stadt, dem Castel Nuovo, wohin der Königshof umzug, setzte Karl I. bloß eine finstere Tradition fort. Der anjoinische Hof konnte sich die Weltoffenheit der Staufer nicht leisten: Araber spielten keine Rolle mehr im Geistesleben. Auch das griechiche Elemente erlitt nun starke Einbußen; sein religiöser und sprachlicher Einfluß ging zurück. Dennoch bemühten sich die Anjoinen, hinter dem schwäbischen Hof nicht zurückzustehen: Karl I. ging bisweilen zur Universität, um Thomas von Aquin (1225/1226–1274) zu hören. Und schon Robert I., seinem Enkel, gelang es, den größten Kreis von Gelehrten und Literaten um sich zu versammeln, den ein europäischer Hof vorzuweisen hatte. Um die Zusammenhänge jener historischen Ereignisse zu verstehen, die Boccaccios Lebensweg nicht verschont haben, gilt es, diesen König näher zu betrachten.

Robert war der dritte Sohn Karls II. und hätte eigentlich keine Aussicht auf den Königstitel gehabt. Rechtmäßiger Thronerbe war Karl Martell, der durch Heirat König von Ungarn geworden war. Der zweite Sohn, Ludwig von Toulouse, hatte schon vorher den irdischen Eitelkeiten abgeschworen und war Franziskaner geworden. Karl Martell weilte 1295 in Neapel,

Der heilige Ludwig von Toulouse krönt Robert zum König, Neapel, Galleria Nationale, Altarbild von Simone Martini (1317). Das Bild enthält zwei propagandistische Akzente: 1. den dynastischen. Nach dem Tode Karl Martells verzichtete Ludwig, der zweitälteste Sohn Karls II. auf den Thron. Indem das Bild aus diesem Verzicht die Rechtmäßigkeit von Roberts Thronbesteigung ableitet, wird die Erinnerung an die rechtswidrige päpstliche Regelung von 1309 (durch die ja Robert erst den Thron von Neapel erhielt) ausgelöscht. 2. Den religiösen: Ludwig wurde gegen seinen Willen zum Bischof von Toulouse geweiht. Er gehörte dem Flügel der „Spiritualen" innerhalb des Franziskanerordens an. Sie verfochten kompromißlos das Armutsideal: „Kutte und Mantel trug er . . . aus gemeinem Stoffe . . . und noch mehr seit er . . . Bischof geworden . . . sein Bett hatte er . . . auf Stroh" (W. v. Cornillon). 1317 begann die Unterdrückung der Spiritualen; das Bild zeigt Ludwig in prächtiger Gewandung: er wird den Spiritualen entrissen.

23

um die Herrschaft anzutreten, sobald den Vater das Zeitliche gesegnet habe. Robert, der sich in Barcelona aufhielt, ließ ihn vergiften. Doch damit war er des Thrones noch nicht sicher: Karl Martell hatte einen Sohn namens Carobert, der nach der ungarischen Krone auch diejenige des Königreiches Neapel erben würde. Die päpstliche Politik mußte darauf abzielen, diese Änderung des politischen Kräfteverhältnisses zu verhindern. Als Karl II. 1309 starb, weilte Robert in der Provence, also in nächster Nähe zur päpstlichen Residenz Avignon. Er ließ von angesehensten Rechtsgelehrten vor dem Heiligen Kollegium geltend machen, daß nicht Carobert, sondern er, Robert, der rechtmäßige Thronfolger sei. Der Papst anerkannte seinen Anspruch, und am 8. September 1309 wurde Robert in Avignon zum König gekrönt. In späteren Jahren wurde er jedoch zunehmend vom Gewissen gequält. Er fällte politische Entscheidungen, die seine Schuld gegenüber dem ungarischen Königshause wieder gutmachen sollten (davon wird noch die Rede sein). Unter seiner Herrschaft genoß das Königreich eine fast vierzigjährige Friedenszeit. Sie war der Höhepunkt der anjoinischen Herrschaft.

Von seinem Großvater erbte Robert über den Vater einen gewaltigen Schuldenberg. Die Verpflichtung bestand gegenüber der päpstlichen Kasse; der Betrag lautete auf rund 93.000 Goldunzen. 1316 drohte ihm Papst Johannes XXII. mit der Absetzung, falls die Schuld nicht endlich getilgt werde (hier rächte es sich, daß Karl I von Anjou die Staufer in päpstlichem Auftrag zerschmettert hatte: als päpstliches Lehen hatte er das südliche Reich der Staufer erhalten). Gegen Ende der zwanziger Jahre des 14. Jahrhunderts entschloß sich der Monarch, koste es, was es wolle, den päpstlichen Forderungen nachzukommen. Von 1330 bis 1340 gelang es ihm, die Schuld völlig zu tilgen. Wie konnte der König, nachdem er in zwanzig Jahren seiner Regierungszeit die Schuldenlast nicht zu vermindern imstande war, plötzlich binnen zehn Jahren sich ihrer völlig entledigen? Man hat angeführt, die Ausgaben seien gedrosselt worden. Das war aber unerheblich – trotz aller Knauserei, der sich der König am Ende seines Lebens verschrieb. Andere haben betont, daß die königlichen Einnahmen stark gestiegen seien, da das von

keinem Krieg behelligte Land aufgeblüht sein müsse. Das ist sicherlich richtig – den Ausschlag aber gaben die florentinischen Banken. Der anjoinische Hof hat in die europäische Geschichte die Bedenkenlosigkeit eingeführt, sich mit dem Wundermittel der Anleihe aus jedweder finanziellen Klemme herauszuwinden; der englische König sollte der nächste sein, der ganz einfältig danach griff. Die Anleihe ist hier zum üblichen Mittel der Finanzpolitik geworden. Der vorherrschende Einfluß der Venezianer in den Handelsplätzen Unteritaliens wird abgelöst durch den florentinischen. Das ist der Hintergrund für das hohe Ansehen, das plötzlich den Geschäftsleuten vom Arno entgegengebracht wird. Einige unter ihnen ergreifen die Gelegenheit und machen Karriere in Neapel, und andere wiederum verstehen es, sofort in die höchsten Stellen des Staatsapparates aufzurücken.

Robert I. wurde schon zu Lebzeiten „der Weise" genannt. Dieses Attribut hat er in überwiegendem Maße dem reichlich gepflegten Herrscherlob zu verdanken: „Seine geistige Veranlagung war von Natur aus trocken, beschränkt, überlegend und hinterlistig, aber ruhmsüchtig", schreibt Kazimierz von Chledowski (1843 bis 1920). Sein Steckenpferd, das er nicht schonte, war theologische Gelehrsamkeit. Dante nannte ihn geradezu einen „König der Predigt", verfaßte er doch laufend Predigten; zudem sammelte er philosophische Gemeinplätze. Der ehrende Beiname fiel ihm zu wie dem Einäugigen unter den Blinden die Königswürde. Zwei Umstände waren dafür maßgebend:

Zunächst bestand bei den europäischen Herrschern noch im 14. Jahrhundert eine ungewöhnliche Bildungslosigkeit. Ebenso darf es als Besonderheit gelten, daß Robert I. als erster nach dem Ende der Stauferherrschaft eine Schar Gelehrter um sich versammelte, deren Arbeit er großzügig förderte. Er beging die Unklugheit, nach dem Tod seiner ersten Frau Violante 1304 nochmals eine spanische Fürstin zu ehelichen, Sancha von Mallorca; vergebens entrüstete sich diese überfromme Dame über das Treiben am neapolitanischen Hofe, wo des Königs außereheliche Kinder als verkörperte Zeugnisse einer unfaßbaren Sittenlosigkeit einherwandelten. Als es ihr zu arg wurde, wollte sie sich scheiden lassen, und nur mit Mühe gelang es Johannes XXII. (um 1245–1334, Papst ab 1316), den Ehefrieden in den königlichen Alkoven zurückzugeleiten.

In späteren Jahren begann auch der König zu frömmeln. Doch dürfte der Grund nicht allein das fortgeschrittene Alter des Monarchen gewesen sein, sondern vornehmlich die Art, in der er Schicksalsschläge hinnahm. Beide Söhne starben ihm. Als ihm im Jahr 1328 der Tod des Thronfolgers, Karls von Kalabrien, inmitten der Runde seiner Barone gemeldet wurde, rief er aus: „Die Krone ist von meinem Haupte gefallen! Wehe Euch! Wehe mir!" Das Gewissen plagte ihn: er hatte den Thron auf verbrecherische Weise erlangt, und den Tod der Söhne deutete er nun als göttliche Strafe.

Die letzte dynastische Hoffnung zerschlug sich kurz nach dem Tode Karls: als dessen Frau niederkommen sollte, ließ der König alle Glocken Neapels läuten und in allen Kirchen darum bitten, daß dem Reich ein Thronfolger geboren werde; doch die Fürstin gebar ein Mädchen, Johanna. Dem trostlosen Großvater war das ein Zeichen des göttlichen Willens, die Krone nicht bei den neapolitanischen Anjoinen zu belassen. Sein Versuch, die Seelenruhe wiederzugewinnen, gipfelte schließlich in der Vermählung der sechsjährigen Enkelin mit dem Enkel seines eigenen Bruders Karl Martell, dessen Tod auf ihm lastete: so sollte am ungarischen Königshaus eine Wiedergutmachung geübt werden.

Einige seiner späteren Gesetze richteten sich gegen die freiherzigen Sitten in Stadt und Hof, doch blieben sie wirkungslos. Sein Geiz wurde sprichwörtlich; Boccaccio hat ihn später einen „Midas" genannt, und dies dürfte auch um so mehr der Wahrheit entsprochen haben, je älter der König wurde. Die finanzielle Lage seines Reiches enthüllt uns auch den Grund für sein Verhalten. Gerade den Künstlern wurde dieser Zug, je krasser er sich offenbarte, widerlich. Der florentinische Bildhauer Bonaccorso, eines Auftrags halber nach Neapel berufen, machte auf der Stelle kehrt, als die finanzielle Seite des Projekts zur Sprache kam: er habe gedacht, „zu einem König geschickt worden zu sein, nicht zu einem Krämer", soll er sich geäußert haben. Auch Giotto (1266–1337), der große Maler aus Siena, urteilte nicht anders über den „weisen" Herrscher, dem trockene Gelehrsamkeit gerade noch zusagte, der aber Kunst und Poesie nie etwas abgewinnen konnte.

Unterdessen wuchs die Stadt rasch und pflegte eine Leichtlebigkeit, die ihresgleichen in Europa nicht kannte. Sie bestand damals aus drei Ballungszentren. Das erste erstreckte sich von der östlichen Mauer entlang des Ufers bis zum Castel Nuovo. Es war das Handelsviertel der Stadt mit dem Hafen, in dem genuesische und venezianische Schiffe ihre besonderen Anlegestellen besaßen. In den Straßen, strotzend von gewerblichen Betrieben, wogte die buntscheckigste Menge aus aller Herren Länder – an Vielfalt in Europa nur noch übertroffen vom Hafenleben in Palermo und Konstantinopel. Oberhalb dieses äußerst volkreichen Stadtteils lag ein Viertel, dem die immer zahlreicher werdende Geistlichkeit das Gepräge gab: eine stattliche Anzahl von Kirchen und Klöstern nebst Universität und Dom. Die Gassen waren hier enger als im Hafenviertel, und das Regenwasser ergoß sich in kleinen Sturzbächen hafenwärts, Abfälle mit sich spülend, die reichlich auf die Straßen geschüttet wurden. Einige breite Straßen waren jedoch sehr sorgsam gepflastert, die Häuser mit Gärten versehen: der alte städtische Adel besaß hier eine Reihe gepflegter Paläste.

Die Abbildung der folgenden Doppelseite zeigt einen Blick auf den Hafen von Neapel, dargestellt in einem Gemälde aus dem 15. Jahrhundert (Museo Nazionale di San Martino in Neapel). Der Künstler wählte die Augenhöhe derart, daß das Castel Nuovo beherrschend aufragt. Karl I. von Anjou ließ es von französischen Architekten planen und errichten. 1279 begannen die Arbeiten. 1280 waren 449 Arbeiter (ungerechnet die Steinmetze, Köche und Aufseher) auf der Baustelle tätig. Der König trieb ständig zur Eile. 1282 wurden bereits die königlichen Gemächer bezogen. 1284, nach einer Rekordzeit von 56 Monaten, war das Bauwerk erstellt. Es verrät die finstere Gemütslage seines Gründers: „Grau und mächtig lagert es mit seinen runden, gewaltigen Türmen wie drohend mitten zwischen den Häusern, während die Rückseite in die blaue Flut taucht und somit auch den Hafen und seine Einfahrt in die Gewalt des Burgherrn bringt" (Th. v. Scheffer). Im Hafen liegen zwei Koggen zur Löschung. Dieser Schiffstyp stammt aus Nordeuropa und war das Standardschiff der Hanse. Der Vorteil der Kogge war die enorme Ladekapazität (Kogge: 5 bis 8 t pro Mann Besatzung, Galeere: 2 t); sie ermöglichte daher eine erhebliche Senkung der Frachtkosten. Die Genuesen übernahmen diesen Schiffstyp und vergrößerten ihn: eine Hansekogge hatte 150–200 BRT, eine genuesische bei 600 BRT. Die Kogge war allerdings langsam und schwerfällig im Manövrieren. Daher blieb im Mittelmeer die Venezianische Galeere vorherrschend: die höheren Frachtkosten wurden wettgemacht durch größere Schnelligkeit und sehr viel mehr Sicherheit.

Das Bild änderte sich augenblicklich, wenn man aus den westlichen Toren heraustrat und die beiden alten Stadtviertel hinter sich ließ: vom Castel Nuovo bis über das Castel dell'Ovo hinaus dehnte sich eine großzügig angelegte Neustadt mit breiten Straßen, voller Gärten und mit Palästen und Verwaltungsgebäuden. Auf dem Platz vor dem Castel Nuovo kamen ohne Unterlaß Fremde an, die soeben von Bord gegangen waren. Matrosen, Händler, Gaukler samt Feste feiernden Müßiggängern hielten das Gejohle auf einem solchen Pegel, „daß die Königin Sancha, gestört in ihren frommen Meditationen, erwirkte, daß der Radau unter Androhung strenger Strafen gestellt wurde" (Emile Léonard). Die Königin weilte denn auch die wenigste Zeit im Castel Nuovo, bot ihr doch das Stift von Santa Chiara die erwünschte Abgeschiedenheit.

Zwischen dem riesigen Platz vor dem Castel und dem alten Mauerring lag die „Wechslerstraße", wo zwei florentinische Banken, die Bardi und die Frescobaldi, ihre Niederlassungen hatten. In diesem Stadtteil spielte sich das galante Leben ab, wurden die Entscheidungen gefällt, die Wohl und Wehe über das Reich brachten; und hier sollten jene Intrigen eingefädelt werden, die später die anjoinische Dynastie ruiniert haben. Die gesellschaftliche Abstufung war schärfer; der landbesitzende Adel hatte das erste Wort im Königreich und verwies den einheimischen städtischen Adel (Patriziat) auf die hinteren Ränge. Nun hatte Neapel noch aus griechischer Zeit eine Einrichtung bewahrt, die dem gesellschaftlichen Leben einen charakteristischen Stempel aufdrückte. Die einzelnen kleineren Bezirke der Stadt besaßen eine Art Vereinshäuser, die „Seggi". Dort traf sich die Jugend, übte neben Fechten und Turnierspielen auch Gesang und Tanz, dort besprachen sich die älteren Männer. Die „Seggi" spielten aber auch eine politische Rolle, denn sie entsandten Vertreter in das neapolitanische Parlament, das trotz der übermäßigen Zentralisierung des Staates doch ab und zu einberufen wurde, um an wichtigen Beschlüssen mitzuwirken. Von der Zeit Karls I. bis 1330 stieg die Zahl der „Seggi" von 29 auf 38; und von diesen waren nur fünf der hohen Aristokratie vorbehalten. Gerade weil die Staufer einen hochzentralisierten Staat hinterlassen hatten, mußten die wichtigsten Entscheidungen in der Metropole, also in Neapel, getroffen werden. Die auf ihren Landbesitz pochende Aristokratie, sehr stark französisiert und voller Geringschätzung gegen das städtische Patriziat, geriet zunehmend ins politische Hintertreffen: wer in der Hauptstadt saß, ergatterte schneller freiwerdende Ämter, hatte umfassendere Möglichkeiten, eine Laufbahn im ansehnlichen Justiz- und Verwaltungsapparat einzuschlagen. Der Landadel ließ sich widerwillig dazu herab, Eheschließungen zwischen städtischem Patriziat und Standesgenossen nicht mehr als Entwürdigung anzusehen. Der französisch-provenzalische Teil des Adels verlor auf diese Weise binnen zweier Generationen seinen nationalen Charakter – und dies, obwohl er dauernd Zustrom von französischen Rittern und Fürsten aus Palästina, Griechenland und der Provence erhielt.

Die Kleidung und der Hofstil folgten der Mode der Provence und der von Paris, ebenso der literarische Geschmack; doch im Gebrauch der italienischen Sprache und in neapolitanischer Leichtlebigkeit tat es die herrschende Klasse den Einheimischen nach. Das städtische Patriziat sollte – vom Standpunkt der historischen Entwicklung aus gesehen – keinen großen Gewinn aus dieser Verschmelzung davontragen. Es verlor die letzte Lust, Zeit und Kraft an Handel und Gewerbe zu verschwenden und fügte zur angeborenen Vorliebe für Dolce vita nun noch die feudale Verachtung für Arbeit und Geschäft. Hierin liegt der tiefere Grund dafür, daß in dem reichen Land das Wirtschaftsleben immer mehr von Ausländern beherrscht wurde. Außerdem wurde ein verhängnisvoller gesellschaftlicher Prozeß eingeleitet: je mehr die „Seggi" sich veradelten, desto mehr mußten sie sich nach unten, gegenüber dem einfachen Volk, abschließen. Die Handwerker, die kleinen Händler und Lohnarbeiter wurden so allmählich zu einer passiven Masse; über sie rollte der Wagen der Geschichte immer wieder hinweg, und sie langten nicht einmal in die Speichen, geschweige denn, daß sie in die Zügel gegriffen hätten.

Wogegen die Florentiner eine sarkastische Abneigung nie zurückhalten konnten, fand in Neapel, bei diesem entmündigten und eingeschläferten Volk, seinen besten Nährboden: Prunk und Schaulust. Da waren etwa die Turniere. Ihre große Zeit lag im Frühjahr. Auf dem geräumigen Platz vor dem Castel Nuovo oder außerhalb der Mauern, westlich der Porta Capuana, versammelte sich die vornehme Welt, herausgeputzt und strotzend vor Pracht. Das Gepränge der Ritter schien noch dasjenige der Zuschauer übertreffen zu wollen: Gewänder aus Purpur, indisches Gewebe und edelsteinbesetzte Geschirre waren die Regel. Diese Turniere hielten an Gefährlichkeit und Härte keinen Vergleich mit jenen des Nordens aus: es galt, den Damen zu gefallen, nicht das Leben aufs Spiel zu setzen. Und den Kampfspielen folgten die unerläßlichen Straßenbelustigungen. Kein Zweifel, der Adel des Königreiches besaß nicht mehr im entferntesten jenen in Orient und Okzident so berühmten Kampfgeist der französischen Ritterschaft. Mit diesem Adel war Schau zu machen, keine Schlacht zu schlagen.

Dies sollte offensichtlich werden, als das Reich 1347 militärisch auf die Probe gestellt wurde. In Florenz wußte man sich keinen Rat, wie die übereifrigen Bürger vom dauernden Gebrauch der Waffen abzuhalten seien – in Neapel schritten die Behörden zu den grausamsten Drohungen wie dem Abschneiden der Füße, um die dienstverpflichteten Bürger hin und wieder unter die Fahnen zu zwingen. Dieser uns sympathisch anmutende Charakterzug enthüllt eine Gleichgültigkeit der unteren und mittleren Klassen des Volkes, die, kulturhistorisch betrachtet, ein pathologisches Syndrom darstellt: man kümmert sich nicht mehr um die Wechselfälle der Politik, man entwickelt und vervollkommnet die feine Kunst, einem schwankenden Schicksal – markiert durch Erdbeben oder politische Umstürze – den erhabenen Gleichmut des Lebenskünstlers entgegenzusetzen, vielleicht eine spätgriechische Kunst.

Dem Prunk ist das Vergnügen verschwistert, und an diesem hat es in der märchenhaften Landschaft nie gefehlt. Die Bäder von Baia, kaum zwanzig Kilometer westlich von Neapel gelegen, auf einer wunderschönen Landzunge, wurden schon von den Römern sehr geschätzt und waren das ganze Mittelalter hindurch das beliebteste Ziel der höfischen Ausflüge. Die Umgebung lud ein zur Jagd, zum Angeln, zu Spazierfahrten im Boot, zum geselligen Sammeln wohlgeformter Muschelschalen und nicht zuletzt zum sehr gepflegten Picknick. Gerne

wurde zum Klang einfachster Instrumente oder zum Gesang einzelner Vorsänger getanzt. Sicherlich mag manche muntere Gesellschaft sich ergötzt haben an der geistreichen Erörterung heikler, aber gefälliger Themen, ganz im provenzalischen Stil: nach festgelegter Reihenfolge hatte jeder auf kunstfertigste Weise seine Meinung darzutun. Die Landschaft, das Befreitsein von den Zwängen des städtischen Lebens, die wohltuende Entspannung von Körper und Geist dürfte aber mehr noch dazu verführt haben, sich der Liebe zu ergeben und sich von ihren tausenderlei Verwicklungen überraschen zu lassen. Es war ein Ort, wo die Gesetze von Liebe und Schönheit alle weltlichen und kirchlichen aufhoben: ob verheiratet oder nicht, ob Männer oder Frauen – hier hatten alle die gleichen Rechte. Baia hatte diesen Charakter seit der Spätantike bewahrt, und erst die Bigotterie unter der spanischen Herrschaft (ab dem 16. Jahrhundert) sollte diesem abgeschirmten Paradies der neapolitanischen Aristokratie, diesem zweiten Cythera, ein Ende setzen.

Das Leben in der Stadt war lockerer als anderswo in Europa. Die Jugend war äußerst vergnügungssüchtig und ließ sich ihre angestammte Lebensfreude nicht vergällen; sie hielt auf modische Kleidung und war immerzu den geheimnisvollen Abenteuern der Liebe hinterher. Ein königliches Edikt aus dem Jahr 1335 schalt „die schlüpfrigen und schamlosen" Jünglinge, die sich als Schürzenjäger betätigten, „den Kopf vorgestreckt, die Haare ungepflegt, das Gesicht größtenteils von Barthaaren verdeckt, den Bart lang, mehr grausig als bewundernswert. Ihren Rock, den sie bis zu den Knien trugen, schneiden sie nun bis zu den Hinterbacken ab. Sie bemerken nicht, daß sie sich so zur Unanständigkeit anerbieten." Reiten können sie nur, wenn sie sich mit beiden Händen festhielten, spottete der Text, an Schild und Lanze sei gar nicht zu denken; aber das „Allerdümmste und Blödeste" sei ohne Zweifel, daß diese Schönlinge, „indem sie die Gewohnheiten der Araber und Philosophen in Haar- und Barttracht nachahmen", auch noch für gebildet und philosophisch gelten wollten! Es folgt ein Verbot luxuriöser Kleidung; dabei ist der Text des Edikts gespickt mit Bibelzitaten – kein Zweifel: der alternde König Robert hat es selbst geschrieben; ein Kleidergesetz war ihm Anlaß für eine Volkspredigt.

Die neapolitanische Jugend, ob reich oder arm, kümmerte sich wenig um solcherlei Gesetze; und sogar der Kirchgang stand im Dienste der Sinnenlust. Einem Florentiner in dieser Stadt muß die strenge Trennung zwischen Adel und Bürgertum im Gotteshaus unangenehm aufgefallen sein, doch das Schauspiel, das sich ihm bot, wenn er die Augen offenhielt, wird ihn belustigt und ihm Achtung abgerungen haben: die jungen Stutzer, ob adlig oder nicht, gafften die schönen Frauen mit solch geduldiger Aufdringlichkeit an, daß, bis die Messe vorbei war, jeder eine bestimmte Dame sich erkoren hatte; und einige hatten sogar ein paar vielsagende Blicke der Angebeteten eingeheimst. Nach dem Segen beeilte sich die gesamte männliche Jugend, draußen Aufstellung zu nehmen und zu warten, bis die Angehimmelte vorbeischritt: jetzt galt es, ihre Aufmerksamkeit auf sich zu lenken – durch Gruß, Kleidung, Gehabe und alles, was die Phantasie aufbot. Die in der anjoinischen Epoche aus dem Boden schießenden Nonnenklöster waren gesellschaftliche Treffpunkte; und mancher kirchliche Blickkontakt konnte im Nonnenkloster zur förmlichen und namentlichen Vorstellung führen; die Krönung der Liebe verlegte man dann vielleicht nach Baia.

Der Liebe wegen schlugen manche auch über die Stränge. Ein anderes königliches Edikt, aus dem Jahr 1332, verbietet die „Entführung". Darin ist die Rede von der „gefährlichen und pestartigen Unsitte, der verabscheuungswürdigen Verkommenheit, die seit langem in die Stadt eingeführt wurde", mit der „junge schamlose Menschen, verwundet durch die Liebe zu jungfräulichen Mädchen, beherrscht von ihren Leidenschaften, entflammt vom Feuer der Begierde und übermannt von der Regung der fleischlichen Wollust, manchmal unkluge und einfache Mädchen umgarnen; das tun sie mit unzüchtigen und unehrsamen Blicken vor den Haustüren und mit überredenden Bittgängen: und sie führen sie vom Haus ihrer Eltern weg, manchmal mit Zustimmung,

Warnung vor Unkeuschheit am Beispiel eines Liebespaares, dessen Intimität als Teufelswerk „entlarvt" wird. Der spätmittelalterliche kolorierte Holzschnitt bringt in naiver Offenheit das Mißtrauen gegenüber der natürlichen Sinnlichkeit zum Ausdruck (nicht zufällig trägt der Teufel hier Grün als Farbe der Natur), deren Unterdrückung nicht allein das Anliegen der Kirche, sondern ebenso das weltlicher Machthaber zum Zweck der Aufrechterhaltung der „öffentlichen Ordnung" bildete. Vor diesem Hintergrund ist Boccaccios novellistisches Schaffen als der Versuch zu verstehen, in der Form höfischer Unterhaltung die Einsicht in das Wesen der Natur als „höchstes Gesetz" zu vermitteln (vgl. S. 100).

König Robert. Miniatur aus einer italienischen Handschrift (um 1340). Er herrschte von 1309 bis 1343. Im Kriegszustand mit dem deutschen Kaiser vermied Robert jeglichen Einsatz seiner Streitkräfte. Weniger diplomatisch verfuhr er mit Sizilien: er unternahm drei Invasionsversuche, alle scheiterten.

manchmal gegen den Willen der Mädchen." Ja sie ließen sich sogar dazu hinreißen, „ihre Freundinnen zu küssen, sei es in der Kirche, sei es auf den Plätzen, wo sie es bequem fänden"! Das Edikt droht an, daß solcherlei „Entführung" mit dem Verlust aller Güter für den Entführer geahndet würde und falls die Entführte eingewilligt habe, solle sie dieselbe Strafe erleiden. Das Edikt dürfte die Lebenslust schwerlich gehemmt haben, sondern hat allenfalls die Phantasie dieser ohnehin mit Mutterwitz gesegneten Bevölkerung angereizt, die passenden Umwege zu finden.

31

Die sprichwörtliche Unsicherheit auf den Straßen und das Treiben bewaffneter jugendlicher Banden bei Nacht nahmen erst in den letzten Jahren König Roberts ihren Anfang; nach dessen Tod jedoch war Neapel des Nachts gefährlicher als der Dschungel. Es genügt zu wissen, daß der späteren Königin Johanna (von ihr wird noch die Rede sein) auf offener Straße das silberne Tafelgeschirr geraubt wurde. Die Täter konnten nicht ermittelt werden, und so mußte die Stadtverwaltung der Königin den Silberwert erstatten.

Zu diesen Zeiten weilt aber Boccaccio nicht mehr in der Stadt; er hat vor allem das fröhliche, festliche Neapel wahrgenommen, wie es schwelgte in Liebe und im Zauber seiner Landschaft.

1328 Der fünfzehnjährige Boccaccio arbeitet als Lehrling in der Niederlassung der Bardi-Bank in der „Wechslerstraße" nahe dem Castel Nuovo. Boccaccino wird der persönliche Bankier des Thronfolgers, Herzog Karl von Kalabrien. Schon im März wird er zum „Vertrauten und Getreuen" des Königs ernannt – zwar ein leerer Titel, aber doch geeignet, dem Sohn Zugang zum höfischen Leben zu verschaffen. Boccaccio wiegt jedoch vorerst Silbermünzen, wechselt, nimmt Aufträge entgegen, erstellt Listen über Ausgaben und Einnahmen, übt Bilanzrechnen und geht regelmäßig zum Hafen, um im „Dogano" in die öffentlich aufliegenden Ladelisten der eingetroffenen Schiffe Einsicht zu nehmen; er spricht auch bei den Kapitänen vor, um sich nach dem Preis dieser oder jener Ware oder gar der ganzen Ladung zu erkundigen.

Der Junge ist unglücklich und sehnt sich zurück nach den eleganten lateinischen Versen Ovids und nach dem vorzüglichen Unterricht seines florentinischen Lehrers – das beteuert der Dichter noch in seinen alten Jahren. Dennoch: hier und nirgendwo anders schult Boccaccio jene einzigartige Beobachtungsgabe, die seine Dichtung so bereichern sollte. Er lernt nicht nur in der Bank der Bardi, sondern leistet auch eine Art Außendienst bei der Bank der Frescobaldi und Acciaiuoli ab. Den drei Jahre älteren Niccolò Acciaiuoli kennt er schon von der Schule her und freundet sich nun mit ihm an. Dieser aufgeweckte und stolze junge Florentiner, dessen Vater bei Hofe ebenfalls in hohem Ansehen steht, hat bereits sehr früh eine politische Karriere im Sinn. Über ihn lernt Boccaccio die müßige Jugend der neapolitanischen Aristokratie kennen.

Im November stirbt der Kronprinz, Herzog Karl von Kalabrien. Kurz darauf bringt seine Frau ein Mädchen zur Welt, die spätere Königin Johanna. Damit ist die Königsfamilie ohne Thronfolger. Hinter den Kulissen brechen sofort politische Ränke aus: zwei Großfamilien des Hochadels – beide Seitenlinien des Königshauses – stehen einander gegenüber jeweils mit der Absicht, den Thron für sich zu gewinnen. Robert I. durchkreuzt die Intrigen; er leitet Verhandlungen mit dem Ungarnkönig ein, demselben Carobert, dem er durch Rechtsbeugung den Thron abgewann, und die Monarchen vereinbaren die Verbindung von Johanna mit dem gleichaltrigen Andreas, dem zweiten Sohn Caroberts.

1329 Boccaccio wird zum königlichen „Ratgeber und Kammerherrn" ernannt. Der König ist bemüht, gewandten, zielstrebigen Florentinern Reichsämter anzubieten. Er will die Finanzen des Reiches sanieren und findet unter der einheimischen Aristokratie keine Leute mit ausreichendem Können, Energie und Tatkraft.

1331 Boccaccio hat mit 18 Jahren die Volljährigkeit erreicht. Da er sich sträubt, im Geschäft des Vaters zu bleiben, und überhaupt nichts mehr zu tun haben will mit Wechslerei und Krämerei, läßt ihn Boccaccino kanonisches Recht studieren. Rasch frischt Boccaccio die halbvergessenen Kenntnisse des Lateinischen auf; allerdings widmet er sich nun ausgiebiger, als dem Vater lieb ist, der Lektüre antiker Autoren.

1332 Boccaccino verläßt Neapel, um die Bank seiner Geschäftspartner in Paris zu vertreten. Boccaccio benutzt diese Abwesenheit, um sich den Gelehrten am Hofe zuzuwenden. Der toskanische Rechtsgelehrte Cino da Pistoia (um 1270 bis 1336/1337) weilt 1331/1332 in Neapel und hält Vorlesungen, er ist außerdem Dichter und Verehrer Dantes. Boccaccio hört

Andalo Negro (1270–1343). Miniatur aus einer Hand-schrift seiner „Einführung in die Einsichten der Astrolo-gie". Er war weitgereist, hochgebildet und eloquent.

bei ihm und besucht ihn, sooft er kann. Der Student hat dank seiner Beziehungen zum Hof auch Zugang zur königlichen Bibliothek, die Paolo de Perugia betreut, „ein äußerst ernster Mensch . . ., zutiefst wißbegierig beim Durch-forschen fremder Bücher", wie ihn der Dichter später beschreibt (Genealogie XV).

Dieser gelehrte Bücherwurm, der Kommentare zu lateinischen Dichtern ebenso verfaßt wie ein Buch über die antike Götterwelt und ein enzy-klopädisches Werk („Collectiones"), ist für Boccaccios Wissensdurst eine unerwartete, rei-che Quelle. Der Mitarbeiter des Bibliothekars ist ein kalabrischer Mönch namens Barlaam, der als hervorragender Kenner der griechi-schen Literatur gilt. Boccaccio bemüht sich, Griechisch zu lernen, und einige seiner Werke versieht er später mit griechischen Titeln; doch seine Kenntnisse bleiben bescheiden. Mehr lernt er von dem Genueser Astronomen An-

dalo del Negro, der hier forscht und lehrt und ein Werk über die Planeten schreibt. Der Sternenglaube ist mit der Astronomie untrenn-bar verbunden, und Robert I. förderte astrolo-gische Studien.

Um den Lehrstuhl für Rhetorik zu besetzen, hat Robert den Augustinerpater und Dekan der Universität Paris, Dionigi da Borgo San Se-polcro, nach Neapel berufen, einen gebürtigen Toskaner und Freund Petrarcas. Der Pater lehrt Theologie und Rhetorik; außerdem ist er sozusagen persönlicher Astrologe des Königs. Dieser gebildete Kenner der modernen Poesie bringt Boccaccio einen Dichter nahe, von dem er zwar schon gehört hat, aber bisher kaum eine Zeile zu Gesicht bekam: Francesco Pe-trarca (1304–1374). Der Pater wird Boccaccio der liebste unter allen diesen Gelehrten; „Hoffnung meiner Seele" nennt ihn der Jüng-ling in einem späteren Brief. Das Übermaß an Gelehrsamkeit, das sich in manchen Frühwer-ken niederschlägt und die lateinischen Alters-werke völlig beherrscht, findet hier seine Wur-zeln. Zu vielen Einflüssen ist der zwanzigjäh-rige Boccaccio ausgesetzt; er verfügt über eine rasche Auffassungsgabe, aber es fällt ihm zeit-lebens schwer, das Vielfältige klar gegliedert und bündig auszudrücken.

1333

Der ungarische König Ca-robert besucht Neapel, um sei-nen siebenjährigen Sohn An-dreas mit Johanna, der Enkelin Roberts, zu verheiraten. Am 26. September findet die Hochzeit statt; die Kinder beziehen eine ge-meinsame Wohnung unter der Obhut von Jo-hannas Erzieherin. Die Wohnungseinrichtung hat Niccolò Acciaiuolo (1310–1365) besorgt. Der schneidige Florentiner beginnt seine Kar-riere.

Boccaccio schreibt seine beiden Erstlingswer-ke: die Elegie Constanzes und die Mythologi-sche Allegorie; beide werden erst seit kurzem Boccaccio zugesprochen. Die Elegie ist eine Umschreibung der berühmten Grabinschrift für die Gattin Heinrichs VI., die Mythologische Allegorie ist ein Stoppelwerk in Prosa, worin sich die ersten beiden Bücher von Ovids „Me-tamorphosen" mit Geschichtlichem, Christli-chem und Heidnischem bizarr vermischen. Es sind Stilübungen ohne literarischen Wert. Der Umgang am Hofe gibt Boccaccio noch weitere, völlig andersartige Anregungen als die Gespräche mit den Gelehrten: die häufigen Ausflüge nach Baia, die Liebeserlebnisse und nicht zuletzt die französischen und provenzalischen Gesänge, die im Umkreis der beiden verwitweten Schwägerinnen des Königs Agnes von Périgord, Herzogin von Durazzo, und Caterina de Courtenay, Herzogin von Tarent, gepflegt werden. An diesem Hof vermochte der „Neue Stil" Dantes nicht Fuß zu fassen; die vergeistigte Liebe des Florentiners konnte kaum zum Ideal dieser Höflinge und Hofdamen werden, denen die Lebenslust über alles ging.

1334

Niccolò Acciaiuoli wird Vertrauter von Caterina de Courtenay, der Herzogin von Tarent. Ihm wird die Erziehung ihres Sohnes Ludwig anvertraut.

Wahrscheinlich entsteht in diesem Jahr die erste nennenswerte Dichtung Boccaccios: die *Jagd der Diana*. Erst die neuere Forschung hat dieses Werk endgültig Boccaccio zugeordnet. Es ist eine Dichtung von 18 Gesängen, abgefaßt in Terzinen, ein Lobpreis der herausragendsten Frauen des Hofes zu Neapel, worin die Liebe gefeiert wird und ihre Macht, den Menschen umzubilden, ihn zu erheben: „So ward ich aus einer häßlichen Bestie wieder zum Menschen", sagt der Dichter im letzten Gesang. Erzählt wird eine phantastische Jagd, von Diana geleitet, an der die bekanntesten Frauen Neapels (fast immer mit Vor- und Familiennamen genannt) teilnehmen. Auf Anraten der „schönen Frau, deren Name verschwiegen wird", meutern diese gegen die Führung der keuschen Jagdgöttin und begeben sich in den Dienst der Venus.

Die *Jagd der Diana* ist nur „ein tastender Versuch" (Carlo Grabher). Der heidnische Mythos soll auf die Ebene des wirklichen Daseins verlagert werden. Doch gegenüber späteren Dichtungen dieser Art entwickelt Boccaccio in diesem Werk noch kaum dichterische Eigenständigkeit. „Es ist ein Realismus, der größtenteils über eine äußerliche Aufzählung und über den chronistischen Bericht nicht hinausgeht. Ausnahmen bilden nur einige wenige Stellen, in denen man eine Gestalt oder ein Bild ahnt, sowie einige Ansätze zur Naturschilderung. Hier wagt sich neben Einflüssen des ‚Neuen Stils' und einer gewissen Neigung zum Volks-

tümlichen zaghaft der dichterische Stil und der reiche Sinn für Naturschönheiten hervor, denen wir beim reiferen Boccaccio begegnen" (Grabher). Diese Bestandteile bleiben noch roh und sind durchsetzt von Abschnitten, die Anklänge an das Madrigal zeigen, an jene Gedichtform, die bei Hofe so beliebt war. Doch diese Elemente zusammenzuschweißen zu einer stilistischen Einheit und in dichterische Sprache umzusetzen, gelingt Boccaccio hier nicht.

Eine feine Beobachtungsgabe zeigt das Beispiel der Naturschilderung, mit der der II. Gesang eröffnet wird:

„In einem Tale, das nicht sehr geraum,
Von vier gelinden Hügeln sanft umgeben,
Von Blüten schwellend und von grünem Gras;
Inmitten dieses Tals, das also blühte,
Entsprang ein reiner, schöner, starker Quell,
Und Wasser floß aus ihm im Übermaß . . ."

Im XII. Gesang entdecken die Frauen eine Schlange, und hier kündigt sich des Dichters Fähigkeit an, durch schlichte Lebendigkeit des Dialogs die eintönigen Schilderungen aufzulockern. Hier kann man den lebhaften Redefluß des zukünftigen Erzählers voraussahnen. Der anschließende XVIII. Gesang enthält wieder sehr viele Anklänge an den „Neuen Stil".

Diese Dichtung huldigt nicht nur einer, sondern mehreren Frauen gleichzeitig; das ist nicht neu, schon Dante erlaubte sich dies in einer verlorengegangenen Schrift. Die dreizeilige Strophe mit verschlungenem Reim (Terzine) zeigt die Anlehnung an Dante, und auch in der Vorliebe für Allegorisch-Moralisches bleibt Boccaccio ihm verhaftet. Doch übernimmt er den alten Gedanken der Minnedichtung, daß die Liebe eine umformende Macht sei, die den Menschen erst von einem unvernünftigen Tier zu seiner eigentlichen Wesensart erhebe, gerade nicht in der Form, die Dante diesem Gedanken gegeben hat (Liebe als rein geistige Kraft, die den Menschen über seine Natur in die Bereiche des Göttlichen emporhebt), sondern schließt sich hierin der Tradition der provenzalischen Troubadoure an. Vielleicht ist diese irdischere Auffassung der Liebe der Grund dafür, daß Boccaccio weder stilistisch noch inhaltlich bei seinen nächsten Werken auf Dante zurückgreift. Erst ab 1341 wird er sich dem „Neuen Stil" zuwenden.

Aus einer Handschrift des „Filostrato" (Staatsbibliothek Westberlin). Um eine Handschrift zu kopieren, benutzte der Kopist Pergamentblätter. Zwar wird in Italien seit 1297 Papier hergestellt, doch für gute Bücher verwendet man noch lange das teurere Pergament. Seit der Antike benötigt der Kopist die Gänsefeder – oder die noch unelastische Metallfeder –, eine meist aus Gallusäpfeln und Eisenvitriol angerührte Tinte, Lineal und Bleischeibe zur Linierung, das Federmesser, den Schwamm zum Löschen von Schreibfehlern sowie das Radiermesser. Obwohl diese Schrift reizvoller ist als Antiqua, bleibt sie weit zurück hinter der Schönschreibekunst der islamischen und der fernöstlichen Welt. Im Abendland werden lediglich die Initialen zu Ornamenten ausgestaltet. Das Schriftzeichen selber bleibt dem Gemeinten (dem Wort) untergeordnet. Eine radikal intellektualistische Auffassung der Schrift: das Sichtbare (Buchstabe) hat keinen Eigenwert.

1335

Der junge Niccolò Acciaiuoli wird Kämmerer des Königs und erreicht seine Erhebung in den Ritterstand. Caterina de Courtenay hat ihm inzwischen freie Hand in der Verwaltung ihres Herzogtums gegeben. Die Freundschaft zwischen ihm und Boccaccio bleibt davon unberührt, sie gestaltet sich eher noch enger. Der König erläßt ein Edikt gegen den überhandnehmenden Luxus.

Boccaccio macht sich an das erste Werk, in dem sich seine Könnerschaft gänzlich offenbart: den *Filostrato*. Er umfaßt neun Teile, die sich aus achtzeiligen Strophen zusammensetzen. Im Vorwort läßt der Dichter seinem Kummer über die Abwesenheit der Geliebten freien Lauf: „Jetzt brachte mich die Liebe an den Rand des Todes, den ich ohne Frage willkommen geheißen hätte, wenn er nur gekommen wäre." Doch genau wie den fahrenden

Ritter die unglückliche Liebe nur zu desto mutigeren Taten beflügelt, so wird des Dichters Schmerz zum Impuls für seine literarische Tätigkeit: „Ich dachte daran, den Schmerz in ehrlicher Klage aus meiner Brust hervorbrechen zu lassen, auf daß ich leben und Euch wiedersehen könnte und in einem langen Leben der Eurige bliebe ... Und die Möglichkeit stellte sich mir so dar, daß ich in einer Dichtung in der Person eines leidenschaftlich Verliebten, wie ich es war und bin, meine eigene Marter erzählen sollte."

Der *Filostrato* handelt von der Liebe des Troiolo (Troilus), des Sohnes des trojanischen Königs Priamos, zu Criseida (Kressida), der Tochter des Wahrsagers Kalchas, der zu den feindlichen Griechen übergelaufen ist. Troilus gelingt es mit Hilfe seines Freundes Pandaros, des Vetters der holden Kressida, diese zur Geliebten zu gewinnen. Doch bei einem Gefangenenaustausch wird sie dem Vater ins griechische Lager ausgeliefert. Kressida verliebt sich nun in den griechischen Helden Diomedes und verrät ihre Liebe zu Troilus. Nachdem dieser sich von der niederschmetternden Wahrheit überzeugt hat, gerät er in die furchtbarste Verzweiflung, sucht Diomedes zu stellen und fällt dabei von Achills Hand.

Boccaccio läßt die homerischen Helden in Ritterrüstungen schlüpfen und Pferde besteigen. Sie pflegen ritterliche Galanterie. Darin folgt er dem „Roman de Troie" von Benoît de Sainte-More, einem um 1170 geschriebenen französischen Werk, das die Troja-Legenden zusammenfaßte und sie, dem Geschmack des zeitgenössischen Publikums gemäß, in ritterlich-höfische Formen umgoß. Dieser Ritterroman

Die Ritterweihe des hl. Martin; Szene aus dem Freskenzyklus von Simone Martini in der Martinskapelle von San Francesco in Assisi (um 1317). Der Zyklus dient zwei politischen Zielen: 1. Die Aufwertung des Adels im anjoinischen Reich. Martin war römischer Reitersoldat – und das sehr gegen seinen Willen: „Ich bin ein Ritter Christi, darum ziemt es mir nicht zu kämpfen", sagte er zu Kaiser Julian („Legenda Aurea„). Die Fresken deuten die Legende um: aus dem pazifistischen Soldaten wird ein Adliger. 2. Der Franziskanerorden demonstriert in seiner Stammkirche (Assisi!), daß er die weltliche (Herrschaft des Adels) und kirchliche (Reichtum der Kleriker) Macht akzeptiert und sich von den Spiritualen distanziert. 1316 wurde Michael von Cesena Ordenshaupt und im Sekretär König Roberts Papst (Johannes XXII.). Nun begann eine Großoffensive gegen die Vertreter des Armutsideals und deren sozialrevolutionäre Tendenzen.

wurde in Italien viel gelesen und gab Guido delle Colonne im 13. Jahrhundert den Anstoß, eine „Historia destructionis Troiae" zu schreiben, die wiederum ins Italienische übersetzt wurde und schon bald weite Verbreitung fand.

Vom Trojanischen Krieg ist nicht viel zu spüren; der Gang der Handlung ist in hohem Maße psychologisch bestimmt und folgt den Entwicklungen einer Liebesgeschichte. Es gelingt dem Dichter, ausgeprägte Charaktere zu schaffen, die glaubhaft in die Handlung eingeflochten sind. Die romantische Tönung des Werkes ist zur Gänze der Gestalt des Troilus geschuldet: dem leidenschaftlichen Kern seines Wesens, seiner unstillbaren Qual wegen der verlorenen Geliebten.

Der Charakter der Kressida bezeugt geradezu die Meisterschaft Boccaccios, das wirkliche Leben zu beobachten und es in literarische Formen umzubilden: „Ihre Gestalt ist im höchsten Grade unliterarisch, lebendig und anziehend in jener Mischung von ausgeprägt menschlichen weiblichen Eigenschaften, die aus der erfahrenen und alles andere als naiven Witwe ein Geschöpf entstehen lassen, das zu gleicher Zeit triebhaft und berechnend, flatterhaft und aufrichtig ist. Aufrichtig ist sie immer, sei es in ihrer Leidenschaft, ihrer Hingabe, ihrem geheimen Wissen wie in ihrer Anpassungsfähigkeit an praktische Erfordernisse. Und was mehr zählt, sie ist aufrichtig in der Verzweiflung, mit der sie sich von dem Geliebten trennt, wie auch in der Natürlichkeit, mit der sie ihn später verrät und sich dem neuen Geliebten hingibt. Sie ist ein höchst einfaches, natürliches Wesen, das immer in der Gegenwart lebt und sich sogar bei ihrer Schuld eine eigenartige Art von Reinheit bewahrt, indem sie sich in fast primitiver Weise ihrem Instinkt und ihren besonderen weiblichen Anlagen überläßt. Stets ist sie anziehend, besonders anziehend jedoch in den zarten, den heiteren, scherzhaften oder maliziösen Wesenszügen wie auch bei allen ihren weiblichen Plänkeleien, eben weil sie sich niemals verstellt, sondern nur aufrichtig ihren Charakter und ihre Triebe offenbart" (Carlo Grabher).

Der kaltblütige Diomedes ist ein erfahrener Kenner weiblicher Schwächen und ein nüchterner, entschlossener Verführer. Gefühlvolle Hingabe ist ihm fremd. So ist er der Widerpart des Troilus und liefert mit Kressida zusammen den Kontrastgrund, vor dem sich die Leidenschaft und die Verzweiflung des unglücklichen Verliebten, der ja des Werkes Mittelpunkt bildet, gänzlich entfalten können. Die Handlung wird flüssig und ohne allzu störende Gelehrsamkeit oder Rhetorik erzählt. Der ungezwungene Stil der Gespräche ist unter anderem der Erzählung sehr günstigen Versmaß, den „Ottaverime" oder „Stanzen" zu verdanken (die Strophe hat acht elfsilbige Zeilen, die dem Reimschema a–b–a–b–a–b–c–c folgen). Dieses Versmaß stammt aus volkstümlichen Gesängen und bietet dem Erzähler größere Elastizität als die Terzinen, die Dante so meisterhaft gehandhabt hat. Mit dieser Neuerung findet Boccaccio eine ganz eigene Stimme, suggestiv im Besingen der Liebesfreude wie in der hingebungsvollen Klage. Auch wenn die Suche nach Schlichtheit manchmal die Töne prosaisch färbt, so ist doch deutlich, daß der Dichter mehr und mehr seinen ihm eigentümlichen Stil entfaltet. Er wird später darauf zurückgreifen. Bisweilen findet sich ein leiser Lyrismus, der zwar nicht in der Raffinesse sprachlichen Könnens, aber doch in der Stärke bildnerischer Phantasie bereits auf die Lyrik des 15. Jahrhunderts vorausweist, besonders auf Angelo Poliziano (1454–1494):

„Wer setzet auf ein Weib wohl seine Liebe?
Denn wie das Blatt sich wendet nach den
                                        Winden,
So wechseln Frauen tausendmal die Triebe
An einem Tag, mag Qualen auch empfinden
Der Liebende, so daß er sich zerriebe,
Und alle hören nur, was gut sie finden;
Drum glücklich, wer nicht all sein Wohl und
                                        Wehe
An Frauen hängt und meidet ihre Nähe."
                              (Filostrato I,22)

1336

Boccaccio gibt sein Studium auf. Er genießt in vollen Zügen das Hofleben, verzichtet aber nicht auf seinen Umgang mit den Gelehrten des Hofes. Vor allem die französische Romanliteratur, an der die Bibliothek des Königs nicht arm ist, fesselt ihn. Boccaccio unterstützt den nun gänzlich müßiggängerischen Sohn auch weiterhin. Boccaccio schafft in seinen Dichtungen zwei biographische Legenden: er-

stens münzt er seine uneheliche Geburt zu seinen Gunsten um, indem er vorgibt, in Paris geboren zu sein, und zwar als Kind einer illegitimen Königstochter; er bezieht so inmitten der neapolitanischen Adelsgesellschaft Abstand zu seinem bürgerlichen Vater. Niccolò Acciaiuoli gibt ähnliche Histörchen zum besten (sein Vater ist unehelich geboren) und erfabelt einen Stammbaum bis hin zu den Trojanern. Zweitens erdichtet sich Boccaccio eine Art „Beatrice": am Ostersamstag des Jahres 1336 habe er in der Kirche San Lorenzo eine Dame erblickt, deren Schönheit ihn wie der Blitz getroffen habe – „Fiammetta", die er wenig später glücklich und dann unglücklich lieben sollte. Doch der Forschung entschwand diese „Fiammetta" je genauer sie untersuchte, so daß man annehmen darf, daß im Gegensatz zu Dante, aber ganz ähnlich wie Petrarca, der dritte große Florentiner seine „Geliebte" völlig aus der poetischen Phantasie geschaffen hat. Vor allem Vittore Branca, der wohl bedeutendste lebende Boccaccio-Forscher, vertritt diese Auffassung.

Boccaccio beginnt den Prosaroman *Il Filocolo (Der Filocolo),* den er vermutlich 1338 beendet. Es ist der erste originale Prosaroman der italienischen Literatur; seine übergreifende Handlung bildet eine Liebesgeschichte:

Quinto Lelio unternimmt mit seiner Frau Giulia eine Wallfahrt vom heimatlichen Rom nach San Jacopo di Compostella, weil ihm der langgehegte Wunsch erfüllt werden soll, daß seine Frau ihm ein Kind schenke. Felice, der König von Spanien, ermordet Lelio mit seinen Begleitern; er bereut jedoch und nimmt Giulia an seinen Hof auf. Sie stirbt bei der Geburt eines Mädchens, das den Namen Biancofiore erhält. Am gleichen Tag bringt die Königin einen Knaben, Florio genannt, zur Welt. Gemeinsam wachsen die Kinder auf, gegenseitige Zuneigung erfaßt sie, und diese verwandelt sich in glühendste Liebe. Doch das Königspaar will dies nicht dulden und verkauft Biancofiore in die Sklaverei; so gelangt sie in den Orient zum Admiral des babylonischen Königs, der sie in einen Zauberturm einschließen läßt, um sie seinem Herrn zum Geschenk zu machen. Florio nimmt den Namen „Filocolo" an (gemäß Boccaccios bescheidenen Griechischkenntnissen sollte dies „Liebesmüder" bedeuten). Nach langer Irrfahrt, während der Filocolo Neapel,

Sizilien und Rhodos bereist, erreicht er endlich Alexandrien. Es gelingt ihm, in den Zauberturm einzudringen; aber die Liebenden werden überrascht und zum Tod im Feuer verurteilt. Ein Zauberring und später die Hilfe von Venus und Mars errettet sie jedoch vom Tode. Als der Admiral entdeckt, daß Florio sein Neffe ist, bereitet er ihm einen festlichen Empfang. Auf der Rückreise verweilen sie in Rom, wo Biancofiore ihre Verwandten wiederfindet. Eine allgemeine Bekehrung zum Christentum schließt sich an, an der auch König Felice mit seinem Volk teilnimmt. Florio, vermählt mit der Geliebten, wird nach des Vaters Tod König.

Eine beträchtliche Menge von Episoden und Ereignissen spreizen den Gang der Handlung, ja stören ihn. Boccaccio macht bei den nebensächlichsten Einzelheiten halt, um den Schatz eigener Gelehrsamkeit auszubreiten oder die Gefühle seiner Helden sich in langatmiger Rhetorik ergießen zu lassen; diese macht einen der hauptsächlichen Mängel des Werkes aus. Die fehlende Geschlossenheit gab Anlaß zur Annahme, das Werk zerfalle in zwei Teile, wovon der letztere nicht mehr in Neapel, sondern schon in Florenz abgefaßt worden sei, womöglich nach jahrelanger Unterbrechung (Henri Hauvette). Tatsächlich hat der Dichter Mühe mit der Geschlossenheit dieses an Motiven, Abschweifungen und wunderlichen Einflechtungen so überaus reichen Werkes. Den Stoff hat er unmittelbar der Geschichte von „Floir et Blanchefleur" entnommen, einem französischen Roman des 13. Jahrhunderts, der seinerseits auf einer weitverbreiteten byzantinischen Legende beruht. Boccaccio reichert den Stoff mit tausenderlei Beobachtungen an, und an manchen Stellen (wie etwa im IV. Buch) wird seine Komposition beeindruckend.

Der Roman verherrlicht die Liebe als heiliges Naturgesetz, die daher in allen ihren Ausprägungen an einer unverlierbaren Reinheit teilhat. Aus den Seelen der beiden Kinder bricht die Liebe wie eine unbändige Naturgewalt hervor (Carlo Grabher), und als solche ist sie selbst im Augenblick der Besitzergreifung unschuldig und bleibt es auch danach. Boccaccio beschreibt alle Stufen der sich entwickelnden Liebe: vom Erwachen der zärtlichsten Zuneigung bis zur hemmungslosen Wildheit, die ein so sanftes Mädchen wie Biancofiore erfaßt, als

sie Eifersucht verspürt: „Mit meinen eigenen Händen möcht ich sie zerfleischen, nicht ein Fleckchen von ihrem Gesicht soll von meinen Nägeln verschont bleiben ... und danach möcht ich ihr mit meinen eigenen Zähnen, dir zum ewigen, schimpflichen Andenken, die Nase abbeißen. Dann aber würde ich mich selbst umbringen."

Aber schon in diesem Frühwerk entwickelt der Dichter seine Meisterschaft da, wo er bahnbrechend und vorbildhaft werden sollte: bei der Schilderung landschaftlicher Idyllen, die zugleich Schauplätze des freudigen oder jammervollen Spiels der Liebe darstellen. Eine Verführungsszene mag dies verdeutlichen: Traurig kommt Florio in den Garten, ahnungslos; da hört er einen wundersamen Gesang und erblickt die beiden Mädchen: „Sie hatten ein blütenweißes Antlitz, dessen Weiß schicklich mit Rot gemischt war. Ihre Augen strahlten wie Morgensterne, und die kleinen purpurroten Mündchen wurden noch verlockender, wenn sie sich nach der Weise eines Liedes bewegten. Ihre tiefblonden Haare aber glichen Goldfäden, wenn sie sich kraus um die grünen Zweige von Blumenkränzen wanden. Wie ich schon erzählt habe, war die feine, zarte Haut wegen der großen Hitze nur mit hauchdünnen Gewändern bekleidet. Diese waren über dem Gürtel sehr eng und ließen die Form der schönen Brüste sehen, die wie zwei runde Äpfel das widerstrebende Gewand nach außen bauschten. An mehreren Stellen aber sah man die weiße Haut durch reizende Schlitze schimmern. Ihre Gestalt war von angemessener Größe, und die Glieder standen im rechten Verhältnis dazu. Als Florio sie erblickte, blieb er ganz verwirrt stehen, und als sie seiner gewahr wurden, ließen sie die süßen Lieder schweigen, gingen heiter auf ihn zu und begrüßten ihn bescheiden mit schamhafter Gebärde." Und weiter: „Er hatte den Kopf der einen auf seinem Schoße liegen, und die andere hatte ihren zarten Arm um seinen weißen Hals geschlungen; oft aber ließ er das Auge mit scharfem Blick zwischen das weiße Gewand und die rosige Haut gleiten, um deutlicher zu sehen, was der leichte Seidenstoff nicht völlig verhüllte. Mit zarter Hand berührte er ein paarmal ihren weißen Hals ..., und jeder Teil des Körpers verführte ihn mit zärtlicher Gebärde ..."

Amor wird Venus zur Bestrafung zugeführt. Römische Wandmalerei aus Pompeji (1. Jahrhundert n. Chr.). Die Freskostechnik erfordert vom Maler ein zügiges Arbeiten. Die Farben müssen aufgetragen werden, solange der Kalkputz noch feucht ist. Da Farben und Linien nur mit Mühe korrigiert werden können, drückt der Künstler die Umrisse mit Kartons in den Putz. Das Bildmotiv folgt einer hellenistischen Götterfabel: Amor macht mit seinen Pfeilen die ganze Welt unsicher, die Götter erfüllen ihre kosmischen Pflichten nicht mehr, weil sie verrückt vor Liebe sind; es droht das Chaos auszubrechen, da läßt die Liebesgöttin einen Rundruf erschallen: „Wenn auf den Straßen den Eros, den Lungerer, einer gesehen, / Mir ist er fort; der Berichter soll eine Belohnung erhalten. / Lohn sei Paphias' Kuß, doch wenn ihn selber du einbringst, /

Bleibt's nicht trockener Kuß . . . Über den Rücken gehängt ist ein goldenes Köcherchen, d'rinne / Bittere Rohre zum Schuß . . . Greifst du ihn, bring ihn gefesselt und laß nicht Erbarmen dich rühren". Diese Verse sind eine Übertragung aus dem „Idyllion" I, einer Dichtung des griechischen Poeten Moschos. Der Dichter stammte aus Syrakus und lebte im 2. Jahrhundert v. Chr. Die griechische Fabel über den liebenswerten Bogenschützen erzählt weiter, daß der Knirps schließlich gefaßt, gescholten und mit Rosenbündeln von Venus gezüchtigt wird. – Die antiken Götter konnten vom Christentum nie ganz verdrängt werden. Sie lebten weiter als Dämonen, Planetengötter und Tagesherrscher. Die mittelalterliche Dichtung verwandelt diese bösen Mächte in Allegorien – bildlicher Ausdruck kreatürlicher Kräfte im Menschen.

Das IV. Buch bietet dem Leser eine ganz eigene Welt dar: Filocolo weilt in Neapel und wird in die galante Gesellschaft eingeführt, wo zuvorderst Fiammetta glänzt. Die Szene spielt in einem entzückenden Garten in der Nähe des Posilippe. Als es heiß wird, läßt man sich unter dem dichten Laubwerk auf der Wiese im Kreis nieder und schreitet zur Wahl einer Gesellschaftskönigin, die das Gespräch leiten soll. Fiammetta, der dieses Amt zufällt, stellt die Aufgabe, daß jeder der Reihe nach ein Problem, die Liebe betreffend, darzulegen habe, die Königin wolle eine Lösung vorschlagen, der Vortragende habe jedoch die Gegenthese zu vertreten, und dann werde die Königin das endgültige Urteil sprechen. Da Fiammetta sich damit begnügt, Urteile zu sprechen, und selbst kein Problem vorträgt, sind es also dreizehn Fragen, welche die heitere Gesellschaft durchzunehmen hat. Dieser aus der provenzalischen Kultur stammende Brauch war Boccaccio aus nächster Anschauung bekannt, und er sollte in seinem Hauptwerk auf diesen reizenden Rahmen nicht verzichten.

Unter den Fragen befinden sich ganz allgemeine: „Ist die Liebe etwas Gutes oder etwas Böses?" „Welchen von drei mit unterschiedlichen Eigenschaften versehenen Bewerbern wird eine Frau vorziehen: den Tapferen, den Höflichen oder den Gelehrten?" Andere Fragen sind feinfühliger und kniffliger: „Eine junge Frau gibt einem Bewerber das Sträußlein, das sie im Haar trug, und schmückt sich mit den Blumen, die ihr ein anderer brachte; wer hat das größere Liebeszeichen erhalten?" Die Erörterung solcher Dinge gibt Gelegenheit, eine erotische Kasuistik zu entfalten, die nicht leicht in den Schatten zu stellen ist; sie läßt ahnen, welches Maß an Feinsinn und Geistesreichtum in einer solchen überfeinerten höfischen Gesellschaft als normal oder erstrebenswert angesehen wurde. Die Beweisführungen sind gespickt mit Erzählungen teilweise märchenhaften Charakters, die aber zumeist hinter denen im *Decamerone* zurückbleiben.

Die „Suche" des Florio – ein Motiv der ritterlichen Kultur – bleibt nur der rote Faden durch ein erzählerisches Gewebe, das äußerst vermischt ist. „Dies ist geboren als Flickwerk mittelalterlichen Typs und bleibt es; sein Gerüst erinnert sowohl an die Abenteuer- und Liebesromanzen der europäischen Epik des 13. und

14. Jahrhunderts als auch an die Enzyklopädien und Blütenlesen der scholastischen Kultur, in welche mit Quellenangaben klassische Anekdoten, Legenden und mittelalterliche Sprichwörter zusammengepfercht wurden." So urteilt der italienische Literaturhistoriker Quaglio. Doch darf dies Urteil nicht hinwegtäuschen über den poetischen Nachhall, den dieses Frühwerk erfahren sollte: Tasso und Ariost haben gerade aus dieser orientalischen Üppigkeit an Märchenhaftem, Romaneskem und Idyllischem für ihre Dichtungen geschöpft.

1338

Niccolò Acciaiuoli verläßt in diplomatischem Auftrag Neapel. „Niccola, falls einem Elenden überhaupt Glauben geschenkt wird, so schwöre ich Euch bei meiner schmerzenden Seele, daß der Karthagerin Dido die Abreise des Trojaners Äneas nicht schwerer gefallen ist als die Eurige es mir gewesen", schreibt ihm Boccaccio. Der Vater, längst wieder in Florenz, hat seine Geschäftsbeziehungen mit den Bardi beendet und ist im Wechslergeschäft selbständig tätig.

1339

Die Bankhäuser der Peruzzi und der Bardi in Florenz brechen zusammen, weil der englische König eine Schuld von über einer Million Gulden nicht zurückzahlen kann. Die Kreditvergabe in der Stadt gerät ins Stocken. Boccaccino kann eine Schuld von dreihundert Gulden nicht kurzfristig tilgen und muß ein Haus in Florenz verkaufen. Seine Frau Margherita de' Mardoli stirbt.

Vermutlicher Beginn der Arbeit an der *Teseida* (Theseide). Boccaccio hat zuvor intensiv das Epos „Thebais" des römischen Dichters Publius Papinius Statius (um 45–96 n. Chr.) studiert (es ist jener Statius, der in Dantes „Divina Commedia" im „Purgatorio" an Vergils Stelle tritt). Der Wunsch, ein Epos in italienischer Sprache zu schreiben, muß Boccaccio völlig in Bann geschlagen haben. Er rühmt sich am Ende des Werkes, er habe das erste Epos in der Volkssprache geschaffen. So sehr er sich auch darin täuscht, klar erkennbar ist doch die Absicht, sich von der ritterlich-höfischen Literatur abzuwenden, um die antiken Quellen wieder fließen zu lassen. Das Geschehen läßt sich knapp umreißen:

Der König von Athen, Theseus, kämpft gegen die Amazonen. Sie werden besiegt und dem Gesetz der Liebe unterworfen; der König selbst heiratet Hippolyta, ihre Königin. Darauf bekriegt er den Tyrannen von Theben und besiegt ihn. Zwei edle Thebaner, Archytas und Palämon, die verwundet auf dem Schlachtfeld blieben, führt er als Gefangene nach Athen. Dort verlieben die beiden sich durchs Kerkerfenster hindurch in die Schwester Hippolytas, die schöne Emilia. Die beiden Freunde wollen nach einigen Abenteuern mit den Waffen entscheiden, wem Emilia zufallen solle, und kämpfen um sie in einem Turnier. Mit Mars' Hilfe siegt Archytas; doch Venus steht Palämon bei und läßt Archytas vom Pferd stürzen. Dem Schwerverletzten wird Emilia zugesprochen, doch – das ersehnte Glück vor Augen – muß er sterbend der Angebeteten entsagen. So äußert er den Wunsch, daß Palämon den Schatz erhalte, den er verdient hat und dessen das Schicksal ihn nun beraubt. Nach Archytas' Begräbnis feiern Emilia und Palämon eine prunkvolle Hochzeit.

Das Vorwort, eine Widmung an „Fiammetta", wurde lange Zeit für bare Münze genommen (wie die anderen Widmungen auch): „Daß dieses Werk für Euch abgefaßt ist, das beweisen mehrere Einzelheiten klar: was man liest unter dem Namen des einen der beiden Liebhaber und unter demjenigen der geliebten Frau, paßt, wenn Ihr darauf achten wollet, auf das, was wir gewesen, Ihr und ich, einer dem anderen. Welchen der beiden Liebhaber ich meine, sage ich Euch nicht, denn Ihr werdet ihn wohl zu erkennen wissen. Falls vielleicht in seinem Bild sich viele überflüssigen Züge finden, so deshalb, um wohl zu verdecken, was besser nicht an die Öffentlichkeit dringt; es genügt, daß wir uns verstehen, Ihr und ich . . ." Die neuere Forschung läßt eine biographische Deutung solcher Stellen im Werk Boccaccios nicht mehr zu. Aus diesen vertraulichen Zeilen können somit keine Rückschlüsse gezogen werden auf

die legendäre Fiammetta oder auf die Umstände, unter denen ihre Liebesbeziehung verlaufen ist. Sicher ist lediglich, daß die *Teseida* noch in Neapel begonnen wurde; wahrscheinlich hat der Dichter das Buch 1341 in Florenz beendet.

Das Werk findet unterschiedlichste Würdigung. Vittore Branca meint: „Die Anschaulichkeit der *Jagd [der Diana]* und einzelner Gedichte scheint äußerst eleganten Veranschaulichungen den Weg gebahnt zu haben, was die Amazonen und Hippolyta angeht und vor allem die Darstellung der zarten Gestalt und des pisanellesken Profils der Emilia (für einige geradezu eine Vorbildung der Simonetta des Poliziano); die klagevollen Ausbrüche des Troilus und einiger Sonette sind wieder aufgenommen von Archytas, aber innerhalb eines ernsteren und gesetzteren Registers; die Nebeneinanderstellungen von Waffen, Abenteuern und Liebschaften, so charakteristisch für den *Filocolo*, führt hier zu einer harmonischen Verschmelzung."

Doch schon Henri Hauvette bezeichnete es 1914 als Schwäche dieser Dichtung, daß das epische Element ebenso wie das mythologische zu schwach mit der Haupthandlung verwoben sei und äußerlich bleibe; die antiken Reminiszenzen bewahren – besonders bei den Kampfberichten – einen mittelalterlichen Firnis, der den vorherrschenden Einfluß der französischen Romane verrät. „Die *Teseida* ist also selbst eher ein Roman als ein Epos, und das gefühlsmäßige Element nimmt darin den ersten Platz ein, denn es war dem Talent des Dichters am angemessensten: hierin liegt der ganze, übrigens ziemlich schwache, Reiz des Werkes." Die Personen sind nicht so komplex gestaltet wie im *Filostrato*.

Interessant ist die Frage, inwieweit Boccaccio mit der Emilia einen Frauentypus geschaffen hat, der zur Nachahmung anreizte. Carlo Grabher schreibt über sie: „Im Gegensatz zu Kressida, die so lebendig und klar umrissen war, bleibt Emilia eine undeutliche Gestalt, die beinahe ausschließlich durch äußere Schönheit und äußere Reize charakterisiert wird . . ." Dennoch bietet gerade diese Figur einigen Renaissancedichtern Stoff und Anschauung: sowohl an Torquato Tassos Silvia als auch an Polizianos Simonetta mag einiges von ihr abgelauscht sein. Wie aber konnte diese Gestalt die

Die Abbildung gibt das älteste erhaltene Porträt Boccaccios wieder, eine Federzeichnung in einer Handschrift des „Filostrato", die ein Mitglied der florentinischen Familie der Rondinelli 1397 angefertigt hat. Der Dichter ist korpulent, hat ein markantes Profil und gestikuliert mit der Rechten, als erzählte er gerade. Die Bücher waren so kostbar, daß sie meist mit kleinen Schließen versehen wurden; solch eine Kodex hält Boccaccio in der Linken.

Phantasie solch überragender Dichter fesseln?
Wahrscheinlich ist die Antwort weniger in der
literarischen Rezeptionsgeschichte zu suchen
als vielmehr in den Wandlungen des Bildes der
Frau in den Köpfen der abendländischen Männer. Bereits Henri Hauvette deutet dies an:
,,Zubestimmt dem Sieger des Turnieres, dessen
Einsatz sie selbst ist, findet sie [Emilia] sich
verurteilt zu einer passiven Haltung, die ihr
eine fast gleiche Sympathie für die beiden Rivalen erleichtert. Außerdem unternahm es
Boccaccio, aus Emilia einen Abriß aller physi-
schen und moralischen Vollkommenheiten zu
machen: die geliebte Frau ist ohne Fehl. Der
Dichter hat sie also willentlich idealisiert und
hat sich eben dadurch untersagt, in ihre Rolle
die feinen Schattierungen einfließen zu lassen,
die ihm beim Charakter der Kressida eine
durchdringende und boshafte Beobachtung der
Wirklichkeit nahegelegt hat.‘‘
Unter dem patriarchalischen Blick nähert sich
das Ideal weiblicher Reinheit der blassen Leblosigkeit der Marmorstatue an. Nur da, wo die
Dichtung dieser Sterilität abhold ist – wenn
Boccaccio sich etwa das Erwachen der Koket-
terie vornimmt und es uns schildert –, gewinnen die Achtzeiler, in denen auch dieses Werk
verfaßt ist, Farbe und Leben. Im dritten Buch
findet man die Stelle, wo die beiden Jünglinge
Emilia durchs Kerkerfenster erblicken. Dabei
entfährt Palämon ein ,,Ach!‘‘. Emilia dreht sich
zum vergitterten Fenster um und errötet; sie
entfernt sich mit den gepflückten Blumen, ver-
gißt aber nicht das ,,Ach!‘‘:

,,Und da sie glaubt, mit Sicherheit zu wissen,
Daß sie gefiel, vergnügt sie sich im stillen.
Sie macht sich schön und pflegt des Schmuckes
Wert,
Sobald sie wieder in den Garten kehrt.‘‘
(Teseida III,19)

Und als sie wieder in den Garten kommt:

,,Zum Fenster hin, von wo Palämons Ach
Zuvor zu ihren Ohren war gedrungen,
Erhob sie heimlich wiederum den Blick;
Nicht Liebe führt sie in des Fensters Nähe –
Sie schaut nur hin, ob irgendwer sie sähe.

Doch wenn sie ihren Blick erwidert fühlte,
Dann tat sie so, als ob sie's nicht gesehn,
Und sie begann mit Lust ein Lied zu singen
Mit einer Stimme, klar und wunderschön.

Sie schlenderte mit zögernd-säumigen
Schritten
Nach Frauenart in ihrem schlichten Kleid
Durch Busch und Rasen, doch dabei bemüht,
Dem besser zu gefallen, der sie sieht.‘‘
(Teseida III, 28–29)

1340 In Florenz tobt die Pest. Von
den 93.000 Einwohnern stirbt
ein Sechstel. Die Familien
Bardi und Frescobaldi versuchen einen Staats-
streich; das bewaffnete Volk schlägt ihn nieder
und verbannt beide Familien. Boccaccios Vater
kann für den Lebensunterhalt des Dichters, der
immer noch in Neapel lebt, nicht mehr aufkommen und ruft ihn nach Florenz zurück.

1341 Um Jahresbeginn kommt Boccaccio in Florenz an. Sein Wi-
derwille gegen die Stadt macht
sich in Briefen Luft und hinterläßt seine Spuren noch in späteren Werken. Am 28. August
schreibt er an Niccolò Acciaiuoli: ,,Was mein
Dasein in Florenz angeht, wo ich gegen meinen
Willen bin, so spreche ich davon nicht, denn
nicht mit Tinte, sondern mit Tränen müßte ich
es schreiben.‘‘ Im *Ameto* finden wir gegen
Schluß die Stelle: ,,Alles, was der Mensch von
Glück und Freude zu erträumen vermag, alles,
was die Süße des Lebens ausmacht, all das
habe ich verlassen müssen, während ich mich
nun aufhalte, wo Melancholie und immerwäh-
rendes Leid herrschen: da lacht man nie oder
selten; das dunkle Haus, niedergedrückt von
Traurigkeit, empfängt mich nicht und bewahrt
mich widerwillig; der widerwärtige Anblick
eines Greises, vom Alter vereist, ruppig und
geizig, vermehrt täglich meine Verzweiflung.‘‘

Tuchhändler beim Verkauf. Miniatur aus dem 15. Jahrhundert. Die Tuchherstellung war der wichtigste Wirt-
schaftszweig der Stadt. Sehr früh hatten die Florentiner
die überlegene Qualität der englischen Wolle erkannt und
sich auf die Anfertigung feiner Tuche spezialisiert. Die
200 Betriebe der Wollzunft, so schreibt der Chronist über
die Zeit um 1338, ,,stellten zwischen 70.000 und 80.000
Tuchstücke her, die einen Wert von mehr als 1,2 Mio Gulden hatten . . . 30 Jahre früher waren es gut 300 Betriebe,
welche mehr als 100.000 Tuche jährlich herstellten; aber
diese Tuche waren grob‘‘ (Giovanni Villani). Trotz dieser
Expansion sollte die Wollindustrie beständigen Krisen
ausgesetzt sein, was vielen Einwohnern die Existenz rui-
nierte. – Die Initiale auf dem Blatt der illuminierten Handschrift bildet die heilige Magdalena (die Büßerin) ab.

Die Spannungen zwischen dem Geschäftsmann und seinem bisher müßiggehenden dichtenden Sohn lasten anscheinend schwer auf dem vereinsamten und möglicherweise verarmten Haushalt. Außerdem versäumt Boccaccio den triumphalen Auftritt Petrarcas im Frühjahr 1341 am Hofe zu Neapel. Noch im August fügt er einem Brief an den einflußreichen Freund hinzu: „Von Euch erhoffe ich die Änderung meines Geschicks"; er wünscht offensichtlich, daß ihm Acciaiuoli eine Hofstelle in Neapel besorgt. Im November zieht dieser mit großem Gefolge in diplomatischem Auftrag in Florenz ein; er versucht die Stadt, die soeben eine schwere militärische und politische Niederlage gegen Pisa hinnehmen mußte, wieder enger an die neapolitanische Krone zu binden. In den Monaten des Aufenthalts der Gesandtschaft am Arno scheint eine erste Entfremdung zwischen den alten Freunden einzutreten. Jedenfalls erhält Boccaccio kein Angebot, nach Neapel an den Hof zu kommen. Er ist gezwungen, sein Heimweh nach der Stadt am blauen Golf, die in der Erinnerung zum verlorenen Paradies wird, zurückzudrängen und sich dem Florentiner Kulturleben zu öffnen. Es ist zwar weniger protzig, aber dem neapolitanischen mindestens gleichrangig. Boccaccio pflegt Umgang mit dem vortrefflichen Chronisten Giovanni Villani und kennt dessen Werk schon vor der Veröffentlichung; er verkehrt mit Bruno Casini, der die antike Rhetorik wieder ins Leben ruft, ferner mit Franceschino degli Albizzi, einem engen Freund Petrarcas, und schließlich mit dem Dichter Sennucio del Bene.

Boccaccio beginnt *Ameto*, auch *Nymphenkomödie*, genannt. Er schließt das Werk 1342 ab. Es atmet einen anderen Geist als die vorangegangenen. Boccaccio bemüht sich sichtlich, dem strengeren, vergeistigteren Geschmack der toskanischen Poesie Genüge zu tun. Entgegen seinen früheren Dichtungen, wo die Liebe als Naturgewalt auftritt und gebieterisch ihr natürliches Recht durchsetzt, nähert sich nun der Dichter der rein geistigen Liebe des „Neuen Stils"; diese Liebe quillt nicht aus der Natur des Menschen, sondern liegt weit oberhalb dieser und vermag sie zu veredeln, zu sich hinanzuziehen. Bezeichnenderweise greift Boccaccio nun auch stilistisch auf Dante zurück; zwar ist der Roman hauptsächlich in Prosa geschrieben, doch die eingeschalteten Gesänge sind in Terzinen gehalten. Der Inhalt ist folgender:

In den Wäldern zwischen Arno und Mugnone (Boccaccio wählt als Schauplatz also nicht mehr Neapel, sondern die Gegend um Florenz) haust ein junger Hirt und Jäger namens Ameto. Eines Tages erspäht er eine Schar badender Nymphen; er verliebt sich in eine unter ihnen, Lia genannt. Mit ihr trifft sich der Hirt am Tage der Venusfeier beim Tempel der Göttin; Lia erscheint mit sechs anderen Nymphen. Sie lassen sich alle nieder „unter einem wunderschönen blühenden Lorbeerbaum oberhalb einer klaren Quelle." Dort gibt jede ihre Liebesgeschichte zum besten. Ametos Verlangen erwacht, und er schwelgt im Anblick ihrer Schönheit. „Die sieben Nymphen verkörpern sieben Tugenden, ihre Liebeserlebnisse aber haben symbolische Bedeutung", schreibt Carlo Grabher. Kaum haben sie ihre Erzählungen beendet, da hört man ein „gewaltiges Getöse", und vom Himmel steigt Venus hernieder, „nicht jene Venus, welche die Toren für ihre niedrigen Gelüste als Göttin anrufen, sondern die Venus, von der die wahre, rechte und heilige Liebe unter die Sterblichen kommt". Dann faßt Lia den Ameto, und „während sie ihm die unreinen Kleider vom Leibe reißt", taucht sie ihn „in die klare Quelle" und läutert ihn. So vermag sich Ameto unter dem Beistand der Nymphen zur höchsten Wahrheit zu erheben, empfängt von jeder ihre Tugend und wird aus einem „wilden Tier" zum wahren Menschen.

Es ist zu würdigen, daß Boccaccio dem Ton der antiken Hirtendichtung zum erstenmal stellenweise recht nahe gekommen ist. Um das Geschehen weht ein Hauch der Antike, der sich in der Schilderung der Natur ausdrückt und vor allem in der Naturwüchsigkeit des Hirtenjünglings; überhaupt ist die Person des Ameto gut getroffen. Boccaccios Dichtung gewinnt desto feinere und gelungenere Farben, je weniger er den Personen Gelegenheit gibt, zu sprechen und bloß rhetorische Gespreiztheit an den Tag zu legen, und je mehr er die Handlung in Geschehen umsetzt; Schilderung ist seine Stärke. Als Beispiel mag die Szene dienen, in der Ameto den Nymphen zum erstenmal begegnet, nachdem er ihrem süßen Gesang nachgegangen ist: „Und mit lauschend erhobenem Kopfe sah er erst zwischen Blumen und mannshohem Schilf mehrere junge Mädchen im Schatten anmutiger Büsche auf dem leuchtenden Ufer und bemerkte darauf die klaren Wellen des Flüßchens. Einige von den Mädchen wateten in dem seichten Wasser gemächlich auf und ab, wobei sie ihre weißen Füße sehen ließen. Andere hatten ihre Jagdwaffen, Bogen und Pfeile, abgelegt und die Arme entblößt. Sie beugten ihre heißen Gesichter über das Wasser und ließen die kühlen Wellen über ihre weißen Hände rinnen, um ihr Antlitz zu erfrischen. Einige aber hatten ihre Kleider geöffnet, um ihren Körper den sanften Lüften ganz preiszugeben. Sie saßen da und lauschten aufmerksam dem Lied, das die fröhlichste von ihnen im Sitzen sang. Ameto aber erkannte darin die Sängerin, deren Lied ihm vorher zu Ohren gedrungen war. Kaum hatte er die Mädchen erblickt, die er für die Göttinnen hielt, da zog er sich schüchtern zurück, warf sich auf die Knie und war so verwirrt, daß er nicht wußte, was er sagen sollte.‟

Auch *Ameto* ist noch kein Werk aus einem Guß, und echte Idyllik bleibt noch fern. Die Nymphen sind allegorische Figuren; ihre Erzählungen sind befrachtet mit symbolisch-moralischer Bedeutung. Ja die gesamte Handlung ist selbst eine Art „Gleichnis‟: die Liebe erhebt den Menschen. Eine andere Naturauffassung klingt in dieser Vorstellung durch: die menschliche Natur ist an sich roh und unedel; erst als veredelte erlaubt sie dem Menschen, den höchsten Tugenden zu genügen. Notwendigerweise muß Venus selbst umgedeutet werden; sie nimmt marienhafte Züge an. Doch verfällt Boccaccio nicht gänzlich in den intellektualisierenden und idealisierenden „Neuen Stil‟. Selbst das Preislied, das der liebende Ameto seiner angebeteten Lia vorträgt, bleibt volksliedhaft und von zauberleichter Frische; in manchen Dichtungen des Lorenzo Magnifico findet es den gebührenden Widerhall:

„Du, klar und heller schimmernd als Kristall
Und sehr viel süßer noch als Trauben:
So fühlt mein Herz dich, wo du ewig wohnst.

Und wie die Palme sich erhebt zum Himmel,
So schlank bist du, unendlich lieblicher
Als junge Lämmer, die im Grase weiden . . .

O komm, ich schenke frohe Gaben dir:
Ich habe Berge Blumen dir gesammelt,
Schön anzuschaun, berauschend süß im Duft.

Auch habe ich dir Kirschen aufgehoben,
Wie ich es stets zu tun gewohnt; doch bald
Verderben sie, wenn du noch länger zögerst.

Und außer diesen, weiß und feuerrot,
Bewahr ich dir Maulbeeren, Mandeln,
                     Zwetschgen.
Erdbeeren, eingeschrumpfte Pflaumen auf,

Feldbirnen schön und viele, viele Feigen.
Ein Nest voll Täubchen hab ich auch geholt,
Die schönsten auf der Welt, die
                     niedlichsten . . .‟

Wann Boccaccio angefangen hat, Gedichte zu schreiben, ist ungewiß. Jedenfalls fällt eine beträchtliche Anzahl in die neapolitanische Zeit. Sie haben sich bei den Literaturwissenschaftlern keiner Beliebtheit erfreut: weder als Werke für sich noch im Vergleich mit der zeitgenössischen Lyrik (Petrarca!), noch im Hinblick auf ihre Eignung, Muster abzugeben für spätere Dichter. Dennoch sind sie wichtig als Ausdruck der Gefühlswelt des angehenden Dichters und als Marksteine, an denen der persönliche Geschmack abzulesen ist sowie die Anlehnung an bestimmte Vorbilder und die Bemühung um einen eigenen Stil. „Dieser Stil ist in seinem Gemisch von Unmittelbarkeit und Nachahmung, von Inspiration und Literatur, von wirklicher Dichtung und nur erworbenem technischen Können ganz gewiß nicht einheitlich . . . (Carlo Grabher).

Die Eigenart zeigt sich aber in der flüssigen Sprechweise, die sich gelegentlich wundersam paart mit einem zärtlichen Realismus, der sich vom idealisierenden „Neuen Stil‟ wohltuend abhebt.

Solche Zusammenklänge haben sehr wohl späteren Lyrikern Anhaltspunkte geboten, um sich dem übermächtigen Einfluß Petrarcas und seiner idealisierenden Lyrik zu entziehen. Die autobiographischen Elemente sind meist deutlich zu erkennen, entsprechen aber keineswegs direkt der gelebten Wirklichkeit, sondern sind poetisch umgebildet. Liebeserlebnisse werden beschworen, die bezaubernde Landschaft um Neapel wachgerufen. Fast nie theoretisiert, räsonniert oder disputiert Boccaccio in seinen Versen. Er zieht das Konkrete vor, was seinen Gedichten — meistens Sonette, selten Tanzlieder — gut anschlägt. Eines der bekannteren Sonette mag dies verdeutlichen:

„Um einen Quell auf einer kleinen Wiese
Mit grünem Rasen und voll feiner Blumen
Sah ich drei Mädchen, schön wie Engel, ruhen;
Sie plauderten gewiß von ihrer Liebe.

Ein grünes Reis umwand die goldnen Locken,
Beschattete das Angesicht der Holden;
Ein sanfter Wind verwob die zarten Farben
Im Reis von inn' und außen gleichermaßen.

Nach einer Weile hört ich, wie die eine
Zu den Gespielen sprach; ‚Wenn der Geliebte
Durch eine Fügung unter uns erschiene –

Ach, würden wir voll Angst von dannen
                                    fliehen?'
‚Es wär nicht klug', entgegneten die beiden,
‚So wunderbares Glück durch Flucht zu
                                    meiden!'"

Das Gedicht zeigt die Einflüsse des „Neuen
Stils", geht aber weit über ihn hinaus: es
nimmt die tändelnde Leichtigkeit der am Hofe
so beliebten Madrigale auf und scheut vor
schelmischem Witz und vor der Wiedergabe
feinster Beobachtungen nicht zurück.

1342 Die florentinische Politik wendet sich nach der Enttäuschung, welche die Verhandlungen mit Niccolò Acciaiuoli anscheinend erbrachten, schlagartig von Neapel ab und dem Kaiser zu. Doch die guelfische Richtung setzt sich rasch wieder durch: Robert I. wird gebeten, einen fähigen Befehlshaber zu schicken; der König kommt dem gerne nach und entsendet seinen Neffen Gautier Herzog von Athen. Sofort nach dessen Ankunft planen die adligen Familien, mit seiner Hilfe eine Verfassungsänderung durchzusetzen, um das Volk zu entmachten. Am 8. September läßt sich Gautier gegen den Willen der Signorie vor dem Palazzo Vecchio zum Stadtherrn auf Lebenszeit ausrufen. Das Banner des Volkes (weiße Fahne mit roter Lilie) wird heruntergelassen, des Herzogs Fahne auf die Zinnen gepflanzt. Die „Ordonnanzen der Gerechtigkeit" werden aufgehoben – zur Freude der „Großen". Die verbannten Adligen werden heimgerufen, und das Volk wird entwaffnet. Der Herzog erhöht die Zölle und führt neue ein; außerdem erlegt er den Bürgern zusätzliche Steuern auf. Damit hat er nicht nur die „Popolanen", sondern auch die

Ausschnitt aus dem Fresko „Die Gute und die Schlechte Regierung" in der Sala della Pace (Palazzo Pubblico, Siena) von Ambrogio Lorenzetti (um 1319 bis ca. 1347). Das Werk entstand 1338–1339 und verrät den Sinn des Künstlers für das Symbolische und Allegorische. Der Repräsentant der Stadt Siena, Personifikation der guten Regierung, hält Zepter und Wappenschild (mit Madonna) in den Händen und stützt die Füße auf die römische Wölfin, während über seinem Haupt Caritas (Liebe), Fides (Glaube) und Spes (Hoffnung), die drei theologischen

Tugenden, schweben, was die Verknüpfung zwischen römischem Staat und Christentum anzeigt. Die anderen vier christlichen (Kardinal-)Tugenden zur Rechten (Stärke, Klugheit) und Linken (Besonnenheit, Gerechtigkeit), um „Magnanimitas" und „Pax" (links neben „Fortitudo", nicht mehr im Bild) erweitert, sind doppelt so groß wie die von ihnen angeleiteten Menschen und nehmen nur die halbe Größe des Repräsentanten der Stadt ein, eine Abstufung von Größenverhältnissen, welche einem noch mittelalterlichen Denken entspricht und die den Figuren zukommende Bedeutung beschreibt. Dramatischer ist der Ausdruck der Tugenden bzw. Laster bei Giotto (vgl. S. 103 und 153). Lorenzettis „Gute Regierung" kann als Ausdruck gewertet werden, die Bürger der Sieneser Republik an die staatsbürgerlichen bzw. christlichen Tugenden zu erinnern: die politische Lage war durch die oft viele Existenzen gefährdenden konjunkturellen Schwankungen – insbesondere des Hauptwirtschaftszweiges der Wollindustrie, wo es nicht selten Massen von Arbeitslosen gab – unvorhersehbar von innen bedroht.

„Großen" gegen sich. Er führt einen reichen Hof. Die Florentiner, „die gewohnt waren, keinen königlichen Prunk zu sehen, konnten nicht ohne Schmerz dem Herzog, von bewaffneten Trabanten zu Fuß und zu Pferd umgeben, begegnen" (Machiavelli). Inmitten dieser aufgewühlten Zeit kauft Boccaccino am 13. Dezember ein Haus im Viertel San Ambrogio. Er heiratet zum zweitenmal; die häusliche Atmosphäre entspannt sich dadurch einigermaßen, denn fortan mildern sich die abschätzigen Bemerkungen des Dichters gegen seinen Vater.

Boccaccio schreibt *L'amorosa visione (Die Liebesvision)*, eine Dichtung von fünfzig Gesängen in Terzinen. „Sie stellt im ganzen die kälteste, uneinheitlichste und am meisten gekünstelte Arbeit Boccaccios dar" (Grabher). Der Dichter träumt, er irre durch eine Wüste, wo ihm eine anmutige Frau erscheint und ihn einlädt, ihr zu folgen. Dies tut er, und sie gelangen zu einem Schloß, das man durch zwei Tore betreten kann: ein winziges führt nach mühseligem Anstieg zu ewigem Frieden und Glückseligkeit; das breite hingegen öffnet den bequemen Weg zum Genuß aller irdischen Güter. Die Verlockungen des zweiten Tores überwiegen die Warnungen seiner Führerin, und der Dichter rechtfertigt sich, indem er auf das Recht der Erfahrung pocht:

„Jedwedes Ding auf Erden zu erfahren,
Ist keine Sünde . . .
Laß uns die trügerischen Güter schauen,
Dann schätzt man erst das Streben nach dem
Wahren."
(*L'amorosa visione* III,31 f)

Um ihn nicht ohne Beistand zu lassen, muß die Führerin ihn wohl oder übel begleiten. So gelangen sie in einen Saal, dessen Wände von Fresken bedeckt sind, die den Triumph der Weisheit, des Ruhmes, der Liebe und – im Nebensaal – des Schicksals versinnbildlichen. Die Beschreibung dieser Triumphe gestattet dem Dichter endlose Abschweifungen, in denen die Personen und Geschehnisse aus Geschichte und Mythos aufmarschieren. Endlich trifft er in einem Garten einige Frauen an, unter ihnen die geliebte „Fiammetta". Sie ist zur Allegorie geworden, ist nun eine „Tochter der Tugend", doch bleibt des Dichters Liebe zu ihr sinnlich.

Als er nach ihr fassen will, um sich den Liebesgenuß zu verschaffen, erwacht er zur Strafe:

„Da fuhr ich ganz erschrocken aus dem Schlafe
Und preßt' die Arme an den Leib und wähnt',
Madonna, euch darinnen noch zu halten."
(XLIX, 46 ff)

Nun bekehrt sich der Erwachte zur geistigen Liebe und nimmt sich vor, auf dem Wege zu wandeln, der zur engen Pforte führt. Als nicht sehr gekonnte Nachahmung des „Neuen Lebens" von Dante mitsamt vieler anderer aus der „Göttlichen Komödie" entlehnten Elemente ist das Werk dennoch imstande, den Leser zu fesseln, wenn Boccaccio hautnahe Schilderungen liefert. Im „Triumph des Reichtums" beschreibt er einen Berg aus Gold, Silber und Juwelen, an dem sich Unzählige abrackern:

„Mir war, als ob ich einen großen Berg
Von Gold und Silber sähe, mit Saphiren,
Smaragd, Rubin und edlen Steinen mehr.

Als weiter ich nach unten sah, erblickte
Ich ungezähltes Volk, das diesem Berg
Mit Eisenhaken und mit spitzen Hacken,

Mit Hämmern, Schaufeln hart zu Leibe ging,
Mit großen Schüsseln und mit schweren
Hippen,

Selbst mit den Nägeln und den Zähnen
gar . . ."
(XII,58 ff)

Ariost und andere Dichter dürften auf derart Satirisches zurückgegriffen haben. Boccaccio scheut nicht ein Bild, das seine familiäre Situation beleuchtet:

„Mit scharfgespitzten Nägeln scharrte oben
Am Berg herum ein Mann, der, wie mir schien,
Trotz langer Mühe wenig nur erraffte.

Ich sah, wie er das Wenige so fest
In seiner Tasche hielt, daß kaum er selber
Davon genoß – von andern schweig ich ganz.

Nun trat ich etwas näher ihm zur Seite,
Zu sehen, wer es sei, und sah es wohl:
Es war der Mann, der mich in seiner Güte

Erzogen hatte einst als seinen Sohn,
Da ich noch frei und fröhlich war: Mein Vater
Hieß er für mich, und jetzt noch heißt er so."
(XIV,34 ff)

1343

Robert I. stirbt am 20. Januar in Neapel. Sofort brechen die Intrigen zwischen den einzelnen Zweigen des anjoinischen Hauses aus. In Florenz gärt es unter der Bevölkerung. Am 26. Juli gelingt es der Verschwörung einzelner „großer" Familien, das Volk mitzureißen; es kommt zum Aufstand, Gautier wird davongejagt. Die sich verschlechternden Beziehungen zu Neapel erbringen Rückschläge: „Viele Barone des süditalienischen Reiches", schreibt Giovanni Villani, „und Prälaten samt anderen Wohlhabenden des Königreiches, die ihre Münzen bei Florentiner Banken und Handelshäusern angelegt hatten, wurden aus der erwähnten Ursache so mißtrauisch, daß jeder seine Anteile zurückzog; also fiel in Florenz der Kredit, und darauf gingen viele gute Häuser bankrott." Die neue Verfassung, den „Großen" sehr günstig, hat nur wenige Wochen Gültigkeit. Ein bewaffneter Aufmarsch des Volkes genügt, um dem Adel jeglichen Einfluß zu nehmen und die „Großen" einzudämmen.

Boccaccio ist in der Stadt immer noch nicht glücklich, wie eine Passage der *Fiammetta* zeigt: „Denn diese Stadt . . . ist reich an hochtrabenden Worten und kindischen Handlungen. Nicht Tausende von Gesetzen herrschen dort, sondern so viele Meinungen, wie es Menschen gibt. Alles starrt in Waffen und bangt vor Kriegen. Ein stolzes, herbes, langweiliges Volk wohnt darin, und zahllose Sorgen sind in ihr zu Hause . . . Unsere Stadt [Neapel], aber . . . ist reich und friedlich und schön und von einem einzigen König beherrscht . . ."

In diesem Jahr nimmt Boccaccio die Arbeit an der zitierten *Elegia di Madonna Fiammetta (Elegie der Dame Fiammetta)* auf; sie ist 1344 beendet. Vittore Branca nennt das aus sieben Büchern bestehende Prosawerk den „ersten modernen psychologischen und realistischen Roman". In der Ich-Form erzählt Fiammetta, eine neapolitanische Dame, wie sie sich in der Kirche in Panfilo verliebt hat und welches Glück sie zusammen genossen haben; nun wartet sie sehnsüchtig auf seine versprochene Rückkehr aus Florenz. Die kleinsten Anzeichen fachen ihre Hoffnung an, doch Panfilo kehrt nicht zurück und läßt nichts mehr von sich hören. Ein florentinischer Kaufmann, den sie in einer Gesellschaft trifft, wird nach Pan-

filo befragt und berichtet, dieser habe sich gerade vor seiner Abreise verheiratet. Fiammetta ist niedergeschmettert, glüht vor Eifersucht, beruhigt sich mühsam beim Gedanken, diese Ehe möge dem Jüngling von seinem Vater aufgezwungen worden sein. Später vernimmt sie erleichtert, nicht Panfilo habe geheiratet, sondern sein Vater; doch gleich darauf muß sie erfahren, daß der Jüngling der Geliebte einer der strahlendsten Schönheiten von Florenz ist. Nun will sich Fiammetta umbringen, und nur ihre alte Amme, die treu und aufopfernd das Leid der Herrin mitträgt, kann sie davon abhalten. Da wird Panfilos Ankunft gemeldet – doch nur ein Namensvetter ist aus Florenz nach Neapel gekommen. Die nervlich zerrüttete Frau ringt sich dazu durch, weiterzuleben und dieses Büchlein zu schreiben als Mahnung für alle liebenden Frauen.

Der ganze Reichtum an psychologischer Beobachtung und Einfühlungsvermögen offenbart sich am Charakter der Heldin. Fiammetta zeigt die verschiedensten Gesichter: bald ist sie stürmisch, heftig, egoistisch oder gar grausam, bald zärtlich, fast mütterlich, demütig und flehend. Sehr feinfühlig ist auch die unermüdliche Amme gezeichnet; ja selbst der betrogene Ehemann, der in keinem Augenblick zur Spottfigur gerät, sondern in seiner Großzügigkeit und Sorge um die aus unerklärlichen Gründen depressive Frau dargestellt ist, erfährt vom Dichter eine respektvolle Behandlung. Henri Hauvette würdigt, daß Boccaccio in diesem Roman ein wahrhaftiges Sittengemälde seiner Zeit gelungen ist: „. . . denn Boccaccio läßt uns einer gewissen Anzahl von Szenen aus dem neapolitanischen Leben beiwohnen, vom Hochamt zu Ostern in der Kirche, wo die Menge der jungen Leute sehr viel mehr darauf bedacht ist, die schönen Damen anzuäugeln als dem Gottesdienst zu folgen, bis hin zur Erscheinung des florentinischen Juweliers, der seine Ware im Stift auspackt, und zu den Vergnügungen von Baia. In keinem seiner vorherigen Versuche hatte der Realismus des Autors in sein Gemälde eine solch direkte Beobachtung legen können, die aller Konventionen und aller Allegorie ledig ist. Zum erstenmal stellt sich Boccaccio . . . dem zeitgenössischen Leben gegenüber und beschreibt es, wie er es sieht."

In der Boccaccio-Forschung weisen manche Vertreter auf „Ungereimtheiten" in diesem

Werk hin: Venus erscheint, um vor Fiammetta eine Rede zu halten, und des öfteren werden mythologische Personen beschworen. Die Kritik hat dies denn auch hervorgehoben. Francesco de Sanctis (1817–1883) schreibt, Boccaccio sei „unfähig, die Form zu finden, die dem Inhalt des Buches zukomme", denn er borge bei den antiken Schriftstellern, anstatt „sich direkt mit seinem Thema in Verbindung zu setzen und seine ganz frischen Eindrücke natürlich auszudrücken, wie sie ihm gerade kommen". Dies sei leichtfertig geurteilt, wendet Hauvette ein, denn „worauf beruht die Behauptung, daß die klassische Reminiszenz für Boccaccio nicht der natürlichste Ausdruck war, der spontanste und der am besten dem Zeitgeschmack zusagende? Die unzählbaren Leser der *Fiammetta,* vom 14. bis zum 16. Jahrhundert, scheinen nicht die Bedenken dieses Zensors [De Sanctis] gehabt zu haben, der seinen persönlichen Eindruck und Geschmack als Regeln aufrichtete, deren Anwendung universell und unfehlbar sein muß."

Die Prosa Boccaccios besitzt hier bereits ihre schlanke, flüssige Gediegenheit, die wir im *Dekameron* finden werden. Allerdings schreibt er oftmals weitschweifig und überdeutlich, da er noch nicht die Kunst beherrscht, in einigen bündigen und ausdrucksstarken Zügen ein ganzes Porträt, eine Situation zusammenzufassen (nur das *Dekameron* macht dabei eine Ausnahme). Er unterliegt dem beständigen Drang, alles auszusprechen, ohne dem Leser Gelegenheit zu geben, seine eigene Phantasie spielen zu lassen. In diesem Mangel an Bündigkeit unterscheidet er sich sowohl von Dante als auch von Petrarca.

Wohltuend ist, daß der Roman nicht mit Allegorien gespickt ist; aber es stellt sich doch die Frage, ob die Handlung als ganze nicht allegorischen Wert hat: ist es nicht eine Mahnung, ja eine Warnung vor der irdischen Liebe (Amor), was Fiammetta widerfährt? Und will sie nicht dazu beitragen – ganz im Sinne des „Neuen Stils" –, den Sinn hinzuwenden zur „eigentlichen" Liebe (Caritas)? Vielleicht ist die Erscheinung der Venus gar kein ästhetischer Fehlgriff, sondern eine Notwendigkeit des moralischen Gehalts. Denn wie die Schlange im Paradies einst die Menschen getäuscht hat, so tut es auch Venus mit Fiammetta. Und dafür muß die Betrogene auch noch büßen; nicht umsonst beschreibt sie ihre Liebesqualen so, als wären es Martern der Hölle. Der Amme klagt sie: „Ach, du getreueste Gefährtin meiner Leiden, mein Gemahl hat wenig Ursache, sich zu beklagen! Den Lohn, den ich verdiente, habe ich empfangen, und der Gemahl könnte mir keine größere Strafe auferlegen, als mir der Liebhaber schon gegeben hat. Nur der Tod allein – wenn er so schmerzhaft ist, wie man sagt – bleibt meinem Gatten noch übrig, um mich zu strafen. Er komme und gebe ihn mir! Nicht Pein ist er mir, sondern Freude, denn ich sehne mich nach ihm, und er wird mir von der Hand des Gatten lieblicher sein als von meiner eigenen. Gibt sie mir nicht den Tod und kommt er auch nicht von selbst, so werde ich ihn dennoch zu finden wissen, denn durch ihn hoffe ich, zum Ende aller Schmerzen zu gelangen. Die Hölle, der Ort der Unseligen, hat in ihren brennendsten, tiefsten Schlünden keine Qual, die meiner gleich ist."

Ist das die grundsätzliche Ansicht, bei der Boccaccio nach zehnjährigem Liebesleben angelangt ist: das irdische Paradies der Liebe als irdische Hölle der Liebesqual?

1344

Boccaccio arbeitet zum zweitenmal an einem Hirtengedicht: *Il nimphale fiesolano (Das Nymphengedicht von Fiesole),* das er vermutlich 1346 abschließt. Nach der Art von Ovids „Metamorphosen" unternimmt es Boccaccio aufzuzeigen, wie einige Flüsse, die nahe bei Fiesole in den Arno münden, zu ihrem Namen gekommen sind. In der Vorzeit lebten Nymphen in den umliegenden Wäldern, weiß der Dichter uns zu berichten, die aber im munteren Dienst der Diana (nicht der Venus wie im *Ameto*) standen. In dieser Zeit, die unter Boccaccios Feder zu einem Gemälde des Goldenen Zeitalters wird, spielt die Handlung:

Eines Tages versammelt Diana ihre Nymphen auf einer von dichtem Gebüsch geschützten Wiese. Ein junger Hirte, Africo genannt, bartlos und hübsch wie ein Mädchen, vernimmt die Stimme der Göttin und pirscht sich heran; er beschaut hingerissen diese entzückenden Geschöpfe, von denen eine – sie hört auf den Namen Mensola – ihn völlig bezaubert. Die Versammlung löst sich auf, und auch Africo schleicht sich weg, um nachdenklich zur Hütte seiner Eltern zurückzukehren. Er läßt von sei-

Blick auf Fiesole, inmitten zypressenbewachsener Hügel. Die reiche Vegetation verdankt die Landschaft der Vielzahl von Flüssen, welche die einstige bedeutende Etrus-

kerstadt und deren Umgebung bewässern. Um die Namen jener Flüsse und deren mythische Geschichte geht es in Boccaccios „Nymphengedicht von Fiesole".

nem Erlebnis nichts verlauten, geht früh zu Bett und macht sich nach schlafloser Nacht beim Morgengrauen auf den Weg: er will Mensola suchen. Vergebliche Mühe, erst nach Wochen trifft er auf drei Nymphen, die aber seine einfältige Frage nach Mensola gar nicht abwarten, sondern sofort die Flucht ergreifen. Verspätet nach Hause heimgekehrt, entschuldigt er sich, daß er eine schöne Hindin verfolgt habe. Der Vater, Girafone, versteht sogleich und bittet Africo, diese Hindinnen in Ruhe zu lassen; seinem eigenen Vater, Mugnone, sei es schlecht bekommen, den Nymphen nachzustellen, denn Diana habe ihn in einen jetzt noch nach ihm benannten Sturzbach verwandelt, als er eben einer Nymphe Gewalt antat. Doch die Warnung fruchtet nichts. Nachdem Africo tatsächlich Mensola auf der Jagd aufgespürt hat, diese aber entflohen ist, rät Venus dem Entmutigten im Traum, er solle sich als Frau verkleiden, um zum Ziel zu kommen. Die List gelingt. Er wird von den Nymphen aufgenommen

und gewinnt die Freundschaft der Angebeteten. Doch als eines Tages gebadet werden soll, erkennen die Nymphen erschreckt ihren Irrtum und flüchten in Panik. Africo hält Mensola mit aller Kraft fest und raubt ihr, was sie ihm freiwillig schwerlich gegeben hätte. Die unglückliche Nymphe weint, und Africo weint mit ihr; doch läuft sie nun nicht weg, sondern läßt sich trösten, sogar liebkosen; zusehends wird sie überwältigt von einem Gefühl, das sie bisher nicht gekannt hat. Nach allerzärtlichstem Abschied toben aber Scham und Reue in ihrem zerrissenen Herzen; vergeblich kommt der Jüngling täglich zur verabredeten Stelle: Mensola erscheint nicht mehr.
Die Nymphe wird Mutter eines Knäbleins, während der verzweifelte Hirte sich den Tod gibt. Girafone sucht und findet den toten Sohn in einem Bach, der seither dessen Namen trägt, und die untröstlichen Eltern bestatten die Leiche. Unterdessen sucht Diana nach der schuldbewußten Nymphe; sie entdeckt Mensola und

verwandelt sie in den kleinen Fluß, der fortan nach ihr heißt. Die Nymphen erbarmen sich des verwaisten Säuglings, und eine Alte, Mensolas ehemalige Vertraute, bringt ihn den Großeltern, die in ihrem tiefen Schmerz so unerwartet getröstet werden. Der Kleine, Pruneo genannt, wächst in großelterlicher Obhut auf und wird Ratgeber Attalantes, des Gründers von Fiesole; dieser verbreitet die Zivilisation in der Toskana und unterwirft die Nymphen dem Gesetz der Ehe.

„Hier findet die Darstellung des rein Menschlichen im weitesten Sinne des Wortes endlich den gemäßen Stil ohne jeden Mißklang. Dieses Werk ist in seinen Grenzen schon etwas künstlerisch Vollendetes und die entscheidende Stufe auf dem Wege zum Hauptwerk", würdigt Carlo Grabher diese Dichtung. Es ist erstaunlich, wie Boccaccio hier weder den Versuchungen der Rhetorik erliegt, noch der Allegorese, noch der gelehrten Weitschweifigkeit. Die Anlehnung an Statius und vor allem Ovid ist unverkennbar, aber das Werk ist etwas Neuartiges. Wahrscheinlich ist es die erste wohlgeratene idyllische Dichtung seit dem Ende der Antike. Keine mittelalterliche Moralisierung drückt auf ihre Gestalten; um sie weht ein elegischer Hauch, eine geflüsterte Klage ums verlorene Goldene Zeitalter. Götter und Nymphen sind auf das Maß des einfachen Landlebens gebracht, die Darstellung des ländlichen Daseins ist keiner Intellektualisierung unterworfen. Die Linienführung ist ausgeglichen, Form und Inhalt befinden sich in gelungenem Einklang; eine willentlich vereinfachte Sprache beherrscht diese 473 Achtzeiler (später „Stanzen" genannt). „Gerade im *Nymphenspiel von Fiesole* gibt Boccaccio dem Vers und der Strophe schlichteste Natürlichkeit, die sie vom Stil der Volksdichtung wie von dem der Kunstdichtung gleicherweise abhebt. Er erreicht einen ‚gesprochenen' Stil, der dem Erzählstil der Renaissance-Dichter von Pulci bis zu Baiardo, Lorenzo Magnifico, Poliziano und Ariost alle Möglichkeiten eröffnet" (Carlo Grabher).

Als Africo endlich Mensola getroffen hat, fleht er, sie möge nicht wegrennen. Dieser Anruf verdeutlicht, wie geschickt der Dichter der Versuchung widersteht, die Bitte rhetorisch aufzublähen; das rhetorische Element ist vollständig und glücklich in lyrischen Ausdruck übersetzt:

„Ergreife nicht die Flucht vor mir, du Schöne,
Du über alle Maßen Heißgeliebte!
Ich bin es, der um deinetwillen leidet,
Den rastlos Tag und Nacht die Qualen foltern.
Nicht folg' ich deinem Schritt, um dich zu
                                                  töten,
Noch dir ein Leids zu tun und dich zu kränken.
Nein, Liebe bindet mich an deine Spuren,
Nicht feindlich bin ich dir und bös gesonnen.

Ich folge deinem Schritt nicht wie der Falke,
Der sich das kleine Rebhuhn greift im Fluge,
Nicht wie der schlimme Wolf mit Mordgelüsten
Dem armen Schäflein nachstellt, es zu töten;
Dir folg ich, die ich mehr als alles liebe,
Und wär es herrlich über alle Maßen.
Du meine Hoffnung, du mein ganzes Sehnen,
Um deinen Schmerz vergöß ich bittre Tränen."
                          (Il nimphale fiesolano 100,101)*

Wo der Dichter lediglich erzählt, da erreicht er die allerfeinsten Tönungen; nachdem Mensola ihm entronnen ist, kehrt Africo heim, wirft sich klagend „auf sein kleines Bett". Das vernimmt die Mutter:

„. . . Sie weilte
In einem Gärtchen vor der kleinen Hütte
Und eilte hin, sobald sie es vornommen.

Da ihres Kindes Stimme sie erkannte,
War sie zu ihm ins Kämmerlein getreten.
Doch dort erschrak sie sehr, als sie bemerkte,
Wie er im Kissen sein Gesicht verhüllte.
Mit kummervoll gedämpfter Stimm' umarmte
Sie ihn und sprach: ‚Mein liebes Kind, vertraue
Mir doch den Grund für deinen tiefen
                                                  Kummer.
Erzähle mir, woher dein Leiden rührt.

Mein gutes Kind, ach, sage mir doch endlich,
Wo es dir weh tut, wo du Schmerz empfindest,
Auf daß ich deine Leiden lindern helfe
Und allen deinen Kummer dir vertreibe.
Ach, hebe doch den Kopf, mein süßes Leben,
Und sprich ein Wort um meiner Liebe willen:
Ich bin die Mutter dein, die dich ernährte,
Dir unterm Herz neun Monde Schutz
                                                  gewährte.'"
                                          (132–134)

Mensola, dieses Naturkind, weiß nichts von Liebe und Mutterschaft; der Gewaltsamkeit ihres Schicksals vermag sie nur ihr Kinderherz

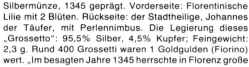

Silbermünze, 1345 geprägt. Vorderseite: Florentinische Lilie mit 2 Blüten. Rückseite: der Stadtheilige, Johannes der Täufer, mit Perlennimbus. Die Legierung dieses „Grossetto": 95,5% Silber, 4,5% Kupfer; Feingewicht: 2,3 g. Rund 400 Grossetti waren 1 Goldgulden (Fiorino) wert. „Im besagten Jahre 1345 herrschte in Florenz große

Not und es gab kein Silbergeld, da alle Silbermünzen eingeschmolzen wurden und nach Übersee gingen" (Giovanni Villani). Diesem Mangel an Kleingeld, der zwar den Fernhandel und die Banken nicht störte, der aber die innerstädtische Wirtschaft lähmte, sollte durch Neuprägungen Abhilfe geschaffen werden.

entgegenzusetzen. Vor der Geburt ihres Kindes versucht sie manchmal den Geliebten aufzusuchen und streicht um die Hütte seiner Eltern:

„Aus Scham vermochte sie nicht solche
                  Kühnheit
Sich zuzutraun, um ganz allein der Hütte
Des Freundes sich zu nahn; doch manchmal
                  faßte
Sie sich ein Herz, doch dann entschwand sie
                  wieder."
                  (398)

1345 Der englisch-französische Krieg zieht sich in die Länge. Eduard III. (1342–1377) erklärt endgültig, daß er die Schuld gegenüber den Florentiner Banken nicht zahlen könne. „Dessen Zahlungsunfähigkeit . . . brachte über die Stadt Florenz größeren Ruin und Unheil als jemals zuvor . . ., und aus diesem Grund verlor . . . unsere Republik jegliche Macht", schreibt Giovanni Villani. Eine verheerende Wirtschaftskrise mit Teuerung und Bankrotten legt die Tätigkeit der Stadt lahm. Der Adel erhebt sich zum letztenmal und geht in schweren

Straßenschlachten und Häuserkämpfen unter. Die großen Namen wie Nerli, Cavalcanti, Rossi, Donati, Bardi verlieren Klang und Rang. Machiavelli diagnostiziert 150 Jahre später, diese Vernichtung des Adels sei der Wendepunkt der florentinischen Geschichte: „In Florenz . . . werden durch den Sieg des Volkes die Edlen der Staatsämter beraubt. Wollten sie dieselben wieder erwerben, so mußten sie in Betragen, in Gesinnung, in der Lebensart den Volksmännern nicht nur gleich sein, sondern auch scheinen . . . So erlosch jene kriegerische Tapferkeit, jene Hochherzigkeit, welche der Adel besaß; und im Volke, das sie nicht besaß, konnte sich nicht entzünden. Florenz wurde dadurch immer niedriger und verworfener."
In Neapel hat der siebzehnjährige Gemahl der Königin Johanna, Andreas von Ungarn, seine Krönung beim Papst durchgesetzt. Er wird jedoch – unter Mitwisserschaft der Königin – am 18. September ermordet. Zwei Seitenlinien des Königshauses laufen sich den Rang ab, um die verwitwete Königin zur Heirat mit einem ihrer Mitglieder zu bewegen.
Im folgenden Jahr lebt Boccaccio am Hofe des Ostasio da Polenta in Ravenna. Er übersetzt Teile des Geschichtswerkes von Titus Livius.

Ludwig I. (der Große) von Ungarn (1326–1382). Miniatur aus einer Handschrift des 15. Jahrhunderts. Er war der Sohn von Roberts Neffen Carobert und Elisabeth von Polen. Er bestieg 1342 den Thron und begann sofort mit einer, im Verhältnis zu den Machtmitteln seines Reiches, imponierenden Expansion: der Walachei zwingt er 1343 die ungarische Oberhoheit auf, 1344 kommt er Kasimir von Polen zu Hilfe und zwingt vor Krakau den böhmischen König zum Abzug; im selbigen Jahr schlägt er die Tataren. Was den deutschen Kaisern nicht gelang, schafft er mühelos: die Eroberung des unteritalienischen Reiches. Allerdings kann er den militärischen Sieg nicht politisch ausnützen: er will sich zum König von Neapel krönen lassen; doch die Pest durchkreuzt seine Pläne – er muß sein dezimiertes Heer vor ihr nach Ungarn retten. Als er 1350 abermals auf Neapel marschiert, stößt er auf viel stärkeren Widerstand: sein Strafgericht zur Rächung des ermordeten Bruders hat ihn verhaßt gemacht, das Volk steht auf Seiten der Anjoinen. Der Papst bietet ihm für den Abzug 300.000 Gulden. Ludwig nimmt sie nicht, aber geht.

1347

Boccaccio wechselt den Mäzen. Sein neuer Herr ist Francesco Ordelaffi von Forli. Ludwig von Ungarn rückt mit einem Herr in Italien ein, um seinen Bruder zu rächen. Florenz verweigert dem neapolitanischen Hof jegliche Unterstützung. Forli leistet den Ungarn Waffenhilfe, Boccaccio nimmt auf diese Weise am Feldzug teil.

Den Wettlauf um die Hand der Königin gewinnt Ludwig von Tarent, der ehemalige Zögling Acciaiuolis. Die Verteidigung des Reiches bricht völlig zusammen; das junge Königspaar muß in die Provence fliehen. Niccolò Acciaiuoli bleibt inmitten des allgemeinen Verrats der Krone treu. Boccaccio ergreift Partei in diesem Krieg: er tut das in lateinischen Eklogen; die dritte enthält – sehr verschlüsselt – Angriffe auf die Königin Johanna.

In Rom ergreift am Pfingstfest Cola di Rienzo (1313–1354) die Macht. Der beredte Rechtsgelehrte, Sohn einer Wäscherin, beabsichtigt, das alte Rom wiederzuerwecken. Er stützt sich auf die ärmere Bevölkerung und bricht vorübergehend die Macht des Adels. Den Adligen wird der Titel „Herr" genommen und allein dem Papst belassen. Alle Städte Italiens werden aufgefordert, Vertreter nach Rom zu entsenden, damit Italien vereinigt werden könne; zudem wird allen Italienern das römische Bürgerrecht verliehen. Doch Colas Versuch bricht am Jahresende zusammen.

1348

Der Ungarnkönig hält in Neapel ein blutiges Strafgericht. Er verliert dadurch die Sympathien der Einheimischen. Die 5. und 6. Ekloge Boccaccios – geschrieben in Florenz – verurteilen Ludwig von Ungarn und preisen Ludwig von Tarent. Angesichts der drohenden Pest ziehen die Ungarn wieder ab; das Königspaar kehrt im August in die Stadt zurück. Boccaccio scheint mit den letzten Eklogen die Gunst Ludwigs von Tarent und Acciaiuolis gewinnen zu wollen; die Chancen, an den Hof nach Neapel gerufen zu werden, sind nicht schlecht: Acciaiuoli ist zum Groß-Seneschall des Reiches befördert worden.

In Florenz tobt der Schwarze Tod, die Beulenpest, besonders schlimm. Zwei Drittel der Einwohner sterben. Jahrzehnte wird die Stadt benötigen, um sich von diesen Schlägen zu erholen. Noch bleibt sie ein Finanzzentrum Europas, aber die absolute Vorherrschaft auf dem Geldmarkt kann nicht mehr behauptet werden. Das Kulturleben ist durch den Tod von Giovanni Villani, Bruno Casini, Sennuccio del Bene und vieler anderer schwer getroffen. Auch Boccaccios zweite Stiefmutter stirbt.

1349

Boccaccino folgt seiner Frau in den Tod. Der Dichter widmet dem Andenken des Vaters die 14. Ekloge; sie ist in sehr versöhnlichem Ton gehalten. Nun ist er das Oberhaupt der Familie. Das Töchterlein Violante, das er zärtlich liebt, wird geboren. Seine Kinder, mindestens fünf, sind alle unehelich.

Boccaccio verfaßt *Il Decamerone (Das Dekameron)*. Der vom Griechischen abgeleitete Titel bedeutet: „Zehn Tage", denn es sind einhundert Novellen, die an insgesamt zehn Tagen erzählt werden. Die Quellen, aus denen er diesen enormen Reichtum schöpfte, sind äußerst vielfältig und teilweise nicht mehr genau auszumachen. Ein beachtlicher Teil scheint auf orientalische Erzählungen zurückzugehen. Die intensiven Beziehungen zwischen dem arabisch-persischen Kulturkreis und den Seestädten Italiens haben zweifellos einen entscheidenden Beitrag zu der Verbreitung vieler arabischer Legenden und Märchen geleistet; doch haben Perser und Araber sich wiederum gelabt am überreichen Schatz des indischen Erzählgutes.

Zwischen dem 2. und 6. Jahrhundert nach Christi Geburt entstand in Indien eine buddhistische Sammlung von Erzählungen, die später zum „Pantschatantra" zusammengefaßt wurden; er wurde im 8. Jahrhundert ins Arabische übersetzt, so daß seine Erzählungen im arabisch-persischen Raum, aber auch im syrischen und byzantinischen einige Verbreitung fanden.

Es ist nicht bekannt, ob Boccaccio diese Schrift kannte (sie existierte bereits in einer lateinischen Übersetzung seit 1278, war aber wenig verbreitet); sicherlich kannte er jedoch einige ihrer Geschichten vom Hörensagen. Ebenfalls indischen Ursprungs ist das Buch „Die sieben Weisen". Zwar umfaßt es viele Erzählungen aus dem „Pantschatantra", übertrifft ihn jedoch an ästhetischem Reiz wegen seines festgefügten Rahmens; er lautet folgendermaßen:

Ein König läßt seinen Sohn in der Fremde erziehen. Herangewachsen, soll dieser nun zurückkehren; jedoch liest sein Lehrer in den Sternen, daß an seines Vaters Hofe eine Gefahr auf ihn lauert, der er nur entgegen kann, wenn er sich sieben Tage stumm stellt. Der Prinz befolgt den Rat seines Erziehers und bleibt, zu Hause angekommen, stumm. Die Stiefmutter will den vermeintlich Stummen verführen und wird abgewiesen; ergrimmt bezichtigt sie ihn nun vor dem König jenes Versuchs, den sie selbst unternommen hat. Der Prinz, immer noch schweigend, kann sich nicht verteidigen und wird zum Tode verurteilt. Der Erzieher des Prinzen und seine anderen Lehrer, die sieben Weisen, strengen sich nun an, den König durch geeignete Erzählungen zum Aufschub der Hinrichtung zu bewegen, die Königin dagegen bietet Erzählungen entgegengesetzter Tendenz auf, damit der König erbittert werde und die Hinrichtung beschleunige. Sieben Tage schwankt der Kampf, da ist die verhängnisvolle Frist verstrichen; der Prinz bricht sein Schweigen, beweist seine Unschuld und wird freigesprochen. Die böse Stiefmutter wird bestraft. Dieses Buch schuf in gewisser Weise ästhetische Maßstäbe dafür, wie ein Rahmen auszusehen habe. Auch die Märchen von „Tausendundeiner Nacht" sind in einen solchen Rahmen gefügt: Scheherazade erzählt um ihr Leben. Und vielleicht ist von dieser Seelenstimmung einiges in den Rahmen des *Decamerone* eingegangen: die jungen Leute ergötzen sich an den Novellen, doch um sie her – in einigem Abstand – wütet die Pest.

Sicherlich hat Boccaccio auch manches dem „Buch der Novellen und des schönen, vornehmen Sprechens" entnommen, bekannt unter dem Titel „Novellino"; aber die Erzählungen dieses Werkes sind zumeist bloß „ängstliche Skizzen" (Hauvette), teilweise auch wörtliche Übersetzungen oder Zusammenfassungen aus lateinischen oder provenzalischen Büchern, teilweise sind es nur die Gerüste von Erzählungen, „wahrhafte Skelette"; man kann sich erfreuen an einigen deftigen und ausdrucksstarken Redewendungen, doch sind sie schmucklos zusammengestellt und meist nur Entwürfe. Boccaccio mußte also die gesamte künstlerische Arbeit erst leisten.

Auch die Antike hat zum *Decamerone* ihren Beitrag geliefert: manches ist von Apulejus (um 125 bis um 180 n. Chr.) entliehen, manches aus spätgriechischen Romanen geborgt. Boccaccio war sehr belesen und kannte sicherlich mittelalterliche Kompendien, deren es eine stattliche Anzahl gab, vor allem aus französischer Feder. Die provenzalische Dichtung – so beliebt am Hofe der Anjou in Neapel – war ihm vertraut und auch einiges von der französischen Literatur. Eine unerschöpfliche Fundgrube müssen schließlich die lokal gefärbten Erzählungen aus Italien selbst für ihn gewesen sein.

Die Frage, woher Boccaccio die Einfälle und Anregungen nimmt, ist zweitrangig gegenüber derjenigen, was er daraus macht: hierin bestehen Könnerschaft und Künstlertum. „Wenn also nur ein kleiner Teil der hundert Novellen des *Dekameron,* ja wenn keine einzige von ihnen der Phantasie Boccaccios ihren Ursprung verdankt, bleibt ihm doch das Verdienst, ihnen erst Leben und Gestalt gegeben, sie mit allen Reizen der Erzählkunst geschmückt und in die herrlichste, von ihm gleichsam erst geschaffene Sprache gekleidet zu haben" (Marcus Landau).

Für manche Geschmäcker mag der Rahmen des *Decamerone* zu ungenau sein: wer sind diese unbestimmbaren jungen Damen und Jünglinge, die da vergnügt erzählen? Ihr Charakter bleibt ohne feste Umrisse, sogar die Beziehungen zwischen ihnen sind hinter einem feinmaschigen Schleier verborgen, sehr im Gegensatz etwa zu jenen scharf konturierten Figuren, die uns Geoffrey Chaucer (1340? bis 1400) in seinen „Canterbury Tales" als Erzähler vor Augen führt. Aber selbst wenn die sieben jungen Damen und drei Jünglinge nur allegorische Gestalten sein sollten, so wäre nirgendwo dieser Rahmen aufdringlich; nirgends biegt der Dichter unsere Aufmerksamkeit gewaltsam auf einen Hintersinn. Unaufdringliche Allegorien sind Zeugnisse künstlerischer Vollendung.

Mit Boccaccio wird die Novelle zur literarischen Gattung im Vollsinn des Wortes. Und sie erreicht mit ihm sofort einen Höhepunkt. Alles ist gesagt in der schlichten Tatsache: „die Nachahmer Boccaccios konnten die Gattung nicht mehr bereichern" (Henri Hauvette).

1350

Es kommt zu einer erneuten Invasion der Ungarn, und der Papst vermittelt zugunsten des neapolitanischen Zweiges der Dynastie. Das Ansehen des unteritalienischen Reiches hat sehr gelitten; es befindet sich fortan in einem dauernden Schwächezustand. Boccaccio übernimmt sein erstes öffentliches Amt in der Stadt: er reist als Gesandter nach Ravenna und übergibt zehn Gulden an Schwester Beatrice, Nonne im Kloster von San Stefano dell'Uliva. Diese Nonne ist eine Tochter Dantes; die Stadt erweist dem großen Verbannten, 29 Jahre nach dessen Tod in der Fremde, eine kleine Ehre. Im September wird bekannt, daß Petrarca zum Jubiläum nach Rom pilgern und auf der Durchreise Florenz besuchen werde. Die Gelehrten und Dichter der Stadt (Zanobi da Strada, der einst mit Boccaccio die Schulbank gedrückt hat und nun auch Dichter ist, dann Francesco Nelli, ein hochgebildeter Geistlicher, und andere), zuvorderst Boccaccio, empfangen den „gekrönten Poeten" vor der Stadt und geleiten ihn zum Hause Boccaccios, wo er einige Tage zu Gast bleibt, um dann nach Rom weiterzureisen. Anfang November zieht Zanobi nach Neapel; er hat eine Einladung erhalten, am Hofe als Sekretär des Groß-Seneschalls zu leben. Boccaccio ist empfindlich getroffen: der alte Freund Niccolò Acciaiuoli hat einen anderen ihm vorgezogen.

Petrarca kehrt im Dezember aus Rom zurück und verweilt abermals einige Tage bei Boccaccio, um von Florenz aus nach Parma und dann nach Padua zu reisen.

Francesco Petrarca wurde 1304 in Arezzo, südöstlich von Florenz, geboren. Sein Vater, der Notar Pietro Petracco, ist einer jener florentinischen Verbannten, die zusammen mit Dante die Heimat verlassen mußten. Die Familie übersiedelte um 1312 nach Avignon. 1316 begann Francesco in Montpellier Jurisprudenz zu studieren und wechselte später an die Universität Bologna über. Nach dem Tod des Vaters kehrte er 1326 nach Avignon zurück. Mit einigen Unterbrechungen lebte er bis 1353 in der Provence. Petrarca hat als 25jähriger einige Dichtungen beendet, von denen jedoch nichts erhalten ist. 1330 trat er in den Dienst des Kardinals Colonna; die guten Beziehungen zu dieser römischen Adelsfamilie blieben zeitlebens bestehen. Er konnte keinen Studienabschluß nachweisen, erhielt aber die niederen Weihen, wodurch er einige bescheidene Pfründen erwerben konnte – von ihnen lebte er, wenn er nicht an einem Hofe war. 1333 reiste er durch Flandern, Frankreich und das Rheinland und verbrachte 1337 längere Zeit in Rom als Gast der Colonna.

Um diese Zeit zog er sich plötzlich in die Einsamkeit zurück, um in der Vaucluse zu leben, nahe bei der Quelle der Sorgue. Dennoch fand er keine Ruhe, nach vier Jahren mußte er wieder nach Italien reisen, um seine Krönung zu bewerkstelligen. „Die ländliche Bevölkerung wundert sich, wenn sie sieht, daß ich es wage, diese Wonnen zu verachten, in welchen sie die Grenzen des höchsten Gutes sehen; sie kennt nicht unsere Wollust, die verborgenen Begleiter, die von . . . allen Jahrhunderten zu mir geschickt werden: ihre Sprache, ihr Talent . . . haben sie berühmt gemacht; und sie sind nicht schwierig, eine kleine Ecke in meinem bescheidenen Haus scheint ihnen genug . . . Sie gehen, wenn ich es gebiete und kommen auf meinen Ruf zurück", lobte Petrarca in einem Brief an Giacomo Colonna seine Abgeschiedenheit und seine Bücher. Aber sein Geist war nie ganz zufrieden an einem Ort, Petrarca war immer auf der Suche. Sein Äußeres war nicht sehr anmutig: „Er war nicht besonders hübsch, mittelgroß, rothaarig, und seine äußere Erscheinung wirkte trotz seines feurigen durchdringenden Blickes durchaus nicht anziehend; dafür bemühte er sich, den Mangel an männlicher Schönheit durch überaus gewählte Kleidung, enges Schuhwerk und sorgfältig studierte Eleganz der Bewegungen wettzumachen. Er widmete seiner äußeren Erscheinung viel Zeit, brannte sein Haar, und oftmals konnte man auf seiner Stirn Brandmale sehen, die ihm das heiße Lockeneisen zugefügt . . ." (Kazimierz von Chledowski).

Petrarca war nicht allein eitel, sondern auch ruhmsüchtig, zugleich aber ehrlich genug, sich und anderen dies einzugestehen. Dennoch: solcherlei Sucht braucht Erfüllung, um überwunden zu werden. Er wünschte, mit Lorbeer zum Dichter gekrönt zu werden. Der Brauch, Dichter zu krönen, stammt aus der griechischen Kultur, wo alles zum Wettkampf geriet. In Rom fanden während der Kaiserzeit Dichterwettkämpfe statt: auf dem kapitolinischen Hügel, wo der Kaiser dem Sieger einen Kranz aus Eichenlaub überreichte. Die Wettkämpfe wurden bis um das Jahr 400 n. Chr. abgehalten und scheinen noch lange in Erinnerung geblieben zu sein. Am 3. Dezember 1315 wurde Albertino Mussato (1261–1329), Dichter, Staatsmann, Historiker und Soldat, in seiner Heimatstadt Padua als erster zum Dichter gekrönt. Gerichte, Schulen, Läden und Ämter blieben geschlossen wie an den höchsten Festtagen. Im Rathaus wurde ihm ein Kranz, in dem Myrthe, Efeu und Lorbeer miteinander verflochten waren, aufs Haupt gesetzt. Zwar war diese Krönung in vieler Hinsicht eine Art akademische Feier, denn die Urheber gehörten alle der Universität Padua an, doch der Widerhall in ganz Italien war außerordentlich. Professoren der Universität Bologna wollten Padua noch übertreffen, indem sie keinem Geringeren als Dante die Krönung anboten. Doch der Verbannte lehnte mit schmerzlicher Geste ab: ja, in seiner Heimatstadt, im Baptisterium San Giovanni, dort würde er sich gerne krönen lassen.

Petrarca scheute sich nicht, seine Krönung regelrecht zu inszenieren: eine Prüfung müsse ihr vorausgehen, damit er auch als des Lorbeers würdig erachtet werde; und natürlich solle sie in Rom stattfinden, auf dem Kapitol. Er bemühte sich, da gerade ein befreundeter Florentiner als Dekan der Universität Paris amtierte, um eine Einladung zur Krönung nach Paris; gleichzeitig ließ er sich – seine römischen Beziehungen ausspielend – nach Rom einladen. Ein guter Prüfer schien ihm König Robert I. von Neapel zu sein, an dessen Hofe Petrarcas

Nach der Theologie des Thomas von Aquin gibt es drei Stände der Kirche: die streitende Kirche auf Erden, die leidende im Fegefeuer und die triumphierende im Gottesreich, als erlöste Menschheit, als Gemeinschaft der Heiligen. Gelegentlich wurde diese Auffassung auf das zeitliche Geschehen in der Welt übertragen. Besonders die Humanisten argumentierten mit dieser Übertragung: das Christentum hat doch schon über das antike Heidentum triumphiert, also können wir uns gefahrlos mit der Antike befassen! Genau das ist auch Petrarcas Position: „Warum sollte ich mich aber von etwas losreißen lassen, woran . . . Augustin selbst haften geblieben ist? . . . Kein Führer ist zu verachten, der den Weg zum Heile weist. Wie kann also Plato oder Cicero dem Streben nach der Wahrheit schädlich sein? . . . Es gibt tatsächlich wenig Lektüre, die keine Gefahr in sich birgt, [wenn] das Licht der göttlichen Wahrheit . . . aber Führer ist, dann ist alles gesichert" („Epistolae familiares" II,9). Die Abbildung zeigt das um 1365 von Andrea da Firenze geschaffene Fresko „Auftrag und Triumph der Kirche". Es befindet sich in der „Spanischen Kapelle" der Florentiner Kirche Santa Maria Novella (des Schauplatzes der Einleitung zum „Decamerone"). Vor dem Hintergrund des zur Zeit der Entstehung des Gemäldes noch unvollendeten Domes Santa Maria del Fiore in Florenz sind links die Repräsentanten der geistlichen und der weltlichen Gewalt versammelt. (Die Gestalt im roten Gewand vor dem durch seinen Hermelinumhang gekennzeichneten Kurfürsten wird als Dante-Darstellung gedeutet.) Die rechte untere Bildzone zeigt den Ordensgründer Dominikus sowie seine Ordensgenossen Petrus Martyr und Thomas von Aquin in der Auseinandersetzung mit Häretikern; zu ihren Füßen wird die Szene sinnbildlich durch den Kampf der schwarzweißen (Gottes) Hunde mit den „Wölfen der Ketzerei" gespiegelt.

Freund Dionigi da Borgo San Sepolcro sich sehr rührig für ihn einsetzte. Alles klappte. Die Pariser Universität bot die Krönung an, der römische Senat tat desgleichen, und König Robert ließ zur Prüfung bitten. Petrarca lehnte das Pariser Angebot bedauernd ab und fuhr im März 1341 nach Neapel, das Boccaccio soeben verlassen hatte. Er wurde prachtvoll empfangen. Das „Examen" dauerte drei Tage. „Welche Nützlichkeit können die Völker aus der Poesie ziehen, und welche Güter hat sie den Dichtern selber, den Staaten und der Menschheit verschafft?" lautete die Frage des Königs. Einen Tag nahm sich Petrarca Zeit, um seine Antwort zu überlegen. Die Lobrede, die er dann vor der gelehrten Versammlung hielt, überzeugte so sehr, daß der König ausrief: „Wie bedaure ich, daß ich so spät die Schönheit der Poesie und ihre Verdienste kennengelernt habe!" Am folgenden Tag wurde die Allgemeinbildung des Dichters geprüft. Petrarca wurde gebeten, am dritten Tag aus seinem noch unfertigen Epos „Africa" einzelne Bruchstücke vorzulesen. .

Vielleicht beginnt mit diesem Vorgang die Problematik, an der der moderne Intellektuelle leidet, wenn das Verhältnis zur Macht zur Sprache kommt. Er entsteht durch die Ablösung des Gelehrten von Kirche und Universität, da er aber anscheinend nicht auf eigenen Beinen stehen kann, läßt er sich seinen Selbstwert von der Macht zusprechen: Petrarca w o l l t e geprüft werden; und er bevorzugte hiefür einen König – eine klare Absage an die Gelehrtenwelt. Womöglich ist die abschließende Geste der Zeremonie zutiefst symbolisch für das Schicksal des modernen Intellektuellen geworden: Robert I. legte Petrarca ein von ihm selbst zuvor getragenes Gewand um – ein orientalischer Brauch, der den Beschenkten als Vasallen des Gebers ausweist. Petrarca war die Bedeutung dieser Geste wohlbekannt; dennoch nahm er das Geschenk dankbar an. Am 8. April 1341 wurde er auf dem Kapitol im Senatorenpalast mit dem Dichterlorbeer geschmückt. Er selbst hielt eine feierliche Krönungsrede.

Mit Petrarca begann der Siegeszug der Antike. Eigenartigerweise war es nicht die ungewöhnliche Menge seiner Kenntnisse, die sein Verhältnis zum Altertum bestimmte, sondern eher ein hochentwickelter Geschmack, der ihm Bescheid gab, wie eng stilistische Eleganz und konzentrierteste Reflexion verbunden sind. Als Knabe schon, erwähnte er später, habe ihn die Sanftheit und Klangfülle der Sprache Ciceros (106–43 v. Chr.) bezaubert – kaum daß er den Sinn erfaßt hätte –, und danach sei ihm jedwede andere Sprache rauh und mißklingend vorgekommen. So lange er lebte, schätzte er Cicero; dieser blieb für ihn immer das höchste Vorbild jeglicher Prosa, und Vergil (70–19 v. Chr.) war es ihm für die Poesie. Entscheidend wurde für ihn die Erfahrung, daß jeder Rückzug aus der Gesellschaft ihn nicht vereinsamte, sondern ihm die Zwiesprache mit den antiken Schriftstellern eröffnete. Es ist nicht nur literarische Überspanntheit, wenn er an sie regelrechte Briefe schrieb: darin bekundet sich das Gefühl, daß sie weiterleben, daß mit ihnen – mehr noch als mit den Zeitgenossen! – „Gespräch" zu führen ist. Er glaubte an die Wiederherstellung der römischen Kultur; drei Zeitalter sah er im Ablauf der abendländischen Geschichte: die römische Großzeit von Scipio bis Titus, die Zeit der Finsternis – er nannte sie auch „mittlere Zeit" –, die bis an seine Gegenwart heranreichte, und das kommende Zeitalter, in dem das erste wiederkehren sollte. Wärmsten Anteil nahm er am Versuch Cola di Rienzos; daß er sich zurückhalten mußte, um nicht allzu offen für ihn einzutreten, mochte nicht allein einer aristokratischen Grundhaltung entspringen, sondern auch einer gewissen Rücksicht gegenüber den Colonna. Er hoffte auf die Einigung Italiens. Mit zunehmendem Alter wandte er sich von der Welt immer entschiedener ab; Augustinus (354–430) wurde seine bevorzugte Lektüre. Das Ergebnis dieser Vertiefung in Augustinus' Gedankenwelt war ein unbestimmtes Schwanken zwischen einem moralphilosophischen Heidentum und christlicher Erlösungshoffnung – eine Lösung, die ihm jedenfalls innere Ruhe brachte.

Jacob Burckhardt (1818–1897) läßt mit Petrarca den modernen Sinn für die Schönheit der Landschaft beginnen: „Der Naturgenuß ist für ihn der erwünschteste Begleiter jeder geistigen Beschäftigung; auf der Verflechtung beider beruht sein gelehrtes Anachoretenleben in Vaucluse und anderswo, seine periodische Flucht aus Zeit und Welt." Im hohen Alter schreibt Petrarca einem Jugendfreund, wie er als Zwölfjähriger zum erstenmal – anläßlich eines Ausflugs in die Vaucluse – jenes Tal erblickte, wo die Sorgue ihren Ursprung nimmt; er sei damals so betroffen gewesen über die Schönheit dieser Landschaft, daß er geschworen habe, hier zu leben: „Als wir zur Quelle kamen – ich entsinne mich nämlich nicht anders als wenn es heute gewesen –, und der Ort so unberührt dalag, sagte ich in meinem kindlichen Denken wie ich es eben vermochte: ,Dieser Ort in der Natur ist der gefälligste, und ich würde ihn, wenn es irgend ginge, den großen Städten vorziehen!'"

Die Preisung landschaftlicher Anmut ist so neu nicht. Die Griechen hatten zu allen Zeiten einen bemerkenswerten Sinn für Naturschönheiten; und in der ausgehenden Antike waren es griechische Eremiten, die eine Reihe feinfühligster Briefe über dieses Thema hinterlassen haben: „Wenn ich . . . jeden Felsenrücken, jeden Talgrund, jede Ebene mit neu-entsprossenem Grase bedeckt sehe: dann den mannigfaltigen Schmuck der Bäume, und zu meinen Füßen die Lilien, doppelt von der Natur ausgestattet mit Wohlgeruch und Farbenreiz; wenn ich in der Ferne sehe das Meer, zu dem hin die wandelnde Wolke führt: so wird mein Gemüt von Schwermut ergriffen, die nicht ohne Wonne ist . . ." schreibt Gregor von Nyssa (335–394). Das Eigentümliche ist die Verschmelzung von Schwermut und Wonne. Sie bestätigt den ästhetischen Charakter des Blikkes auf die irdische Schönheit. In der Schwermut meldet sich zwar die Besinnung, aber sie tut der ästhetischen Erfahrung keinen Abbruch. Im Mittelalter sind solche Zeugnisse spärlich oder fehlen ganz. Man ist zwar keineswegs unempfänglich für die Schönheit der Natur, doch gilt als feststehendes Schema – in Epen und Romanen – der Garten als das Inbild landschaftlicher Augenlust schlechthin: er vertritt den Garten Eden und bleibt so eingefangen in den theologischen Horizont, gerade wie der Wald noch bei Dante für Irrweg steht und der Berg für Aufstieg, Erhöhung.

Petrarca hinterließ uns die Schilderung einer Bergbesteigung, die man als Wendepunkt in der Landschaftserfahrung zu bezeichnen pflegte. Zusammen mit seinem jüngeren Bruder bestieg er 1337 den Mont Ventoux.

„Ich freute mich über mein Vorankommen, ich weinte über meine Unvollkommenheit; und die Wechselhaftigkeit, der alle menschlichen Handlungen unterworfen sind, flößte mir Mitleid ein. Wohin bin ich gekommen und warum? . . . Ich drehte mich um, hinter mich, nach Westen zu blicken: die Grenze dahinten von Gallien und Spanien, die Gipfel der Pyrenäen sind von hier aus nicht zu sehen . . . die Berge der Gegend um Lyon rechts, links das Meer von Marseille und Aigues-Mortes – obwohl es mehrere Tage entfernt ist – war deutlich zu erkennen . . . Als ich diese Aussicht in allen Einzelheiten bewunderte und mal irdische Reflexionen anstellte, mal dem Beispiel des Körpers folgte, um meine Seele in die Höhen zu erheben, da schien es mir gut, die Bekenntnisse Augustins aufzuschlagen . . . Ich öffnete sie mit der Absicht zu lesen, was gerade dastünde . . . Ich nehme Gott zum Zeugen . . .: die Stelle, auf die mein Auge fiel, lautete: ,Und da gehen die Menschen hin und bewundern hohe Berge und weite Meeresfluten und mächtig daherrauschende Ströme und den Ozean und den Lauf der Gestirne und verlassen sich selbst darob.'"

Heute weiß man, daß fast alle Einzelheiten, die Petrarca schildert, literarische Entlehnungen sind: aus Livius, Augustinus, Hieronymus, Seneca und anderen. Er gab vor, den Berg 1337 bestiegen zu haben, doch den Brief schrieb er 1353; es ist nicht einmal sicher, ob er jemals auf dem Mont Ventoux gewesen ist (Giuseppe Billanovich). Unbestreitbar ist aber, daß er diese schöne Erdichtung nicht geschrieben hätte, wenn ihm nicht wirklich ein tiefer Sinn für die Landschaft zu eigen gewesen wäre: die Schönheit der Berge und Täler war ihm unerläßlich für seine einsamen Meditationen; seine Dichtung lebt von der Spannung zwischen ästhetischem Erleben ländlicher Anmut und der Aufwärtsbewegung des Geistes. Und darin war er „modern", trotz aller theologischen Symbolik, die in der „Bergbesteigung" nicht fehlt. Die Hymnen, die die griechischen Eremiten der Spätantike auf die Schönheit der Erde sangen, klingen gewiß reiner und unverfälschter. Doch nicht ihnen, sondern Petrarca war es beschieden, eine Tradition der Landschaftsliebe zu gründen, die sich fortsetzt bis in unsere Epoche.

Petrarca liebte eine schöne Dame namens Laura, die er in seinen Versen verewigte; wir erfahren vom Dichter fast nichts über sie: Rufname, Ort und Zeit der Begegnung, Ort und

Zeit des Todes. Schon sein Gönner, Kardinal Colonna, glaubte nicht an die Existenz Lauras: ausgedacht seien die Liebesverse, vorgetäuscht die Seufzer um die Geliebte. Ein Herausgeber des „Canzoniere" stellt 1525 den Gedichten einen Lebenslauf Lauras voran, wonach sie der Familie de Sade aus Avignon entstammte. Ein Nachkomme der Familie, Abbé de Sade, gibt 1764 Urkunden aus dem Familienarchiv heraus, um den Liebesroman von Petrarca und Laura de Sade abzustützen. „Nichts von alledem hielt der kritischen Sichtung stand" (Hugo Friedrich). Johann Gottfried Herder (1744 bis 1803) lehnt die biographischen Beweise des Abbé de Sade ab und urteilt wohl am weisesten: „Laura möge in Person oder zum leibhaftigen Petrarca gewesen sein, was sie wolle; dem geistigen Petrarca war sie eine Idee, an die er... allen Reichtum seiner Phantasie, seines Herzens, seiner Erfahrungen verwandte..." Ob es sie gab oder nicht: es gelingt Petrarca in seiner Liebesdichtung, einem Minimum an Tatsächlichem ein Maximum an Seelischem abzugewinnen.

Dante beschließt sein Büchlein „Das neue Leben" mit der Hoffnung, daß er noch eine Weile leben möge; dann wolle er von Beatrice sagen, „was noch niemals von einer Frau gesagt worden ist". Er hat Wort gehalten. Die „Göttliche Komödie" ist „nichts als die Aura um den Namen Beatrice..." (Walter Benjamin). Wenn – unter diesem Gesichtspunkt – überhaupt eine Dichtung mit Dantes großem Wurf rivalisieren kann, dann ist es der „Canzoniere" Petrarcas.

Andere Lyriker seiner Zeit gaben ihre Gedichte in Sammelhandschriften gemeinsam heraus; Petrarca brach mit dieser Tradition und faßte seine Sonette und Canzonen in durchdachter und geschlossener Ordnung zusammen. „Petrarca ist der erste nachantike Lyriker Europas, der seine Gedichte als durchkomponiertes Buch vorlegte" (Hugo Friedrich). Keinem nachantiken Lyriker war eine solche Breitenwirkung vergönnt wie ihm. Seine unangefochtene Hegemonie dauerte zweieinhalb Jahrhunderte. Der „Canzoniere" umschließt 366 Gedichte, davon mehr als 300 Sonette. Die Abfolge richtet sich nach den Phasen seiner Liebe zu Laura: zuerst die Begegnung mit ihr, dann die Liebeswerbung, das Nein der Herrin, die Abreise des Liebenden,

Francesco Petrarca (1304–1374); Ausschnitt aus einem um 1375 entstandenen Fresko in der „Sala dei Concerti o dei Giganti" in Padua.

Heimweh, Hoffnung, Verzweiflung; mit Lauras Tod beginnt der zweite Teil des Werkes, alle Stationen des Leidensweges werden nochmals gestreift, aber in der Erinnerung an die Tote gleichsam geläutert; endlich nimmt der Liebende sein eigenes Altern an, Laura weicht nun völlig der Himmelsliebe, die schon ihr Tod in ihm erweckt hat. Zwar kann man darin noch das Schema des „Neuen Stils" erkennen: Hoffnung auf Liebeserfüllung, Schmerz wegen deren Ausbleibens, Schwermut und Weltabkehr sowie die schließliche Verklärung der Herrin; doch die schematische Stufung wird bei Petrarca in hochdifferenzierte Seelenstimmung übersetzt. Er findet Zwischenbereiche, und ihm gelingen so die feinsten Schattierungen der Liebesstadien. Das ist die Frucht seiner langgeübten quälerischen Selbstbeobachtung.

Für die Dichter der römischen Liebeslyrik war die Liebe eine Art Krankheit, ihre akuteste Phase die Eifersucht; Untreue, Weggang und Tod der Geliebten bringen sie zum Erlöschen. Auch Petrarca erachtete die Liebe als krankhaften Zustand. Doch er bäumt sich dagegen nicht auf; er genießt ihn. „Mein ärgstes Elend ist, daß ich mich an Qualen und Schmerzen mit heimlicher Wonne weide und mich nur widerstrebend von ihnen losreißen lasse", bekennt er. Es ist ein unantikes aber auch unchristliches Untertauchen in Wehleidigkeit. Gerade dieses völlig moderne Gefühl nährt die Spannung zwischen irdischem Eingebundensein und himmlischem Ideal. Und auf diese Spannung kommt es ihm an. Ihr entnimmt er einen enormen Antrieb zur Reflexion und zur literarischen Schöpfung. Der Liebende des „Canzoniere" befindet sich fast durchgängig in der freien Natur. Diese ist nicht allein Kulisse für das Drama der Hoffnungslosigkeit, das sich die Seele vorspielt, sondern beständige Begleiterin, die seiner Trauer wortlos Antworten erteilt. Die Seele scheint auszuufern und die geschaute Landschaft zu überschwemmen, sie in Beschlag zu nehmen für den eigenen Schmerz. Daher beschreibt Petrarca die sinnhafte Welt nie genau; die Natur ist völlig unscharf angedeutet: „Blume" sagt er, nur ganz selten „Rose" oder „Lilie"; sogar die Gedichte, in denen die Vaucluse auftaucht, geben eine Landschaft wieder, die überall sein könnte. Die Natur ist nicht autonom, sie kommt nur in Betracht, soweit sie dem einsamen Ich für sein Leid Zeichen gibt.

Die Liebe zu Laura ist eine Liebe ohne Du. Zwar ist schon im „Neuen Stil" die Liebe ein Zyklus von Vorgängen, „die sich allein im Liebenden abspielen" (Hugo Friedrich); aber bei Petrarca wird die Abwesenheit der Geliebten noch krasser, weil die seelische Fülle des Liebenden eine derart massive Gegenwart gewinnt. So lange Laura lebt, hat sie kaum einen hastigen Blick für den Gequälten übrig; sie ist ein abweisender Felsen, eine unnahbare Feindin. Nirgends spricht sie zum Dichter. Doch mit dem Tode verwandelt sie sich: sie besucht ihn im Traum, sie zeigt sich in ihrem Glanze, sie schenkt ihm ein mütterliches Lächeln – und sie spricht mit ihm. Denn die erfüllungslos gebliebene Liebe ist der himmlischen Liebe am nächsten, und erst die tote Frau ist eine holde Geliebte.

Kaum ein Dichter hat je soviel Bedacht auf den Wohllaut seiner Verse verwandt wie Petrarca. Sein Vokabular ist begrenzt und einfach. Immer wieder vereinfacht er – in späteren Umarbeitungen – den Wortschatz. Er liebt Antithesen, aber im Satzbau glättet er und besänftigt: anstatt des „aber" erscheint oft ein „und". Die Aufeinanderfolge der Worte gehorcht sehr viel weniger dem genauen Sinn als dem Klangbild: seine italienischen Dichtungen, an denen er viel länger feilte als an den lateinischen – ohne daß er dies aber zugegeben hätte! –, gehören zum Klangreichsten, was die Poesie jemals hervorgebracht hat.

Das 35. Gericht zeigt den Liebenden in seiner Grundhaltung: einsam, rastlos und nicht imstande, seinem Leid zu entrinnen:

„Allein und sinnend, zögernd trägen Schritts
Durchmess' ich die verlassensten Gefilde,
Und meine Augen spähn, wo Menschenspur
Im Sand sich fände, daß ich ihr entfliehe.

Kein Schutz sonst hülfe mir davor, der Menge
Rasch offenbar zu machen, wie ich bin.
Denn an dem freud-erloschenen Gebaren
Zeigt sich von außen, wie ich innen glühe.

Jetzt wissen selbst die Berge, selbst die Hänge,
Die Flüsse und die Wälder, welcher Weise
Mein Leben ist, das sich vor Menschen birgt.

Doch ging' ich nie so rauhen Pfad noch wilden,
Daß nicht auch Amor zu mir träte
Und sich mit mir bespräche, ich mit ihm."

Das 282. Gedicht erzählt einen Traumbesuch der verstorbenen Laura:

„Beglückte Seele, oft erscheinst Du mir,
Willst meinen Schmerzensnächten Tröstung
                                                    bringen
Aus Augen, die der Tod nicht brach, – nein,
                                                          die
Zu todenthobner Schönheit er verklärte.

Wie dank ich Dir, daß meine trüben Tage
Du gnadenvoll mit Deinem Bild erhellst!
So find' ich langsam Dein Erstrahlen wieder
An altem Ort in neuer Gegenwart.

Wo ich in vielen Jahren von Dir sang,
Beweine ich Dich jetzt, Du siehst es wohl.
Beweine Dich? Ach nein, das eigne Leid.

In all der Qual besänftigt mich nur dies:
Daß, wenn Du kommst, ich Dich sogleich
                                                    erkenne
Am Gang, am Wort, am Antlitz, am Gewand."

1351

Boccaccio wird für Januar/Februar das Amt des Kämmerers der Stadtkasse anvertraut; offensichtlich steht er im Ruf der Uneigennützigkeit. Im März reist er nach Padua, um Petrarca ein Schreiben seiner Heimatstadt zu überbringen. Die Behörden teilen dem „gekrönten Poeten" folgendes mit:

1. Das Verbannungsurteil gegen Petracco, den Vater des Dichters, wird aufgehoben.
2. Die Einziehung der väterlichen Güter wird rückgängig gemacht zugunsten des Sohnes.
3. An der neuen Universität kann Petrarca sich den Lehrstuhl aussuchen, der ihm beliebt.

Petrarca gibt eine ausweichende Antwort. Als man in Florenz im Juni erfährt, er sei in die Provence zurückgereist, ist die Erbitterung groß; die Signorie widerruft alle obigen Beschlüsse. Boccaccio wohnt indessen einige Wochen bei Petrarca: „Ich kam zu Dir nach Padua", schreibt er später, „als Gesandter; als ich diesen Auftrag erledigt hatte, verbrachte ich mit Dir einige Tage, die wir alle auf die gleiche Weise gestalteten. Du vertieftest Dich in heilige Schriften; und ich war ganz begierig, Abschriften von Deinen Werken anzufertigen. Wenn sich der Tag neigte, erhoben wir uns einmütig von der Arbeit, um in Deinen Garten zu gehen, wo der Frühling die Blätter und Blüten entfaltete. Ein Freund von Dir . . . kam noch dazu; und wir saßen versunken in Gesprächen, die sich hinzogen bis in die Nacht."

Boccaccio schreibt die erste Fassung seines *Trattatello in laude di Dante (Kleine Abhandlung zum Lobe Dantes)*. Er überarbeitet die Schrift neun Jahre später; diese zweite Fassung ist ein Beispiel leidenschaftlicher Biographie. Es ist nicht eigentlich eine Lebensbeschreibung Dantes; es ist eher ein Bild von Dantes Charakter, Eigenart und Denkweise. Zwar ist die Absicht, den größten Dichter Italiens zu preisen, erkennbar, und Boccaccio bekennt sich auch zu ihr; doch die Zeichnung ist derart maßvoll, die Verbeugung vor Dante so schlicht und überzeugend, daß die Schrift ein Meisterwerk genannt werden muß (Vittore Branca). Wie sehr sich Boccaccio schließlich als Florentiner gefühlt haben muß, geht aus den einleitenden Worten hervor; er unternimmt eine nachträgliche Wiedergutmachung im Namen der Heimat: „. . . Keine Bildsäule, kein herrliches Grabmal kann ich ihm errichten, was auch bei uns nicht üblich wäre; mir gehört die Feder, und sie will ich, so armselig sie ist, in seinen Dienst stellen, damit die fremden Völker nicht sagen können, einem solchen Dichter habe sein Vaterland nur Undank erwiesen . . ."

Er entwirft ein meisterhaftes Porträt des Verbannten und zeichnet alle wesentlichen Züge seines Charakters. Die Ehrerbietung beeinträchtigt jedoch nicht die Wahrheitsliebe; Boccaccio erwähnt auch solche Seiten an Dante, die weniger behagen. Aber er tut dies, weil er sicher sein kann, daß gerade das g a n z e Bild desto anziehender und überzeugender wirken wird: „Es beschämt mich, den Ruhm dieses Menschen mit einem Makel beflecken zu müssen, aber ich kann mich dieser Notwendigkeit nicht entziehen, würde ich doch, verschweige ich seine Fehler, allem Lobenswerten, was ich über ihn sage, viel von seiner Glaubwürdigkeit nehmen. Er selber aber, der vielleicht mit erzürntem Blick aus dem Himmel auf mich niederschaut, möge mir vergeben." Diese „objektive" Sichtweise charakterisiert den Dichter als Florentiner; und er trifft sich darin mit einem Publikum, das denselben Geschmack besitzt.

1353

Lorenzo Acciaiuoli, der älteste Sohn des Groß-Seneschalls, wegen seiner Ritterlichkeit und Großmut in Neapel wie in Florenz gleicherweise beliebt, stirbt. Der Leichnam wird nach Florenz überführt, wo eine Bestattung stattfindet, wie sie die Stadt noch nicht erlebt hat. Matteo Villani, der Chronist, schreibt, sie habe fünftausend Gulden gekostet. Die ganze Stadt trauert. Boccaccio weint, so schreibt er an Zanobi, wie er noch niemals geweint habe. Niccolò Acciaiuoli wohnt ungerührt den Trauerfeierlichkeiten bei; er verbietet, daß man weiter von Lorenzo spricht, und läßt die altgriechische Floskel fallen, er habe gewußt, daß sein Sohn sterblich sei. Boccaccio ist einmal – vielleicht zwanzig Jahre zuvor von Acciaiuoli „Johannes tranquillitatum" („Johannes, den nichts aus der Ruhe bringt") genannt worden. Diese längst vergessene Stichelei kommt dem Dichter beim Anblick der stoischen Haltung des Groß-Seneschalls jäh in Erinnerung. Der Brief an Zanobi, in dem er den Hergang der Beerdigung schildert, zieht einen endgültigen Trennungsstrich zwischen dem Dichter und dem Groß-Seneschall: „Ich bin arm, aber ich lebe für mich selbst; reich und hochgestellt, müßte ich für die anderen leben. In Gesellschaft dieser paar Bücher, die mich umgeben, empfinde ich mehr Freude, als alle Deine Fürsten kennen, wenn sie sich die Krone umbinden" (ep. VIII).

Im Mai nimmt Petrarca Abschied von der Provence und kehrt für immer nach Italien zurück; vom Mont Genèvre begrüßt er in stürmischen Versen die Heimat: „Heil, schöne Mutter, Ruhm der Erde, Heil!"

Sofort nimmt er die Einladung des Erzbischofs von Mailand, Visconti, an und lebt die nächsten Jahre an dessen Hof. Als diese Nachricht nach Florenz dringt, herrscht dort helle Empörung. Die aggressive Politik des Erzbischofs war oft Gegenstand besorgter Gespräche, und Petrarca selbst hat den „schändlichen Tyrannen" geschmäht. Boccaccio schreibt dem Freund einen bitteren Brief, worin er Petrarcas Schritt ein „Verbrechen" nennt; er läßt die Anklage im Vergil-Zitat gipfeln: „Wohin treibst Du nicht sterbliche Herzen, verfluchter Hunger nach Gold?" Es ist die einzige Krise in der langen Freundschaft. Petrarca schweigt eine Weile, dann antwortet er souverän und besänftigend. Boccaccio, der zu raschen Ausbrüchen neigt, aber nie lange grollt, läßt es dabei bewenden.

1354
Boccaccio kommt als florentinischer Gesandter an den päpstlichen Hof in Avignon. Er soll erkunden, welchen Zweck der bevorstehende Italienzug Karls IV. habe. Bei dieser Gelegenheit besucht er die Quelle der Sorgue, in deren Nähe Petrarca jahrelang gelebt hat.

1355
Boccaccio wird in einen Sonderausschuß gewählt, der die Ist-Stärke der städtischen Soldtruppen überprüft. Am 5. April wird Karl IV. in Rom zum Kaiser gekrönt. Niccolò Acciaiuoli ist in Florenz, gibt öffentliche Gastmähler und veranstaltet Feste. Sein diplomatischer Auftrag – die engere Bindung der Stadt an die Politik Neapels – scheitert, und der Chronist bemerkt: „. . . Er hinterließ nun im Gedächtnis der Bürger das verabscheuungswürdige Leben eines Sardanapal" (Matteo Villani). Zanobi da Strada, Sekretär des Groß-Seneschalls, wird am 20. Mai von Karl IV. zum Poeten gekrönt. Doch sowohl der „barbarische" Kaiser als auch der mittelmäßige Dichter machen die Krönung zur Posse.

1356
Boccaccio wird vom Groß-Seneschall nach Neapel eingeladen. Doch Acciaiuoli kümmert sich nicht um ihn. So benutzt der Dichter die Zeit, um das Kloster Monte Cassino zu besuchen und in dessen reicher Bibliothek einige Abschriften anzufertigen. Er schreibt die 8. Ekloge, worin er Acciaiuoli als „Midas", als „großen Mäzen und Gott" betitelt. Sein Töchterlein Violante stirbt, er zieht sich die nächsten Jahre zu klassischen Studien zurück.

1357
Boccaccio arbeitet an einem Werk, das er in Latein schreibt: eine Schrift über die heidnische Götterwelt und ihre abstammungsmäßigen Verzweigungen mit dem Titel *Genealogie deorum gentilium (Genealogien der heidnischen Götter)*. Vermutlich hat er damit bereits vor 1350 begonnen, doch das Werk wächst langsam. Um 1360 dürfte die erste Fassung beendet sein, doch die Ausarbeitungen und Berichtigungen setzt er bis zu seinem Tode fort. Erste Anstöße zu dieser Schrift hat er wahrscheinlich in Neapel erhalten, wo er die „Sammlung" des Bibliothekars Paolo da Perugia kennengelernt hat. Die Schrift ist in 15 Bücher unterteilt, die durch eine Rahmenerzählung verbunden werden: der Dichter ist auf einer Reise und entfaltet die antiken Göttersagen je nachdem, wohin es ihn verschlägt: rund ums Mittelmeer, in den hohen Norden, zum Himmel, in die Tiefen der Erde und des Meeres. Die Berichte über die Götter versieht Boccaccio mit genauen Quellenangaben; bei den anderen gelehrten Schriften wendet er allerdings nicht die gleiche Sorgfalt auf. Boccaccio fügt noch in späteren Jahren immer neue Einzelheiten ein, unterläßt es jedoch, die Abschnitte zu streichen, in denen bereits dasselbe Thema behandelt ist.

Er kommentiert die erzählten Göttergeschichten. Aus diesen Kommentaren läßt sich ablesen, wie weit der Weg war bis zur wissenschaftlichen Mytheninterpretation. Keine feste Methode bot seinem Geist einen Halt; er nimmt die Mythen einmal als historische Berichte, ein andermal legt er sie allegorisch aus, wieder ein anderes Mal deutet er sie heilsgeschichtlich. Die beiden letzten Bücher erwecken eher die Aufmerksamkeit des modernen Lesers. Im XIV. Buch leistet er eine leidenschaftliche Verteidigung der Poesie: nicht eitle Fabeln seien die Göttergeschichten der Antike, sondern die ewigen Wahrheiten über Gott hätten in der heidnischen Antike sich eben nur unter diesem schönen Schleier darbieten können. Im letzten Buch liefert er eine ganz persönliche Apologie: sollte ein Christ sich nicht mit heidnischen Mythen, schlüpfrigen Legenden, erlogenen Gottheiten befassen dürfen? Das Gewissen plagt ihn. Er flicht die ganze Lebensgeschichte Jesu in seine Argumentation ein. Für ihn ist die Beschäftigung mit der Antike bei weitem nicht so unproblematisch wie für Petrarca, der hier übers Mittelalter hinausragt. Die *Genealogie* bleibt dem Mittelalter verhaftet.

Im XIV. Buch findet sich ein besonders interessanter Abschnitt: die Widmung des Buches an König Hugo von Zypern. Es ist zu dieser Zeit ein bequemer Kunstgriff, dadurch bekannt zu werden, daß man eines seiner Werke einem angesehenen Fürsten widmet, ohne von diesem darum gebeten worden zu sein. Dieser wird dadurch in die Rolle eines Gönners gedrängt. Auch Boccaccio hat manches seiner Werke Personen zugeeignet, die herausragende Stellungen innehatten. Doch nirgends problematisiert er diese Praktik so sehr wie an dieser Stelle. Er läßt erkennen, daß ihm der königliche Rang des Begünstigten gleichgültig ist: allein auf das Urteil berühmter Männer (Gelehrter und Dichter) komme es ihm an: „Was mich angeht, so will ich nicht leugnen, daß ich ruhmsüchtig bin; niemals freilich möchte ich den Ruhm um einen so unziemlichen Preis erwerben ... Du weißt, großer König, wie lange ich gezögert habe, ehe ich mich ... bewegen ließ, Deinen Wunsch zu erfüllen, das heißt, den Auftrag zu diesem Werk zu übernehmen ... Ich erinnere mich, daß auch in unserer Zeit Robert, der glanzvolle König von Jerusalem und Sizilien [Robert I. von Neapel], Francesco Petrarca bat, er möchte ihm ... seine ‚Africa‘ widmen. Wessen Ruhm wollte er damit vergrößern, Francescos oder seinen eigenen? Gewiß doch seinen eigenen ... Wenn überdies ein Werk Beifall verdient, könnte

dann der Name eines Königs ihm höheres Ansehen und dem Verfasser größeren Ruhm verschaffen? Verdient dagegen ein Werk Kritik, mit welchem Recht könnte eine einfache Widmung es zu einem besseren machen und seinem Verfasser den verdienten Vorwurf ersparen? Die Anerkennung berühmter Männer und nicht bloße Hinzufügung eines königlichen Namens tragen dem Werk Ehre und Ruhm ein ...“

1359

Boccaccio besucht Petrarca in Mailand und verbringt mehr als einen Monat bei ihm. Dieser beschäftigt sich ausgiebig mit Werken, die um das Thema der Einsamkeit und Weltflucht kreisen („De Remediis utriusque Fortunae“, „Secretum“, „De vita solitaria“). Beide fassen den Plan, Homer übersetzen zu lassen. Petrarca kennt einen griechischen Kalabresen, Leontio Pilato, der für das Unternehmen geeignet scheint und auch einwilligt.

1360

Boccaccio erreicht, daß in Florenz der erste Lehrstuhl für Griechisch im nichtbyzantinischen Europa eingerichtet wird; es gelingt ihm, diesen Leontio Pilato zu verschaffen. Im Sommer bezieht der Kalabrese Wohnung in Boccaccios Haus. Sein struppiger Bart, sein zottiges Haar, sein Geruch, sein ungehobeltes Benehmen – all das hat Petrarca schlecht ertragen; Boccaccio schickt sich darein. Die Arbeit geht anfangs zügig vonstatten. Pilato liest an der Universität (im „Studio“) altgriechische Literatur, weshalb die Zweckmäßigkeit des Lehrstuhls bald umstritten ist – die Handelsherren wünschen einen auf die Praxis ausgerichteten Unterricht. Doch Boccaccio setzt sich für Pilatos Vorlesungen ein, und der Lehrstuhl bleibt ihm erhalten. Er selber lernt Griechisch.

Zeitlebens ist er stolz auf diesen Vorsprung gegenüber Petrarca, der wohl gelegentlich die Schriften Platons umarmt, doch nicht eine Zeile zu lesen vermag. Petrarca hält an Ciceros Urteil fest, das lateinische Schrifttum sei dem griechischen überlegen; Boccaccio urteilt objektiver: „Die alten Lateiner haben nicht alles aus Griechenland herübergerettet; vieles ist unterlassen worden und daher uns völlig unbekannt geblieben, womit wir unser Wissen verbessern könnten" (*Genealogie XV,7*). Er erklärt: „Ich ... selbst bin es gewesen, der zuerst auf eigene Kosten die Bücher von Homer und andere Griechen nach Etrurien zurückgerufen hat, von wo sie vor vielen Jahrhunderten weggegangen waren, um nicht zurückzukehren ..."

Die „Ilias" ist nach einiger Zeit übersetzt; dann geht es schleppender voran. Als endlich die Übertragung der „Odyssee" beendet ist, bestürmen die florentinischen Gelehrten den Kalabresen, augenblicklich mit Platon zu beginnen. Doch Leontio Pilato hat genug. Die Qualität der Übersetzung ist viel bemängelt worden, zuerst von Petrarca. Jedoch befand sich das griechische Schrifttum seit dem 13. Jahrhundert in einem jämmerlichen Zustand, und Pilatos Leistung dürfte dem mittleren Niveau der vormals so hochstehenden byzantinischen Wissenschaften entsprochen haben. Die Übersetzung ist eine Pionierarbeit mit den damit verbundenen Mängeln.

Manche Forscher vertreten die These, Boccaccio sei durch solche Beschäftigung von seinem eigentlichen Weg abgekommen: „Schade, daß Boccaccio diese selbstgewählte Richtung [italienische Prosa] nicht während seiner ganzen Schaffenszeit verfolgte – doch seine urwüchsige Begabung wurde durch seinen Umgang mit Petrarca in andere Bahnen gelenkt. Petrarca schickte ihm einen notleidenden Humanisten namens Pilato ... Dieser Mentor verstand selbst nicht allzuviel davon, doch genügten seine Kenntnisse, um Boccaccio auf einen falschen Gelehrsamkeitspfad zu bringen. Vom Augenblick an, wo er mit Petrarca Freundschaft geschlossen und zu Pilato in die Lehre ging, war die große Zeit seines literarischen Schaffens vorbei" (Kazimierz von Chledowski).

1362

Im Herbst verläßt Pilato Florenz und schifft sich in Venedig ein. Boccaccio zieht sich nach Certaldo zurück. Er schließt die erste Fassung eines lateinischen Werkes ab, das er um 1355 begonnen hat: *De casibus virorum illustrium* (*Über den Sturz berühmter Männer*), eine Schrift über das Unglück von über neunzig berühmten Männern, die zunächst in hohem Ansehen standen. Boccaccio beginnt bei Adam und gelangt bis zum Herzog von Athen.

Er fällt in einen didaktischen Ton: die weltlichen Güter sind hinfällig, und wer zu hoch oder gar unrechtmäßig emporsteigt, muß eines bösen Falles gewärtig sein. Neun Bücher umfaßt das Werk; auch hier verzichtet der Dichter-Gelehrte nicht auf einen Rahmen: er sitzt in seiner Schreibstube, und die Schatten jener berühmten Personen ziehen an seinem Pult vorbei; sie bitten ihn, er möge ihnen zuhören und den Nachgeborenen ihre Geschichte weitererzählen. Die Atmosphäre erinnert nicht selten an Dantes Weg durch den Läuterungsberg: die Unglücklichen stürzen sich auf ihn, reden auf ihn ein, und er hört die einen an, weist die anderen ab. Die Ermahnungen an die Leser kreisen um die Aussage, auf das irdische Glück sei kein Verlaß; allzuschnell und unberechenbar drehe sich das Schicksalsrad. Nicht immer hält Boccaccio den Erzählstil ein; es kommt auch zu dramatischen Auftritten: Atreus und Thyestes pflegen ihren Haß weiter; Tiberius, Caligula und Messalina zanken sich; Sardanapal erscheint mit den Brandspuren vom Scheiterhaufen. Etwas Grausiges liegt auf diesen Schatten, sie sind auf furchtbare Weise unerlöst, als verfolge ihr Erdenschicksal sie in alle Ewigkeit.

Die Übergänge zwischen den Büchern sind oft sehr gelungen; zu Beginn des III. Buches gibt Boccaccio zum Beispiel eine Erzählung wieder, die er von seinem Astronomielehrer Andalo del Negro gehört hat: Fortuna trifft eines Tages die Armut an einem Kreuzweg und verhöhnt sie. Diese fordert zum Kampf mit bloßen Händen, womit Fortuna einverstanden ist. Die Armut obsiegt und setzt ihr das Knie auf die Brust, Fortuna gibt sich geschlagen und wird folgendermaßen bestraft: das Unglück soll sie an einen Pfosten ketten, es darf nur noch die Schwelle dessen überschreiten, der es losbindet; das Glück hingegen soll sich frei bewegen. Fortuna, Herrin über Glück und Unglück, erfüllt die Bedingung der Armut und kettet das Unglück an. Aber die Menschen binden es ständig wieder los.

Im VI. Buch sucht Fortuna den ins Schreiben vertieften Boccaccio auf, hohnlacht ihm und seiner Arbeit: ob er sich einbilde, durch dieses Büchlein die Menschen klüger zu machen, so daß sie den Schlingen des Schicksals ausweichen könnten? Der Dichter hat einen schweren Stand gegen ihre Vorhaltungen. Doch Fortuna verstummt vor einem Argument: der Ruhm des Dichters wird alle Mühe entschädigen.

Noch an einer weiteren lateinischen Schrift arbeitet Boccaccio: *De claris mulieribus (Über berühmte Frauen)*. Das häufig umgearbeitete Werk enthält 106 Biographien berühmter antiker und zeitgenössischer Frauen: von Eva bis zur Königin Johanna von Neapel. Obwohl einige Biographien an Stil und Aufbau diejenigen aus *De casibus* weit übertreffen, ist die Sammlung dennoch viel weniger durchgearbeitet als erstere. Boccaccio hat an ihr geschrieben bis zu seinem Todesjahr, hat beständig Zusätze eingefügt und zu mythologischen Gestalten gegriffen, als ihm die historischen ausgingen, ja er nahm sogar antike Göttinnen hinzu. Henri Hauvette meint, es handle sich eher um einen Entwurf als um ein fertiges Werk. Der Reiz der Schrift liegt in einzelnen Teilstücken, nicht im ganzen. Erstmalig hat Boccaccio hier den römischen Historiker Tacitus benutzt, den Petrarca offensichtlich nicht gekannt hat. Auch hier versetzt sich der Dichter in die Rolle des strengen Richters. Daß er einigen Frauen höchstes Lob spendet, darf über seine Frauenfeindlichkeit nicht hinwegtäuschen. Er preist diejenigen Frauen, die „männliche" Eigenschaften an den Tag legen, was gerade bei diesem schwächlichen Geschlecht um so bewundernswerter sei. Das Ideal weiblicher Vollkommenheit wird erreicht in Bescheidenheit, Zurückhaltung, Hingabe und Unterordnung, schließlich in grenzenloser Treue; doch schwankt er zwischen der Befürwortung klösterlichen Lebens und der Sympathie für eine gewisse Emanzipation durch Tapferkeit (Camilla), Bildung (Cornificia) oder künstlerische Betätigung (Thamyris). Handelt es sich gar um eine Dichterin wie bei Sappho, dann bekundet er seine tiefste Verehrung.

Boccaccio schreibt einem verbannten Adligen, Pino de Rossi, einen „Trostbrief". Er setzt sich mit der Lage des Verbanntseins, mit der Einsamkeit und der Unsicherheit in der Fremde auseinander, doch lobt er den Abstand von allem Parteihader, die beschauliche Stille in der Abgeschiedenheit. Obwohl der Angeredete ein Adliger ist, verhehlt Boccaccio nicht seinen Stolz darüber, daß die Stadt blühe „unter plebejischem Gesetz", unter der Volksherrschaft. Er hält aber auch mit harten Urteilen nicht zurück: „Ihnen ist bange um ihr Sonderinteresse und nicht ums öffentliche Wohl, sie ruinieren und knechten diese Stadt, die wir die unsrige nennen, aber deren Bürger – wenn sie nicht in sich geht – wir nicht mehr länger heißen wollen."

Um diese Zeit kommt ein rätselhafter Mensch zu ihm, der behauptet, er sei ein Bote des verstorbenen seligen Peter von Siena und habe Boccaccio auszurichten, daß er nicht mehr lange zu leben habe und von der Poesie ablassen solle. Boccaccio gerät in schwerste Bedrängnis und schreibt an Petrarca. Dessen Antwort ist ein Meisterstück der Besänftigung und einfühlsamer Argumentation: Auf keinen Fall dürfe Boccaccio von seinen Studien und der Poesie lassen! Denn die Frömmigkeit eines Gelehrten sei mehr wert als die eines Unwissenden. Außerdem lädt er ihn ein, bei ihm zu leben: „Ich kann Dir keine Reichtümer anbieten . . . Aber ich hab' genug für zwei, die durch dasselbe Herz unter einem Dach vereint sind. Du tust mir Unrecht, wenn Du meine Einladung geringschätzt; und wenn Du mir mißtraust, beleidigst Du mich."

Acciaiuoli hat sich längere Zeit um Petrarca bemüht, doch der beschied ihn abschlägig; nun soll Boccaccio nach Neapel kommen. Obwohl die letzte Reise dorthin enttäuschend verlaufen ist, nimmt Boccaccio seine Bibliothek und seinen jüngeren Bruder Jacopo mit sich. Das Werk *De casibus* will er Acciaiuoli widmen, *De claris mulieribus* ist bereits dessen Schwester zugeeignet. Schon die Begrüßung ist frostig. Die Unterkunft ist erbärmlich, das Bett unbequem und schmutzig, das Essen – er ist keinesfalls Tischgenosse des Groß-Seneschalls! – widerlich, das Geschirr schmierig. Er sucht und findet großzügige Gastfreundschaft bei einem jungen florentinischen Ritter, Mainardo dei Cavalcanti, der im Königreich eine militärische Karriere macht. Doch Acciaiuoli läßt bitten: Boccaccio sei eingeladen, an einem Ausflug zu seiner Villa bei Baia teilzunehmen. Der Dichter kommt mit; das ihm zugewiesene Bett ist so verlottert, daß ein Bekannter in die Stadt schicken läßt, um ihm ein anständiges Lager zu beschaffen. Als der Groß-Seneschall mit seinem Gefolge in die Stadt zurückkehrt, wird Boccaccio inmitten seiner Bücher schlankweg vergessen. Fastend verbringt er zwei Tage allein; dann packt er und reist nach Venedig zu Petrarca, wo er bis Juli 1363 bleibt.

1365

Der Groß-Seneschall Niccolò Acciaiuoli stirbt. Papst Urban IV. bereitet seine Rückkehr nach Italien vor. Boccaccio lebt einsam in Certaldo. Die schweren Gewissenskrisen schlagen sich in Reflexionen über die Poesie (XV. Buch der *Genealogie*) nieder. Nicht Petrarca, sondern Boccaccio verdanken wir die vielleicht schönste mittelalterliche Definition der Poesie: „Die Poesie . . ., welche Nachlässige und Unwissende verwerfen, ist eine Inbrunst, auf erlesene Weise das aufzufinden, zu sagen und zu schreiben, was, aus Gottes Schoß hervorquellend, wenigen Geistern zur Schöpfung eingegeben wird . . .“ (*Genealogie* XV).

Boccaccio schreibt *Il Corbaccio* (*Der Corbaccio*, auch *Labyrinth der Liebe*), ein frauenfeindliches Pamphlet in italienischer Sprache. Die Herkunft des Titels (vielleicht von „corvo": „Rabe") ist unklar. Der Dichter erzählt, wie er – von einer Witwe schändlich abgewiesen, der er seine Liebe angetragen – im Traume ihrem verstorbenen Ehemann begegnet, der ihm die heimlichen Tugenden seiner Gattin enthüllt: „. . . Waren fette Kapaune vorhanden, von denen sie viele mit großem Eifer mästen ließ, dann mußten sie ihr vor allem gesotten aufgetragen werden, dazu Nudeln mit Brühe und Parmesankäse. Diese aß sie nun nicht etwa von einem Teller, sondern fraß sie aus einer Waschschüssel auf so schweinische Art und so gierig, als ob sie eben erst nach langem Fasten aus dem Hungerturm gekommen wäre . . . Du wirst es mir nicht glauben . . .“ Setzte sich eine Fliege auf ihr sorgsam geschminktes Gesicht, geriet sie aus dem Häuschen. Wagte es gar ein Mücklein, diese Dame nachts zu behelligen, dann mußten alle Diener und Mägde aus den Betten, um ihr dieses niederträchtige Biest abzuliefern, ,tot oder lebendig'." Boccaccio pinselt nicht nur genüßlich das Bild eines Charakters, er scheut sich nicht, den Körper des Weibes unflätigstem Hohn preiszugeben. Ihr hängender Busen reizt ihn zu der Bemerkung: „Dessen darfst Du gewiß sein, daß die Schwellung, die Du über dem Gürtel siehst, nur ausgestopft ist und keine andere Füllung enthält als das Fleisch von zwei verschrumpften Pflaumen . . .“; und da diese bis zum Nabel reichen würden, könnte sie sich die beiden eingefallenen Blasen, „wenn man in Florenz solche Kapuzen trüge wie in Paris, nach französischer Art graziös über die Schultern werfen."

Das Pamphlet strotzt vor boshafter Beobachtung auch der geringsten Nichtigkeiten; das Talent Boccaccios wird hier allerdings bedenklich. Man hat die zotische Schärfe der Schrift damit zu erklären versucht, daß der Dichter von einer Dame einen üblen Korb erhalten habe (Hauvette). Doch diese Annahme ist wahrscheinlich abwegig (T. Nurmela). Es bestand seit der ausgehenden Antike eine Tradition frauenfeindlicher Literatur. Ihre Wurzeln liegen nicht nur in der christlichen Askese und im Weltüberdruß spätantiker Philosophen (beiden galt es, die Frauen zu fliehen), sondern auch – das ist kulturgeschichtlich immer wieder unterschlagen worden – in der Verachtung fröhlicher Lebemänner (Vaganten und „Goliardi") gegenüber den Frauen: sie fliehen die Frauen nicht, sie gebrauchen sie und verachten sie, weil sie sich so leicht gebrauchen lassen. Diese zweite, sinnenfreudige Form der Frauenverachtung dürfte Boccaccios Ausgangspunkt sein; jedoch landet er – als einsamer Gelehrter – bei der ersten. Das Eigentümliche am *Corbaccio* ist, daß Boccaccio die gesamte neugewonnene Technik – den flüssigen Stil, die rhetorische Gliederung, die präzise Schilderung der Einzelheiten – darauf verwendet, die alten Invektiven der Frauenfeinde wieder aufzufrischen. Neu ist nicht die Position, neu ist die Drastik. Er donnert denn auch mehr gegen die „Weibchen" als gegen die Frauen insgesamt: Frauen, die sich „erhoben" haben über ihre „bloße Natürlichkeit", sind nicht Zielscheibe seiner Schmähungen, sondern geradezu engelhafte Wesen.

1370

Boccaccio unternimmt seine letzte Reise nach Neapel. Er lernt einen Geistlichen kennen, der an seinen Studien interessiert ist und ihn einlädt, mit ihm zu seiner Kartause zu kommen. Boccaccio sagt zu; doch der Mann läßt nichts mehr von sich hören. Seit ungefähr 1355/1357 arbeitet Boccaccio an einer Schrift über die Namen von Bergen, Wäldern, Quellen, Seen, Flüssen, Sümpfen und Meeren: *De montibus, silvis, fontibus, lacubus, fluminibus, stagnis seu paludibus et de nominibus maris liber.* Es ist ein Katalog der geographischen Begriffe der antiken Kultur, ein „wahrhaftes

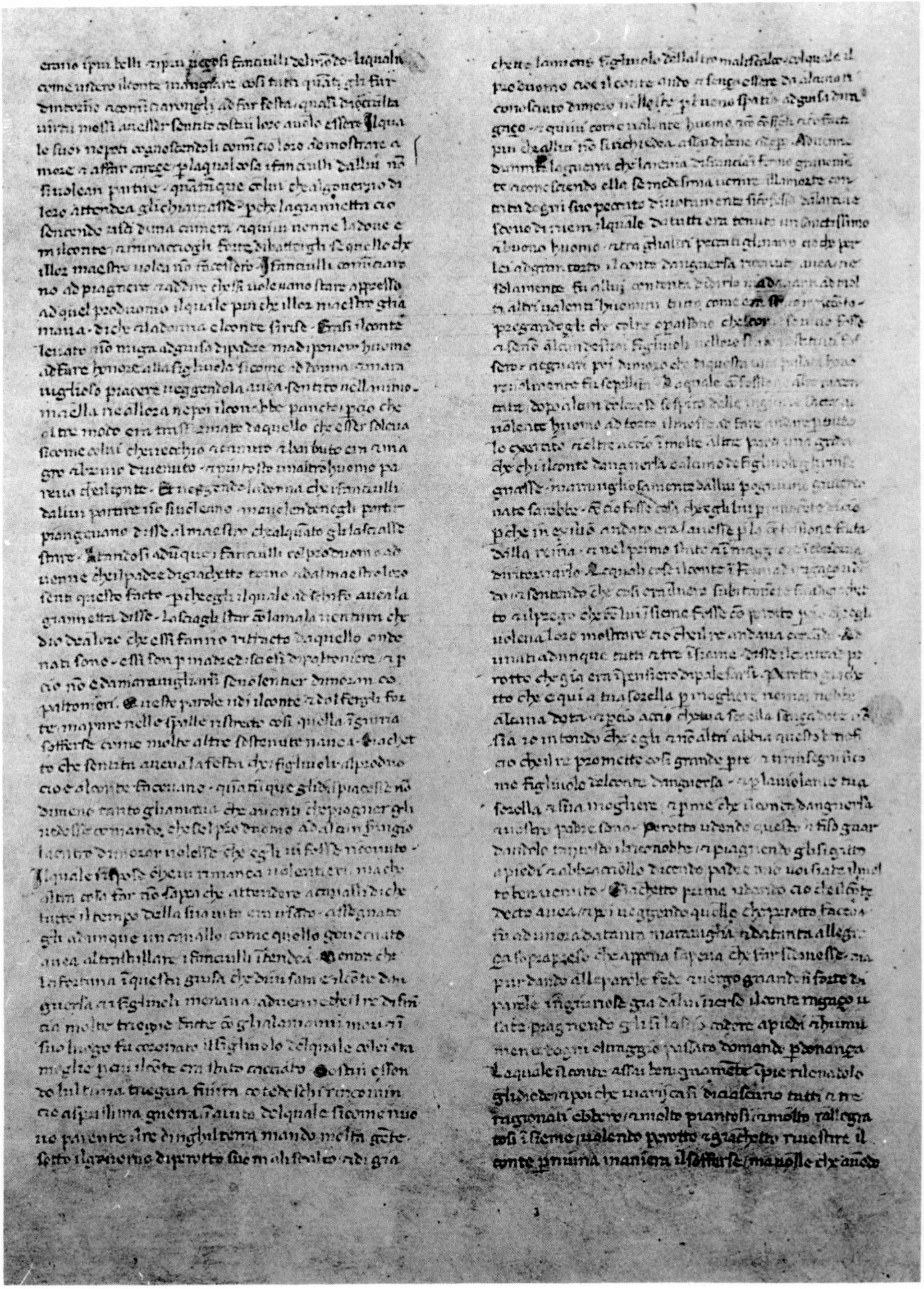

Wörterbuch" (Hauvette). Er schreibt daran, wenn er müde ist von „wichtigeren Arbeiten" und seinen Geist entspannen will. Er nimmt es nicht sehr genau, schreibt viel aus dem Gedächtnis und nennt keine Quellen. Manche Artikel umfassen nur wenige Zeilen. Sobald aber Gegenden ins Blickfeld rücken, denen Boccaccio durch persönliche Erlebnisse verbunden ist, wird er redseliger.

1372
Petrarca lernt das *Decamerone* erst jetzt kennen. Er schätzt es sehr und beginnt die letzte Novelle, *Griselda*, ins Lateinische zu übersetzen. Boccaccio leidet unter Krätze. Er ist längere Zeit schwer krank. Mainardo dei Cavalcanti läßt ihm zwei schmucke Vasen, gefüllt mit Goldstücken, zukommen. Der nun sehr gealterte Boccaccio übernimmt die Patenschaft für ein Kind Mainardos; dieser ist mittlerweile zum Marschall des süditalienischen Reiches aufgestiegen.

1373
Am 12. August beschließt der „Rat der Gemeinde" mit 186 Pro- und 19 Gegenstimmen, einen Bürger mit öffentlichen Vorlesungen über die „Göttliche Komödie" Dantes zu beauftragen. Boccaccio wird dieses Amt gegen eine Entlohnung von hundert Gulden auf ein Jahr angetragen. Am 23. Oktober beginnt er die Vorlesungen in der Kirche San Stefano di Badia in der Nähe des Ponte Vecchio; er liest jeden Tag, ausgenommen an Feiertagen. Sein Publikum sind Gelehrte, Dichter, Geistliche, Bankherren und Handwerker.

1374
Die ersten Sonette gegen Boccaccios Dante-Vorlesungen kreisen in der Stadt: er prostituiere die Musen und gebe die Dichtkunst dem Pöbel preis. Boccaccio liest weiter, doch in seinen Sonetten bekennt er, falsch gehandelt zu

Boccaccio hat von seinem „Decamerone" mehrere eigenhändige Abschriften angefertigt (Autographen). Hier eine Seite aus dem Autographen der Westberliner Staatsbibliothek. Der Kodex kam über einen Humanisten in den Besitz des Herzogs Giuliano de'Medici (1478–1516). Dieser überaus schwermütige Mensch war sehr gebildet und konnte fließend aus dem „Decamerone" zitieren. Der Humanist Bembo dürfte dieses Exemplar oft benutzt haben. Es gelangte nach Venedig und England und 1883 schließlich nach Berlin.

haben. Er ist schwer krank und beendet im Herbst die Vorlesungen. Er macht sein Testament: seine Bibliothek soll dem Bruder Martino da Segna, Mönch von Santo Spirito, zufallen, unter der Bedingung des freien Zugangs für Kopisten; bei dessen Tode solle sie dem Stift gehören. Boccaccio weilt in Certaldo; die Krankheit läßt ihm kaum noch Kraft, am „Dante-Kommentar" zu arbeiten. In einem der letzten Briefe (an Mainardo dei Cavalcanti) heißt es: „Wenn ich sie [die Gebrechen] alle aufzählen würde, könnte man wohl sagen, daß alle Säfte miteinander im Kriege liegen ... Mein größter Trost aber ist mir genommen: die Musen, an deren himmlischem Gesang ich mich so manches Mal erfreute, wenn ich zusammen mit unserem Petrarca und einigen anderen Dichtern die ... Leier mit geweihtem Plektron schlug – die Musen sind verstummt; es schweigt mein kleines Zimmer, ich höre nicht mehr wie sonst das Echo meiner Lieder. Seit kurzem verfällt alles in mir in trostlose Trauer."

Im Oktober erfährt Boccaccio, daß Petrarca am 19. Juli gestorben ist; er hat ihm fünfzig Gulden hinterlassen, damit er sich für die langen Winternächte am Schreibpult einen „warmen Mantel kaufen" könne. Für den toten Freund schreibt der Autor des *Decamerone* ein Sonett (Nr. 126), in dem er ihn bittet, er möge ihn „aus dieser schlimmen Welt" zu sich in jenes Reich rufen, wo die toten Dichter alle beisammen sind.

1375
Am 21. Dezember stirbt Boccaccio in Certaldo. Die Grabinschrift hat der Dichter, der sein Ende ahnte, selbst verfaßt:
„Unter diesem Stein ruhen Gebein und Asche Johannes';
Seine Seele steht vor Gott, mit den Verdiensten geschmückt
Für die Müh des sterblichen Daseins. Sein Vater war Boccaccio,
Seine Heimat Certaldo, sein Streben die himmlische Dichtung."

1384
Philipp von Mézières (1327 bis 1405), ehemaliger Kanzler des Königreiches Zypern, benutzt seine Zurückgezogenheit in einem Pariser Stift, um die letzte Erzählung des *Decamerone* ins

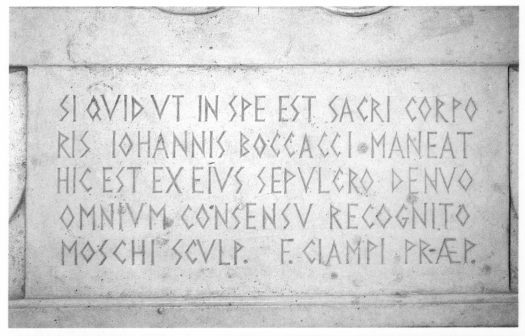

SI QVID VT IN SPE EST SACRI CORPO
RIS IOHANNIS BOCCACCI·MANEAT
HIC EST EX EIVS SEPVLCRO DENVO
OMNIVM CONSENSV RECOGNITO
MOSCHI SCVLP. F. CIAMPI PRÆP.

Die beiden Abbildungen der gegenüberliegenden Seite zeigen oben die Inschrift am Sokkel der Grabplatte von Boccaccios Grab in Certaldo, die auf Ovid als einen Vorläufer Boccaccios verweist; unten Blick in den von zweigeschossigen Arkaden umgebenen Kreuzgarten der Kirche (sie steht neben dem Boccaccio-Haus; vgl. Abbildung S. 18), in der sich sein Grabmal befindet. – Die Abbildung links oben zeigt Giotto di Bondone; Ausschnitt aus dem Tafelgemälde „Die fünf Begründer der Florentiner Kunst" (Giotto, Uccello, Donatello, Manetti, Brunelleschi) von Paolo Uccello (1397–1475), entstanden um 1450 (Louvre in Paris). Dieses Werk ist ein Dokument des für die Renaissance charakteristischen Interesses an der Persönlichkeit des Künstlers, das dem Mittelalter noch weitgehend fremd war. Boccaccio rühmt im „Decamerone" Giottos „naturalistische" Gestaltungsweise: er „war mit so vorzüglichen Talenten begabt, daß die Natur . . . nichts hervorbringt, was er mit Griffel, Feder oder Pinsel nicht dem Urbild so ähnlich darzustellen gewußt hätte. daß es nicht als ein Abbild, sondern als die Sache selber erschienen wäre, weshalb denn der Gesichtssinn der Menschen nicht selten irregeleitet ward und für wirklich hielt, war nur gemalt war . . . er ist es gewesen, der die Kunst wieder zu neuem Lichte erhoben hat" (VI,5). – Abbildung links unten: Boccaccio im Gespräch mit Petrarca. Miniatur in einer französischen Handschrift („De casibus virorum illustrium") des 15. Jahrhunderts. Der Tisch besitzt zwei drehbare runde Platten, auf denen schwere Bücher liegen. An der unteren Platte ist ein Tintenhorn angebracht. Während Boccaccio extrovertiert erscheint, wirkt Petrarca bei der Konversation in sich versunken. Das Christentum hat die antike Gesprächskultur bekämpft, die Klöster pflegten geradezu das Schweigen. Die höfische Kultur des Rittertums aber kannte die sich nun entwickelnde Gesprächskunst noch nicht.

Französische zu übersetzen; jedoch verwendet er nicht Boccaccios Text, sondern die von Petrarca 1372 angefertigte lateinische Fassung *(Griseldis)*. Dieser hat der Übertragung eine moralisierende Tendenz gegeben. Die *Griseldis* sollte im Laufe der nächsten drei Jahrhunderte stärksten Anklang finden. In den verschiedensten Formen, als Puppen- und (Volks-)Schauspiel, als Versmärchen, als Ballade, Romanze und als Lied wird sie in alle europäischen Literaturen eingehen. Dank Petrarcas *Griseldis* wird die Boccaccio-Rezeption außerhalb Italiens jedoch – welche Ironie! – mit einem moralisierenden Mißverständnis eingeleitet.

1387 Bruder Martino da Segna stirbt. Die Bibliothek Boccaccios fällt nun an das Stift von Santo Spirito in Florenz; doch die Mönche lassen die Handschriften verstauben. Zwei Generationen später richtet der florentinische Humanist Niccolò Niccoli eine Bibliothek ein, in der Boccaccios Bücher aufbewahrt werden.

1391 Todesjahr von Benvenuti Rambaldi da Imola (geb. 1336/1340). Er war einer der beflissensten Zuhörer Boccaccios bei dessen Vorlesungen über Dante 1373/1374. Sie haben ihn angeregt, zwischen 1367 und 1376 einen umfangreichen Kommentar über die „Göttliche Komödie" herauszubringen, in dem er immer wieder ehrfürchtig Boccaccio („mein verehrungswürdiger Lehrer") erwähnt.

1395 Die *Griseldis* wird in Frankreich von einem anonymen Dichter in Verse gebracht und dramatisiert. Wahrscheinlich spielen Theatergruppen den Griselda-Stoff; möglicherweise wird er auch in den kirchlichen Mysterienspielen vorgetragen.

1397 *Il Corbaccio* wird ins Katalanische übersetzt. Der kastilische Hofdichter Pero López de Ayala (1332–1407) fertigt um 1400 eine spanische Übersetzung von *De casibus virorum illustrium* an. Seine Dichtungen bekunden einen bitteren, moralisierenden Ton und eine pessimistische Weltauffassung. Auf der Iberischen Halbinsel steht die Aufnahme Boccaccios anfangs unter dem Zeichen tiefsten Mißtrauens gegen die Welt.

Im gleichen Jahr (1400) übersetzt Laurent de Premierfait, zuerst Sekretär eines Kardinals in Avignon, dann im Dienste eines königlichen Rates in Paris, das letztgenannte Werk ins Französische. Die Übertragung ist derart schlecht, daß er acht Jahre später eine bessere erstellt.

1401 *De claris mulieribus (Über berühmte Frauen)* wird ins Französische übertragen. Dies dient aber kaum der Verbreitung des Werkes; die Übersetzung wird – wie so viele andere Bücher auch – mit hübschen Miniaturen versehen und soll einigen wenigen Angehörigen des französischen Hochadels – der Adel beherrscht in der Regel kein Latein – den Zugang zu gelehrter Bildung eröffnen.

1404 Christine de Pisan (1365 bis 1430) schreibt das „Buch von der Stadt der Frauen". Sie ist in Venedig geboren, jedoch in Frankreich am Hofe Karls V. aufgewachsen, wo ihr Vater eine hohe Stellung bekleidet. Sie polemisiert gegen das unflätige Frauenbild des Rosenromans, wird deswegen angefeindet und gehört bald zu den bekanntesten Autoren ihrer Zeit. Ihr schwebt die Gründung eines Ordens zur Verteidigung der Frauenehre vor, der die Rose zum Kennzeichen haben solle. Als ausgezeichnete Kennerin der französischen und italienischen Literatur entnimmt sie drei Viertel ihrer Beispiele aus *De claris mulieribus,* einige aus dem *Decamerone;* dabei übersetzt sie – runde zehn Jahre vor Laurent de Premierfait – drei Novellen zum erstenmal ins Französische. Es ist bezeichnend für die Feinfühligkeit der Epoche, daß Boccaccios Werk nicht in einer Linie mit dem Rosenroman gesehen wird, sondern von einer moralisierenden Literatur gerade als Zeuge gegen die sensualistische Richtung aufgeboten wird.

1411 Laurent de Premierfait überträgt auf Bitten des Herzogs von Berry das *Decamerone.* Er kann kein Italienisch; so nimmt er die Hilfe eines toskanischen Franziskaners in Anspruch, der den Text jeweils zuvor ins Lateinische übersetzt. Als die Handschrift im Jahre 1414 fertig ist, wird sie sofort zum begehrten Gegenstand für Kopisten. Die Buchmalerei ist in Frankreich nicht allein hochgeschätzt, sondern auch hoch entwickelt; hier entstehen die ersten vollständig illustrierten Exemplare des *Decamerone*.

1442

Louis de Beauvau (1410 bis 1462), Seneschall am anjoinischen Hof zu Neapel, übersetzt den *Filostrato*. Sein Herr, König René, ist einer der letzten Ritter. Als ihn Alfons von Aragon in Neapel belagert, bietet René ihm an, die Frage, wer über das unteritalienische Königreich herrschen solle, in einem Zweikampf zu entscheiden. Der Katalane lehnt natürlich ab; mit der Flucht Renés erlischt die 180jährige Herrschaft der Anjou über Neapel. Im folgenden Jahr verfaßt der Spanier Juan Rodríguez de la Cámara ó del Padrón den „Triumph der Frauen"; das Werk stützt sich weitgehend auf *De claris mulieribus*.

1455

Jean Mansel gibt ein Kompendium „schöner Erzählungen" („Fleur des histoires") heraus. Darin befindet sich eine gekürzte Fassung der *Griselda*. Mansel arbeitet am Hof der burgundischen Herzöge, dem glänzendsten des damaligen Europa.

1456

Am burgundischen Hof entstehen »Hundert neue Novellen", eine Sammlung, herausgegeben von mehreren Verfassern; als Rahmen für die Erzählungen wird die Tafelrunde Herzog Philipps des Guten gewählt, an der es hoch hergeht. Allerdings erreichen die sich auf Boccaccio berufenden Verfasser nicht den ästhetischen Rang des *Decamerone*.

1458

Todesjahr von Iñigo López de Mendoza, Marques de Santillana (geb. 1398). Er hat in Spanien die ersten Anstöße zur Beschäftigung mit dem italienischen Humanismus gegeben, hat Handschriften von Boccaccio gesammelt und war ein Verehrer des Florentiners. Seine „Kleine Komödie von Ponza" setzt ein mit einem Traum, in dem die klagenden Frauen der Königsfamilie erscheinen, um die Niederlage König Alfons' V. von Aragon in der See-

Die Abbildungen der folgenden Doppelseite zeigen links Niccolò Acciaiuoli und rechts Giovanni Boccaccio, zwei der „Berühmten Persönlichkeiten", der weithin bekannten Fresken von Andrea del Castagno (1421/23–1457). Sie entstanden nach 1450 und befinden sich in Florenz (Loggia der Villa Carducci in Legnaia). Castagno stellte in drei Dreiergruppen die drei Tatmenschen Pipo Spano, Farinata degli Uberti (die beiden berühmten Condottiere) und Niccolò Acciauoli als Repräsentanten der noch nahen florentinischen Geschichte des 13. bis 15. Jahrhunderts dar, sodann die Cumäische Sybille, Königin Esther und Königin Tomyris. Es folgten die drei großen toskanischen Dichter Dante (s. S. 60), Petrarca und Boccaccio. Die in Nischen auf Marmorsockeln stehenden bedeutenden Persönlichkeiten sind perspektivisch aufgefaßt und beispielhaft für das in der Florentiner Malerei wiederaufgenommene Thema der gemalten Skulptur. Jacob Burckhardt erkennt die Condottiere als den repräsentativen Typus des durch die politischen Verhältnisse Italiens sich entwickelnden Individualismus: der aufgrund eines Soldvertrages („condatta") mit wechselnder Parteinahme kämpfende Feldherr errang nicht selten den Rang eines Fürsten und errichtete eine dauernde Herrschaft. Die „Berühmten Persönlichkeiten" Castagnos können als Programm verstanden werden, das Loblied des Humanismus auf individuelle und intellektuelle Tüchtigkeit, welche die Geschichte hervorzubringen vermochte. Das Leben des Groß-Seneschalls Niccolò Acciaiuoli ist das Paradebeispiel eines Florentiner Bankiers, der im Ausland staatsmännische Karriere macht. Nach den Bardi und den Peruzzi besaßen die Acciaiuoli die drittgrößte Bank in Florenz. In der ersten Hälfte des 14. Jahrhunderts war folgende Organisationsstruktur üblich: die in Florenz wohnenden Partner und Familienmitglieder hätten theoretisch ein Mitspracherecht bei der Leitung; in der Regel führte aber ein Familienmitglied, dem die anderen vertrauten, die Geschäfte. Den einzelnen Geschäftszweigen und Niederlassungen standen „Faktoren" vor, d. h. bezahlte Angestellte, die keinen Einfluß auf das Management hatten und weisungsgebunden handelten, am Gewinn waren sie nicht beteiligt. Die Partner der Bank erhielten – so bei den Peruzzis (wo meist knapp die Hälfte des Eigenkapitals von außerfamiliären Partnern stammte) – je nach der Höhe ihres angelegten Kapitals einen Profitanteil. Bei Sopraccorpo-Einlagen (kurzfristige zusätzliche Kapitaleinlagen) bezogen sie darauf 8%, vor aller Gewinnaufteilung. Alle hafteten mit ihrem Privatvermögen. Erst Ende des 14. Jahrhunderts entstand eine Form der Partnerschaft, wo der Partner lediglich bis zur Höhe der investierten Summe haftete. Auf die Bankrotte der 40er Jahre reagierten die Gesellschaften, indem sie sich in horizontal gegliederte Konzerne umwandelten: sie tätigten nicht nur Geldgeschäfte, sondern betrieben Tuchhandel, Bergbau usw. Dadurch wurde das Risiko gestreut. Die einzelnen Branchen operierten selbständig, wurden aber von der Zentrale kontrolliert. Die gegen Ende des 14. Jahrhunderts aufsteigende Medici-Bank verkörperte diesen neuen Typ am reinsten. Die neuen Techniken des Geschäftslebens erforderten eine Ausbildung, wo die praktische Lehre im Kontor ergänzt werden mußte durch Arithmetik, Kalkulation und gewandten schriftlichen und mündlichen Ausdruck. Die arabischen Ziffern (siehe S. 20) durften nur zur Kalkulation, nicht in der Buchführung benutzt werden. Das erste kaufmännische Handbuch stammt aus dem Jahr 1342.

MAGNVS THETRARCHA D'ACCIAROLIS NEAPoLETANo REGNI DISPENSAToR

DOMINVS IOHANNES BOCCACCIVS

VMANA COSA ELHAVER COMPASSIONE
A GLI AFFLITTI. e come che a ciafchuna pfona ftia
bene a choloro maffimaméte e richiefto liquali gia há
no di conforto hauuto mifteri: & hánolo trouato in al
cuno fra liquali fe alcuno mai nebbe: ogli fu caro o gia
ne riceuete piacere . Io fono uno di quelli p cio che dal
la mia prima giouenezza infino a quefto tempo : oltra
modo effendo ftato accefo da altiffimo & nobile amo
re forfe piu affai chella mia baffa conditione non pare
be narrandolo io fi richiedeffe : quantunque doppo
coloro che difcreti erano: & alla cui noticia puéne: io ne fuffi lodato & da mol
to piu reputato.   Non dimeno mi fu egli di grádiffima fatica a foffrire: certo
non per crudelta della donna amata: ma per fouerchio amore nella mente con
cepto da pocho regolato appetito . ilquale percio a niuno regolato cóueneuo
le termine milafcia contento ftare piu di noia che di bifogno nó era fpeffe uol
te fentire mi faceua.   Nella qual noia tanto refrigerio mi porfero li piaceuoli
ragionamenti dalcuno amico & le delecteuole fue cófolatióe che io porto fer

WALTHERVS · GRISELDIS

Auf der linken Seite Titelblatt der ersten gedruckten „Decamerone"-Ausgabe mit Bildern, Venedig 1492. Selbst auf der Titelseite hat der Künstler, wie auch bei der Miniatur üblich, Mehrszenigkeit der Seitengestaltung gewählt: oben links die Zusammenkunft der „Erzähler" in Santa Maria Novella, darunter die sieben Jungfrauen und drei Jünglinge im Garten sitzend, der als „locus amoenus" (anmutiger Ort) das irdische Paradies versinnbildlicht, in dem die Tiere Zutraulichkeit gegenüber dem Menschen zeigen. Auf dem Titelblatt beginnt die „Vorrede" zum „Decamerone": „Mitleid mit dem Betrübten zu haben, ist ein menschliches Gefühl, das jedermann wohl ansteht, vor allem aber von denjenigen gefordert wird, die

schon einmal des Trostes bedurften und ihn bei anderen gefunden haben. War aber unter diesen einer, der Teilnahme nötig hätte, dem sie willkommen war, der sich durch sie erquickt fühlte, so bin ich es gewesen." – Oben ein Holzschnitt aus einer Ausgabe von Giovanni Boccaccios „De claris mulieribus" („Über berühmte Frauen") des Ulmer Druckers Johann Zainer aus dem Jahr 1473 (vgl. S. 82; S. 287). Die beiden Szenen zu „Griseldis" zeigen links Waltherus (Gualteri) und Griseldis, die ihr vornehmes Gewand ablegen muß und die rechts als Magd das Haus des Markgrafen verläßt. Der Stoff der Griseldis fand fast in allen europäischen Literaturen Eingang, sei es als Schauspiel, Puppenspiel, Märchen, Lied oder Ballade.

schlacht vor der Insel Ponza gegen die Genuesen (1335) zu bejammern; Boccaccio erscheint, um den Frauen Trost zuzusprechen.

1459

Todesjahr des florentinischen Humanisten Giannozzo Manetti (geb. 1396), des Verfassers einer Sammlung von Biographien. Zwar ist ein erheblicher Teil aus Plutarch entnommen; einige aber stammen aus der Feder Manettis, darunter die Biographien Dantes, Petrarcas und Boccaccios. Letztere ist gut abgesichert und reich an authentischen Nachrichten.

1470

Die erste gedruckte Ausgabe des *Decamerone* erscheint (wahrscheinlich in Mailand). Drei Jahre später wird in Ulm die erste gedruckte Übersetzung des *Decamerone* herausgegeben. Es ist zugleich die erste Fassung in deutscher Sprache. Die Übertragung leistete wahrscheinlich der Nürnberger Patrizier Heinrich Schlüsselfelder. Der Drucker, Johann Zainer, gibt noch im selben Jahr *De claris mulieribus* auf lateinisch und deutsch heraus, eine Ausgabe, die sehr oft wiederaufgelegt oder nachgedruckt wird.

vñ böſer liſt deß tüfels ! durch deß würkē beſchehē iſt
dz ain frow mit langer arbait bekümert vñ zeletſt al
te geſtozben vñ zeäſchen wozdē vñ in den hellen ge
bunden / ſol für ain göttin gehalten werden / vnd ſo
lange zyt nachēt von der ganczen welt mit götlich
em lob vnd dienſten gewirdiget.

Iuno

Iuno diúſis nominib? appellā Lucina Luceſia
fluuiana Februaſ Februa Duca Domiduca Vnxia
Cincia Saticena Populana Curitis Aera Terñ
Iuno Lucina ſer opem ꝛc

Vō iunone göttin derrꝛch das iiij capitel.

Vno ain thochē ſaturni vñ opis nach ō
poetē gedicht vñ vß irſal ō baidē iſt für
all ander haidniſche wyber in wirdikait
hoch vſſerhebt ! ſo vil dz in vber langer
zyt ires namens nit mocht vergeſſen werdē. Doch
ſo mügē wir das erzelē was ir vō groſſem gelük zů
geſtädē iſt wañ dehainerlaẙ werk vō iꝛ beſchēhē
das ō gedechtnús wirdig ſpe. Wañ ſie ward geboꝛē

Die linke Abbildung zeigt die Göttin Juno auf einem Holzschnitt aus der von Zainer (vgl. S. 81) besorgten Ausgabe
von „De claris mulieribus". „Tochter des Saturn und der
Opis, wurde Juno durchs Verdienst der Dichter und den
Irrtum der Heiden in der ganzen Welt zur berühmtesten
der Frauen, die den Makel heidnischen Ursprungs tragen.
Und sogar die Zähne der Zeit, die alles zernagen, konnten
das berüchtigte Werk der Göttin nicht austilgen, so daß ihr
allbekannter Name bis zu unserem Zeitalter nicht verloren gegangen ist." (De claris mulieribus, IV). In dieser
Galerie weiblicher Berühmtheiten schafft Boccaccio ein
heidnisch-christliches Kontinuum erinnernswerter Namen und Begebenheiten.

Schon vor 1350 wurden in Europa Stoffe mit Holzmodeln
bedruckt (Textildruck). Die Übertragung dieser Technik
auf Papier ergab den Holzschnitt. Der Buchholzschnitt ist
für eine Bamberger Druckerei 1461 erstmals belegt. Die
deutschen Drucker und Künstler schöpften das neue
Medium voll aus. Ihre und die niederländischen Schnitte
blieben technisch und künstlerisch überlegen. Zainers
Schnitte fanden viel Echo. – Oben: „Arcitas und Palamon
verlieben sich in Emilia." Miniatur aus einer französischen Handschrift des 15. Jahrhunderts. 1460 wurde die
Teseida ins Französische übersetzt, allerdings in Prosa.

Dieses Exemplar (Österreichische Nationalbibliothek) ist
das einzige erhaltene jener Übersetzung. Stiluntersu-
chungen haben ergeben, daß es aus dem Künstlerkreis
um König René (siehe S. 77) stammen muß. Das Manuskript ist mit 16 Miniaturen von außergewöhnlicher Qualität
geschmückt, die von zwei Künstlern gemalt wurden. Es ist
sehr wahrscheinlich, daß einer der beiden Könige René
selber war. Das Motiv lebt von der Spannung zwischen
der Architektur und den Gärten, wobei symbolisch auf
den Gegensatz von Zivilisation und Natur angespielt wird
(siehe auch S. 118 ff.): Zivilisation als Gefängnis, Natur
als Freiheit. Diese Spannung wird von einer zweiten
durchkreuzt: die vornehme Blässe der Dame zusammen
mit der Kühle ihres blauen Kleides deutet eine passive
Leblosigkeit an. Dagegen sind die gebräunten Gesichter
der Gefangenen belebt. Der Künstler freut sich an archi-
tektonischem Zierat. Er sucht die Perspektive, aber findet
sie nicht immer. Der Bogen des Reliefs über dem Gefäng-
nisfenster hätte elliptisch verkürzt werden müssen; so
wirkt er wie bei einer Frontalansicht. Auch ist der Augen-
punkt fast so hoch wie die Zinnenbasis der hinteren
Mauer, der Rundbogenfries des Türmchens ganz links
dürfte aber dann nicht von unten gesehen werden. Die
Kolorierung hingegen ist äußerst erlesen.

1476

Das erste gedruckte Werk Boccaccios in französischer Sprache erscheint in Brügge. Es ist die Schrift *De casibus virorum illustrium* („De la ruine des nobles hommes et femmes"). Der Drucker legt die erste Übersetzung (von 1400) zugrunde. 1485 erscheint in Paris die erste gedruckte Ausgabe des *Decamerone* in der Übersetzung von Laurent de Premierfait. Die erste gedruckte Ausgabe in spanischer Sprache liegt 1496 vor, jedoch existiert schon seit der Mitte des 15. Jahrhunderts eine handschriftliche Übersetzung.

1515

Hans Sachs (1494–1576) gibt in Nürnberg sein Spruchgedicht „Der ermört Lorenz" heraus. Es ist „die erste selbständige . . . Umdichtung eines Boccaccio-Stoffes . . . auf deutschem Boden" (Willi Hirdt). Die Vorlage ist die 35. Novelle des *Decamerone*. In 51 Meistergesängen, 33 Spruchgedichten, 13 Fastnachtsspielen, sechs Komödien und zwei Tragödien verarbeitet der Nürnberger insgesamt 62 Novellen Boccaccios; in 49 seiner Dichtungen benutzt er Stoffe aus *De claris mulieribus;* zudem verwendet er die deutsche Übersetzung von *De casibus virorum illustrium* (von 1473). Es ist „vom behenden Witz, dem überlegenen Geist, von der ungebunden-spielerischen Phantasie Boccaccios an kaum einer Stelle etwas zu spüren" (Hirdt). Sachs ist einer der rührigsten Anhänger Luthers, und seine Bearbeitungen von Boccaccios Stoffen sind allesamt moralisierend-didaktisch. Die deutsche Rezeption unterscheidet sich damit grundsätzlich von der westeuropäischen: während Boccaccio dort ästhetisch rezipiert wird, bietet er in Deutschland nur die Illustration für moralische Litaneien. „Wo so unkünstlerische Aspekte vorherrschen oder zuweilen – wie auch bei Sachs – die gesamte Anverwandlung Boccaccios ethisch-didaktischen Zielen unterstellt ist, da muß nicht nur das besondere Lebensgefühl des italienischen Originals verlorengehen, sondern auch die Feinheit seiner Formgebung und die Eleganz des ‚bel parlare'. Im Deutschland des 16. Jahrhunderts gibt es weder eine adäquate Tradition noch eine entsprechende ästhetische Kultur, die allein den Boden für eine wirklich verständnisvolle Aufnahme Boccaccios hätten bieten können" (Hirdt).

1516

Niccolo Delfino gibt einen säuberlich bearbeiteten Text des *Decamerone* heraus, und zwar im Auftrag der Florentinischen Akademie. Damit beginnt in Italien eine neuartige Rezeption des *Decamerone*: bisher diente es als Lektüre jener Teile des Bürgertums, denen aus Mangel an Lateinkenntnissen die antiken Schriftsteller verschlossen waren; nun greifen die Gelehrten und Gebildeten zu dem Werk, um an ihm die Eleganz der Prosa bewundern und studieren zu können. Der Humanist Pietro Bembo (1470–1547) bringt in seinem Traktat „Über die Volkssprache" das Urteil auf, Boccaccio sei der Cicero der italienischen Sprache, das heißt höchstes Vorbild für die Prosa, ja sogar in seinen Versen verdiene er wegen der Feinheit des Stils größere Bewunderung als Dante. Doch ohne Bembos Kanonisierung abzuwarten, haben einzelne Schriftsteller dem *Decamerone* manches abgelauscht. Der blendende Stil Machiavellis mit seinem Übergewicht der Hauptsätze und seiner Neigung zu wuchtigen Formulierungen ist zwar durchaus selbständig, doch hat der Staatsphilosoph sehr viel von Boccaccios Periodenbau gelernt, und er schätzt den Dichter zeitlebens. Das *Decamerone* wird zu einer Art Wörterbuch der italienischen Sprache und maßgebliche Vorlage für das Studium der Rhetorik in der Volkssprache.

1520

Anne Malet de Graville, Hofdame der französischen Königin, übersetzt auf Wunsch ihrer Herrin die *Teseida* („Roman de Palamon et Arcite"). Zwar gibt es schon eine Übersetzung, doch nur „in alter Sprache und Prosa". Die Ritterromanzen Boccaccios erleben am französischen Hof eine besonders warme Aufnahme. Die Rezeption zeichnet sich durch einen erlesenen Geschmack aus. Die Übersetzungen sind nicht so weit vom Original entfernt, wie das in Deutschland der Fall ist.

1545

In Paris erscheint die ausgezeichnete französische Übersetzung des *Decamerone* von Antoine Le Maçon. Sie verdrängt sofort jene von Laurent de Premierfait und wird bis zum Ende des 18. Jahrhunderts immer wieder gedruckt. Auch für diese Übertragung kommt der Anstoß aus dem Hochadel: die Schwester

König Franz' I., Margarete von Navarra, beauftragt ihren Sekretär Le Maçon, der seine Jugend in Florenz verbracht hat und vorzüglich Italienisch spricht, mit der Übersetzung. Durch die Drucktechnik erhalten weite Teile des französischen Bürgertums Zugang zu Boccaccios Meisterwerk, wobei die Leser durch die Übertragung hindurch den Geist der Eleganz erfühlen können, der im Original lebt.

1549 Todesjahr der Prinzessin Margarete von Navarra (geb. 1492). Sie hinterläßt ein Manuskript mit dem Titel „Heptameron" („Sieben Tage"), das allerdings unvollendet ist. Die Prinzessin leistete den ersten Versuch, mit Boccaccios Meisterwerk auf vergleichbarem Niveau zu rivalisieren. Sie blieb selbständig in der Auswahl ihrer Erzählungen, „in einem nur von Boccaccio unterschieden: jegliche dieser Novellen sollte ausschließlich wahre Vorfälle behandeln", schreibt sie. Im Anschluß an jede Erzählung diskutieren die Zuhörer über deren Aussage und moralischen Wert; man äußert sich kritisch oder beifällig. Dies entspricht nicht der französischen Erzähltradition, sondern der italienischen. Der 1546 geschriebene Prolog enthält eine Spitze gegen Boccaccio, denn Margarete verfolgt eine moralisierende Absicht: sie tritt für die platonische Liebe ein. Da gelegentlich das Belehrenwollen durchbricht, geraten manche Geschichten trocken. Dennoch gilt das Werk in der nun einsetzenden Epoche der Gegenreformation als schlüpfrig. Die gedruckte Fassung aus dem Jahre 1558 unter dem Titel „Geschichte der glücklichen Liebenden" enthält bereits „Reinigungen". Das Buch wurde später der Frau Heinrichs IV., die ebenfalls Margarete hieß, zugeschrieben, um vom Andenken der hochangesehenen Prinzessin jedwede Anrüchigkeit fernzuhalten.

1554 Der Spanier Lope de Rueda (um 1510–1565) schreibt seine Komödie „Eufemia". Sie knüpft an die 19. Novelle des *Decamerone* an. Nun beginnt in Spanien die ergiebigste Aufnahme Boccaccios. Zwar bleibt Frankreich dasjenige Land außerhalb Italiens, wo der Florentiner am meisten gelesen wird, doch die stärkste Wirksamkeit in den nächsten hundert Jahren entfaltet er in Spanien. Er wird in dem überaus reichen spanischen Theater besonders gern als Vorlage benutzt.

1559 Das Konzil von Trient setzt das *Decamerone* auf den Index. Lektüre und Vertrieb des für obszön erklärten Buches sind künftig verboten. Der anwachsende Protestantismus verwertet die „Sittenverderbnis" in den katholischen Ländern rücksichtslos für seine Propaganda. Die schwer erschütterte Kirche kann ihm nur den Wind aus den Segeln nehmen, indem sie ihn an „Sittenstrenge" noch zu übertreffen versucht. Es ist jedoch nicht möglich, das *Decamerone* zu verbieten; es genießt den Rang eines Klassikers, vergleichbar den Werken Ciceros, Petrarcas oder Dantes (dessen Schrift „De monarchia" nun ebenfalls auf den Index kommt!). Die nachfolgenden Ausgaben in Italien sind aber „gereinigt". Viele Novellen sind daher nicht mehr verständlich. Ausgaben mit dem vollständigen Text erscheinen dennoch. Dies ist aber mit hohem Risiko verbunden; daher bleiben sie ohne Illustrationen und erhalten eine schlichte Aufmachung.

1576 Jacques Yver schreibt seine Novellensammlung „Le Printemps" („Der Frühling"). Sie ist dem *Decamerone* eng verschwistert: fünf Herren sitzen im „Schloß des Frühlings", und jeder erzählt eine Geschichte, um das Grauen des Krieges – in Frankreich toben die Religionskriege – zu vergessen. Einige Geschichten sind der Übersetzung von Antoine Le Maçon abgesehen.

1580 Michel de Montaigne (1532 bis 1592) unternimmt eine Reise nach Italien und verweilt in Florenz, wo er eine kommentierte Ausgabe des *Decamerone* ersteht, die im Anhang auch das neuveröffentlichte Testament Boccaccios enthält. Er notiert in sein Reisetagebuch: „Dieses Testament zeigt eine bewundernswerte Armut und Güterlosigkeit dieses großen Mannes. Er hinterläßt seinen Verwandten Betttücher und Betteile; die Bücher einem Bruder, dem er auferlegt, sie jedem, der sie einsehen will, zur Verfügung zu stellen; bis zu den Vasen und sehr geringen Möbeln berücksichtigt er alles . . ."

1585

Eine zweisprachige Ausgabe der *Fiammetta* erscheint in Paris. Der Übersetzer, Gabriel Chapuys, ist Historiograph des Königs und Dolmetscher. Er überträgt eine ganze Reihe von Werken aus der italienischen Literatur. Die Ausgabe bietet auf der einen Seite den französischen, auf der anderen den italienischen Text und soll die Erlernung der italienischen Sprache erleichtern. Der Stil der Übersetzung ist ausgezeichnet; sie wird zu Anfang des 17. Jahrhunderts mehrmals nachgedruckt.

1602

Vermutliches Entstehungsdatum von Shakespeares Komödie „Ende gut, alles gut". Die Fabel folgt der 29. Novelle des *Decamerone*. Die Schlankheit der Erzählung geht in Shakespeares Bearbeitung verloren. Acht Jahre später verfaßt er die Tragikomödie „Cymbeline". Deren Vorlage ist die 19. Novelle mit dem Thema einer Wette auf die Treue der Gattin; jedoch verlegt Shakespeare das Geschehen in mythische Zeit, die Züge werden märchenhaft und die glückliche Auflösung unerklärlich. In der poetischen Welt dieses Dichters verformt sich die Vorlage bis zur Unkenntlichkeit oder verfärbt sich im Zauberspiel des Alogischen und Rätselhaften.

1608

Der deutsche Schwankdichter Mahrhold schreibt den „Roldmarschkasten", worin er die dritte Novelle des *Decamerone* verwendet, sie jedoch auf die drei christlichen Konfessionen bezieht: auf die katholische, die lutherische und die calvinistische. Insgesamt verarbeitet er 28 Stoffe aus dem *Decamerone*. Boccaccio dringt zwar in die deutsche Schwankdichtung ein, doch geraten seine Novellen dabei zu Possen und Zoten. „Hier ist nur der Stoff, die Zote, das Wesentliche, und man bemüht sich nicht im entferntesten, diesen Zoten eine elegante, witzige Form ... zu geben", schreibt Hermann Weisser über die deutsche Schwankdichtung. Als im 17. Jahrhundert der Schwank nicht mehr den Rang einer literarischen Gattung einnimmt, kommt in Deutschland die Boccaccio-Rezeption völlig zum Erliegen. Erst im ausgehenden 18. Jahrhundert entwickelt Deutschland eine Geisteskultur, die eine Beschäftigung mit Boccaccio fruchtbar macht.

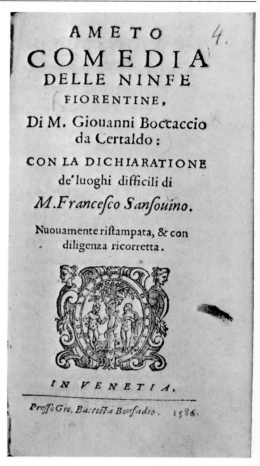

Titelkupfer der Venediger Ausgabe des „Ameto" von 1586. Boccaccio hat in der „Nymphenkomödie" (vgl. auch S. 46 ff) als Schauplatz die Umgebung von Florenz gewählt. Wie das Titelkupfer verrät, hat der Verleger durch einen Kundigen die „Erläuterung der schwierigen Orte" vornehmen lassen.

1613

Miguel de Cervantes Saavedra (1547–1617) schreibt im Prolog zu seinen „Exemplarischen Novellen": „Ich bin der erste, der in kastilischer Sprache fabuliert hat; die vielen Novellen, die hier gedruckt werden, sind alle aus fremden Sprachen übersetzt; aber diese sind meine eigenen, nicht nachgeahmt und nicht geklaut." Daß er so sehr auf seine Originalität pochen muß, zeigt, wie hegemonial die italienische Literatur in Spanien gegen Ende des 16./Anfang des 17. Jahrhunderts ist. Es gibt zwar einen Petrarkismus, aber keinen „Boccaccismus"; Boccaccio wirkt nicht schulbildend, doch seine Novellen liefern für die ungeheure literarische Produktivität Spaniens gute Stoffe. Vor allem auf dem Gebiet des Theaters wird dort so viel hervorgebracht, daß die Dichter beinahe an Stoffmangel leiden und gerne zum *Decamerone* greifen. Diese Unbefangenheit läßt aber im 17. Jahrhundert nach: Cervantes wie auch Baltasar Gracián y Morales (1601–1658) erwähnen Boccaccio nirgends. Dagegen schöpft Felix Lope de Vega Carpio (1562–1635), einer der fruchtbarsten Theaterdichter aller Zeiten, öfter aus dem *Decamerone*. In seinen frühen Stücken verwendet er fünf Novellen, darunter die Falkennovelle und die *Griselda*.

1620

In London erscheint die erste englische Übersetzung des *Decamerone*. Ein Jahr später beteuert der spanische Komödiendichter Tirso de Molina (um 1584–1643) im Prolog zu der Sammlung „Landhäuser von Toledo", daß er diese zwölf Novellen „nicht den Toskanern geklaut" habe. Dennoch dramatisiert auch er die Falkennovelle („Worte und Federn").

1626

Alexandre Hardy (um 1570 bis 1631), der bedeutendste und produktivste französische Dramatiker vor Pierre Corneille, gibt eine Tragikomödie unter dem Titel „Gesippe oder die beiden Freunde" heraus, die in Anlehnung an die 98. Novelle des *Decamerone* entstanden ist.

Das unten wiedergegebene Gemälde von Johann Rottenhammer (1564–1625; Kunsthistorisches Museum in Wien) repräsentiert in unserem Zusammenhang den im 16. und 17. Jahrhundert breiten Strom der Rezeption antiker mythologischer Gestalten und Themen, der gleichsam sein Wasser in der Epoche Boccaccios und Petrarcas gesammelt hat. Allerdings handelt es sich noch nicht um eine überwiegend klassizistisch-gelehrte „Wiederbelebung der Antike" auf archäologischer Grundlage. So verbindet Rottenhammer zwei Themen: den Raub Deia-neiras, der Gattin des Herakles, durch den Kentaur Nessos, und die Hochzeitsfeier des Lapithenkönigs Peirithoos mit Hippodameia, die von einer Herde Kentauren gestört wird (vgl. die Skulpturen im Westgiebel des Zeustempels in Olympia). Der Gestalt des Herakles begegnen wir in Boccaccios „De claris mulieribus" in den Erzählungen um Deianeira, um Iole und um Omphale, welcher der Held als Magd dienen mußte – ein Thema, das beispielsweise Lukac Cranach d. Ä., Bartholomäus Spranger, Tintoretto und Rubens dargestellt haben.

Von Urbain Chevreau (1613–1701) erscheint 1638 in Paris die Tragikomödie „Die zwei Freunde". Er benutzt dieselbe Vorlage wie Alexandre Hardy, hält sich jedoch enger daran.

1660

Am polnischen Hof erfreut sich das italienische Drama allergrößter Beliebtheit. Der Kronmarschall Stanislaw Lubomirski dichtet in italienischem Stil und besorgt den Spielplan seines vielbesuchten Schlosses selber. Mit Vorliebe inszeniert er Novellen von Boccaccio; dabei zeigt er einen ausgesprochenen Sinn fürs Groteske. In seiner „Ermida" nimmt er die hochgeschätzten italienischen Schäferspiele aufs Korn: er läßt eine an der Zivilisation verzweifelnde Prinzessin die bittere Erfahrung machen, daß auch das Hirtenleben nicht frei sei von Tücke, Verrat, Eifersucht und Liebesqualen.

1664

Die ersten „Erzählungen" von Jean de La Fontaine (1621 bis 1695) werden in Paris herausgegeben. Der Dichter schreibt anfänglich für den Minister Fouquet, nach dessen Sturz für die Herzogin von Bouillon; die Zensur hat solche Ausmaße angenommen, daß viele Dichter nur dann eine Chance haben, eine Druckerlaubnis zu bekommen, wenn die Manuskripte eine ansehnliche Widmung enthalten. Den Anstoß, sich mit Boccaccio zu beschäftigen, hat La Fontaine wahrscheinlich 1647 erhalten, als er zur „Akademie der Palatiner" gehörte; an diesem literarischen Zirkel, der sich jeden Donnerstag traf, um Lesungen von Gedichten und Erzählungen abzuhalten, nahmen auch Dichter teil, die stark von der italienischen Literatur beeinflußt waren.
Die „Erzählungen" La Fontaines sind in Verse gebrachtes Erzählgut, das er anderen Dichtern entnommen hat. Dabei verfährt er mit den Vorlagen nach Gutdünken. Die konkrete und individuelle Einzelheit ist verbannt, die Schauplätze sind unbestimmbar, die Handlungen stereotyp und die Figuren konventionelle Marionetten (tölpelhafter Ehemann, listiges Weibchen usw.). „Weder in der Wahrheit noch in ihrer Wahrscheinlichkeit besteht die Schönheit dieser Erzählungen, sondern nur in der Art, wie sie erzählt werden", bemerkt der Dichter.

Der Hauptzweck der Reimerzählungen ist, dem Leser zu „gefallen": „Der Autor glaubt, daß in dieserlei Erzählungen jeder am Ende zufrieden sein sollte: das gefällt dem Leser immer, sofern man ihm nicht die Personen zu hassenswert gemacht hat; aber dahin muß man es nicht kommen lassen, wenn man kann, noch auch in derselben Novelle zum Weinen und zum Lachen reizen." Der didaktische Anspruch, der in den Fabeln La Fontaines in jedem Vers anklingt, ist zwar zugunsten eines artistischen fallengelassen worden; doch durch die Stereotypie der Figuren und Situationen gerät der Ton lehrhaft.
Keinem Werk entnimmt La Fontaine so viele Stoffe wie dem *Decamerone:* von insgesamt siebzig gereimten Erzählungen sind zwanzig diesem entliehen. La Fontaine schätzte den Florentiner:

„Boccaccio ist nicht der einzige, der mich
                       beliefert.
Ich gehe manchmal in einen anderen Laden.
Doch ist es wahr, daß dieser göttliche Geist
Mehr als irgendeiner mir Arbeit gibt."

Dennoch ist La Fontaine nicht unschuldig am Aufkommen des Vorurteils, das *Decamerone* sei schlüpfrig. In der Ausgabe von 1665 schreibt er zugunsten des Florentiners: „Wer Boccaccio auf dieselbe Schamhaftigkeit wie Vergil reduzieren wollte, täte sicherlich etwas Unzulässiges und sündigte gegen die Gesetze der Anständigkeit, indem er sich zur Aufgabe machte, dieselbe zu beachten." Doch da seine Erzählungen vergröbernde Nachbildungen sind und er sich dazu auch die „passenden" Novellen aussuchte, mußte er in seinen Lesern den Eindruck erwecken, das Original sei ebenso oder noch schlimmer.

1668

Am 18. Juli wird in Versailles Jean-Baptiste Molières (1622 bis 1673) Komödie „George Dandin" aufgeführt. Der dritte Akt ist eine Inszenierung der 64. Novelle des *Decamerone.* Molière ist in seinen früheren Jahren stark von der italienischen Komödie beeinflußt, und auch später läßt er sich öfter von Boccaccio inspirieren: die „Schule der Ehemänner" und der „Tartuffe" zeigen Spuren des florentinischen Dichters.

Titelkupfer aus der sogenannten „Londoner Ausgabe"
des Decamerone. Beim Verlag Prault in Paris erschien
1757–1761 eine fünfbändige Ausgabe des Decamerone
in italienischer Sprache und eine – in genau der gleichen
Aufmachung – in der Übersetzung von Le Macón. Der vor-
getäuschte Erscheinungsort (London) sollte die Zensur
ablenken, denn das Decamerone steht seit 1559 in den
katholischen Ländern auf dem Index. Es wurde die führende Ausgabe der Rokokozeit. Sie ist mit Stichen versehen, die größtenteils von Gravelots Hand stammen;
einige sind von Eisen, und Cochin (Sohn) und von Boucher angefertigt. Boccaccio ist mit dem Lorbeerkranz
abgebildet: er ist damit als gültiger Klassiker gekenn-
zeichnet.

1674 Die „Neuen Erzählungen" von Jean de La Fontaine erscheinen. Die Zusammenstellung
der Geschichten (fünf von Boccaccio, einige
von François Rabelais, einige von Pietro Aretino) läßt eine antikirchliche Tendenz erkennen. Im Decamerone wird kein Stand der Gesellschaft besonderer Kritik unterzogen; jede
satirische Absicht liegt ihm fern. La Fontaine
hingegen veröffentlichte bereits in seiner Ausgabe von 1667 – mitten in der Auseinandersetzung um den „Tartuffe" Molières – drei
Reimerzählungen (darunter die 21. und die

32. Novelle des *Decamerone*), in denen er auf
den Klerus zielte. In der Ausgabe von 1674
verfolgen fünf Erzählungen (vier davon von
Boccaccio) diese Absicht. Am 5. April 1675
verbietet der Generalleutnant der Polizei, La
Reynie, den Verkauf dieses Buches „voller
taktloser und unehrsamer Ausdrücke, deren
Lektüre nur die guten Sitten zerstören und zur
Ausschweifung anregen kann". Viele französische Gelehrte, aber auch Dichter ziehen es vor,
ihre Werke in Holland erscheinen zu lassen.

1680 Vier Novellen des *Decamerone*
werden, vermittelt über das
Polnische, in die russische
Sprache übersetzt. 1697 erscheint in Amster-
dam eine anonyme Übersetzung des *Decamerone* in französischer Sprache. Die Übertragung ist frei und, wie der Titel sagt, dem „Geschmack dieser Zeit angepaßt".

1746 Von Antoine Houdar de La
Motte (1672–1731) erscheint
in Paris eine Komödie in zwei
Akten unter dem Titel „Der Prächtige". Es ist
eine Bearbeitung der 25. Novelle des *Decamerone*. Insgesamt hat Houdar de La Motte vier
Novellen Boccaccios dramatisiert.

1769 Johann Gottfried Herder
(1744–1803) schreibt im
„Journal meiner Reise": „Ita-
liener sind die feinsten und empfindsamsten;
für die mittlern Zeiten (das Mittelalter) ist's
wahrhaftig wahr." Er zählt eine Reihe italienischer Künstler auf und schließt mit dem Aus-
ruf: „O daß ich Italien kennte, mich in ihre
Natur zu setzen und sie zu fühlen, und mich in
sie verwandeln könnte!" Es sind symptomati-
sche Sätze: die Italiensehnsucht der deutschen
Dichter hat eingesetzt. Nun eröffnet sich erst
die Möglichkeit, daß Boccaccio auch in
Deutschland aufgenommen werden kann.

1776 Johann Wolfgang Goethe
(1749–1832) erwähnt in Ta-
gebuchnotizen. daß er im Sinn
habe, die Falkennovelle zu dramatisieren. Es
kommt aber nicht zur Ausführung. Goethe
kann Boccaccio nicht viel abgewinnen. Als
16jähriger Student verordnete er brieflich seiner Schwester, sie möge auf italienisch lesen,

„Sigismunda", Gemälde von William Hogarth (1697–1764). Das 1759 beendete Werk zeigt Hogarths bedeutendstes Beispiel „sublimer" Historienmalerei. Mit seiner „Sigismunda" wollte der Maler das Wesentliche der Geschichte theatralisch zuspitzen. Sigismunda hält in der Linken das von ihrem Vater Tancred geschickte Herz ihres Geliebten Guiscard, den er hatte töten lassen (Decamerone IV, 1, vgl. S. 224 ff. und Seite 102). Hogarth schreibt dazu: „Mein Objekt war dramatisch und mein Ziel, die Tränen der Zuschauer hervorzurufen, eine Wirkung, die ich oft in einer Tragödie beobachtet hatte, und ich wollte daher wenigstens den Versuch wagen, ob ein Maler nicht dasselbe erreichen und das Herz durch die Augen so rühren könne, wie der Schauspieler durch ein Ohr." Als der Auftraggeber, der die Dramatik vermißte, das Bild zurückwies, schrieb Hogarth: „Warten laßt dies Bild auf spätere Zeiten, / Bis sie dem Gemälde höhern Wert bereiten, / Wie Statuen ganz zu Erd' verfallen. / Wird nach meinem Tode es besser gefallen. / Neue Kenner werden dann entstehen. / Die alles so gut wie die heut'gen verstehen. / Zu erheben das Bild und den Maler danebern, / Gleich anderer Künstler ruhmvolles Streben". Das Bild war Hogarths Antwort auf eine fälschlich Correggio zugeschriebene „Sigismunda", die 400 £ erbracht hatte. Für diesen Beitrag wollte der erboste Künstler das Thema besser malen.

was sie wolle, „nur den Decameron von Boccaccio nicht". Als die Schwester zaghaft ein päpstliches Lob für das *Decamerone* anführte, gab ihr der Bruder den brieflichen Befehl: „Nichts von Decameron, Papst hin Pabst her. Der Vater müßte sie (die Novellen) dann selbst aussuchen."

1778 Am 11. August teilt Gotthold Ephraim Lessing (1729–1781) seinem Bruder mit, er arbeite gerade an einem Drama: „Ich möchte zwar nicht gern, daß der eigentliche Inhalt meines

anzukündigenden Stücks allzufrüh bekannt würde, aber doch, wenn Ihr ... ihn wissen wollt, so schlagt das *Decamerone* des Boccaccio auf ..." Lessing verfaßt sein Drama „Nathan der Weise" und benutzt hierbei die Ringparabel aus der dritten Novelle.

1783 Im Großherzogtum Toskana wird ein neues Gesetz über Gräber erlassen. Eine Öffnung des Grabes von Boccaccio führt zum Fund eines Schädels und eines Blechrohrs mit 13 Pergamenten, die jedoch von keinem der herbei-

sie stellen uns etwas Gemeines, etwas, das der Rede und Aufmerksamkeit nicht wert ist, als etwas Besonderes, als etwas Reizendes vor und erregen eine falsche Begierde, anstatt den Verstand angenehm zu beschäftigen" – eine intellektualisierte Auffassung des Schönen, die Goethe selbst nicht durchgehalten hat.

1796 In Schillers „Horen" erscheint die 93. Novelle des *Decamerone*. Die Übersetzerin ist Sophie Brentano. Der begeisterte Schiller – der auch Goethe zur Lektüre des *Decamerone* ermuntert – redet ihr zu, sie solle noch eine Novelle übersetzen, aber nicht die durch Lessings „Nathan" schon volkstümlich gewordene Ringparabel: „Wählen Sie lieber eine andere, oder versuchen Sie es lieber gleich mit dem Anfang des ganzen Werkes."

1799 August Wilhelm Schlegel (1767–1845) würdigt Boccaccio in einem Sonett, das symptomatisch ist für die Öffnung der deutschen Literatur gegenüber dem Florentiner:

„So wie der kluge Gärtner saubre Gänge
Um zierlich eingefaßte Beete ziehet,
Allein nicht hemmt, nur pflegt, was drinnen
blühet,
Daß sich die Kraft der Pflanzen üppig dränge:

So ist Boccaccio, der Geschichten Menge
Als Blumenflor zu ordnen, wohl bemühet;
Rings schmücken, wie ein goldner Rahmen
glühet,
Sie heitre Reden, Landlust, Spiel, Gesänge.

Betäubt des Gartens Duft die zarte Jugend,
Verdammt die Spröde, wo sie gern erröthet,
Und lernen neue Tücken selbst die Schlauen:

So wirft sich, glaubensvoll an ihre Tugend
Und Sittsamkeit, die nicht ein Hauch ertödtet,
Der Dichter in den Schutz der edlen Frauen."

gerufenen Fachleute entziffert werden können; sie gehen verloren.

1795 Goethe veröffentlicht in Friedrich Schillers (1759–1805) Zeitschrift „Horen" die „Unterhaltungen deutscher Ausgewanderten". Es ist die erste Rahmenerzählung der deutschen Literatur; Vorbild ist das *Decamerone*. So sehr sich auch Goethe formal an Boccaccio anlehnt, grenzt er sich doch inhaltlich ab: ein „lüsternes Gespräch, eine lüsterne Erzählung" seien „unerträglich", äußert einer der Erzähler, „denn

1801 Friedrich Schlegel (1772 bis 1829) veröffentlicht seine „Nachricht von den poetischen Werken des Johannes Boccaccio". Diese Schrift ist richtungweisend für die deutsche Rezeption Boccaccios: „Wenn man den *Decamerone* mit Aufmerksamkeit lieset, so sieht man darin nicht bloß entschiedenes Talent, eine geübte und sichere Hand im einzelnen, sondern man wird auch Absicht in der Bildung und Ordnung des Ganzen gewahr; ein deutlich gedachtes Ideal des Werks, mit Verstand ersonnen und verständig ausgeführt. Wo sich solcher Verstand vereinigt zeigt mit der instinktmäßigen Gewalt über das Mechanische, die wohl schon allein aber mit Unrecht Genie genannt wird, da und nur da kann die Erscheinung hervorgehen, die wir Kunst nennen, und als einen Fremdling aus höhern Regionen verehren.‘‘

1802 In Paris erscheinen die „Novellen des Johann Boccaccio‘‘. Übersetzt hat sie Honoré Gabriel Riqueti Graf von Mirabeau (1748–1791) während seiner Kerkerzeit 1777 bis 1780. Er gab der Übersetzung einen erotischen und antireligiösen Anstrich. Seiner Vertrauten, Sophie Monnier, schreibt er: „Ich glaube . . ., daß Boccaccio zu sehr gepriesen worden ist; dennoch hat er etwas Natürliches und Komisches . . .‘‘

1806 Die *Fiammetta* erscheint in deutscher Sprache, übersetzt von Sophie Mereau-Brentano. Im selben Jahr erscheint noch eine andere Übersetzung der *Fiammetta*. Dieser Geschichte einer Liebesqual wird während der romantischen Epoche ebensoviel Interesse entgegengebracht wie dem *Decamerone*.

1817 Der österreichische Dichter Ludwig Franz Deinhardtstein (1794–1859) schreibt ein „dramatisches Gedicht‘‘ mit dem Titel „Boccaccio‘‘. Es besteht aus zwei Akten und ist formal an Goethes „Torquato Tasso‘‘ angelehnt.

1832 Honoré de Balzac (1799 bis 1850) beginnt mit der Veröffentlichung der „Tolldreisten Geschichten‘‘; er hat ursprünglich einen Zyklus von hundert Erzählungen geplant, doch kommt er bis 1837 nur auf dreißig. Balzac sieht davon ab, das *Decamerone* zum Vorbild zu nehmen. Rabelais und andere französische Erzähler der Renaissance standen Pate. Die Ausgabe von 1855 ist mit Stichen von Gustave Doré (1832 bis 1883) illustriert.

1870 Am 3. Juli schreibt Jacob Burckhardt (1818–1897) an seinen Freund von Preen: „Den *Decamerone* kann ich nur noch goutieren, wenn ich durch lautes Lesen die Schönheit und Limpidität der Sprache mir bewußt mache.‘‘

1879 Am 1. Februar wird in Wien die Operette „Boccaccio‘‘ von Franz von Suppè (1819–1895) uraufgeführt. Die Librettisten Richard Genée (1823–1895) und Friedrich Zell (1829–1895) wählten einige Geschichten aus dem *Decamerone,* die sie lose zusammenfügten und in deren Mittelpunkt sie den Dichter stellten: er hat alle Fäden in der Hand und löst alle Verwicklungen auf. Ort der Handlung ist Florenz im Jahre 1331, und sie beginnt damit, daß ein Kolporteur auf der Piazza Santa Maria Novella Boccaccios neueste amüsante Novellen anbietet. Nach vielen Streichen, die Männer- und Weiberlist voll Eifersucht hervorzubringen vermögen, wird der in Liebesangelegenheiten des Leichtsinns und der Unmoral bezichtigte Boccaccio beim Herzog angeklagt, erlangt jedoch infolge dessen Wertschätzung die Berufung an die Hochschule als Dante-Interpret. – Suppè hat das Werk später als den größten Erfolg seines Lebens bezeichnet.

1891 Die erste russische Übersetzung des *Decamerone* erscheint, besorgt von dem Literarhistoriker Alexander Wesselowskij (1838 bis 1906). Dem russischen Publikum ist Boccaccios Hauptwerk allerdings schon lange bekannt, hat es doch seine Novellen bisher auf französisch gelesen.

Die Erzähler des „Decamerone‘‘ auf dem Weg zum Frauental. Stich von Joseph Wagrez für eine französische Ausgabe von 1899. Der Künstler mischt souverän klassizistische Elemente (das Profil des Jünglings vorne) mit Verfahren des Jugendstils (Verschlankung der Figuren, das Haar des pflückenden Mädchens). Das prozessionsartige Singen im Text wird im Stich zum Spaziergang mit Überraschungen: was die Fünfe hinten entdeckt haben, bleibt unklar; die Phantasie des Betrachters wird so von der Neugier aus dem Bild herausgelockt. Doch der Betrachter wird gleichzeitig ins Bild aufgenommen: die siebte Dame ist nicht zu sehen. Sie kann nur hinter dem Betrachter schon vorausgegangen sein. Oder aber: er und sie sind identisch. Es ist eine raffinierte Hereinnahme des Lesers ins Bild und damit in eine unendliche Erzählung.

VIIᵉᵐᵉ Journée.

1901 Am 13. November des Jahres wird in der Opéra Comique von Paris „Griseldis" von Jules Massenet (1842–1912) uraufgeführt. Der französische Komponist wurde auch durch Orchesterwerke und Lieder berühmt. Seine „Griseldis" ist eine Vertonung des Mysterienspiels gleichen Namens, das im Jahre 1891 in der Comédie française gespielt wurde.

1904 Hermann Hesse (1877–1962) beginnt seine Laufbahn als freier Schriftsteller mit einer Monographie über Boccaccio, die im Verlag von Schuster & Loeffler, Berlin–Leipzig, erscheint: „. . . Wohlan, Ihr werten Leute, hier ist das Tor des Gartens: es ist geöffnet, und aus den Büschen dringt Blütenduft, Gelächter, Liedergesang und Saitenspiel. Tretet ein, nehmet Platz, sättiget Euer Verlangen! Höret Ihr gerne schöne Lieder an? Oder habt Ihr Lust, Euch eine traurige Liebesmäre erzählen zu lassen? Oder freut es Euch, einen Witz, eine Posse, eine kräftige Anekdote zu vernehmen? Oder von Beispielen des Edelsinns und höchster Tugend zu hören? Traget Ihr Verlangen nach vielfältigen und unerhörten Abenteuern, oder mehr nach galanten Historien, bei welchen die Damen erröten und sich, der Sitte halber, ein wenig entrüstet stellen? Ihr alle möget eintreten, und jeder wird finden, wonach er sich sehnte . . ."

1909 Am 6. März wird zugleich in Wien und in Berlin das Lustspiel „Griselda" von Gerhart Hauptmann (1862–1946) uraufgeführt. Der Dramatiker deutet beide Zentralfiguren um: Griselda ist mit beträchtlicher Energie und Willenskraft ausgestattet; der Markgraf, eine rohe Kraftnatur, ist ihr völlig hörig, aber gewillt, um jeden Preis ihr Selbstbewußtsein zu brechen und sich ihrer ungeteilten Liebe zu versichern. Die Lösung findet das Geschehen in der Szene, wo beide die Trennung vollziehen wollen; der schon fast wahnsinnige Markgraf fragt Griselda: „Sag mir, wie ich büßen muß." Sie antwortet: „Du mußt mich weniger lieben, Geliebter."

Das Boccaccio-Denkmal auf der Piazza di Boccaccio in Certaldo vor der Kirche Santi Michele e Iacopo (13. Jahrhundert).

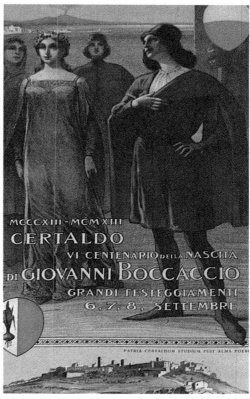

Plakat eines im Jahr 1913 anläßlich des 600. Geburtsjahres Giovanni Boccaccios gefeierten Festes in Certaldo; ein Jahr zahlreicher künstlerischer Aktivitäten zu Ehren Boccaccios. In Paris erscheint unterdes Hauvettes Boccaccio-Monographie, gewidmet „dem Andenken an die kleine Pariserin, die dem Autor des ‚Decameron' im Jahr 1313 das Leben schenkte", – eine heute überholte Legende.

1927 „Meine hier erzählten Geschichten sind – bis auf jene, die ich selber als nacherzählt angab – überhaupt nicht erfunden" –, so schreibt Oskar Maria Graf (1894–1967) am Schluß seines in diesem Jahr erscheinenden „bayrischen Decameron". Sie wären „größtenteils" in seiner „altbayrischen Heimat passiert".

1942 Das „Arabische Pferd" von Julien Luchaire (1876–1962) wird am 12. November in der „Comédie française" aufgeführt. Es ist eine Bühnenbearbeitung der 25. Novelle des *Decamerone*.

Ursprünglich nannte Pier Paolo Pasolini seine „Decamerone"-Verfilmung „Neapolitanische Geschichten aus dem Decameron", hatten die Dreharbeiten doch überwiegend in Neapel stattgefunden – mit Darstellern seines Laienensembles, die zuvor wohl niemals vor der Kamera gestanden waren. Auf das Engagement bekannter Schauspieler hatte Pasolini bewußt verzichtet. Die einzelnen Geschichten gehen ineinander über, wobei einige Figuren wie Andreuccio (Decamerone II, 5, vgl. S. 173 ff) und Giotto immer wieder auftreten. Giotto, selbst Held einer kleinen Geschichte, wird zu einer Art Symbolfigur des 14. Jahrhunderts, die das Werk umrahmt.

1970 Pier Paolo Pasolini (1922 bis 1975) dreht seinen Film „Decamerone". Bereits 1962 wurden Szenen daraus verfilmt (Vittorio de Sica, Mario Monicelli, Federico Fellini und Luchino Visconti: „Boccaccio '70"); die Absicht war, die Novellengestalten in moderner Garderobe vorzuführen, sie als Zeitgenossen mit den Problemen unserer Epoche zu behaften. Pasolini versucht umgekehrt, unter dem historischen Blick das Unwiederholbare, Einmalige – in Situation, Charakter und Physiognomie – aufleuchten zu lassen. Daß er damit Gefahr läuft, Boccaccio als naturalistischen Sittenmaler mißzuverstehen, ist deutlich; nicht umsonst schlüpft der Regisseur in die Rolle des Malers. Die Geschehnisse lassen bisweilen ihren problematischen Kern vermissen und entschädigen dafür mit der Unschuld des Genrebildes. Doch der Abglanz der Versöhnung, der den Film so reizend macht, schimmert an keiner Stelle in apologetischer Zweideutigkeit, sondern gemahnt an einen Verlust, den unsere Epoche besiegelt. Darum siedelt Pasolini die Szenen so oft inmitten von Baufälligkeit und Ruinen an. Dennoch zeigen die Geschichten unverfälscht die urwüchsige Kraft von Menschen, die gänzlich vom Streben nach Liebeserfüllung und Glück oder nach materiellem Besitz erfüllt sind, mal vom Schicksal geschlagen, dem Spott preisgegeben, mal vom Glück begünstigt.

1972 Es erscheint eine Ausgabe des *Decamerone* in Bourg-la-Reine (Frankreich) mit Kupferstichen, die der spanische Surrealist Salvador Dali (geb. 1904) selbst gestochen hat. Im Titel ist vermerkt: „Die zehn Tage umfassenden Novellen Boccaccios haben Salvador Dali zu zehn Kompositionen inspiriert."

THEMEN

Die Liebe im „Decamerone" und
die Unschuld der Natur

Der erste Beitrag erörtert die Frage, welche Be-
deutung die Liebe im „Decamerone" hat; daß
es sich dabei um erotische Literatur handelt, ist
ein allzu kurzsichtiges Vorurteil. Anhand der
„Elegie der Dame Fiammetta" wird der Kon-
flikt Willensfreiheit gegen Leidenschaft darge-
stellt. Der nächste Abschnitt ist Dante gewidmet;
der starrsinnig vertretenen Meinung, im Mittel-
alter hätten Natur, Körper und Liebe als sündig
gegolten, wird entgegengetreten. Dadurch ver-
deutlicht sich der theologische Brennpunkt
(Willensfreiheit) und die Antwortsuche auf die
Fragen des Boethius.

Die Leidenschaft als Hölle

Schon im 12. Jahrhundert wird von Bernhard
Silvestris der Zeugungsakt zum göttlichen My-
sterium geweiht; Alanus von Lille verschmilzt
wenig später in seiner Dichtung Theologie und
Eros. Der „Rosenroman" („Roman de la
rose") aus dem späten 13. Jahrhundert
schwelgt in breit dargestellter Sinnenlust. Eine
neuere Studie ordnet Boccaccio in diese literarische Strömung ein: alles habe sich im „Decamerone" dem erotischen Instinkt zu ergeben.
Boccaccio habe eine „Art Machiavellismus gezeigt, in welchem die Liebe die Staatsräson ersetzt"; die Liebe sei eine Religion, die für
schwerste Sünde erachtet, „der Natur untreu
zu sein"; ja die Rechte der Natur seien absolut.
Der betreffende Wissenschaftler, Aldo Scaglione, kommt zum Schluß: „In Boccaccios ra-
dikaler Unterwerfung aller menschlichen Fähigkeiten unter die tyrannische, kompromiß-
lose Herrschaft der Liebe, mit ungeduldiger
Mißachtung aller Zwänge, seien sie individuell . . . oder kollektiv (soziale Unterscheidun-
gen und Konventionen, die Moral als solche),
kann man einen gewissen potentiellen ‚Anar-
chismus' spüren." Solcherlei Urteile glaubte
die neuere Forschung abgetan zu haben.
Trotzdem halten sie sich hartnäckig. Nehmen
wir ein Werk Boccaccios, dessen ausschließli-
cher Gegenstand die Liebe ist; es wurde ungefähr sechs Jahre vor dem „Decamerone" ge-

schrieben: die „Elegie der Dame Fiammetta".
Als Fiammetta ihrer Amme die Liebe zu Panfilo gesteht, antwortet ihr diese: „Jetzt heißt es
sich gewaltsam zur Wehr setzen, denn wer im
Beginn tapfer und mutig kämpft, vermag gar
leicht die unziemliche Liebe zu besiegen; doch
wer sich lange den sehnsüchtigen Gedanken
hingibt, wird nur mit Mühe noch das Joch abwerfen, dem er fast freiwillig seinen Nacken
beugte." Die Amme konstruiert eine Entschei-
dungssituation: Fiammetta könne sich kopf-
über verlieben, dann werde sie büßen; sie
könne aber auch die keimende Leidenschaft
erdrosseln, dann behalte sie ihre Souveränität.
Genau diese Situation des Entscheidenmüssens
versucht Fiammetta zu unterlaufen: „Liebe
Amme . . ., ich sehe gewißlich die Wahrheit aller deiner Worte ein, doch zwingt mich ein
fremder Wahn, den schlimmsten Weg zu wählen, und reißt, gegen die Stimme meiner Vernunft, mein Herz mit fort. Mein Sinn ist ganz
von der Gottheit der Liebe erfüllt, und du
weißt, es ist kein leichtes Unterfangen, sich ihrer Gewalt zu entziehen." Die Alte will die Situation des Entweder-Oder wiederherstellen
und trennt streng Venus als Gottheit der fort-
pflanzenden Liebe und Amor als Bestie der
Leidenschaft: „Amor nennt ihr den Sohn der
Venus . . ., nur um eure Tollheit als Zwang erscheinen zu lassen." Sie läßt anklingen, ein
allzu angenehmes Wohlleben habe verhindert,
daß Fiammetta die notwendige Willenskraft
entwickle, derer sie jetzt bedürfe. Fiammetta
wird nun ungehalten: „Heute, da deine Sinne
stumpf geworden sind, eiferst du gegen die
Liebe . . ." Der Ablauf des Dialogs läßt erkennen, daß Fiammetta, welche anfangs die Dia-
gnose und Prognose der Amme für wahr befunden hat, sich in dem Augenblick windet, wo
ihr eine Entscheidung abverlangt wird, die
zwar der Einsicht entspricht, jedoch Selbstüberwindung erfordert.
Die grollende Amme verläßt den Raum;
Fiammetta überdenkt in Ruhe deren Worte;
sie will sich entschließen, der Alten Gehör zu

schenken, und sie gerade zurückrufen, als Venus erscheint. Die anschließende Szene – mit einer langen Rede der Göttin über die Allmacht der Liebe – endet in einer bedingungslosen Kapitulation Fiammettas. Sie kniet vor der Göttin nieder und begibt sich in ihren Dienst.

„Kaum hatte ich dies gesagt, als die Göttin auf mich zuschritt, mich heiß umarmte und mich auf Stirn und Mund küßte; und wie einstmals der falsche Askanius geheime Flammen in Didos Brust entzündete, flammten unter dem Hauch ihres Mundes auch meine Wünsche glühender auf als je zuvor." Damit ist Fiammettas Schicksal besiegelt. Das ganze Unheil ergibt sich aus ihrem Ausgeliefertsein an ihr Begehren. Deutlich spricht es das Dido-Motiv aus: wie die karthagische Königin einer verhängnisvollen Liebe zu Äneas verfällt, als Amor in Gestalt des Askanius auf ihren Knien sitzend sie küßt, so wird auch die Liebe zu Panfilo durch den Kuß der Venus fatal; es gelingt ihr nie mehr, sich aus dieser Leidenschaft zu befreien. Noch einen anderen Vergleichspunkt weisen die beiden Küsse auf: sie sind verräterisch. Dido ahnt nicht einmal, wer sie küßt. Und Fiammetta wird durch den Doppelsinn des Versprechens betrogen, das die Göttin ihr hinterläßt: „Der Lohn deiner Liebe wird bald erfolgen." Es sind Judasküsse und zugleich Umformungen des Odem-Einhauchens: so wie der Odem Gottes im Menschen die Seele entfacht, so rauben diese Einhauchungen dem Opfer das seelische Vermögen, sich gegen die Leidenschaft zur Wehr zu setzen. Daher kann dem Urteil Walter Pabsts nur bedingt zugestimmt werden: „Venus ist in dieser Erzählung die eindeutige Verursacherin des Unheils." Es ist festzuhalten, daß Fiammetta der Göttin erlaubt hat, das Unheil zu verursachen, indem sie einer Entweder-Oder-Situation auszuweichen versucht hat; damit ist sie zum Spielball des Geschehens geworden.

Die Liebe hat also bei Boccaccio mindestens zwei Gesichter. Sie ist besinnungslose Leidenschaft und auch geregelte Zuneigung, deren Bestimmung die Fortpflanzung der menschlichen Gattung ist. Das erste hat dämonische Züge; das zweite trägt Narben, auf die wir noch zu sprechen kommen. Da beiderlei Liebe dieselbe Naturkraft zugrunde liegt, können sie ineinander umschlagen. Die Liebe ist daher ein zutiefst problematischer Trieb; und die „Elegie der Dame Fiammetta" endet in Trostlosigkeit.

Nun könnte eingewendet werden, daß Boccaccio die „Elegie" um 1344 geschrieben hat, jedoch bei der Abfassung des „Decamerone", um 1350, sich zu einer viel heitereren Sicht der Liebe – und damit auch der Natur – durchringt. Doch wie kommt es, daß er 1365, runde zwölf Jahre nach Beendigung des „Decamerone", im „Corbaccio" eine noch düsterere Zeichnung der Liebe entwirft?

Auch im „Corbaccio" geht es um unglückliche Liebe, um die Schwierigkeit, die Leidenschaft zu überwinden, selbst als klar wird, daß sie keine Erfüllung finden wird. Der unglückliche Protagonist ist ein Mann; ihm widerfährt das Geschick, das Fiammetta versagt bleibt: er wird befreit.

Er träumt, er sei in ein Tal geraten, aus dem er nicht wieder herausfindet, rings umgeben von unwegsamen Berghängen, um ihn herum Gebrüll von wilden Tieren. Doch wie Vergil Dante zu Hilfe eilt, so erscheint ihm ein Greis und redet ihn an: „Weißt du denn nicht, daß dies die Wohnstatt des Todes, die Hölle der Verdammten ist? Wie kommst du hierher?" Dann klärt er ihn über dieses höllische Tal auf: „Dieser Ort hat verschiedene Namen, alle aber sind sie richtig; manche nennen ihn den Irrgarten der Liebe, andere das verwunschene Tal, wieder andere das Tal der Seufzer, manche auch den Schweinestall der Venus . . . wer sich hierher verirrt, der kann, wenn der Himmel ihm nicht gnädig ist, nimmer wieder von hier fort."

Die Parallele zur Danteschen Hölle ist unerbittlich zu Ende geführt, denn die Verdammten entmenschlichen sich: „Die Tiere, die du brüllen hörtest, sind alle die Unglücklichen, die gleich dir von trügerischer Liebe umfangen sind." Wer die Willenskraft fahrenläßt, gibt den Geist auf – buchstäblicher: er verliert die Souveränität, über sich selber zu verfügen. Die Aufgabe des eigenen Willens bringt ihn jedoch in eine gefährliche Nähe zum Tier.

„Fleischliche Liebe ist die Hölle", so deutet der amerikanische Literaturwissenschaftler Robert Hollander diese Passage. Aber vielleicht ist die Frage gar nicht „fleischliche Liebe oder geistige?", sondern: ist der Geist noch souverän oder nicht?

Der Ausgangspunkt Boccaccios: Dantes Naturbegriff

„Die Natur, die in Dantes Welt Sünde war, ist hier höchstes Gesetz . . .“ schreibt der italienische Literarhistoriker Francesco de Sanctis über das „Decamerone“. In der Tat war Dante der ständige Bezugspunkt für Boccaccios Dichten. Aber stimmt die Entgegensetzung? Ist die Natur in Dantes Welt sündig? Der VII. Gesang des „Paradieses“ handelt vom Erlösungswerk Gottes: in unendlicher Freigebigkeit opferte er sich, um die Menschheit zu erlösen. Freude und Frieden sollten auf Erden einkehren, das römische Imperium war als Garant ausersehen. (Alle folgenden Zitate aus Dantes „Göttlicher Komödie“ sind der Übertragung von Wilhelm G. Hertz entnommen.)

„Kurz ehe sich die Welt verwandeln sollte,
Nach Wunsch des Himmels, in sein friedlich
                                           Sein,
Ergriff es Cäsar, da es Rom so wollte“
                            (Par. VI,55 ff).

Doch mit der Ermordung Cäsars und neuen, unseligen Bürgerkriegen, mit der unglücklichen Wendung der römischen Geschichte im ausgehenden Altertum sabotierten die Menschen das Heilswerk. Die Parusie-Verzögerung, das Ausbleiben des Tausendjährigen Reiches in Frieden und Glück, ist Schuld der Menschen: Gott hat seinen Teil zur Erlösung geleistet, doch der Mensch ist nicht imstande, das Heil praktisch zu vollziehen. Der Vollzug ist für Dante eine geschichtliche Angelegenheit, also eine politische Aufgabe. Sie umfaßt auch die gesellschaftliche Bereitstellung der Mittel, die für den individuellen Heilsvollzug notwendig sind. Da der Mensch ein gesellschaftliches Wesen ist, hat die Gesellschaft dafür zu sorgen, daß jeder „seine“ Aufgabe zugewiesen bekommt. Die schlechtverfaßte Gesellschaft leistet dies aber nicht:

„Natur in Zwiespalt mit Fortunas Gaben
Gerät wie jeder andere Samen schlecht,
Den ferne seiner Zone man vergraben.

Und achtete die Welt dort unten recht
Aufs Fundament, das die Natur erkoren,
Geriete gut infolge das Geschlecht“
                            (Par. VIII,139 ff).

Daher muß Dantes Urteil unerbittlich ausfallen gegen alle, die durch schlechte Ausübung der Herrschaft den Heilsplan Gottes durchkreuzen und verzögern: sie verhindern die gute „Vergesellschaftung“ des Menschen, in der seine Aufgaben und Begabung sich in Einklang setzen könnten, denn nur auf diese Weise kann die Natur des Menschen zu ihrer ursprünglichen Güte zurückfinden. Korrupte Päpste und schlechte Könige sind demnach Saboteure des Heilsgeschehens:

„Nun kannst du urteilen, was sie begingen,
Die ich verklagte grad, und die Vergehen,
Aus denen eure Leiden all entspringen“
                            (Par. VI,97 ff)

Die Natur ist gut. Ihr Trieb geht immer zu Gott. Doch wie der Blitz nach unten, zur Erde schlägt, anstatt, seiner feurigen Natur gehorchend, zum Himmel zu flammen, so mißachtet auch die Kreatur diesen eingeborenen guten Trieb:

„Zwar, wie die Form zeigt häufig nur verdorrt,
Was in des Künstlers Absicht hat gelegen,
Weil taub der Stoff sich zeigte seinem Wort,

So weicht zuweilen ab von seinen Wegen
Auch das Geschöpf, da ihm die Macht ge-
                                        schenkt,
Trotz seines Triebs, sich abseits zu bewe-
                            gen . . .“ (Par. I,127 ff).

Die Natur ist gut. Das Böse entstammt dem Geiste:

„‚Nicht Schöpfer noch Geschöpf war je, mein
                                          Sohn‘,
Begann er also, ‚ohne Drang der Liebe!
Natur und Geist ihr Quell, du weißt es schon.

Die der Natur irrt nie in ihrem Triebe;
Die andre irrt, in ihrem Gegenstand,
Sei’s, daß zu viel sie, sei’s zu wenig liebe‘“
                            (Purg. XVII,91 ff)

Es genügte dem Menschen nicht, Gott in der Gestalt gleich zu sein, er wollte auch, daß ihm „die Augen aufgetan“ würden, um zu „sein wie Gott“, zu „wissen, was gut und böse ist“. Der mythische Fluch des Geistes ist, daß er ums Böse weiß, daher auch Böses tun kann. Für Dante ist die Sünde eine Fehlleitung der allen Geschöpfen innewohnenden Liebe: auf ein falsches Ziel oder in falschem Maße. Der Geist weiß um Ziel und Maß. Wenn er eines von beiden oder beide mißachtet, so vergewaltigt er die Natur.

Dante eine sündige Natur zu unterschieben hieße nicht allein, ihn protestantisch zu lesen, sondern seine zentralen Anliegen zu verkennen. Ernst Robert Curtius bemerkt, daß Augustin von Dante systematisch übergangen wird. Daß ihm ein Plätzlein in der Himmelsrose zuteil wird, ändert daran nichts. Die Erklärung kann nur die sein, daß Dante eine grundsätzliche Gegnerschaft zu Augustin gespürt hat. Sein Glaube an eine weltliche Macht, die auf Erden die Bedingungen für den Umschwung der Geschichte hin zum Heile herstellen könnte, wäre Augustin ungeheuerlich gewesen. Aber noch andere Stellen lassen die Gegnerschaft erkennen:

Zum ersten beruft sich Dante auf die Unschuld der Kinder, um darzulegen, daß die schlechte Gesellschaft Schuld trage am Verderbnis der Menschen (Par. XXVII,124ff). Das ist ein frontaler Angriff auf Augustins Lehre, wonach die Kinder an der Erbsünde teilhaben. Auf diesen Punkt gründete Augustin seine Polemik gegen Pelagius. Dieser, ein Asket des 4. Jahrhunderts, hatte gelehrt: die Natur des Menschen ist gut; er ist aus sich selber fähig, zum Heile zu gelangen, wenn er seine Willensfreiheit gebraucht.

Zum zweiten war für Augustin die Vorherbestimmung (Prädestination) absolut und unbeschränkt: Gott sucht sich seine Erwählten und verleiht ihnen dann die Mittel, dieser Erwählung nachzukommen. Diese unerbittliche Formulierung entstammte seinem Angriff auf Pelagius, der eine Vorherbestimmung leugnete und Gott nur eine Vorsehung (Providentia) beließ. Dante spricht aber nur von Vorsehung. Das einzige Mal, wo er das Wort „Vorherbestimmung" verwendet, ist die Rede von erlösten Heiden, das heißt von einem menschlichen Denken übersteigenden Gnadenakt. Beide Fragen hängen eng zusammen; denn durch die Erbsünde ist nach Augustin unser freier Wille hinfällig. Die Menschen sündigen nicht notwendig, können es aber aus freiem Willen nicht unterlassen. Nur die Vorherbestimmung zum Heile entreißt die Erwählten der Verdammnis.

Zum dritten erkennt Dante gegen Augustin im freien Willen das Mittel des Menschen, sich in

Unheil zu begeben oder sein Heil zu besorgen. Zwar – so formuliert Dante seine astrologische Lebenslehre – erhalten die Menschen von den Sternen eine bestimmte Charakteranlage für ihr Leben; aber diese astrale Matrix ist in Einklang mit Gottes Vorsehung und schränkt den freien Willen nie ein:

„Euch anzustoßen ist der Sterne Recht;
Nicht immer, sag ich! doch gesetzt, es wäre:
Ein Licht ist euch verliehn für gut und schlecht

Und freier Wille; hält er aus die Schwere
Der ersten Kämpfe mit dem Himmel nur,
Besiegt er alles, falls er gut sich nähre"
(Purg. XVI,73ff).

Wenn die Natur entsühnt ist, Gott selber auf die Erfüllung des Heilswerkes drängt und die Welt dennoch in üblem Zustand verharrt, so liegt es einzig an den Menschen:

„Drum, wenn die Welt vom Weg pflegt abzugehen,
So liegt dies ganz allein in eurer Macht"
(ibd.).

Das Ziel der Liebe:
Selbstmächtigkeit der Person

Wenn die Natur gut ist, dann sind es ihre Gesetze und Bedürfnisse auch. Boccaccio kann getrost innerhalb des Danteschen Horizonts bleiben; dieser ist weit genug für die Weltsicht des jüngeren Dichters. Wenn die Natur aber irgendwo problematisch ist, dann in der Liebe.

Die höfische Liebe der Minnedichter, mit welcher Dante und auch Boccaccio sich auseinandersetzen, lebt von der Spannung zwischen Trieb und Form: das sinnliche Begehren wirkt als Antrieb, die höfische Gesittung zu vervollkommnen. Es hat keine Daseinsberechtigung in sich, sondern nur in sublimierter Form. „Verlangt ist von dem Liebenden zwar nicht, daß er seine Triebe verleugne, wohl aber, daß er sie der Gesittung unterordne" (Hans-Jörg Neuschäfer). Zwischen Sitte und Natur besteht ein hierarchisches Verhältnis: diese hat sich jener unterzuordnen und ihr zu dienen.

Boccaccio gesteht nun dem Trieb einerseits eine größere Berechtigung zu als die höfische Moral; auf der anderen Seite hält er den Trieb für stärker, als das troubadourische Ethos wahrhaben will. Der Trieb ist als Naturtatsache gerechtfertigt, so betont Boccaccio immer wieder im „Decamerone". Jedoch ist die Argumentation nicht polemisch wie etwa im „Rosenroman", wo der Dichter Keuschheit und Enthaltsamkeit unverfroren als Laster brandmarkt; sie ist charakterologisch. Eine Dame, die Für und Wider eines Ehebruchs abwägt, kommt zum Schluß: „Niemand wird etwas davon erfahren, und käme es am Ende doch heraus, so ist es besser, Genossenes zu bereuen, als zu bereuen, daß man nichts genossen hat" („Decamerone" III,5). Man lese diese Zeilen genau: nicht derjenige ist zu beklagen, der nichts *genossen* hat, sondern derjenige, der *bereut,* nichts genossen zu haben. Wer nichts genossen, sondern sublimiert hat und – das ist entscheidend – die Sublimation ausgelebt, aus ihr Glück und Erfüllung geschöpft, der braucht nichts zu bereuen. Sein Charakter ist gelöst und seine Aura ohne Bitternis. Gefährdet jedoch ist, wer nichts genießt, dies aber als Versagtbleiben, als Frustration erfährt. Nicht mindere Gefahr läuft, wer sich Sublimierungen zutraut, denen er nicht gewachsen ist; Boccaccio berührt jenen heiklen Punkt des mönchischen und weltabgekehrten Lebens in seiner Vorrede zum vierten Tag: „Habe ich also jemals", so redet der Autor die Frauenwelt an, „mich mit allen Kräften bemüht, euch in etwas zu gefallen, so werde ich es nun mehr als zuvor tun, weil ich erkenne, daß man mir mit billigen Gründen nichts anderes vorwerfen kann, als daß die übrigen, wie auch ich, die wir euch lieben, nach dem Willen der Natur verfahren. Ihren Gesetzen aber zu widerstreben, bedarf es allzu großer Kräfte, und die es zu tun versuchen, bemühen sich oftmals nicht allein vergebens, sondern auch zu ihrem eigenen wesentlichen Nachteil". Boccaccio zollt dem Asketen Achtung; Achtung gebührt demjenigen, der wirklich der Enthaltsamkeit die Treue halten kann, ohne Schaden zu nehmen. Wer aber solche Sublimationskraft sich nicht zutraut, der tut besser daran, der Natur zu gehorchen.

Der natürliche Trieb will also gestillt sein. Auf der anderen Seite gewinnt allzuleicht der Trieb Oberhand und verformt ebenfalls den Charakter. Wie also leben?

„. . . Man hat mit Recht das Gute als dasjenige bezeichnet, wonach alles strebt", schreibt Aristoteles. Anders herum: wonach alles strebt, das ist gut. Entscheidend aber ist das Maß.

Daher tauchen in Boccaccios Dichtung dauernd die allegorischen Figuren der Tugenden auf: sie symbolisieren das wahre Maß. Es kommt darauf an, sich auf das Leben einzulassen; die Triebe der Natur sind demnach nicht zu fliehen, sondern ihnen ist Genüge zu tun. Wird dabei das Maß bewahrt, so behält der Wille seine Souveränität, der Geist seinen Adel und der Körper seine Würde. Ein glänzendes Beispiel dieser Souveränität gibt Ghismonda in der 31. Novelle (IV,1, siehe Texte Seite 224ff). Sie verstößt gegen die offizielle Moral, hält aber streng die Regeln der höfischen Liebe ein. Diese liegt im Widerstreit mit der offiziellen Moral und den Gesetzen. Andreas Capellanus gibt in seiner vielgelesenen „Kunst der höfischen Liebe" genaue Gebote für das Verhalten von Liebenden, ihre Liebe sei ehebrecherisch oder nicht. Verschwiegenheit der Liebe ist eines davon. Ghismonda und Guiscardo befolgen es. Ertappt, gibt Ghismonda das prächtigste Beispiel von Verteidigung: nicht eine Sekunde hat sie die moralische Verantwortung für ihre Liebe abgegeben; ja sie ist sich jener so sehr bewußt, daß Tancredi neben ihr sich als abgrundtief unverantwortlich enthüllen muß. Was Ghismonda so vollkommen macht, ist das bewundernswerte Gleichgewicht zwischen rückhaltloser, grenzenloser Liebe und einer geistigen Überlegenheit, vor der alle Angreifer die Waffen strecken müssen.

Anders Guiscardo. Er sagt nur einen einzigen Satz in der ganzen Novelle: „Die Liebe vermag mehr als Ihr und ich." Damit gibt er sich als Opfer der Liebe zu erkennen. Außerdem enthält diese Aussage eine feine Spitze gegen Tancredi: dessen inzestuöse Liebe zur Tochter verbiegt seinen Charakter – denn Tancredi wird als mildherziger und gutgesonnener Fürst geschildert. So trägt Guiscardo einen doppelten Sieg über Tancredi davon: er ist der Verschwiegenheit treu, die seine Liebe gebietet; und er ist sich seiner eigenen Unterwerfung unter die Gewalt der Liebe bewußt; ja er weiß sogar um das Unterworfensein Tancredis („. . . mehr als Ihr!"). Der Fürst erscheint daneben dumpf und bewußtlos.

Nichts ist an die Öffentlichkeit gedrungen. Tancredi könnte großmütig (wie es seinem Charakter entspräche) entweder darüber hinwegsehen oder eine Lösung finden. Daß er es nicht vermag, entlarvt sein Handeln als zwang-

PRUDENGIA

haft, seinen Geist als gefesselt. Er ist das wahre Opfer der Leidenschaft, und sie ist ihm nicht einmal bewußt.

Robert Hollander meint über die Absicht des „Decamerone": „Boccaccio schrieb für jenen Teil seiner Leserschaft, der für die albernen Ansprüche der Religion der Liebe ebenso empfänglich war wie er; und seine Absicht war, diese ‚Religion' zu verulken, indem er ihre Falschheit in sich selber aufzeigte sowie ihren Gegensatz zum Christentum."

Doch der „Religion" der Liebe huldigte sogar Dante. Die Liebe treibt nicht nur die Sonne und die Sterne (Par. XXXIV), sondern sie ist die Energie, die alles Leben in Bewegung hält und alle Triebe auf ihre vorgesehene Richtung zu lenken sich bemüht. Selbst die Sünden entstammen ihr (Purg. XVII). Amor ist der Herr der Welt, für Dante wie für Boccaccio. Aber ein doppeltes Gesicht – Begierde (Cupiditas) und Alliebe (Caritas) – macht ihn unheimlich.

Walter Pabst weist nach, daß der gesamte Aufbau der „Elegie der Dame Fiammetta" dem Modell der Abhandlung „Trost der Philosophie" von Boethius (480–524) folgt. Dieser römische Senator, der lange Monate im Kerker des Ostgotenkönigs Theoderich zubrachte, bevor er hingerichtet wurde, beschreibt in der kleinen Schrift, wie die Göttin Philosophia ihn im Gefängnis aufsucht, um ihn zu trösten über die Schwankungen des Geschicks; sie fordert ihn auf, die Herrschaft Amors über Himmel und Erde zu bewundern. Diese Weltherrschaft strahlt bei Boccaccio nicht mehr in den reinen Farben, an denen Boethius Trost fand. Boccaccios Dichtung ist ein düsteres Echo des Vorbilds. Wieso aber nimmt er die Trostschrift des spätantiken Philosophen auf? Wen will er trösten? Und worüber? Was bedeutet ihm Trost überhaupt?

Jede Kultur fordert vom Menschen bestimmte Eigenschaften zur Lebensbewältigung. Wer diese im besonderen Maße erfüllt, von dem heißt es, daß er „richtig" lebe; diese Eigenschaften gelten als Tugenden. Das Mittelalter unterschied die drei theologischen Tugenden von den vier Kardinaltugenden. Ihre Kanonisierung stammt von Paulus: „Nun aber bleibt Glaube, Hoffnung, Liebe, diese drei. Aber die Liebe ist die größte unter ihnen" (1. Kor. 13). Älter sind die vier Kardinaltugenden. Sie stammen aus der griechischen Kultur: „ein rechter, besonnener, guter und gottesfürchtiger Mann" wird der Seher Amphiaraos in einer Tragödie des Aischylos ge-

nannt („Sieben gegen Theben", 610). Bei Plato findet sich dann jene Fassung der Tugenden, welche zur endgültigen geworden ist: „weise, tapfer, besonnen und gerecht" soll der beste Staat sein, damit das beste Leben möglich sei (Politeia 427 e). Die „Prudentia" von Giotto di Bondone (1267–1336) aus der Cappella degli Scrovegni all'Arena in Padua (hier befinden sich in der Sokkelzone die „Allegorien der Sieben Tugenden und der Sieben Laster") verkörpert die sich (Spiegel) und die Welt erkennende Klugheit, die über die menschlichen Leidenschaften hinausweist (vgl. S. 104 ff, Abb. S. 155 und S. 48/49).

Die Klugheit als Waffe gegen das Schicksal

Inwiefern gerade die Triebbeherrschung im Zentrum des Werkes steht – als Voraussetzung der Handlungsfreiheit –, will der zweite Beitrag erhellen. Im Mittelteil werden die Extreme betrachtet, zu denen hin der Mensch sich bewegen kann: auch die Klugheit birgt Verdammnis, nicht nur die Liebe. Der Schlußteil grenzt Weisheit gegen Klugheit ab. Boccaccio nimmt Boethius' Begriff der Weisheit ins Verhör; dabei gesteht diese höchstgeschätzte Lebenshaltung, daß sie brüchig ist.

Die Herausforderung durch die Welt

Das Heldentum, das im „Decamerone" zur Ehre gelangt, ist das Heldentum der Intelligenz. In der Rettung aus der brenzlichen Situation feiert es seinen Triumph, im Lachen des Lesers über den gelungenen Streich erhält es eine verführerische Weihe. Die Bewunderung der Verschlagenheit hat bisher zur „niederen Literatur" gehört. Tapferkeit – die herkömmliche Heldeneigenschaft – und Intelligenz (als Schläue oder Verschlagenheit) haben einander ausgeschlossen. „Der tapfere und großzügige Ritter des höfischen Romans darf nicht listig, der schlaue Fuchs darf nicht tapfer sein" (Hans-Jörg Neuschäfer). Wenn nun der Held der Intelligenz die Bühne der großen Literatur betritt, dann muß das feudale Wertgefüge erschüttert sein. Denn die Schläue ist eine Mitgift der Natur an die Schwächeren. In der Herr-Knecht-Dialektik, literarisch so oft behandelt, fällt daher dem Knecht in der Regel die Rolle des Listenreichen zu. „Ein Betrug ist der Wunsch zu handeln, der sich nicht offen entfalten kann und daher auf die Verstellung zurückgreift. Am Betrug findet natürlicherweise Gefallen, wer sich den Anforderungen der offenen und brutalen Aktion nicht gewachsen fühlt" (Alberto Moravia). Dies gilt nicht allein für den Betrug; es gilt für die List im allgemeinen: der Schwächere benötigt zum Überleben andere Verhaltensweisen, also ein anderes Wertgefüge als der Stärkere. Historisch betrachtet dürfte dem Kaufmann und dem Handwerker, welchen die Macht der Waffen nicht zu Gebote stand, die List in anderem Lichte erschienen sein als dem Ritter, der sie

verächtlich verwarf. Das Gelächter der Leser begräbt die feudale Welt.

Mit den Protagonisten haben auch die Kulissen gewechselt: die Welt der Tapferkeit ist nicht dieselbe, in der die Intelligenz ihre Bewährungsproben besteht. Im Weltbild von Dante und Thomas von Aquin ist Fortuna, die Göttin des Glücks und Herrin der Welt, nicht blind; sie ist Instrument der göttlichen Vorsehung:

„Denn eure Weisheit widersteht ihr nicht;
Sie sagt, beurteilt, tut in ihrem Reiche,
Wie jeder Gott in seinem, ihre Pflicht . . ."
(Inf. VII,85 ff).

Töricht also ist es, über das Geschick zu jammern und Fortuna zu beschuldigen:

„Sie ist es, die so oft ans Kreuz getan;
Und viele, welche Anlaß, sie zu loben,
Tun Unrecht ihr und schwärzen falsch sie an"
(ibd.).

Dante geht noch weiter; Fortuna wird zum Range eines Engels erhoben:

„Doch sie ist selig, hört sie nicht dort oben,
Ihr Rad rollt heiter sie in Seligkeit
Mit anderen, erstgeschaffenen Geistern
droben" (ibd.).

Der christliche Glaube hat die gefürchtete antike Göttin entdämonisiert und sie eingebettet in das Sinngefüge des Heilsgeschehens. So ist sie zur Allegorie geworden: sie bedeutet etwas anderes, als sie darstellt. Der Wirbel ihres Rades mag den Nichtwissenden schrecken; doch der um die Bedeutung Wissende erkennt die göttliche Fügung. Im „Decamerone" ist das anders. Die eintreffenden Geschicke lassen in keiner Weise Gottes Vorsehung durchscheinen. Gelegentlich hilft Fortuna dem Tüchtigen, doch ebenso dem Verdienstlosen. Die Willkür ist heillos. Der Sinn der Ereignisse ist nicht mehr am heilsgeschichtlichen Himmel abzulesen. Fortuna nimmt wieder eine alte Bedeutung an: sie ist blinder Zufall. „Der Zufall ist die verborgene Gottheit einer modernen Welt, die aus ihrer einst verbürgten Ordnung gefallen ist", schreibt der Romanist Werner Krauss. Das Dienstverhältnis, in das Dante die Fortuna hineinband, ist zerrissen: die Göttin, die über das äußere Geschehen waltet, ist unerforschlich.

Eine vom Zufall regierte Welt verlangt aber vom Menschen die Fähigkeit, hereinbrechende Ereignisse sofort wahrzunehmen: Geistesgegenwart. Außerdem muß der Mensch in einer angemessenen Frist die Lage beurteilen und sein Verhalten bestimmen können: Überblick und Einfallsreichtum. Francesco de Sanctis' Urteil, die Gerissenheit im „Decamerone" sei ein Reizmittel, um Lachen hervorzurufen, darf man als kurzsichtig werten; in einer Welt der beständig drohenden Zu-Fälle kann der Mensch jederzeit auf die Probe gestellt werden. So ist die schnelle und rückhaltlose Verfügung über seine Intelligenz die einzige subjektive Gewähr dafür, daß die objektiven Verhältnisse bewältigt werden können. Der Eintritt des Unvorhergesehenen markiert den heroischen Augenblick, wo das Heldentum der Intelligenz sich zu bewähren hat.

Das Mittelalter versinnbildlichte die Fähigkeit, das Gute vom Bösen und das Notwendige vom Unnötigen zu unterscheiden, Zweck und Mittel im richtigen Verhältnis zu erfassen, in der allegorischen Figur der Prudentia (Klugheit). Sie umfaßte drei Vermögen: Gedächtnis (Memoria), Intelligenz (Intelligentia) und Vorausschau (Providentia). In dem Maße, wie die staatliche Organisiertheit die hochmittelalterliche Gesellschaft zunehmend ergriff, wurde die Fortitudo (Stärke) als Tugend abgewertet, um der Iustitia (Gerechtigkeit) den ersten Platz einzuräumen. Diese entspricht von allen vier Kardinaltugenden am meisten der stärkeren Vergesellschaftung des Menschen. Die anderen, Fortitudo, Prudentia und Temperantia (Mäßigkeit), tragen ungleich mehr individuelle Färbung. Doch Thomas von Aquin faßte die Hierarchie der Tugenden anders: Prudentia führt die anderen an, denn sie ist praktische Dienerin der Weisheit. Kulturgeschichtlich ist damit angezeigt, daß für die Lebensbewältigung Erfahrung und Intelligenz höher veranschlagt werden.

Die Gewitztheit im „Decamerone" ist zweifelsohne ein Aspekt der Prudentia. Ihr erstes Merkmal ist kühle und rasche Bestandsaufnahme der Situation. Man lese das Gespräch zwischen den beiden Geldwechslern, als sie feststellen, daß Herr Chapelet dem Tode

zugeht. Mit eisiger Objektivität kann eine Situation nicht abgeschätzt werden (I,1, siehe Texte Seite 151 ff). Diese Nüchternheit haben alle Helden der Intelligenz in den hundert Novellen an sich. Das zweite Gebot ist äußerste Vorsicht in allen Lebenslagen. Sie ist schwerlich zu leisten und dennoch notwendig. Über den Mönch, der Herrn Chapelet die Beichte abnimmt, schreibt Giuseppe Petronio: „. . . Aber gerade deshalb sucht er, wenn es ihn gibt . . ., den Heiligsten, den es gibt, weil er erkannt hat, daß, so wie der Schurke nur Schurkerei sieht, der Heilige nichts kennt und nichts sieht als Heiligkeit, und daß der wahre Heilige ein zu reines und einfaches Gemüt hat, um Verdacht zu schöpfen." Dem ist keinesfalls so. Der Mönch ist kein unerfahrener Jüngling, sondern ein Greis, der das Leben kennt. Daß jedoch einer auf dem Sterbebett die letzte Schau seiner Gerissenheit darbietet, das kann der Beichtvater einfach nicht vermuten. Selbst der argwöhnischste Kleriker wäre diesem Spiel nicht gewachsen. Nur totales Mißtrauen hätte den letzten Streich des Halunken zu durchkreuzen vermögen. Aber der Gang des Lebens überführt totales Mißtrauen zu jeder Stunde, gegen jedermann und jederzeit schlichtweg als unmöglich.

Falls das Individuum im Kampf gegen das Unvorhergesehene unterliegt, so hat dies nicht seine Gründe in Ungnade und Gottferne, sondern im Versagen seiner Mittel, Auswege zu erdenken und genügend rasch einzuschlagen. Das ist aber eine Angelegenheit seines Geistes und seiner Natur: „Denn wenn die Welt als ein Spiel von gegensätzlichen Kräften angesehen wird, in dem nur der Stärkste und Vorurteilsloseste siegen kann, ist es logisch, daraus abzuleiten, daß der Stärkste der sein wird, dessen Geist unbelastet von Leidenschaften, von Zuneigungen und von Vorurteilen ist, von allem, was den Geist verwirren könnte . . ." (Giuseppe Petronio). Die Souveränität des Willens gründet in der Triebbeherrschung. Ist diese allseitig gelungen, so erhält das Individuum eine ungeahnte Bewegungsfreiheit: daß jemand auf die sofortige Triebbefriedigung zu verzichten imstande ist, erlaubt ihm einen größeren Spielraum und verschafft ihm einen Vorsprung vor dem möglichen Gegner.

Die Novelle von der Frau, die mit zwei Liebhabern im Hause von ihrem Mann überrascht wird und sich meisterhaft aus der mißlichen Lage herausschlängelt (VII,6), ist ein Paradebeispiel für Triebbeherrschung und kühlste Lagebeurteilung. Der junge Gelehrte, der seinen Racheplan gelingen sieht, macht einen Augenblick härtester Anfechtung durch, als er die Frau nackt erblickt: „Auch überfiel ihn plötzlich der Stachel des Fleisches und hieß ihn . . . aus seinem Versteck hervorbrechen und seine Lust an ihr zu kühlen; und *wenig fehlte,* so hätte er sich von seinen Gefühlen besiegen lassen" (VIII,7, siehe Texte Seite 258 ff). Der Triumph ist ihm nur sicher, weil er imstande ist, den Trieb zu unterdrücken. Boccaccios Sympathie gilt nicht dem sinnlichen Akt, „sondern der entfalteten Schlauheit, mit der er ihn erreicht oder dessen Gefahren vermeidet" (Petronio). Was den Dichter fasziniert hat – und seine Leser – ist die Bewahrung von Geistesgegenwart und Schläue hart am Abgrund.

Klugheit in diesem Sinne ist aber eine durch harte Arbeit am psychischen Apparat erworbene Fähigkeit: kulturgeschichtlich angeeignete und individuell nachzuvollziehende Triebbeherrschung und Sublimation. Es ist unmöglich, dabei die Natur zu hintergehen. Die Triebbeherrschung muß erlernt werden in Auseinandersetzung mit der Natur; jede Flucht vor ihr verhindert diesen Lernprozeß. Ein Beispiel dafür enthält die vom Erzähler in der Einleitung zum vierten Tag (Texte Seite 215 ff) zum besten gegebene Geschichte: Filippo Balducci muß mitansehen, wie sein Erziehungswerk in wenigen Augenblicken zusammenbricht, als sein Sohn zum erstenmal im Leben eine Schar Mädchen sieht. Der Alte muß zu Lügen und Befehlen greifen, um dessen Verlangen (vorläufig!) einzudämmen. „Indem er aber so sprach, fühlte er, daß die Natur mehr vermochte als menschlicher Verstand . . ." Die Natur ist nicht stärker als der Geist, aber stärker als der Verstand dessen, der ein anderes Individuum vor ihren Verführungen glaubt bewahren zu müssen. Die List der Natur setzt sich hinterm Rücken einer kleinlichen Vernunft durch: der alte Balducci hat dem Sohn die Möglichkeit genommen, eigenständige Erfahrungen mit seinem Triebleben zu machen; er hat ihn geradezu wehrlos gemacht. Souveränität des Geistes kann nicht „erschlichen" werden. Sie verlangt individuelle Auseinandersetzung mit dem eigenen Triebleben.

Die Überspitzung der Klugheit

Prudentia, die Klugheit, ist zweistufig: sie bedeutet sowohl technische Beherrschung der Lebenslage als auch deren geistige Durchdringung. Die entführte Frau des Richters Ricciardo (II,10, Texte Seite 184 ff) stellt sich ihrem Gatten; sie weicht der moralischen Rechtfertigung für ihre Entscheidung nicht aus. Die Art und Weise, wie sie dies tut, mag grob und deftig sein, doch wird diese Grobheit bei weitem aufgewogen durch die Versagungen, die ihr im ehelichen Zusammenleben auferlegt worden sind. Ihre Argumentation weist sie als kluge Frau aus: „Als Fazit der Diskussion stellt sich heraus, daß der eigentliche Schuldige der alte Ehemann ist, der seine Frau gerade dadurch an einem gesitteten Leben hindert, daß er ihr die Befriedigung ihrer Sinne vorenthält . . ." (Hans-Jörg Neuschäfer).

Die geistige Leistung, die Bedingungen völlig zu durchschauen, angemessen zu handeln und argumentativ dieses Handeln zu begründen, gelingt der Frau, nicht dem Richter. Vorbildlich verkörpert Ghismonda diesen Aspekt der Prudentia (IV,1, Texte Seite 224 ff). Sie besitzt die Geschmeidigkeit, nicht bloß auf ihr Recht zu pochen, sondern die Vorwürfe des Vaters ernst zu nehmen, sich auf das Gelände seiner Argumentation zu begeben und ihn auf seinem eigenen Boden zu schlagen. „Aber wahrlich, ich bot dabei alle meine Kräfte auf, um, soweit ich es zu verhindern imstande war, durch den Fehltritt, zu dem die Natur mich zwang, weder dir noch mir Schande zu bereiten." Gerade weil sie zugibt, einen „Fehltritt" begangen zu haben, fällt die Schuld auf Tancredi, der sie in eine Zwangslage gebracht hat. Und gerade weil sie den Vorwurf, einen Unedlen zu lieben, aufgreift, vermag sie so großartig über den Vater zu siegen: im Rededuell enthüllt sich, daß die Angeklagte jedes einzelne angesprochene Problem viel gründlicher und tiefer durchdacht (und sowohl geistig als auch moralisch bewältigt) hat als der Ankläger. Sie triumphiert vollständig, denn sie kann dartun, daß sie nicht allein die Natur, sondern auch die höhere Gesittung auf ihrer Seite hat.

Ein wichtiger, in der Forschung bisher unbeachtet gebliebener Punkt ist dabei die Bedachtsamkeit, mit der Ghismonda ihre Liebeswahl trifft: „Übrigens habe ich mich dem Guiscardo nicht, wie viele tun, aufs Geratewohl ergeben; nein, ich habe ihn nach sorgfältiger Überlegung unter vielen anderen erwählt, ihn mit umsichtiger Sorgfalt zu mir eingeführt und mit bedächtiger Ausdauer von beiden Seiten mich lange der Erfüllung meiner Wünsche gefreut" (Texte Seite 228). Es ist die Absage an die Liebe auf den ersten Blick. Denn in dieser Liebe ereignet sich ein Verhängnis: der Blick eines Menschen verfängt sich am anderen und entzündet sich augenblicklich. Es ist also ein Schicksalsaugenblick, wo die Liebe sichtbar wird als Unwählbarkeit und Unwiderstehlichkeit. Er zerschmettert die freie Wahl und den unbeeinträchtigten Willen. Es kommt darauf an, wie das Schicksal gedeutet wird: darf hinter ihm getrost die göttliche Fügung vermutet werden, dann ist dieser folgenschwere Blick ein untrügliches Gnadenzeichen – so in der Minnedichtung und noch bei Dante. Ist aber gegenüber der Fortuna höchstes Mißtrauen angebracht, dann eröffnet die Liebe auf den ersten Blick allzumeist bloß eine Serie von Abdankungen des Willens und Niederlagen des Geistes; dafür gibt Fiammetta – sie verliebt sich in Panfilo auf Anhieb – ein abschreckendes Beispiel. Klugheit auf höchster Stufe beweist also Ghismonda, wenn sie vor dieser Liebe auf der Hut ist und statt dessen mit feinsinnigem Spiel des Kennenlernens ihre Liebe einleitet. Der Tiefe ihrer Gefühle tut dies keinen Abbruch, im Gegenteil.

Einen Höhepunkt der technischen Beherrschung der Situation, der ersten Stufe der Prudentia somit, bietet die 67. Novelle (VII,7, Texte Seite 258 ff). Madonna Beatrice inszeniert den Betrug an ihrem Gemahl derart, daß dieser zu keinem anderen Schluß kommen kann, als daß er die treueste Gattin und den ergebensten Diener habe. Es ist ein „Betrug mit der Wahrheit"; Madonna Beatrice „gesteht", was vorgefallen ist, aber nur, um dem Gatten den „Treuebeweis" zu liefern. Sonderbar ist, daß die Dame Risiken eingeht, die – technisch gesehen – „unnötig" sind: Wieso läßt sie Lodovico schon ins Gemach eintreten, bevor Egano es verlassen hat? Der Ablauf des Plans hätte derselbe bleiben können, aber weit risikoloser. Und wieso jagt sie Lodovico zunächst diesen Schrecken ein? Hätte er sich losgerissen und wäre davongeeilt, so hätte der Verlauf des Geschehens eine gefährliche Wen-

dung nehmen müssen. Hier kündigt sich ein Rausch an: die ihrer selbst mächtige Intelligenz aalt sich in ihrer Raffinesse und beweist sich ihre Souveränität, indem sie hart am Abgrund genauestens berechnete Figuren tanzt.

Die Geschichte von Herrn Chapelets Beichte führt eine Ekstase der Intelligenz auf (I,1, Texte Seite 151 ff): der sterbende Schurke ist ein Virtuose der Täuschung und gestattet sich einen letzten musterhaften Auftritt vor dem Verlassen der Bühne. Wenn nach kühler Zweckmäßigkeit gefragt wird, dann übertreibt Chapelet maßlos. Der Zweck der Beichte ist, die beiden Wucherer von ihrer Befürchtung zu befreien, ihnen könnte durch seinen Tod Schaden entstehen. Die Absolution hätte er aber billiger haben können. Statt dessen leistet er eine Beichte, vor der sowohl der frömmste als auch der mißtrauischste Priester nur in die Knie gehen kann. Er kehrt das Verhältnis von Beichtvater und Beichtendem um. Die Triumphe scheinen ihn zu berauschen, er gelangt in den Bereich des Absurden. Was sich hier kundgibt, ist eine Besessenheit der Intelligenz. Solange diese im Gefüge der Prudentia verbleibt, ist sie gut. Das Eigentümliche an der Intelligenz ist nun ihr instrumenteller Charakter; genau besehen ist sie Werkzeug, nichts weiter. Aber gerade als Instrument ist sie unendlich perfektionierbar. Das eben übt jedoch auf alle Hochkulturen eine bedenkliche Faszination aus. Inmitten dieser Faszination gerät sie zum Selbstzweck. Sie hat dann nichts mehr mit der Klugheit (Prudentia) zu tun; sie hat sich von dieser losgesagt und verselbständigt. Nun aber steht alles Technische im Rufe moralischer Neutralität, so auch die in Ekstasen taumelnde Intelligenz. Das christliche Mittelalter ließ sich über den *bösartigen* Charakter einer um sich selber kreisenden Intelligenz keinen Augenblick täuschen.

Die Bösartigkeit einer aus der Prudentia herausgelösten Intelligenz wird an der Besessenheit offenkundig: Chapelet ist monomanisch. „Der Betrug ist die Rache des Verstandes über die Gewalt und über das Irrationale", schreibt Alberto Moravia. Als Rache an der Gewalt ist er ein Mittel im Lebenskampf inmitten der Gesellschaft. Als Rache am Irrationalen hingegen, das heißt letzten Endes an der Natur, erhält er einen hybriden Zug. Dieser beherrscht völlig den Willen des alten Gauners: es ist ein mythischer Zwang, sich für die eigene Sterblichkeit (eine Bedingung der Natur) rächen zu müssen. So ist seine Heiligsprechung ein dämonischer Sieg über den Tod.

Dante findet die Gewalttäter im siebten Kreis der Hölle, die Betrüger hingegen im achten und neunten. Cicero schon hat eine ähnliche Wertung vorgenommen: auf zweierlei Weise werde Unrecht begangen, durch Gewalt und durch Betrug, „aber der Betrug ist größeren Abscheus würdig". Bei dem Römer ist das eine aristokratische Wertung: er verfemt die Kampfmittel des Schwächeren. Anders bei Dante:

„Doch da Betrug des Menschen sondrer Fleck,
Haßt Gott ihn meist; drum müssen unten
ringen
Betrüger und erleiden schlimmsten Schreck"
(Inf. XI, 25 ff).

Der Geist ist ein durch den Sündenfall erschlichenes Vorrecht des Menschen. Daher sind Missetaten, die durch maximalen Einsatz von Geistesgaben bewerkstelligt werden, verwerflicher als rohe Gewaltsamkeiten. Der Geist kann, richtig gebraucht, den Menschen krönen; falsche Verwendung jedoch stürzt ihn in furchtbarste Tiefen.

An dieser Stelle können Chapelet und Fiammetta einander gegenübergestellt werden. Beide Figuren markieren die äußersten Fluchtpunkte des Problems Liebe – Klugheit. Die dichterische Erörterung findet innerhalb des von Dante abgesteckten theologischen Horizonts statt. Auf der einen Seite verkörpert Fiammetta das Zurückbleiben hinter den Erfordernissen der Triebbeherrschung. Der Charakter wird verformt durch Leidenschaft. Auf der anderen Seite steht Chapelet und zeigt eine vollständige Triebbeherrschung, aber zugleich eine monomanische Vergewaltigung des Charakters. Beide haben das rechte Maß (Temperantia, die Mäßigkeit, ist eine Kardinaltugend!) verfehlt, allerdings nach entgegengesetzten Richtungen: Leidenschaft gilt als Sünde aus Schwäche, Betrug als Sünde aus Bosheit. Während Fiammetta ein Spielball des Schicksals ist, bewältigt Chapelet spielend sein Geschick; ja er spielt mit ihm und den Mitmenschen. Und während Fiammetta die Hölle auf Erden durchlebt, erlistet sich der Schurke die Heiligung nach dem Tode.

Es steht außer Zweifel, daß er – was die Entwicklungshöhe der Individualisierung angeht – weit über Fiammetta steht. Dies ist bereits daran abzulesen, daß man Fiammetta höchstens Mitleid entgegenbringt (woran sie auch ständig appelliert!), Chapelet dagegen zwingt dem Leser eine gruselige Bewunderung ab. So hoch er im Leben über ihr steht, so tief fiele er im Tode unter sie – wenn Boccaccio nicht nur innerhalb des theologischen Horizonts von Dante bliebe, sondern auch innerhalb des poetischen.

Doch im „Decamerone" läßt sich das Jenseits nicht vernehmen. Wo also liegt die feine Schattierung, die beide Dichter trennt?

Die Monomanie des sterbenden Chapelet preßt ihm Zwangshandlungen ab. Nichts anderes ist die Beichte. Sie läuft so mechanisch ab – mechanisch in ihrer unwiderstehlichen Dynamik –, daß man unwillkürlich die *Seelenlosigkeit* herausahnt. Boccaccio kannte Dante zu gut, um nicht zu wissen, daß nach dessen Lehre die schlimmsten Verräter – Verräter an Verwandten und Gastfreunden, was auf Chapelet zutrifft! – im Augenblick ihres Verbrechens die Seele verlieren; ihre körperliche Weiterexistenz ist unbeseelt.

„... Vernimm, man läßt dort den Verrätern
allen,
Die so wie ich sind, ihren Körper nicht;
Ein Dämon schlüpft hinein, ihn zu regieren,
Bis seine Zeit vollendet ist im Licht"
(Inf. XXXIII, 129 ff).

Kein Wort fällt über die Verdammnis des Gauners. Aber es ist auffällig, daß die Strafe, welche Dante ins Jenseits verlegt, sich für Boccaccio *am Charakter* schon im Diesseits symptomatisch offenbart. Bei Fiammetta ist es noch offensichtlicher. Es ist unfaßbar, wie die geringsten Anzeichen von Panfilos Rückkehr ihre Hoffnung anfachen, wie sie die eben noch geschmähte Venus preist; und kurz darauf – als sich die Hoffnung zerschlägt – verfällt sie in heftigste Anklagen gegen Schicksal und Amor. Der leichteste Hauch wirbelt sie umher wie eine Flaumfeder; und dieser Zustand läßt nicht nach bis zum Schluß des Romans. Völlig richtig definiert Fiammetta ihr Leiden als Höllenpein. Denn hin und her geblasen zu werden ist haargenau die Strafe des zweiten Höllenkreises, wo

die wegen Liebesleidenschaft Verdammten büßen:

„Die Höllenwindsbraut, welche niemals ruht,
Verschont mit ihrer Wucht die Geister nimmer
Und stößt und wirbelt sie herum voll Wut.

Gelangt dann einer vor die Felsentrümmer,
Beginnt ein Jammern, Weheklagen, Schrein:
Sie fluchen dort der Kraft des Höchsten
                                                    immer.

Ich merkte, daß mit einer solchen Pein
Die Fleischessünder hier gepeinigt waren,
Die die Vernunft dem Trieb zulieb entweihn"
                                        (Inf. V, 31 ff.)

Giotto läßt in der Scrovegni-Kapelle den Vor-
beimarsch der Laster mit der Figur der Stultitia
(Dummheit) beginnen. Und Thomas von
Aquin hat kurz zuvor gelehrt, daß die Dummheit die Ursache der Sünde sei. Es trifft auf
Chapelet ebensogut zu wie auf Fiammetta.
Diese erreicht die Höhe der Klugheit (Prudentia) nicht; jener löst die Intelligenz aus ihrem
Gefüge. Vom Moralischen her gesehen verfallen beide der Dummheit. Und damit leiten sie
ihre Entmenschlichung ein; denn die höllische
Strafe bei Dante besteht ja darin, daß die
Sünde als dumpfer Drang in den Seelen fort-
lebt, während ihnen das Bewußtsein schwindet
und schließlich ganz genommen wird. Boccaccio radikalisiert diese Auffassung, indem er
aufweist, daß die mißlungene Lebensbewältigung sich am Individuum zeige – und zwar auf
die von Dante beschriebene Weise, jedoch in
diesem Leben und am Charakter.

Die Überwindung des Schicksals
durch Weisheit

Die strukturelle Ähnlichkeit des „Fiammetta"-Romans mit der Trostschrift des Boethius
wurde schon erwähnt. Die verliebte Dame und
der eingekerkerte Beamte klagen beide über
ihr Schicksal, über die Gefangenschaft. Fiammetta kann ihr Verfangensein in den Netzen
der Liebe nicht beenden und richtet sich in
einem Zustand der ununterbrochenen Niederlage ein. Boethius gelingt es, seine Haft hinzu-
nehmen und Seelenruhe zu finden. Er kann
dies, da er Fortuna als Vollstreckerin göttlicher
Vorsehung auffaßt. Der Mensch, so meint
Boethius, kann mit einem Akt seines freien

Willens die schwersten Schicksalsschläge annehmen, sich innerlich freimachen von allem
Weltverlangen und gelassen dem ins Auge sehen, was da kommen mag. Er braucht sich
nicht nur auf die Seelenruhe in ihm zu verlassen und kann auf die Gewißheit bauen, daß
eine versöhnende Liebe die ganze Welt regiert.

Boccaccio teilt diesen Glauben nicht mehr. Die
allversöhnende Liebe zerfällt ihm schärfer als
dem spätantiken Boethius in zwei entgegengesetzte Äußerungsformen: die Cupiditas (Begierde) und die Caritas (All-Liebe). Für den
spätantiken Philosophen besteht darin kein
Problem: man unterdrückt ganz einfach die
Begierde und kann dann der All-Liebe dienen;
eine schlichte Angelegenheit des Willens. Doch
Boccaccio anerkennt die Rechte der Sinne und
die Berechtigung der Sinnenlust. Gleichzeitig
sieht er aber die Gefahr, daß den Menschen
daraus Hörigkeit erwachsen kann. Das Problem verschärft sich noch, weil er die Willenskraft für gebrechlicher ansieht als Boethius:
Willenskraft ist nicht etwas ontologisch Gege-
benes, sondern durch Erziehung und Selbster-
ziehung Erworbenes. Kulturgeschichtlich bedeutet dies eine Zuspitzung des Sublimie-
rungsproblems. Zum einen erfordert die entstehende bürgerliche Welt eine stärkere Anstrengung zur Sublimation (Norbert Elias);
zum anderen ist das Sublimierungsmodell der
höfischen Minnekultur (die Indienstnahme des
Eros zur Verfeinerung des Verhaltens) nicht
mehr ausreichend, da sie die Stärke des Triebs
unterschätzt.

„Boethius fragt: wie sind ein freier Wille und
eine Verantwortlichkeit des Menschen mit der
unabänderlichen, durch göttliche Providentia
vorausbestimmten Verkettung alles Geschehens zu vereinbaren? . . . Ganz analog stellt die
‚Elegie' dem Leser die Frage, ob er den Stein
gegen diejenige zu erheben wagt, die durch die
Ungnade der Fortuna und durch die trügerischen Versprechungen einer halb himmlischen,
halb höllischen Macht in Schuld und Leid gestoßen wurde. Boethius hält letzten Endes die
Freiheit neben der himmlischen Providenz für
möglich, denn sein Universum wird durch
einen guten Willen gelenkt, den er Amor
nennt. Boccaccio hat diesen optimistischen
Glauben im Jahre 1344 nicht mehr, und an die
Stelle der freudigen Ermahnungen, mit denen

Boethius seinen Dialog schließt, setzt Boccaccios Fiammetta nur die Resignation der Todeswünsche . . ." So sieht der Romanist Walter Pabst das Verhältnis zwischen Boethius und Boccaccio.

Dem kann nicht zugestimmt werden. Fiammetta steht am Anfang ihrer Leidenschaft vor einer Willensentscheidung. Daß sie dieser nicht gewachsen ist, bedeutet nicht, daß ihr Wille nicht frei wäre. Auf dieser theologisch-anthropologischen Ebene hat man bisher das Problem gestellt. Jetzt formuliert es Boccaccio neu: was nützt es, wenn der Wille zwar frei ist, die Willenskraft aber nicht ausgebildet wurde? Daß Pabst unrecht hat, wird offensichtlich, wenn man den „Corbaccio" heranzieht: die gleiche Lebenslage wie bei der „Fiammetta"; doch der Erzähler schafft es mit Hilfe von Einsicht und Willensanspannung, sich über seine Hörigkeit zu erheben. Und der „Corbaccio", das hat Robert Hollander nachgewiesen, ist strukturell der Trostschrift des Boethius ebenso angeähnlet wie die „Fiammetta". Boccaccio hat also zweimal eine „Antwort" auf Boethius geschrieben: die „Elegie der Dame Fiammetta" sechs Jahre vor dem „Decamerone", den „Corbaccio" einundzwanzig Jahre später. Die Antwort ist nicht das eine Mal „negativ" („Fiammetta"), das andere Mal „positiv" („Corbaccio"). Es ist ein und dieselbe Anwort: der Wille ist frei, aber er muß geübt werden, um den Verhängnissen der Leidenschaft widerstehen zu können. Es gibt dabei allerdings ein Zuspät. Von erstrangiger Wichtigkeit ist die *anfängliche* Auseinandersetzung mit der auftauchenden Leidenschaft. Dante macht es vom Ausgang dieses ersten Kampfes abhängig, ob der Mensch souverän wird oder nicht. Seiner astrologischen Lebenslehre gemäß entspringen die charakterlichen Anlagen den Sternen; der Mensch kann sie zum Laster oder zur Tugend ausbilden. Ob sie zum einen oder zum anderen werden, hängt von den *ersten* Kämpfen zwischen dem freien Willen und den horoskopisch bedingten Verlockungen ab:

„. . . Ein Licht ist euch verliehn für gut und
                                        schlecht
Und freier Wille; hält er aus die Schwere
Der ersten Kämpfe mit dem Himmel nur,
Besiegt er alles, falls er gut sich nähre"
                                (Purg. XVI,75 ff).

Boccaccio scheint sich dieser Sicht anzuschließen. Die Amme ermuntert Fiammetta, das Gefecht aufzunehmen: „Jetzt heißt es sich gewaltsam zur Wehr setzen, denn wer *im Beginn* tapfer und mutig kämpft, vermag gar leicht die unziemliche Liebe zu besiegen; doch wer sich lange den sehnsüchtigen Gedanken hingibt, wird nur mit Mühe noch das Joch abwerfen, dem er fast freiwillig seinen Nacken beugte." Beide Dichter setzen eine mythische Situation: das *Zuerst* entscheidet über das Spätere. Geht der erste Kampf gegen irgendeine Untugend verloren, dann ist die Seele traumatisiert. Sie kann die Niederlagen nur noch reproduzieren. Doch ist die Urniederlage nicht gänzlich unumkehrbar, wie die Worte der Amme andeuten.

Eine besondere Form der Auseinandersetzung mit dem Schicksal wird in der 100. Novelle vor Augen geführt (Texte Seite 271 ff). Griselda erduldet alle Schläge, die Gualtieri ihr zufügt, ohne Klage. „Deshalb", so spricht die Philosophie im Kerker zu Boethius, „darf sich der Weise ebenso wenig beschweren, sooft er auch in den Kampf mit dem Geschick gezogen wird, wie es dem Tapfern nicht geziemt sich zu erzürnen, wenn ihn das Kriegsgetümmel umtost. Denn für beide sind die Schwierigkeiten selbst Stoff, für diesen, um Ruhm zu erwerben, für jenen Weisheit auszubilden." Griselda scheint dieser Anweisung zu folgen. Sie breitet über ihre Klaglosigkeit einen stoischen Gleichmut aus. Eben er macht ihre Weisheit problematisch: „Doch auch darin wird das Edle hindurchleuchten, wenn einer heiter vieles und großes Unglück trägt, *nicht* aus Empfindungslosigkeit, sondern aus vornehmer und großer Gesinnung." So bestimmt Aristoteles Weisheit und Großmut. Wie empfindlich oder wie empfindungslos ist nun Griselda?

„Ohne die Miene zu verändern", legt sie dem Diener das erste Kind in den Arm, damit er es umbringe. Als der Graf ihr den Sohn wegnimmt, reagiert sie genauso. „Auch bei diesem Anlaß verriet die Frau weder in Worten noch in Gebärden mehr von ihrem Schmerz, als sie bei ihrer Tochter getan hatte, worüber Gualtieri sehr erstaunte und bei sich selbst beteuerte, kein anderes Weib vermöge Gleiches zu leisten. Hätte er nicht gesehen, wie zärtlich sie gegen ihre Kinder gewesen war, solange ihm dies gefiel, so hätte er geglaubt, sie handele so, weil sie sich nichts aus ihnen mache, während er jetzt in ihrem Benehmen ihre *Weisheit* erkannte."

Als er sie schließlich verstößt und ihr zu verstehen gibt, er werde eine andere freien, scheint die Grenze ihrer Selbstbeherrschung erreicht: „Als die Frau diese Worte vernahm, hielt sie nicht ohne große, die weibliche Natur übersteigende Kraft und Anstrengung ihre Tränen zurück . . ." Doch die Antwort – es ist die einzige Rede der Frau – ist bereits ein Glanzstück der Gefaßtheit. Die Selbstbeherrschung, so hochgeschätzt in Boccaccios Werk, gipfelt in der Selbstüberwindung und erreicht ihren Scheitelpunkt in der völligen Entsagung: „Was ich im Verhältnis zu Euch gewesen bin, das habe ich . . . niemals für ein Geschenk angesehen und mir zugeeignet, sondern es stets nur als geliehen betrachtet . . ."

Wer der Vergänglichkeit ins Auge geblickt, diesem Blick standgehalten und tief in ihrer mitleidlosen Pupille den Widerschein der eigenen Kraft entdeckt hat, der vermag so zu urteilen. Die Weisheit hat einen Vorsprung vor der Klugheit; sie kümmert sich nicht um die Lösung der konkreten Lebensprobleme, statt dessen sagt sie sich von den Wünschen los und entwertet somit Problem wie Lösung. „Wir wollen . . . nicht sowohl klug (für ein andermal) als weise (für immer) werden", unterscheidet Jakob Burckhardt.

Griselda ist bedingungslos treu. Sie bestraft Gualtieri geradezu für seine Untaten mit ihrer Treue. Der Treue ist eigen, daß sie nicht auf Schwankungen reagiert und allen Verlockungen hohnlacht: sie überwindet die Wechselfälle des Geschicks, indem sie sie schlichtweg mißachtet, wie Hiob es tat. In der Figur Griseldas erbringt Boccaccio die Gegenprobe auf die Lebenslehre des Boethius; und tatsächlich scheint dessen Rechnung ohne Rest aufzugehen: der Weise kann von Schicksalsschlägen nur gewinnen.

Der Blick auf Griseldas Charakter wirft jedoch eine Frage auf. Das Seltsame ist, daß ihr Verhalten nicht starr, sondern elastisch bleibt; im Hause ihres Vaters ist sie ganz Magd, mit der Heirat sofort ganz und gar Gräfin: „Die Braut aber schien mit den Kleidern auch Gesinnung und Sitten gewechselt zu haben. Sie war, wie wir schon sagten, schön von Antlitz und Gestalt, und so schön sie war, so anmutig, gefällig

und gesittet wurde sie nun, so daß man nicht mehr geglaubt hätte, sie sei die Tochter des Giannucole und eine Schafhirtin gewesen, sondern das Kind eines adligen Herrn, wodurch sie denn einen jeden in Erstaunen versetzte, der sie vorher gekannt hatte." Das ist die totale Mimikry. Ihr Charakter paßt sich jedweder Lebenslage an wie ein Bach der Beschaffenheit des Bodens. Hierin verbirgt sich eine Verachtung der äußeren Welt. Und das soll – nach Boethius – nicht sein.

Noch eine andere Stelle im „Decamerone" scheint geradewegs auf diese Aporie Bezug zu nehmen. Boccaccio beschreibt, wie inmitten der Pest die Begräbnisse ihren Trauercharakter verlieren:

„Dabei wurden dann die Verstorbenen mit keiner Kerze, Träne oder Begleitung geehrt, vielmehr war es so weit gekommen, daß man sich nicht mehr darum kümmerte, wenn Menschen starben, als man es jetzt um den Tod einer Geiß täte. Woraus denn gar deutlich wird, daß ein geduldiges Hinnehmen der Ereignisse, welches der gewöhnliche Lauf der Welt durch kleines und seltenes Unglück auch den Weisen nicht zu lehren vermag, durch die Größe des Elends auch den Einfältigen mitgeteilt werden kann."

Was bei Boethius die Kardinaltugend des Weisen ist, diese geduldige Hinnahme, wird bei Boccaccio eine bedenkliche Fähigkeit. Entweder, so stellt er die Alternative, wird der Mensch unter allzu schweren oder allzu häufigen Hieben des Schicksals empfindungslos – dann ist er aber nicht mehr weise (die Leute in Florenz); oder aber er gelangt zu einer geheimen Verachtung der Welt (Griselda), dann verstößt er gegen die theologisch gebotene Hochschätzung des eigenen Lebens und der göttlichen Schöpfung.

Und was schließlich erwächst dem Weisen für seine Überwindung des Schicksals? Boethius sagt: Trost. Tatsächlich taucht dieses Wort in Boccaccios Werken an den zentralen Stellen auf. Im „Corbaccio" berichtet der Erzähler, nachdem er sich dazu durchgerungen habe, seine Hörigkeit zu zerbrechen, und mit einem Freund darüber geredet habe, sei er „getröstet" nach Hause gegangen.

Als Gestalt des Seelenlebens bleibt aber der Trost rätselhaft.

Die Novelle: Kunstform einer Welt ohne Vorsehung

Die Novelle, als eine von Boccaccio geschaffene Kunstform, nimmt Stellung zu einer Lebenslage, die jedwede Rückbeziehung des Geschehens auf göttliche Vorsehung ausschließt. Der aufbrechende Wertkonflikt wird aber in den Novellen nicht aufgelöst. Die Kunst enthebt sich aller Pflicht, moralisch verbindliche Antworten zu geben, und wird damit autonom.

In seinem ausgezeichneten Werk „Boccaccio und der Beginn der Novelle" arbeitet Hans-Jörg Neuschäfer den Unterschied heraus zwischen den Erzählungen, wie Boccaccio sie vorfand, und seinen Novellen. Als Beispiel führt er die dritte Novelle an (I,3, Texte Seite 164 ff). Im „Novellino", der von Boccaccio benutzten Vorlage, lautet die Geschichte: „Dem Sultan, welcher sich in Geldnot befand, wurde angeraten, einen reichen Juden, der in seinem Lande lebte, zu überlisten und ihm seine Habe wegzunehmen, die unbeschreiblich groß war. Der Sultan sandte nach dem Juden und fragte ihn, welcher Glaube der beste sei, bei sich denkend: wenn er sagt, ‚der jüdische', werde ich sagen daß er dem meinigen Unrecht tut. Und wenn er sagt ‚der sarazenische', werde ich sagen: ‚Nun, warum folgst du dem jüdischen?' Der Jude, als er die Frage des Herrschers hörte, antwortete . . ." Es folgt nun die Ringparabel. Das Ende der Erzählung lautet: „Als nun der Sultan diesen solcherart sich retten hörte, wußte er nicht, was sagen, um ihn hereinzulegen und ließ ihn gehen."
Neuschäfer schreibt dazu: „Der eigentliche Vorfall . . . besteht ganz in dem Duell zweier Listiger, die sich nur dadurch unterscheiden, daß der eine noch listiger ist als der andere. So sehr gehen die beiden Antagonisten in ihrer Schlauheit auf, daß man auch sagen kann, sie seien durch ihre Schlauheit determiniert und gar nicht fähig, anders als schlau zu sein und zu handeln." Als der Sultan den kürzeren gezogen hat, kann er keine Lösung mehr finden. Boccaccio gibt den Handelnden zunächst Namen. Dann charakterisiert er sie: Saladin ist tapfer und großmütig; in diese Lage ist er durch zu hohen Aufwand für seine Kriege geraten. Er

ist nun also nicht mehr auf seine Schlauheit eingeschränkt, sondern hat als großmütiger und schlauer Herrscher einen größeren Spielraum für sein Verhalten. „Großzügigkeit und Schlauheit miteinander verbindend, ist Saladin aber kein einseitiger Typ mehr, der eine überpersönliche Eigenschaft – etwa die Schlauheit – nur repräsentiert, sondern eine doppelpolige und selbständige Person, die in sich selbst problematisch und interessant und eben deshalb auch durch einen partikularisierenden Namen (‚Saladin' statt ‚der Sultan') ausgezeichnet ist" (Neuschäfer). Der Jude wird als geiziger Wucherer eingeführt, was zunächst Saladins Absicht zwar nicht entschuldigt, aber doch entlastet. Hingegen macht gerade die vage Entschuldigung des Erpressungsversuches dessen moralische Fragwürdigkeit voll bewußt.
Der Schluß der Novelle erbringt eine problematische Lösung: „Saladin ist statt hinterhältig nunmehr offenherzig . . ., der Jude nicht mehr geizig, sondern großzügig . . ." (Neuschäfer). Kam bei Saladin die Heimtücke überraschend, so bei Melchisedek die Großzügigkeit. Beide verfügen in gewisser Weise frei über ihren Charakter. „Dies bedeutet nun aber nicht, daß hier eine Wandlung im Sinne einer Entwicklung oder Läuterung stattfände, und daß Saladins schließliche Offenheit seine anfängliche Verschlagenheit aufhöbe, oder des Juden spätere Großzügigkeit seinen ersten Geiz vergessen machen könnte. Beide Eigenschaften und Verhaltensweisen sind vielmehr stets präsente, die widersprüchliche Einheit der ambivalenten Person gerade erst konstituierende Möglichkeiten . . . Der eigentliche Reiz der Novelle beruht gerade nicht darauf, daß sich zwei Antagonisten schließlich zur Großmut aufschwingen. Gewiß bereitet es Vergnügen zu sehen, daß sie nicht, wie im ‚Novellino', allein durch ihre Schlauheit fixiert sind, sondern auch anders und auf so noble Weise reagieren können. Es bereitet aber nicht weniger Vergnügen, daß sie auch nicht allein durch die Großmut determiniert und darauf festgelegt sind, sich an Tugenden zu überbieten . . ., sondern daß sie bei aller Großmut auch die Listen und Finten alter Füchse beherrschen, einen sehr ausgeprägten

Sinn für die ‚Realitäten des Lebens‘ haben, ja, sich durch diesen Realitätssinn – schließlich geht es noch immer darum, zu Geld zu kommen oder Geld nicht zu verlieren – in ihrer Großmut nicht unerheblich beeinflussen lassen. Gerade auf dieser Gleichzeitigkeit von edlen und egoistischen Beweggründen, von listigem und großzügigem Verhalten, kurz: auf der widersprüchlichen Ambivalenz der menschlichen Natur beruht letzten Endes die Neuheit der Novelle gegenüber der exemplarischen Geschichte des ‚Novellino‘ mit ihrer regelhaften Typik . . .“ (Neuschäfer).

Die Unaufgelöstheit des Wertkonflikts

Der Boccaccio-Forscher Vittore Branca ist der Ansicht, im „Decamerone“ liefen zwei im Mittelalter getrennte literarische Gattungen zusammen: die Anekdote und das Exemplum („Beispiel“). Das Exemplum, die Beispielgeschichte, stammt aus der Gerichtsrede. Es soll ein Argument plastisch untermauern. Mit dem Exemplum soll also etwas „gezeigt“ werden: Seht ihr? So ist das! Daher kann es auch nie doppelbödig oder zweideutig sein; das in der Beispielgeschichte Aufgezeigte muß als unanfechtbar auftreten. Gerade deshalb, so argumentiert Neuschäfer, kann Branca nicht recht haben. Denn die Novelle will nichts „beweisen“. Schon die sonderbaren Schlüsse machen darauf aufmerksam. Die Erzählung von Tancredi und Ghismonda (IV,1, Texte Seite 224ff) endet mit einer oberflächlichen Eintracht; vereint sind Ghismonda und ihr Geliebter bloß im Grabe, vereint ist der Herrscher und seine Stadt in gemeinsamer Trauer. Doch diese Eintracht ist unselig: ermordetes Glück und gewaltsam bekundetes Gesetz. Der Grabstein, dem Paare errichtet, ist ein Mahnmal, das allen Untertanen in Erinnerung ruft, daß die soziale Ordnung immer wieder in Blut gebadet wird, um in ihrer alten Unerbittlichkeit verjüngt wiederzuerstehen.

Sogar die gut endenden Erzählungen, wie etwa die Falkennovelle (V,9, Texte Seite 239ff), bleiben seltsam fremd. Monna Giovanna hätte Federigo wohl niemals geheiratet, wenn ihr nicht das erzählte Unglück zugestoßen wäre. Wenngleich es unausgemacht bleiben muß, ob der Junge am Leben geblieben wäre (der Hinweis auf seinen Gesundheitszustand ließe darauf schließen, aber nicht mit Bestimmtheit), so ist doch diese Möglichkeit durch ein Fehlverhalten des Edelmannes abgeschnitten worden. Denn so unmäßig er im Ausgeben war, solange er noch über Reichtümer verfügen konnte, so unmäßig bleibt er: den Falken zu opfern ist er keinesfalls gezwungen, verwirft er doch die Möglichkeit, seinen Bauern anzusprechen. Dieses Verhalten bleibt undurchsichtig, bis seine entschuldigenden Worte das Motiv preisgeben: „Als ich vernahm, Ihr wolltet bei mir zu Mittag essen, glaubte ich . . ., es sei würdig und angemessen, Euch . . . durch eine wertvollere Speise zu ehren, als diejenigen sind, mit welchen man andere Gäste zu bewirten pflegt“ (Texte Seite 245). Seine Hochgesinntheit funkelt unheimlich. Sie legt einen Bann um Monna Giovanna, dem sie nicht entrinnen kann. „Adel verpflichtet“ – der Sinn dieses Mottos kippt um: durch zwanghaften, rücksichtslosen Großmut verpflichtet man sich die *anderen*.

Daß die Novelle geradezu das Gegenteil eines Exemplums ist, spricht die 77. Novelle (VIII,7, Texte Seite 273) offen aus. Der Racheakt des Gelehrten steht nicht nur für den Leser, sondern auch für die beiden Widersacher offen zur Diskussion. Helena protestiert, Rinieri hält seine Argumente dagegen. Mehrmals schwankt er, um schließlich dennoch bei seinem Entschluß zu bleiben. „In der Novelle ereignet sich Gerechtigkeit nicht mehr, hier wird sie vielmehr zum Problem, und anstatt daß dem Leser Lösungen geboten werden, muß er sich Fragen stellen, die Frage etwa, ob eine gerechte Strafe überhaupt möglich ist, die Frage auch, wie weit Mitleid und Erbarmen bei der Rechtsfindung berücksichtigt werden dürfen, und die Frage schließlich, ob bei der Strafzumessung neben dem Tatbestand nicht auch die Persönlichkeit des Täters zu berücksichtigen ist“ (Neuschäfer).

Das Entscheidende an dieser Schwebe ist die Unzulänglichkeit der Kasuistik. Die herkömmlichen Erzählungen, in denen zwei Standpunkte, zwei Ansichten, zwei Werte aufeinanderstießen, lösten die Entzweiung kasuistisch: beide Normen werden innerhalb eines Systems in ein hierarchisches Verhältnis zueinander gesetzt; durch diese „Zuordnung“ ergibt sich automatisch die „Auflösung“. Das gelingt nicht mehr. Denn es ist keine übergeordnete

Rechtsordnung ersichtlich, innerhalb derer die sich zankenden Normen ausgesöhnt werden könnten. Neuschäfer spricht treffend von „konkurrierenden Normen". Deswegen bleiben die Novellen unaufgelöst, sonderbar und rätselhaft.

Die orientalische Erzählkunst, welche einen einzigartigen Reichtum vorweisen kann, liebt zwar auch das Rätselhafte, nicht jedoch das Unaufgelöste. Ein typisches Geschichtlein aus „Tausendundeiner Nacht" mag dies veranschaulichen:

„Ich habe gehört, daß einmal ein Kaufmann, in dessen Haus ein Gast abgestiegen war, eine Sklavin fortschickte, um für ihn auf dem Markte einen Krug Sauermilch zu kaufen. Sie ließ sich die Milch in einen Krug füllen und machte sich wieder auf den Weg, um zu dem Haus ihres Herrn zurückzukehren. Doch während sie dahinschritt, flog plötzlich eine Weihe über ihr vorbei, die eine Schlange in den Krallen hielt und fest zusammenpreßte; da fiel ein Tropfen von dem Gift der Schlange in den Krug, ohne daß die Sklavin es merkte. Als sie dann zu Hause ankam, nahm ihr Herr die Milch hin und trank davon mit seinen Gästen; kaum aber war die Milch in den Magen gelangt, da starben sie alle. Nun bedenke, o König, wer an diesem Unfall schuld war!

Einer von den Anwesenden sagte: Es war die eigne Schuld der Leute, die von der Milch tranken.

Ein anderer sagte: Es war die Schuld der Sklavin, die den Krug offen, ohne Deckel, ließ.

Da fragte Sindbad, der Erzieher des Jünglings: Was sagst du dazu, mein Sohn? Und der Prinz erwiderte: Ich sage, daß die Leute irren. Es war weder die Schuld der Sklavin noch die der Gesellschaft; sondern die Lebenszeit jener Männer war abgelaufen mit ihrem von Gott gegebenen Unterhalt, und es war vorherbestimmt, daß sie auf diese Weise sterben sollten.

Als die Anwesenden das hörten, waren sie darüber aufs höchste erstaunt, und sie erhoben ihre Stimmen zum Gebet für den Prinzen und sprachen zu ihm: O Herr, du hast eine Antwort gegeben, die nicht ihresgleichen hat, und du bist der weiseste Mann deiner Zeit!"

Gerade am außergewöhnlichen Fall, an der „unerhörten Begebenheit" (Goethes Definition der Novelle) erkennt der Orientale das Wirken des unverrückbaren Schicksals im Gewande göttlicher Vorherbestimmung. Undurchsichtig oder gar sinnlos sind die Ereignisse nur für denjenigen, der mit dem Walten der Gottheit nicht „mitdenkt". Doch ist dieses Mitdenken unproblematisch. Daher erntet der Prinz die augenblickliche Zustimmung der anderen: die vorherigen Sprecher haben keine andere „Meinung", geschweige denn ein anderes „Normensystem" als dieser; sie haben das Band zwischen dem Geschehnis und der göttlichen Hand übersehen. Werden sie darauf aufmerksam gemacht, dann ist jedwede Meinungsverschiedenheit ausgeschieden.

Man vergleiche damit die Abgründigkeit etwa der 1. Novelle des „Decamerone" (Texte Seite 151 ff). Die Unverbürgtheit des Sinnes wird noch beunruhigender, wenn ihr Schluß in die Erörterung einbezogen wird: der heilige Chapelet wirkt tatsächlich Wunder. „Gott bedient sich also eines Verdammten, der irrtümlich für einen Heiligen gehalten wird, um seine Macht zu zeigen. Ciapelleto, der Sieger im Redegefecht mit dem Mönch, ist im Angesicht Gottes der Besiegte" (Giorgio Padoan). Und schließlich endet die letzte Novelle des Werkes ebenfalls mit einer Unausgewogenheit. Wirft das Verhalten Griseldas bereits ernsthaft die Frage nach der Grenze der Weisheit auf, so ist ihr Charakter selber immerhin unproblematisch. Deswegen hat Petrarca die „Griseldis" ins Lateinische übersetzt; er hat sie als „Exemplum" mißverstanden: „Jeder, so scheint mir, verdient genüglich unter die Helden der Menschheit gerechnet zu werden, der ohne Murren für Gott erleidet, was diese arme Bauernfrau für ihren sterblichen Gatten ertrug" („Epistolae seniles" XVII,3). Doch nur wenn man ausschließlich die Figur „Griselda" im Auge behält und alle Umstände außer acht läßt, kann die Erzählung zum „Exemplum" umgedeutet werden. Gualtieri gibt dem Leser ganz andere Rätsel auf. Die Tatsache, daß auch er den Tränen nahe ist, als er Griselda verstößt, will aufmerken lassen: wir haben es nicht mit einer gefühllosen Bestie zu tun. Um so schlechter wird seine Stellung vor dem richtenden Auge des Lesers: wenn ein Mensch noch zu fühlen imstande ist – wie kann er dann einem anderen solche Qualen zufügen? Der Riß in Gualtieris Seele – die patriarchalische Furcht, an der empfindlichsten Stelle des Mannseins verletzt zu werden – gibt den Blick frei auf ein dämonisch schwelendes Feuer.

Um allem die Krone aufzusetzen, verwendet der Graf in seiner Schlußrede Boccaccios Schlüsselwort: „. . . und weil ich überzeugt bin, daß ich durch dich das Glück erreichen kann, das ich begehrte, so gedenke ich dir auf einmal all das wiederzugeben . . ." (Texte Seite 288); so übersetzt Karl Witte. Doch statt „Glück" steht im italienischen Text „consolazione" – „Trost". Im vorangehenden Aufsatz wurde dargelegt, daß für Boccaccio – in Anlehnung an Boethius – Trost das ist, was der Weise aus seiner Überwindung des Schicksals schöpfen kann. Wenn dieses in der 100. Novelle bezwungen wurde, dann von Griselda. Gualtieri ist ihm erlegen. So wandelt sich in seinem Munde das Wort „Trost"; es mobilisiert seine sexuelle Bedeutung und bekommt einen perversen Klang. Der Kommentar des Dioneo deutet die Zerrissenheit an, die sich hinter dem harmonischen Ausgang versteckt: was nützt der schönste Opfermut, wenn er einem Menschen zugute kommt, der ihn am wenigsten verdient?

Es schließt also die 100. Novelle und somit das ganze „Decamerone" zwar nicht mit einer Dissonanz, wohl aber mit einem fragenden Dominantseptakkord.

Der Preis der ästhetischen Autonomie

„Aber dieses Erzählen hat im Decameron eben keinerlei praktischen Zweck mehr, sondern hat seinen Sinn gerade darin, daß es zur Freude und zur Erholung geschieht. Im Decameron ist die Kunst des Erzählens also nicht mehr zweckgebunden, sondern frei; wohl zum erstenmal so ausdrücklich wird damit eine ,zweckfreie' Kunst thematisiert" (Neuschäfer). Als Dioneo für den siebenten Tag Erzählungen anfordert, in denen Frauen ihre Männer betrügen, da werden die Damen der Gruppe unwillig. Ihr Argument: es schicke sich nicht für Frauen, solcherlei zu erzählen. Der König antwortet darauf: „Meine Damen, wie meine Aufgabe beschaffen ist, weiß ich nicht minder gut als ihr. Dennoch konnten die Gründe, die ihr gegen sie anführt, mich nicht bewegen, davon abzugehen; denn ich bin der Überzeugung, daß in den jetzigen Zeitläuften Männern wie Frauen gestattet ist zu reden, was ihnen be-

liebt, wenn sie nur darauf achten, in ihren Handlungen ehrbar zu bleiben . . . Wenn also eure Sittsamkeit in den Gesprächen ein wenig von ihrer Strenge verliert, keineswegs, um infolgedessen in Handlungen die kleinste Unziemlichkeit zu gestatten, sondern nur, um euch selbst und anderen Unterhaltung zu gewähren, so sehe ich nicht ein, mit welchem irgend stichhaltigen Grund euch deshalb jemand tadeln könnte . . . Die Wahrheit zu sagen, glaube ich vielmehr umgekehrt, daß, wollet ihr euch weigern, an solchen Scherzreden gelegentlich teilzunehmen, ein Böswilliger eher den Verdacht äußern könnte, daß ihr euch in solchen Dingen schuldig fühltet und deshalb euch davon zu reden scheutet."

Die Argumentation bricht mit der überkommenen didaktischen Absicht. Die Erzählung konnte sich früher nicht moralisch neutral verhalten. Sie sollte „zeigen". Es mußte befürchtet werden, daß ein schlechtes „Beispiel" verderbliche Folgen haben würde. Sogar die höfische Literatur, in der das Didaktische unaufdringlich ist, eingekleidet ins Ästhetische, war dennoch nicht frei von dieser moralischen Verpflichtung. Dioneos Argumentation durchschneidet den Faden zwischen Hören und Handeln. Dieser Schnitt begründet die Autonomie der Kunst. Nicht schlüpfrige Geschichten sind es, die zu schlüpfrigen Taten verleiten; es ist die Gesinnung allein, die das Handeln bestimmt. Folglich kann gerade der Edelgesinnte getrost in Anzüglichkeiten schwelgen, denn er hat sein Handeln in der Macht. Wer dagegen die Frivolität flieht, beweist seine Zurückgebliebenheit: er hat sich nicht zur vollen Höhe der Souveränität aufgeschwungen und kann dem zwinkernden Blick der Schlüpfrigkeit nicht standhalten.

Giorgio Padoan sieht im „Decamerone" „den Sieg der höfischen Literatur und die . . . Ablehnung der Kultur des Bürgertums und des einfachen Volkes". Man stelle sich vor, wie das „Decamerone" aussähe, wenn Boccaccio nicht kunstvolle Novellen geschrieben hätte, sondern Schwänke. Es ist die Tragik aller Hochkulturen, nicht nur der europäischen, daß die Kultur des einfachen Volkes kunstfremd, teilweise kunstfeindlich ist. Nur wenige Höhepunkte der abendländischen Geschichte machen eine Ausnahme. Boccaccio hätte die Autonomie der Erzählkunst gar nicht begründen können, wenn er sich nicht gegen die Kultur des einfachen Volkes abgesetzt hätte.

Die Autonomie mußte nach zwei Seiten erfochten werden: aller didaktischer Absicht war zu entsagen, und jegliche Eingliederung der Poesie in ein System war abzuwehren. Für Boccaccio war das eine schwere Bürde. Dies nicht deshalb, weil die Poesie sich erst von der Unterordnung unter die Theologie hätte befreien müssen. Denn schon im 12. Jahrhundert traten in Frankreich Dichter auf, die die Göttlichkeit der Poesie mit einem Selbstbewußtsein behaupteten, vor dem man nur staunen kann und das sich aus antiken Kunstauffassungen speist. Wenn aber die Poesie als solche göttlich ist, dann hat die Theologie kein Zugriffsrecht. Zu bemerken ist nun, daß die sich entfaltende scholastische Philosophie und Theologie auf die Poesie Druck auszuüben beginnen. „Diese Wissenschaft [die Metaphysik] ist höchst göttlich: also ist sie die ehrwürdigste." So urteilt Thomas von Aquin. Er identifiziert aber Metaphysik oder „erste Philosophie" mit der Theologie. Die Poesie dagegen kann nicht den Anspruch erheben, göttliches Wissen zu offenbaren.

Der Streitpunkt blieb kein theoretischer. Albertino Mussato (1261–1329), Staatsmann, Historiker und lateinischer Poet, läßt sich anläßlich seiner Dichterkrönung über den Rang der Poesie aus: sie sei eine Wissenschaft, die vom Himmel stammt und „göttlichen Rechts" ist, die heidnische Poesie sei nur eine metaphorische Einkleidung der Heilswahrheiten, ja die Poesie sei geradezu Philosophie und dazu noch unzweifelhaft „zweite Theologie". Das fordert den Dominikaner Giovannino von Mantua zur Erwiderung heraus. Punkt für Punkt greift er Mussatos Auffassung an und behauptet, sich auf Thomas von Aquin stützend, die Nicht-Göttlichkeit der Poesie. „Alle Beurteiler stimmen in der These überein: Mussato war Humanist und damit Vorläufer der Renaissance. Das erweist sich daraus, daß er die Feinde der Poesie bekämpfte. Aber alle verabsäumen es, auf die Thesen des Fra Giovannino und damit auf den eigentlichen Gegenstand des Streites einzugehen.

Der Mönch wendet sich keineswegs gegen die Poesie, sondern gegen die Behauptung, daß die Poesie eine ars divina [göttliche Kunst], ja, eine Theologie sei ... Als Dichter und als Theoretiker der Poesie wandelt Mussato auf Pfaden, welche die lateinische Poesie des Nordens längst gebahnt hatte. In der Kontroverse vertritt er die Tradition oder, wenn man will, die Reaktion. Der Dominikaner dagegen vertritt dasjenige Denken, das damals das moderne war: die Wissenschafts- und Kunstlehre des Aquinaten." So Ernst Robert Curtius in seinem Werk „Europäische Literatur und lateinisches Mittelalter".

Eine weitverbreitete Meinung lautet, Dante und Thomas von Aquin stellten gleicherweise die scholastische Ideenwelt dar – dieser in Philosophie und Theologie, jener in der Dichtung. Curtius hat aufgezeigt, daß dies gar nicht sein kann, da die Lehre des Aquinaten der Poesie nur einen erbärmlichen Platz zuweist, ist sie doch „die geringste unter allen Wissenschaften". Dante mußte diese Herabsetzung als eine direkte Beleidigung seines Dichterbewußtseins gegolten haben; und da gab er kein Pardon. Die „Göttliche Komödie" ist als Gegenbeweis, als großartige Vergeltung angelegt: die Poesie ist höchste *Offenbarung*. Die Göttlichkeit seiner Poesie tritt so entschieden auf, daß sie Späteren als unbezweifelbar vorgekommen sein muß – zumal sie auch von göttlichen Dingen handelt. Doch unter dem wachsenden scholastischen Druck wird den späteren Dichtern ihr eigenes Selbstbewußtsein prekärer. Hätten sie Schwänke geschrieben, Anekdoten gesammelt, zotigste Literatur verfaßt – das hätte nicht die geringsten Probleme für das Selbstverständnis aufgeworfen. Doch da ihr Anspruch „Poesie" ist, geraten sie nun in den zunehmenden Zwang, sich zu rechtfertigen – daher die überall in Boccaccios Werk anzutreffende Verteidigung der Poesie.

Das Dilemma stellt sich nicht als moralisches: Frivolität oder nicht? Erst unter dem Druck des Protestantismus mußte die katholische Kirche die Frage so formulieren; erst 1559 kommt das „Decamerone" auf den Index. Das Problem liegt darin, daß die spezifisch ästhetische Erfahrung des Künstlers und auch des Publikums – so wie die künstlerische Schöpfung – als „heilige Akte" empfunden werden, und zwar noch im ausgehenden Mittelalter. Und darin haben Künstler und Publikum recht. In dem Augenblick, da die europäische Kultur in eine Phase schleunigster Vergeistigung eintrat, war es die Frage, in welcher Form dem Geist am meisten Würde zukomme – ein alter Streit zwischen dem Sänger, dem Priester und dem Weisen. Die geschichtliche Konstellation des 13./14. Jahrhunderts zeitigte nun eben ein Bündnis von Philosophie und Theologie gegen die Poesie.

Boccaccios wunderschöne Definition der Poesie ist eine radikale Behauptung ihres göttlichen Ursprungs: „Die Poesie . . ., welche Nachlässige und Unwissende verwerfen, ist eine Inbrunst, auf erlesene Weise das aufzufinden, zu sagen und zu schreiben, was, aus Gottes Schoß hervorquellend, wenigen Geistern zur Schöpfung eingegeben wird . . .“ („Genealogie“ XV). Doch kaum zwei Jahre vor der Abfassung dieses Satzes ist Boccaccio durch einen Unbekannten, der ihm die Poesie ausreden wollte, in die tiefste Krise gestürzt worden. Und er überwindet sie bloß durch den Zuspruch Petrarcas, dem religiöse Bedenken nicht kommen können, da er einen spätantiken Eremitenstandpunkt zur Grundlage seines Glaubens gemacht hat.

Die weitaus schlimmste Krise aber durchleidet Boccaccio während der Vorlesungen über Dantes „Göttliche Komödie“. Sonette kreisen in Florenz, ihn anklagend, er gebe die Musen dem Pöbel preis. Doch wieso kapituliert er vor diesen Bezichtigungen? Im Laufe seiner letzten Beschäftigung mit Dante – bezeichnenderweise gerade mit Dante! – muß Boccaccio endgültige und klarste Gewißheit bekommen haben über die Göttlichkeit der Dichtung. Im hinterlassenen „Kommentar zur Göttlichen Komödie“ findet sich der in seiner Radikalität einmalige Satz: „. . . Also scheint es wohl, daß nicht nur die Poesie Theologie, sondern auch die Theologie Poesie ist.“ Das hätte von Dante stammen können – als Ohrfeige für den hl. Thomas. Die Folgerungen sind dann jedoch unerbittlich: für die Poesie müssen demnach hieratische Regeln gelten; sie trägt ein exoterisches Gewand und verbirgt einen esoterischen Sinn. Ist die Poesie untergeordnet, so entsteht keine Schwierigkeit: dann erscheint in ihr das Heilige bildhaft. Ist sie aber selber heilig, das heißt autonom, darf in ihren Formen das Heilige nicht erscheinen; sie muß es hinter ihren Bildern verstecken. Das ist ganz konsequent hieratisch gedacht. Denn auch für die damalige Theologie gilt, daß die Bibel bloß deswegen Gleichnisse, Metaphern und Allegorien ge-

brauche, um die göttliche Wahrheit zu verhüllen: der Würdige soll sie erforschen, dem Unwürdigen bleibt sie verborgen.

Boccaccio begibt sich also in einen Zwiespalt: er will den von ihm über alles verehrten Dante auslegen und darf zugleich die esoterischen Ansprüche der göttlichen Poesie nicht verletzen. Die Angriffe auf seine Vorlesungen – von welcher Seite sie auch kommen – treffen den wundesten Punkt autonomer Kunst. Man stelle sich den Greis vor, dem es ein Herzensanliegen ist, Dante den Wißbegierigen nahezubringen, Abend für Abend trotz seiner zerrütteten Gesundheit in einem Florentiner Kirchlein die „Göttliche Komödie“ ausdeutend; man denke sich die Hörer hinzu: gebildete Mönche, Dichter, welterfahrene Kaufleute, wahrscheinlich sehr viele Handwerker und sogar Wollarbeiter, die beiden letzten Gruppen zwar vertraut mit Dantes Canzonen, doch ohne Zugang zur Esoterik dieses Werkes, aber nichtsdestoweniger willig, sosehr es nur geht aufzunehmen, und begierig, soviel wie nur möglich zu verstehen. Dann wird die Schändlichkeit des Angriffs sinnfällig.

Die Kunst, vom Alltagsleben getrennt, hat ein Janushaupt. Sie erhebt Einspruch gegen die Falschheit des Lebens; das ist ihre Wahrheit. Doch zugleich stellt sie einen schönen Schein dar. Dieser täuscht allzuleicht über die Widrigkeiten des Lebens hinweg; das ist ihre Versuchung, sich der Herrschaft anzubequemen. Um sich selber treu zu bleiben und gegen ein versteinertes Leben die Glücksansprüche zu behüten, muß die Kunst immer widerspenstiger und sperriger gegen das Leben werden; dadurch wird sie aber immer schwerer zugänglich. Unser Jahrhundert führt uns diesen bevollmächtigten Autismus der Kunst täglich vor Augen. Lehnt sie es ab, sich dem schönen Schein zu verschreiben, und verrätselt sie sich statt dessen, so gleitet sie aus den Fäusten der Mächtigen in die Finger einer eingeweihten Klerisei. Sie ist anfällig für diese neue Beschlagnahme: seitens derer, die, sich auf die Autonomie der Kunst berufend, dieselbe besetzen und besitzen wollen. Boccaccio ist vielleicht der früheste Künstler, der an diesem Zugriff zerbricht. Ausgerechnet ihm – so enthüllen seine letzten Briefe – versagt die Poesie jenen Trost, den er ihr zur Bewältigung des Schicksals angesonnen hat.

Der Anfang der Geschichte ist das Ende der Idylle

Eine Brücke zwischen der Sehnsucht nach dem verlorenen Paradies und der poetischen Aufgabe, es wiederherzustellen, bildet das „Decamerone". Der Hereinbruch der Zivilisation vernichtet die Idylle. Zivilisation – so zeigt der Pest-Abschnitt – reagiert zwanghaft auf das Unheil; sie nimmt es zum Vorwand, nur immer mehr Zivilisation zu produzieren. Dagegen muß die Kunst Einspruch erheben. Der Schlußteil ist eine Untersuchung des „Rahmens" im „Decamerone" mit der Fragestellung, wie dem Unheil standzuhalten sei.

Zivilisation als männliches Mahnmal in der verwüsteten Urlandschaft der Idylle

Die hundert Novellen des „Decamerone" sind eingebettet in einen Rahmen; es ist dies eine Anlehnung an die asiatische Erzählkunst. Die großen orientalischen Märchensammlungen sind mit kunstvollen Rahmenhandlungen geschmückt. Sehr beliebt ist der „Halsrahmen": jemand erzählt, um seinen Hals zu retten, eine Geschichte nach der anderen. Doch nicht diese Form des Rahmens ahmt das „Decamerone" nach. Vielmehr schöpft Boccaccio aus antikem Formenreichtum. Er versetzt seine Erzähler in eine blühende Frühlingslandschaft, fern der Stadt: der Dichter beschwört die Idylle.

Die Idylle ist keine eigentliche literarische Gattung wie die Tragödie, der Roman oder die Novelle. Sie ist eher ein Thema: glückliches Landleben, glückselige Erfüllung der Liebe. Ihre Wurzeln liegen in der hellenistischen Bukolik, der Dichtung über das Hirtenleben. Zwar idealisiert schon diese Dichtung das Leben in der Natur, doch erst im späthellenistischen Roman findet sich die Vorstellung vom seligen Landleben.

Die Idylle bekommt eine melancholische Weihe in den Hirtengedichten Vergils. Liebesleid und Tod werden inmitten des zauberhaften Landlebens beibehalten – ganz wie die hellenistischen Bukoliker dies taten. Aber der Römer verlegt die Geschehnisse in eine ferne Vergangenheit. Dadurch wird dem bukolischen Gedicht zugemutet, den Zusammenprall von glücklicher Vorzeit der Menschheit im vorzivilisierten Zustand mit der eisernen Jetztzeit poetisch zu verhandeln. Das ästhetische Ergebnis ist jene Wehmut, die Vergils Dichtung umhaucht: das „elegische Gefühl" (Erwin Panofsky). Es findet keinen Platz in der christlich-mittelalterlichen Literatur; dagegen nimmt diese Motive der Hirtendichtung auf und kennt auch „Ideallandschaften", meist in Form des Gartens. Dieser begegnet uns im „Decamerone" wieder. Mehr als andere Dichter seiner Zeit verwendet Boccaccio bukolische Motive – von der „Jagd der Diana" bis zum „Nymphengedicht von Fiesole". Dabei nähert er sich mit dem letztgenannten Werk in Stil und Komposition den antiken Vorbildern. Am Schluß dieser Dichtung wurde immer Anstoß genommen: wieso schließt Boccaccio das „Ninfale fiesolano" nicht mit jener Szene ab, wo die Eltern des unglücklichen Hirten ihren Enkel Pruneo aufnehmen und ihn getröstet aufziehen? Warum wird die Lebensgeschichte Pruneos noch angehängt? In diesen scheinbar überflüssigen vierzig Stanzen wird beschrieben, wie der mächtige Attalante mit Pruneos Hilfe die Zivilisation in die unberührte Landschaft hineinträgt: er unterwirft die Nymphen dem Gesetz der Ehe und erbaut Städte; auch gründet er Fiesole, welches in den Bann der römischen Geschichte gerät und schließlich von Florenz beerbt wird.

Henri Hauvette meint dazu: „Der Liebes- und Todesidylle hat Boccaccio in vierzig Achtzeilern sehr linkisch die kurzgefaßten Ursprünge von Florenz angeheftet; das poetische Interesse dieser Zugabe ist Null, um so mehr als sie nichts zu dem hinzufügt, was wir schon anderswoher von diesen Legenden kennen." Ein enges Geschmacksurteil. Das Ergebnis fällt anders aus, wenn man die Absicht des Dichters ernst nimmt: er will zeigen, wie die Vorgeschichte abgelöst wird und in Geschichte übergeht. Denn mit Attalante kommt die Zivilisation in die Toskana: fühlbar als Stadt (Gründung Fiesoles) und als nun einsetzende Herrschaft. Urplötzlich wird die Idylle in den Strudel der Geschichte hineingerissen und vernichtet. Hauvette hat bloß die Hirtendichtung und

Das Thema „Frauenbad" hat immer einen antizivilisatorischen Beiklang: es läßt eine mythische Erinnerung an weibliches Urdasein aufsteigen, frei von patriarchalischen Zwängen und voller homoerotischer Lockungen. Es beschwört Diana und ihre Jagd- und Badegefährtinnen. Der oben abgebildete Stich ist der Londoner „Decamerone"-Ausgabe von 1825 entnommen. Die Herausgabe besorgte der in England im Exil lebende italienische Dichter und Literaturhistoriker Ugo (Niccolò) Foscolo (1778-1827) bei William Pickering.

ihren Gegenstand – die Idylle selber – im Auge. Dem Dichter geht es aber um das *Entschwinden* der Idylle. Und diese geht deswegen verloren, so scheint es mir, weil eine Gewalttat verübt wurde, die Früchte getragen hat. Das Unglück beginnt mit einem verhängnisvollen Blick: Africo ist gebannt vom Anblick Mensolas. Doppelt unseliger Blick: Africo schaut etwas Heiliges; indem er nicht schnell die Augen abwendet und den Ort verläßt, frevelt er; er unterliegt der Curiositas, der Neugier, die im Mittelalter als Untugend galt – das Heilige kann sich wohl freiwillig offenbaren, aber es will nicht ausgekundschaftet sein.

Ovid erzählt in seinen „Metamorphosen" den griechischen Mythos vom Jäger Aktäon, der sich verirrte und versehentlich Diana beim Bade sah. Die Göttin verwandelt Aktäon in einen Hirsch, und die eigenen Hunde zerreißen ihn. Der Blick des ungeweihten Auges auf das Heilige ist bereits ein Verbrechen. Hier ist auch Carlo Grabher zu widersprechen, der die Natürlichkeit des weiteren Geschehens preist: „Wie früher schon im ,Ameto', so offenbart sich in Africo und auch in Mensola die ursprüngliche Natur des Menschen, doch ohne daß hier die Entwicklung vom Verstande her beeinträchtigt würde . . . Das ,Nymphenspiel' ist also nicht nur die Geschichte einer Liebe, sondern auch die Dichtung von Natur und Erde, vom Menschen in seiner unverfälschten, ursprünglichen Wesensart, die Dichtung von Häuslichkeit und Familie."

Dies ist eine vorschnelle Festlegung, die außer acht läßt, daß in der geschilderten vorgeschichtlichen Landschaft zumindest zweierlei Naturen anzutreffen sind: die Natur der Menschen und die heilige, unberührbare Natur der Nymphen. Die Vermenschlichung Mensolas rührt von einem gewaltsamen Einbruch in ihr Leben und ihren Körper her: sie wird nicht „natürlicher", wenn sie Mutter wird und alle mütterlichen Gefühle aufkeimen, sondern sie verliert – vom Standpunkt der Nymphen aus – ihre Natur. Diana kann den Übergriff auf ihren Bezirk nicht anders ahnden als durch eine andere Gewalttat: die vermenschlichte Nymphe wird zurückverwandelt in bloße Natur, in einen Fluß. Der Angelpunkt der ganzen Dichtung ist – unter diesem Blickwinkel – die Vergewaltigung einer Nymphe durch einen Vertreter der Menschenwelt. Die entscheidende Tatsache ist

dann folglich die daraus entspringende Mutterschaft. Zwar hat auch Africos Großvater einer Nymphe Gewalt angetan, doch kann die Göttin beide töten, bevor die Nymphe Mutter wird; bei Mensola versäumt sie das. Diana kann eine Gewalttat rächen; aber ihr Reich muß zusammenbrechen, wenn die ihr geweihten Nymphen durch männliche Gewalt verfügbar gemacht werden für die Menschenwelt. Eben diese Verfügbarmachung bezeichnet die Mutterschaft.

Mit Pruneos Hilfe erst kann Attalante die Toskana zivilisieren. Der ersten Gewalttat entwächst die zweite: die Geschichte bemächtigt sich der idyllischen Landschaft, die Zivilisation unterwirft sich die Natur, es entstehen Städte und Herrschaft. Dennoch besingt der Dichter in den letzten Strophen nicht die verdrängte Diana, sondern den Sieger Amor. Es ist dies der Tribut an den Herrn einer Welt, in der Flüsse und Berge – darauf weisen die Namen hin – nur geronnenes menschliches Leid sind (wahrscheinlich ist dies der Grund für das besondere Interesse, das Boccaccio jederzeit für die Namen der unbelebten Natur bekundet; er hat darüber später ein Werk verfaßt): ein Leid, das zu Marksteinen geworden ist, welche die Zivilisation andauernd zuungunsten der Natur versetzt. Des Dichters Blick fällt nicht auf die Erde als ein Jammertal; er schaut die Erde als vernarbten Körper, den aber diese Narben auf wunderbare Weise verschönern. Das ist keine mittelalterliche Sicht mehr; es ist ein echter elegischer Blick.

Der amerikanische Literaturwissenschaftler Robert Hollander meint, der Widerstreit zwischen der weiblichen Unberührbarkeit (Diana) und der Liebe (Venus) finde seine Lösung in der Ehe: „. . . Das Werk [„Ninfale fiesolano"] endet mit einer Hochzeit und löst in diesem Falle unter einer spezifisch christlichen Regelung die sich bekriegenden Ansprüche von Diana und Venus." Hollander läßt die These unbewiesen. Aus Boccaccios Werk ist eine Verherrlichung der Ehe schwerlich zu entnehmen, am wenigsten wohl aus dem „Decamerone". Zur Untermauerung seiner These bliebe Hollander höchstens die 48. Novelle (V,8, Texte Seite 233ff). Sie handelt von einem Jüngling, dessen Liebe verschmäht wird und der deswegen Selbstmordgedanken nachhängt. Ihm begegnet jene Geisterjagd, deren symbolischer Gehalt die Konkavform zum „Ninfale fiesolano" bildet. Der Ritter wird bestraft, weil er das Opferverhältnis umgekehrt hat: die Reproduktion der Gesellschaft beruht auf der Unterwerfung der Frau, das heißt auf ihrer Opferung. Wer diese Unterwerfung nicht erzwingt, sondern sich selber opfert, der gefährdet den Zusammenhalt der patriarchalischen Ordnung (Horst Kurnitzky).

Der Jüngling sorgt dafür, daß die Angebetete samt ihren Verwandten Zuschauer dieser grausigen Szene wird. Danach ist die Hartherzige sofort zur Ehe bereit. Es fällt somit ein zweideutiges Licht auf die Ehe: sie rührt aus einer gewaltsamen Unterwerfung der Frau her, die traumatisch wiederholt werden muß.

Die Frau und die Idylle verweisen aufeinander. Diese versinnbildlicht das irdische Paradies, jene stellt als Triebobjekt die Spenderin der Glückseligkeit dar. Die Liebe ist aber – wie gezeigt – in sich problematisch, weil sie dem Menschen ein Maß zwischen Trieberfüllung und Triebbeherrschung abverlangt. Aber nicht nur in sich selber ist die Liebe problematisch, sie nagt auch am Gewebe der gesellschaftlichen Organisation des Menschseins. Wenn der Fortbestand der patriarchalischen Zivilisation die Unterwerfung der Frau erfordert, dann wird ihr Funktionieren schon deswegen prekär, weil die Rache der Frau wie ein Damoklesschwert über jener hängt.

Diesen Umstand hat August Wilhelm Schlegel im Sinn, wenn er über das „Decamerone" schreibt: „Die Natur hat durch einen mächtigen Trieb für die Erhaltung des Geschlechts sorgen müssen, damit ihr Zweck nicht verfehlt würde, besonders da der Mensch, nicht wie die Tiere, blindlings dem Instinkt folgt, sondern darüber zu klügeln imstande ist. Da dieser Trieb in demselben Maße, wie er sich aus der tierischen Allgemeinheit beschränkt, wieder an Stärke durch den menschlichen Zug bestimmter Individualitäten gegeneinander gewinnt, so bleibt es eine schwierige Aufgabe für die Vernunft, ihn gehörig zu zügeln; und die bürgerliche Gesetzgebung hat unter allen klimatischen Modifikationen es nicht dahin bringen können, die Verhältnisse, welche ihn betreffen, auf eine ganz rationale Weise zu regulieren, daß nicht oft aus der Beeinträchtigung der Natur in den einzelnen Fällen eine Empörung dagegen hervorginge ... Da bei den bürgerlichen Anordnungen die Männer meistens allein entschieden

haben, so sind natürlicherweise die Frauen übervorteilt worden. Boccaz geht nun erklärtermaßen davon aus, die Rechte des unterdrückten Teils in Schutz zu nehmen, und behauptet, daß sie bei manchen sonst verdammlichen Handlungen bedingterweise durch das Betragen der Männer gegen sie gerechtfertigt sind."

Gerade die Ehe ist demnach alles andere denn ein hochgehaltenes Panier. Sie löst nicht die natürliche Liebesproblematik, sondern kompliziert diese zusätzlich.

Die Idylle wird im „Decamerone" anders gefaßt. In den früheren Werken ist sie gerade an dem Punkte gefährdet, wo das höchste Glück liegt – an der in sich selber problematischen Liebe und an der Verfügung über die Liebe durch die Organisation der Fortpflanzung. Das „Decamerone" hingegen inszeniert eine ganz andere Bedrohung, eine, die nicht von geistiger Souveränität abgewehrt werden kann: die Pest.

Die Einbeziehung des Unheils: die poetische gegen die staatliche Antwort

Edith Kern macht darauf aufmerksam, daß in der literarischen Darstellung von Liebesgärten eine Gepflogenheit bestand, die Außenmauern dieser Gärten mit traurigen Allegorien zu verzieren: „Die Pest hat demzufolge einen symbolischen Wert ähnlich dem der Portraits von Tristece und Viellece [Traurigkeit und Alter], die außen auf die den Garten im ,Rosenroman' umgebende Mauer aufgemalt und somit aus dem Reich der Freude und Liebe ausgeschlossen sind." Dann hätte die Pest eine ermahnende Funktion: das Unglück umlauert uns, das Alter naht uns geschwinde – genießen wir, solange wir können. Eine Stimmungslage, die eher das Barock kennzeichnet, wenn sie auch dem Mittelalter nicht fremd war.

Alberto Moravia scheint auch dieses Memento mori im Sinn zu haben, wenn er über das „Decamerone" schreibt: „Das Grauen der Pest nährt die Behaglichkeit des Landlebens, wie das durch Leichen gedüngte Erdreich die Blumen eines Friedhofes wachsen läßt." In der Tat findet die Ausgrenzung von Alter und Traurigkeit statt. Keine der erzählenden Damen ist älter als achtundzwanzig Jahre; und die Männer sind ebenfalls noch jung. Gleich bei der ersten Villa fordert Dioneo, daß nur gescherzt, gelacht und gesungen werde, andernfalls er wieder in Florenz seinen Sorgen nachgehen wolle. Pampina antwortet ihm: „Dioneo, sehr wohl hast du gesprochen. In Lust und Freuden müssen wir leben, denn aus keinem anderen Grund sind wir dem Jammer entflohen . . ." (Texte Seite 147). Im italienischen Text steht „Traurigkeit" statt Jammer.

Florenz erlebt, wie die sozialen Bande zerbrechen: die individuelle Gesittung löst sich auf, Freundschaft und Verwandtschaft gelten nicht mehr; Panik erfaßt die Einwohner; die staatliche Ordnung bricht zusammen, und es herrscht das Chaos. Dagegen strömt die erzählende Gruppe über von Tugenden: Freundschaft, Zuneigung und Achtung umgibt sie; und dem Chaos in der Stadt stellen sie einen Kosmos entgegen, der mit allen Reizen der Freiheit versehen ist.

Anscheinend befolgen sie die Ratschläge des zeitgenössischen Florentiner Arztes Tommaso del Garbo:

„Erstens, das sicherste Heilmittel ist, aus dem Ort zu fliehen, wo gerade diese Pestilenz weilt, und dahin zu gehen, wo die Luft gesund ist, nicht zu nahe bei dem Ort, wo die Pestilenz und verderbte Luft sind . . . Nun ist über die Art und Weise nachzudenken, wie Freude und Vernügen in dieser Pestzeit in Deinem Gemüt und Deinem Sinn erlebt werden können. Und wisse, daß eines der vollkommensten Dinge in diesem Falle ist, auf geregelte Weise Freude zu genießen. Dabei beachte folgende Regel: erstens nicht an den Tod denken, oder auch an irgendeine Leidenschaft oder an jedwede Sache, die Dich betrüben könnte, oder gar an Schmerz; sondern die Gedanken sollen auf ergötzliche und freudvolle Dinge aus sein.

Der Umgang sei mit lustigen und heiteren Personen, und fliehe alle Melancholie; und der Umgang im Haus, wo Du bleiben und wohnen mußt, sei mit nur wenigen Leuten, und in Gärten . . ., wo duftende Kräuter sein sollen als da Wein und Weiden sind, wenn die Weinreben blühen . . . Und Lieder sind zu singen, Schwänke und andere vergnügliche Novellen zu erzählen – allerdings ohne den Körper zu ermüden – und alle ergötzlichen Dinge, welche jedermann aufheitern."

Es ist keine bloße Anweisung für Kurgäste. Die Freude und das Vergnügen werden systematisiert und organisiert; Fröhlichkeit wird verordnet und dosiert. Spontan wären die Traurigkeit und die Angst; doch das Spontane darf nicht statthaben – die medizinische Seelentechnik verlangt die Verfügbarmachung der Affekte zwecks Überleben. Befremdlich zwar, diese makabre Inszenierung der Freude unterm Angesicht des Massensterbens, aber dennoch genau den damaligen Erfahrungen der Seuche angemessen. Sie entstammt der Strategie gegen die Lepra. Die Aussätzigen werden ausgeschlossen aus der Gemeinschaft. Sich von ihnen abgrenzend, feiert diese ihre eigene Reinheit. Die ärztliche Verordnung tut nicht nur der Ausgrenzung des Kranken Genüge, sie ritualisiert auch den Triumph des Gesunden. Gegenüber der Pest, die viel massiver zuschlägt als die Lepra, müssen diese Maßnahmen versagen. Mehr noch: sie verkehren sich in zerstörerische Vorgänge, die nicht den Triumph der reinen Gemeinschaft abbilden, sondern den Verfall der Gesellschaft beschleunigen. Die Gruppe liebäugelt mit dem überholten Rezept, aber sie erliegt ihm nicht.

Wie ist aber die Pest als solche zu verstehen? Und welcher Stellenwert kommt ihr für die Gestaltung des Werkrahmens zu?

Der florentinische Chronist Giovanni Villani sieht in ihr eine Strafe Gottes: er fordert die Brüder und Mitbürger auf, zu bereuen und den Pfad der christlichen Tugend einzuschlagen, damit Gottes Gnade und Barmherzigkeit wiedererlangt würden. In einer neuerschienenen Arbeit über Boccaccio behauptet Lucia Marino, Boccaccio teile die Ansicht des Chronisten: in der Stadt Florenz sei die „Gerechtigkeit" als Zusammenhalt aller Tugenden aufgegeben worden, und dafür werde sie nun bestraft. Lucia Marino beruft sich dabei auf den Satz zu Beginn des „ersten Tages": „. . . entweder durch die Einwirkung der Himmelskörper entstanden oder im gerechten Zorn über unseren sündlichen Wandel von Gott als Strafe verhängt." Nun sagt das Sätzlein nicht das, was Marino in ihn hineinliest. Er spricht im Gegenteil die Ratlosigkeit aus, woher das Unheil wohl stamme und warum. Giovanni Villani versieht die Katastrophe mit einem Namen, eine Bedeutung, die er an den Koordinaten des Heilsgeschehens abliest: Sünde und Gericht, Reue und Gnade. Wenn er diese Zuordnung nicht vornähme, müßte der Chronist neben dem Zusammenbruch des Gesellschaftlichen auch noch den Einsturz des Sinnes melden. Bis an diese Schwelle getraut der Freund Giovanni Villanis, Boccaccio, sich heran. Er weigert sich, die Benennung mitzumachen. Also bleibt die Pest unbenamt.

Dem Menschen gilt nun nichts so schrecklich wie das Unbenamte. Die drei organisierenden Bestandteile der Zivilisation werden zermalmt im unergründlichen Rachen einer Sphinx: die Stadt verödet, der Staat steht still, der Sinn zersplittert. Gottes Vorsehung gibt sich nicht zu erkennen. Lediglich die Blindheit Fortunas tobt sich aus. Giovanni Villani stirbt während der Epidemie. Sein Bruder Matteo führt die Chronik von Florenz weiter. Er wettert gegen die „Untreuen", die Vater, Mutter, Bruder und Kinder aufgeben, um ihre Haut zu retten: das sei „grausame Unmenschlichkeit . . ., verabscheut von den treuen Christen". Er beschreibt, wie jene, die sich „menschlich benehmen", überleben und andere anregen, gleichfalls ihre Pflicht gegenüber den Kranken zu tun. Der Dichter zeigt demgegenüber, daß keine Lebensweise zu schützen vermochte: „Obgleich diese Leute mit den also verschiedenen Meinungen nicht alle starben, so kamen sie doch auch nicht alle davon, sondern viele von den Anhängern jeder Meinung erkrankten, wo immer sie sich befanden." Die Seuche sucht wahllos ihre Opfer, und es gibt kein Heilszeichen, wie ihr zu entkommen sei. Die Pest scheint eine grausige Arabeske.

In der Stadt tritt die Pest – die Lepra hinter sich lassend – nicht als Seuche auf, sondern als Katastrophe. Nun ist die Zivilisation an die Stadt gebunden. Sie gewahrt also in der Pest die ihr angemessene Bedrohung, die eigens für sie gefertigte Geißel. Kraft ihres Rechts, den Sinn zu verwalten, deutet sie die Arabeske: die Pest sei das märtyrergemäße Vorrecht der Zivilisation. Auch die Maßregeln der Selbstverteidigung, übernommen von den Ritualen der Lepra-Ausgrenzung, erscheinen nun als hinterhältige Tätlichkeiten gegen den Zusammenhalt der Zivilisation. Die Gesellschaft zerfällt in Gruppen, die sich zum Zweck des Überlebens zusammentun und aus denen automatisch ausscheidet, wen die Seuche erreicht. Das einstmalige Rezept wird bloßgestellt als Anschlag aufs Gemeinwohl.

Die organisierende Macht hat das Glück, daß die gefährlichste Richtung der auflösenden Entwicklung verbaut ist: der Untergang der Zivilisation im Fest. Es gehört zu den fehlgedruckten Seiten im Buch der Kulturgeschichte, daß die große Mehrheit der Menschen den Zusammenbruch ihrer jeweiligen Zivilisation nicht unbedingt als betrübliches Ereignis erfahren hat. Der Stillstand der Macht lockt augenblicklich das Fest hervor; in ihm, wie es jahrtausendelang verstanden wurde – denn unsere Zivilisation hat verdrängt, was Feste sind –, gilt die herkömmliche Ordnung nicht mehr. Es ist heilige Zeit, die Natur kommt zur Sprache, die Zivilisation verstummt. Makaber allerdings, wenn Fest und Massensterben sich vermengen. Das Fest als ekstatischer Ausnahmezustand wird dann sinnwidrig. Es ist nicht länger die erhabene Bekundung des Lebens, wie es seine Kräfte verströmt, sondern die geizige Veranstaltung der Lebensgier: „Schnell noch mitnehmen, soviel nur geht, bevor wir sterben." Dann kann das Fest nicht gelingen. Der gefährlichste Feind der Zivilisation bleibt im Augenblick ihrer Agonie abwesend.

Ausführlich stellt Boccaccio dar, wie die Sterbensrituale ausgehöhlt werden. Alle Hochkulturen üben den Totenkult. Die Toten werden nicht – wie manche Naturvölker zu tun pflegen – radikal ausgeschieden, sondern erhalten ihren festen Platz: im Grab. So ist jede rächende Heimsuchung der Lebenden durch die Toten abgewehrt. Zudem greifen diese konstitutiv in die Regelung des Lebens ein, mahnend und verpflichtend. Inbild dieser zweiseitigen Funktion der Einbeziehung ist – für die abendländische Geschichte – die rituelle und symbolische Zusammengehörigkeit von Grab und Altar. Am Totenkult hat der Staat als politische Verfaßtheit des Gemeinwesens immer teilgenommen, und er bezieht daraus einen beträchtlichen Teil seiner Legitimation. Die Sterbensrituale sind der letztendliche Beweis des unangefochtenen Satzes, der Mensch sei ein Gesellschaftswesen (Aristoteles). Ihr Niedergang kappt die gemeinschaftlichen Bande und verwandelt den Sterbenden aus einem Gesellschaftswesen in ein bloßes Naturwesen zurück. Dieses stirbt jedoch einsam. Und einem solchen einsamen Tod vermochte der mittelalterliche Mensch nicht in die Augenhöhlen zu blicken. Als reiner Naturvorgang wird das Sterben mit Unheimlichkeit aufgeladen, die jederzeit explodieren kann: wenn der dieserart de facto ausgeschlossene Tote es den Lebenden mit Heimsuchung vergilt. Heimsuchung ist nicht bloß Spuk. Sie hat eine mythische Hand. Denn Schicksal ist der Schuldzusammenhang des Lebendigen (Walter Benjamin). Dieser Zusammenhang beruht aber auf dem, was nicht lebendig ist: auf den Toten mithin. Diese, wofern ausgeschlossen, vermögen Hand an jenen Zusammenhang zu legen. Heimsuchung ist dann schicksalhaft.

Die Seuche ist dem Dichter ein Prüfstein für die Gebrechlichkeit der Kultur. Er konnte nicht ahnen, daß die Hochkultur, das heißt die Zivilisation, eine Antwort auf die Bedrohung finden würde. Auf nichts hat der entstehende moderne Staat einen solchen Ehrgeiz verwandt wie darauf, derartige Katastrophen unter Kontrolle zu bringen. Er stellt sich der Herausforderung und nimmt den Zweikampf auf. Die städtische Gesellschaft sieht sich allerdings getäuscht, wenn sie meint, sie könne Zuschauer sein. Sie findet sich überrascht mitten auf der Walstatt: jeder Schlag der Macht gegen die Pestilenz trifft die Gesellschaft. Die Macht behandelt den Bürger als möglichen Feind: jeder einzelne kommt als Träger der Ansteckung in Frage.

Der großen Pestwelle 1348/1349 sieht sich der noch schwache Staat wehrlos gegenüber. Doch dann ergreift er immer weitergehende Maßnahmen, die, zu einem System vernetzt, im 17. Jahrhundert eine pestbedrohte Stadt binnen Stunden in ein lückenlos überwachtes Lager umwandeln. Auf den Einbruch der Natur in die Zivilisation, gipfelnd im Ausnahmezustand der Seuche, antwortet der Staat mit dem Belagerungszustand. Eine genauere Untersuchung des politischen Begriffs „Ausnahmezustand" ergäbe sicherlich einen scharfen Unterschied zwischen der antiken und der neuzeitlichen Abstammung. Dort ist er gebunden an den drohenden Umsturz, hier entstammt er dem Arsenal gegen die Pest.

„Auf die Pest antwortet die Ordnung, die alle Verwirrungen zu entwirren hat: die Verwirrungen der Krankheit, welche sich überträgt, wenn sich die Körper mischen, und sich vervielfältigt, wenn Furcht und Tod die Gebote auslöschen. Die Ordnung schreibt jedem ... seine Krankheit, jedem sein Gut vor: kraft einer allgegenwärtigen und allwissenden Macht, die sich einheitlich bis zur letzten Be-

stimmung des Individuums verzweigt – bis zur Bestimmung dessen, was das Individuum charakterisiert, was ihm gehört, was ihm geschieht ... Die verpestete Stadt, die von Hierarchie und Überwachung, von Blick und Schrift ganz durchdrungen ist, die Stadt, die im allgemeinen Funktionieren einer besonderen Macht über alle individuellen Körper erst erstarrt – diese Stadt ist die Utopie der vollkommen regierten Stadt/Gesellschaft. Die Pest ... ist die Probe auf die ideale Ausübung der Disziplinierungsmacht. Versetzten sich die Juristen in den Naturzustand, um die Rechte und Gesetze in der reinen Theorie funktionieren zu lassen, so träumten die Regierenden vom Pestzustand, um die perfekten Disziplinen funktionieren zu lassen. Im Hintergrund der Disziplinierungsmodelle steht das Bild der Pest für alle Verwirrungen und Unordnungen ..."

So analysiert Michel Foucault die Entstehung der modernen Überwachungsmechanismen in der abendländischen Geschichte. Der Staat benutzt also nicht das überkommene Rezept, die reine Gemeinschaft mittels Ausschließung der Befallenen herzustellen, sondern – und damit setzt er eine Zäsur in der Entwicklung des Abendlandes – er entdeckt die Einbeziehung: die Seuche wird eingeschlossen und parzelliert – und alle werden überwacht.

Es entzieht sich Boccaccios Einbildungskraft, daß es eines Tages der Staat sein könnte, der eine solche Seuche in Regie nimmt. Der Dichter des 14. Jahrhunderts steht vor der bangen Frage, wie denn der einzelne sich zu verhalten habe, wenn inmitten einer derartigen Katastrophe die moralischen Werte weggespült werden. Die Novellensituation ist sozusagen auf die zehn jungen Leute übertragen: es ereignet sich eine „unerhörte Begebenheit" – wie nun auf sie reagieren? Giorgio Padoan schreibt dazu: „Das große Sterben wird nicht besiegt durch die Reue der Sünder und die fromme Vorbereitung auf das Jenseits, sondern durch die Rückbesinnung auf die Ansprüche des Lebens und der Gesellschaft." Dem ist entgegenzuhalten, daß die Pest nicht besiegt wird. Die zehn Erzähler kehren in die Stadt zurück, ohne daß sie vom Abflauen der Seuche Kunde hätten. „Auch sie sind den Gefahren der Pest ausgeliefert, entkommen ihr nur durch glückliche Umstände, ohne sichtbares Verdienst und keineswegs für immer" (Neuschäfer). Die Pest ist zwar nicht der Dauerzustand des Lebens, aber sie kann jederzeit unerwartet hereinbrechen. Die Bedrohung durch sie ist fristlos; man kann sie nicht besiegen, man kann sich nur in ihr bewähren.

Die bedrohliche Situation, in der sich die Erzähler im „Decamerone" befinden, ist also den „Halsrahmen" der orientalischen Erzählkunst nicht unähnlich. Der Rahmen der „Sieben Weisen" besteht in der Bemühung von sieben Erziehern des zum Tode verurteilten Prinzen, die Vollstreckung des Urteils so lange zu verzögern, bis die Unwahrheit der Anklage offenbar würde. Es gelingt. In „Tausendundeiner Nacht" erzählt Scheherazade um ihr Leben, und sie rettet es. Entweder ist das Problem durch Geschichtenerzählen lösbar, oder dieses gestattet einen Aufschub, bis die Gefahr vom Schicksal gütlich beigelegt wird. Doch beides ist im „Decamerone" nicht der Fall. „Die Gefahr läuft vielmehr über die Frist hinaus, die die Erzählergesellschaft sich selbst setzt . . ." (Neuschäfer).

Der Ausgang der Rahmenhandlung im „Decamerone" bleibt dunkel. Daher ist aus der Idylle des Rahmens die Pest gar nicht wirklich ausgeschlossen. Boccaccios Werk ist eine bittere Zurücknahme der leidlosen Liebeslandschaften, eine Ungültigkeitserklärung des „Rosenromans". Vom Unheil wird nicht gesprochen wie von einem ausgeschlossenen Dritten; mit ihm wird geredet als mit einem einbezogenen Partner. Dies verkündet Dioneo, als er die Damen darauf hinweist, daß ästhetischer Genuß und Handeln scharf gesondert sind: „Und wem wäre denn eure Sittsamkeit nicht zur Genüge bekannt, welche weder die heiteren Gespräche noch, wie ich überzeugt bin, die *Schrecken des Todes* auf Abwege zu locken vermögen?"

Der Tod und das Unheil sind anwesend. Ihre Gegenwart ist so übermächtig, daß alles Erzählte, alles Vollbrachte zum Dialog *mit ihnen* wird. Es ist nur folgerichtig, daß nicht *über sie* geredet werden soll. Auch die Macht wird die Pest, das Unheil, nicht als Auszuschließende behandeln, sondern als Einbezogene. Die Rezepte des Ausschlusses haben versagt. Doch dafür wird die Macht alle disziplinieren. Solange die Kunst ihrem Namen treu bleibt – sie ist nach Stendhal „das Versprechen des Glücks" –, muß sie gegen diese Lösung ihre

Stimme erheben, selbst wenn sie keine andere benennt. Antwort steht sie dem Unheil allemal, und sei diese noch so verrätselt.

Der Weg zum Leben

Die hundert Novellen werden in Gärten erzählt. Ein Anstieg ist zu bemerken: der zweite Garten übertrifft den ersten, und das „Frauental", wo die Gruppe den siebenten Tag zubringt, ist ein Kunstwerk der Natur. Sehr beliebt als Motiv der mittelalterlichen Dichtung, vertritt der Garten das irdische Paradies für die Theologie und die Liebesstätte für die Minnedichtung. Beides ist untrennbar; ja das eine bedeutet das andere.

Gärten waren in der Antike der Venus geheiligt, und im Mittelalter wurde dieses Wissen nicht verdrängt. Edith Kern macht darauf aufmerksam, daß die Erzählergruppe von Garten zu Garten wandert: „Diese Wanderung – wie die Gärten selbst – ist ein mittelalterliches literarisches Motiv." Sie entziffert darin eine allegorische Pilgerschaft, eine Aufwärtsbewegung zu einem Gipfel: zum „Frauental". Demnach handelte es sich beim „Decamerone" um eine Reise ins Land der Liebe, was Edith Kern unterstreicht, der These zustimmend, das „Decamerone" sei der italienische Rosenroman; doch ist es eher der Widerruf des Hauptwerks der französischen sensualistischen Minne. Also dürfte das „Frauental", auf das die ganze Pilgerschaft hinzielt, nicht schlechterdings zum „Tempel der Venus" (Kern) erklärt werden.

In einer neueren Studie weist Lucia Marino darauf hin, daß das „Frauental" die Form eines Mandala besitze: „Indem er die Zahl der Berge, welche das Tal begrenzen, sechs sein läßt, verstärkt Boccaccio auf feine Weise die Idee der kreisrunden Form des Tales. Des Tales Form und Zahl dient dazu, seinen erotisch-erzeugenden Charakter festzusetzen." Denn die Zahl sechs ist die erste Zahl, in der ungerade (=männliche) und gerade (=weibliche) Reihe sich zum Produkt vereinen (2 x 3 = 6). Daher bedeutet sie Schöpfung, Erzeugung und Werden. „Boccaccios Tal-Kreis", so führt Lucia Marino aus, „besitzt sogar noch eine Vollkommenheit: eine Quadratur, die den vier Himmelsrichtungen entspricht. Die Berghänge gegen Süden, gegen Westen und Norden sind jeweils mit verschiedenen Baumarten bepflanzt ... Der quadrierte Kreis ... ist ein universales archetypisches Symbol, befrachtet mit numinöser Anspielung." Das ist ein bißchen zuviel Vollkommenheit. Die beigebrachte Stelle lautet: „Soweit diese Hänge nach der Mittagsseite abfielen, waren sie von Weinreben, Oliven, Mandel- und Kirschbäumen, Feigen und vielen andern fruchtbringenden Bäumen ganz überdeckt, ohne daß nur eine Spanne unbelaubt geblieben wäre. Die Abhänge aber, welche den mitternächtigen Wagen anschauten, strotzten und grünten so dicht, wie es der Raum nur zuließ, von Eichen-, Eschen- und allerlei anderm Gebüsch. Die Talebene dagegen, die außer dem einen Eingang, durch den die Damen gekommen waren, keinen zweiten besaß, war mit Edeltannen, Zypressen, Lorbeerbäumen und einigen dazwischengestreuten Pinien in so wohlverteilten und geordneten Gruppen bewachsen, als hätte der für solche Anlagen geschickteste Künstler sie gepflanzt."

Eine klare Dreiteilung. Auf der Sonnenseite wachsen Kulturpflanzen; auf der Schattenseite – wo die Sonne als Inbild des Geistes nicht herrscht! – gedeihen dagegen Bäume der wilden, ungezähmten Natur. Zwischen Plantage und Wald zieht sich die Talsohle hin, bedeckt mit Zierpflanzen. Ein Garten hält also zwischen der ungebändigten und der ausgenützten Natur das versöhnende Gleichgewicht. Der Garten ist das von der Kultur ersonnene Abbild einer Natur, die sich der Kultur freiwillig unterwirft. In dieser Vorspiegelung liegt die Künstlichkeit aller Gärten, ihr „Als ob". Dies wäre unfühlbar, wenn die Kultur nicht ein schlechtes Gewissen hätte: „Wer weiß, vielleicht ist die Beherrschung der Natur eine böse Sache ..." Boccaccio meidet den Weg an dieser sphinxischen Frage vorbei; er versichert, daß diese wohlgestalte Talsohle nicht von Menschenhand angelegt ist – die Natur hat sich also freiwillig in Harmonie mit der Kultur begeben.

In dieser Dreiteilung spiegelt sich das Programm der abendländischen Kunst: wie kann vermittelt werden zwischen der Wildheit der Natur und den Ansprüchen der Kultur? Schon die Bewachsung weist auf eine Doppeldeutigkeit dieses heiligen Ortes hin. Es sei daran erinnert, daß im „Corbaccio" ebenfalls ein Tal auftaucht, das unter anderem „Schweinestall

der Venus" heißt. Wie aber kann dieses wunderschöne „Frauental" mit jenem höllischen Ort etwas zu tun haben?

Der von Boccaccio selbst beigelegte Untertitel des „Corbaccio" lautet „Labyrinth der Liebe". Das Labyrinth nun ist ein uraltes Symbol, in Varianten verbreitet von Nordeuropa bis Polynesien. Seine Grundform ist eine Spirale. Wird sie als Weg gedacht, dann verläuft dieser in immer enger werdenden Windungen bis ins Zentrum. Dort ändert sich aber die Richtung des Weges, so daß er in immer weiterem Bogen wieder herausführt. Es ist ein Sinnbild für Tod und Wiedergeburt. Den Weg zu Ende zu gehen ist geboten. Die Deutungen konnten auch anders ausfallen: wenn das Labyrinth nicht die Totenwelt darstellt (was ursprünglich der Fall war), sondern das *irdische Leben,* dann hängt es von der *Richtigkeit der Bewegung hienieden* ab, wie das Leben nach dem Tode oder auch die neue Wiederverkörperung ausfällt. Die platonische Seelenlehre enthält die zweite Deutung, und diese schmiegt sich auch den christlichen Vorstellungen an. Daher wurde das Labyrinth als Symbol nie vergessen: wir finden es als Ornament in einigen mittelalterlichen Kirchen wieder. In der Kirche San Savino in Piacenza war in dem dortigen Labyrinth zu lesen:

„Dieses Labyrinth bezeichnet auf typische
Weise unsere Welt,
Dem Eintretenden bequem, dem Rückkehren-
den allzueng,
So taugt der von der Welt Gefangene, mit
Massen von Sünden beladen,
Kaum, zur Lehre des Lebens zurückzukehren"
(Karl Kerenyi: „Labyrinth-Studien").

Nach einem ceramesischen Mythos verloren die Menschen, denen es nicht gelang, die von einer rächenden Göttin eingerichtete Spirale zu durchlaufen, ihr Menschsein. Der zweiten Bedeutung des Labyrinthsymbols gemäß wird diese Warnung von Boethius über Dante an Boccaccio weitergereicht. Der Mensch hat eine Zwischenstellung im Kreise des Lebendigen: zwischen Gott und dem Tier. *Diese Stellung ist u n h a l t b a r.* „So kommt es", schreibt Boethius in seiner Trostschrift, „daß, wer die Tugend verläßt, aufhört, Mensch zu sein; da er nicht zum Götterstande überzugehen vermag, verwandelt er sich zum Tier."

Es mutet sonderbar an, wie sich zehn junge Leute an frivolsten Erzählungen erfreuen, aber über ihnen selber eine keusche Sittsamkeit waltet. Weil sie sich aller körperlichen Annäherung enthalten, werden die Beziehungen untereinander geheimnisvoll, und die Atmosphäre fängt zu prickeln an. Das eben genießen sie und lassen sich davon leiten wie von einem Ariadnefaden.

Dem Ausnahmezustand der Pest entgegnen sie mit dem festlichen Ritual des Kunstgenusses. Lucia Marino hat dargelegt, wie die Wanderung der sieben Damen zum „Frauental" eine Initiation nachahmt. Sie baden, was sinnbildlich heißt, sie werden wiedergeboren. Die Männer werden von den Frauen zum Tale ge-

wiesen und gehen noch am selben Abend hin, um gleichfalls zu baden. Das nach Geschlechtern getrennte Baden ist nicht bloß ein Erfordernis der Sittsamkeit, sondern durch den heiligen Ritus selber geboten. Der Vortritt gebührt den Frauen, welche der Natur und dem Heiligen näherstehen. Nur in heiliger Zeit darf die Initiation sich ereignen. Seine Themenwahl rechtfertigend, spielt Dioneo auf die Heiligkeit der Zeit an; es ist gesetz-lose Zeit: „Wißt ihr etwa nicht, daß ... die göttlichen sowohl als auch die menschlichen Gesetze schweigen ...?" Als hätte er das Zeichen gegeben, machen sich die Damen auf den Weg zum „Frauental". Die jungen Leute baden am Nachmittag bzw. am Abend des sechsten Er-

Labyrinth im Mosaikfußboden der Kathedrale von Chartres. Der Durchmesser beträgt 12,87 und die gesamte, über verschieden lange Mäander ins Zentrum führende Wegstrecke ca. 250 Meter. Auf diesen in zahlreichen französischen Kathedralen (Amiens, Arras, Reims) anzutreffenden „Jerusalemsweg" pilgerten die Gläubigen, die nicht an der Wallfahrt nach Jerusalem teilnahmen.

Die Deutungen des Labyrinths gehen vom alchimistischen Symbol bis zu astronomischen Bestimmungen, nach denen die Windungen des Weges Planetenbewegungen darstellen, mithin den darauf Wandelnden mit der Weltenharmonie zu verbinden vermögen. Unbestritten ist seine Rolle im Mittelalter, Gesetzlichkeiten des Lebens auszudrücken.

zähltages im Teich des „Frauentales"; den siebenten Tag verbringen sie im Tal. Die Novellen des achten, neunten und zehnten Tages werden wieder im Garten der zweiten Villa dargeboten. Somit bezeichnet der siebente Tag – auf die Bedeutung der Sieben kommen wir noch zu sprechen – den Höhepunkt und zugleich die Richtungsänderung. Das „Frauental" kann gedacht werden als Ziel und Wendepunkt, analog dem Zentrum eines Labyrinths.

Der Weg führt zum Ziel, wenn die Erzähler gegen zweierlei Anfechtung standhaft bleiben: sie müssen die Furcht vor dem Tod überwinden und Keuschheit üben. Daß sie den Gefahren der Liebe ausgesetzt sind, ist schon gegeben durch die Zusammensetzung der Gruppe. Weil aber keine körperliche Liebe zugelassen wird, erleben sie einen prickelnden Eros, der sie durchflutet und ihre Erzählungen mit Witz und Anmut belebt. Der Tod ist dabei. Sogar das rituelle Bad ist – als Wiedergeburt – nicht frei von ihm. Und an ihn gemahnen die Zypressen im Tal, die Bäume der chthonischen Muttergöttin, die Leben spendet und zurücknimmt. Daß der Eros als Lebensenergie eine Todesmacht sei, war schon den Griechen im Bild der doppeldeutigen Aphrodite vertraut: sie hegt nicht nur die Liebe, als Aphrodite Epitymbia ist sie Todesgöttin. Gelingt beides, den Eros zu erfahren, ohne ihm zu erliegen, dem Tod ins Auge zu sehen, ohne von Furcht befallen zu werden, dann ist der Weg gefunden, der ins Leben führt. Dann ist das „Frauental" weder „Schweinestall der Venus" noch Todesstätte. Und dann gewinnt das Bild der Frau seine Hoheit: sie ist nicht länger „Pforte der Hölle" und „Tor des Teufels" wie bei den Kirchenvätern; sie ist Musenabglanz: „Nun sind die Musen Frauen, und mögen ihnen die Damen an Würde auch nicht gleichstehen, so haben sie doch auf den ersten Anblick Ähnlichkeit mit ihnen und müßten mir also gefallen, wäre es auch aus keinem andern Grunde als diesem."

Der Grundstoff des Schönen ist das Erotische. Kunst ist vergeistigter Eros, Eros des Geistes. Darauf weist auch die Zahlensymbolik hin. Das „Frauental" bildet nicht nur eine sechsstrahlige Mandala ab, sondern auch einen Siebenstern. Dann nämlich, wenn der kleine Teich in der Talmitte hinzugedacht wird zum Sechs-

stern, den die Berge ergeben. Der Siebenstern ist geometrisch nicht konstruierbar, daher darf in den Geheimlehren ein Sechsstern mit einem Punkt in der Mitte – in unserem Falle der Teich – den unkonstruierbaren vertreten. Er bedeutet die schöpferische Urkraft, das Göttliche, den Triumph des Geistes. Die Gruppe vergnügt sich am Morgen des neunten Tages in der freien Natur. Ihre Rückkehr zur Villa gleicht einem Triumphzug: „Jeder war mit Eichenlaub bekränzt und trug wohlriechende Kräuter oder Blumen in den Händen. Wer sie so angetroffen, hätte nicht anders sagen können, als daß sie dem Tode entweder unbesieglich trotzten oder doch heiter und froh von ihm ereilt würden." Den Tod zu besiegen ist niemandem vergönnt, wohl aber die Todesfurcht. Sie zu überwinden ist der Stolz des Lebendigen, alles übrige liegt in den Händen des Schicksals. Der Untertitel des „Decamerone", vom Dichter selbst dem Werke beigegeben, lautet „Galeotto". So hieß das Buch, das die Liebe zwischen Paolo und Francesca vermittelte – jenem unglücklichen Paar, das Dante im zweiten Höllenkreis antrifft. Robert Hollander meint, der Untertitel sei warnend: es bedürfe eines gefestigten Charakters, um sich auf dieses Werk einzulassen. Der Gedanke wäre weiterzuführen: das „Decamerone" ist zu nehmen wie ein Labyrinth, in dem steckenzubleiben das Schicksal von Paolo und Francesca nach sich zieht. Wer aber standhält und das Geprickel eines vergeistigten Eros genießt, der findet wiedergeboren heraus. Sogar wenn er traurig ist.

Die Vorrede widmet das Werk den Frauen, vornehmlich den verliebten, die sich grämen. Schwermut war im Mittelalter eine klösterliche Untugend; die Eintönigkeit der Tagesabläufe erzeugte in den Mönchen jenen Trübsinn und jene Trägheit, die unter dem Namen „Acedia" als Todsünde galten. In der Vorrede hebt Boccaccio heraus, daß die Frauen sich in einer ähnlichen Lebenslage befinden, daher sei ihnen Trösten in besonderem Maße vonnöten.

Trost heißt die aufziehende Wache vor dem Gelebten und Ungelebten, wenn die Einsicht dämmert, daß alles Versäumte unwiederbringlich bleibt und alles Unglück ohne Entschädigung. Diese verhüllte Gestalt beginnt zu sprechen, wenn die Umwandlung des Erlittenen zu Gelöstheit und Selbstgefühl gelingt. Daher spricht sie nur mit den Weisen.

Il Decamerone · Das Dekameron

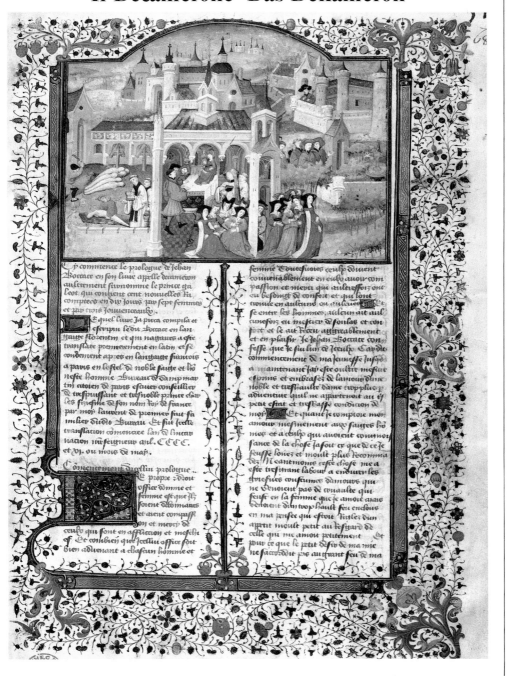

Cy commence le prologue de Jehan
Boccace en son liure appelle decameron
aultrement surnomme le prince ga
leot qui contient cent nouuelles ra
comptees en dix iours par sept femmes
et par trois ioeuenceaulx.

Equel liure ia pieça compila et
escript ledit Boccace en lan
gaige florentin et qui natquis a esté
translate premierement en latin et se
condement apres en langaige françois
a paris en lostel de noble et ho
neste homme Bureau de Dampmar
tin citoien de paris esceuer conseiller
de trespuissante et tresnoble prince char
les sixiesme de son nom roy de france
par moy laurent de premier fait fa
miller dudit Bureau Et fut ceste
translacion comencee lan de lincar
nacion nostreseigneur mil CCCC.
et xvi. ou mois de may.

Ommencement du petit prologue..
Et propre dot
office domme et
femme est que ilz
soient debonnaires
et aient compassi
on et meurs de mesch
ceulx qui sont en affliction et mesch
ef Et combien que icellui office soit
bien aduenant a chascun homme et

femme Toutesfoies ceulx diuent
conuenablement en ceulx auoir com
passion et meurs qui aultresfoiz ont
eu besoing de confort et qui lont
trouue en aulcuns ou aulcunes Et
se entre les hommes aulcun ait aul
cunesfoiz eu mestier de soulas et con
fort et le ait receu attreablement
et en plaisir Je suis Boccace con
fesse que ie fui lun de ceulx Car du
commencement de ma ieunesse iusque
a maintenant iay esté oultre mesure
esprins et embrase de lamour dune
noble et treshaulte dame tropplie par
aduenture quil ne appartenoit au es
pait estat et tresbasse condicion de
moy Et quant ie compteie mon
amour mesmement auz sauges hom
mes et a ceulz qui auoient congnoi
sance de la chose isaouy ce que de ce se
feusse louez et moult plus recomma
dez Neantmoins ceste chose me a
esté tresinne labour a endurer les
tresfieres coustumes damours qui
ne venoient pas de cruaulte qui
feust en la femme que ie amoie ains
venoient dun trop hault feu enclous
en ma pensee qui estoit tiltre dun
apprit moult petit au regard de
celle qui me amoie petitement Et
pour ce que le petit desir de ma mie
ne sacordoit pas au trauant feu de ma

Auf der vorangehenden Seite ist das *Schmuckblatt mit der Vorrede des „Decamerone"* aus der um 1430 entstandenen *französischen Handschrift* (übersetzt von Laurent de Premierfait, vgl. S. 76/77 und 162/63 abgebildet. Die Miniatur zeigt die Pest in Florenz, die Zusammenkunft der Erzähler in der Kirche Santa Maria Novella und ihren Aufbruch in die blühende Landschaft (vgl. Abbildungen S. 132 und 291).

In den ersten Zeilen des Werkes klingt bereits das zentrale Motiv auf: Trost. Jeder hat sein Geschick alleine zu bestehen, doch das Mitleid durchbricht die schicksalsmäßige Einsamkeit und lindert Unglück.

„Aber wir wollen hier in der Hütte noch essen und trinken, Um einander das Herz durch Erinnerung trauriger Leiden aufzuheitern; denn auch der Trübsal denket man gerne, Wenn man so vieles erduldet . . ." („Odyssee" XV, 397 ff.). So sagt der Schweinehirt Eumaios zum heimgekehrten Odysseus. Mnemosyne, die Erinnerung, hat schon in der frühesten abendländischen Dichtung, in den Werken Homers, die therapeutische Funktion, das Erlittene mit einem samtenen Schimmer zu umfloren: die Erzählung erlöst das Leben.

VORREDE

Mitleid mit dem Betrübten zu haben, ist ein menschliches Gefühl, das jedermann wohl ansteht, vor allem aber von denjenigen gefordert wird, die schon einmal des Trostes bedurften und ihn bei anderen gefunden haben. Wer aber unter diesen einer, der Teilnahme nötig hatte, dem sie willkommen war, der sich durch sie erquickt fühlte, so bin ich es gewesen. Denn von meiner frühesten Jugend an bis zu dieser Zeit bin ich immer in einer hohen und adeligen Liebe über die Maßen entbrannt gewesen, so sehr, daß es meinem niedrigen Stande vielleicht nicht angemessen erschiene, wollte ich davon erzählen, obgleich diejenigen, die der Liebe kundig sind und meine Geschichte kennen, mich deshalb loben und um vieles höher schätzen. Um dieser Liebe willen habe ich viel gelitten; nicht weil die geliebte Dame grausam gegen mich gewesen wäre, sondern wegen des übermäßigen Feuers, das schlecht gezügelte Begier in meinem Gemüt entfachte und das mich an keinem vernünftigen Ziel befriedigt verweilen ließ, mir vielmehr häufig größeren Kummer verursachte, als nötig gewesen wäre. In dieser Trübsal gewährten mir die ergötzlichen Erzählungen eines Freundes und seine liebenswürdigen Tröstungen so viel Erfrischung, daß ich der festen Meinung bin, ich sei allein um ihretwillen am Leben geblieben.

Weil es aber Dem gefiel, der, selbst unendlich, allen Dingen dieser Welt das Gesetz auferlegt hat, ein Ende zu haben, so geschah es, daß meine Liebe, die so überschwenglich glühend gewesen war, daß weder die Kraft des eigenen Entschlusses noch fremder Rat, weder die Furcht vor Schande noch die drohende mit ihr verknüpfte Gefahr vermocht hatten, sie zu zerstören oder wankend zu machen, mit der Zeit so dahinschwand, daß mir jetzt nichts in der Seele zurückgeblieben ist als das süße Behagen, welches der empfindet, der sich auf seiner Fahrt nicht allzu weit in ihre finsteren Meere hinauswagt. Obgleich aber alle Qualen verschwanden, so ist doch das Andenken an die Wohltaten nicht entflohen, die ich einst von denen empfing, welche mich gern hatten und darum ungern leiden sahen. Auch wird mich dies Andenken, wie ich hoffe, nicht eher verlassen als im Tode.

Da nun nach meinem Dafürhalten die Dankbarkeit vor allen anderen Tugenden vorzügliches Lob, so wie ihr Gegenteil besonderen Tadel verdient, habe ich, um nicht undankbar zu erscheinen, bei mir beschlossen, nun, da ich mich frei fühle, zwar nicht denen, die mir halfen, da sie wegen ihres eigenen Verstandes oder guten Glücks dessen vielleicht nicht bedürfen, wohl aber anderen, denen es not tut, nach meinen schwachen Kräften zur Vergeltung dessen, was ich empfing, einige Erleichterung zu bringen. Und obgleich das, was ich beitrage, um die Bedürftigen aufzuheitern oder zu trösten, wie wir es nennen wollen, nicht viel bedeuten will und kann, so bedünkt mich doch, man müsse es da am liebsten darbieten, wo die Not am größten ist, weil es dort am meisten Nutzen stiften und auch am wertesten gehalten werden wird.

Und wer wird wohl leugnen, daß es richtiger ist, diesen Trost, wie wenig oder wie viel er bedeuten mag, den holden Damen als den

Männern zu spenden? Sie tragen voll Furcht und Scham die Liebes-
flammen im zarten Busen verborgen, und wieviel größere Gewalt
geheime Gluten haben als offenbare, das wissen die, welche es erfahren. Überdies sind die Frauen, abhängig von Willen, Gefallen
und Befehl ihrer Väter, Mütter, Brüder und Gatten, die meiste Zeit
auf den kleinen Bezirk ihrer Gemächer beschränkt, und es ist
unmöglich, daß sie immer heiter sein können, während sie den
ganzen Tag fast müßig sitzen und im selben Augenblick, wollend
und nichtwollend, widerstreitende Gedanken in sich beherbergen.
Entsteht nun in ihrem Gemüt aus den feurigen Wünschen des Herzens eine gewisse Schwermut, so muß diese zu ihrer großen Qual so
lange darin verweilen, bis neue Gespräche sie wieder vertreiben,
wobei ich noch nicht einmal erwähne, daß die Frauen weit weniger
Kraft als die Männer haben, um das zu ertragen, was ihnen widerfährt. Daher wird auch deutlich, daß die Leidenschaften der Männer
kein gleiches Schicksal haben. Suchen Schwermut und trübe Gedanken sie heim, so haben sie viele Mittel, um jene zu mildern oder
zu vertreiben; denn sobald sie es wünschen, bieten sich ihnen Spa-
ziergänge dar, Neuigkeiten, die sie hören oder besehen können,
Vogelstellen, Jagd, Fischerei, Reiten, Spielen und Handelsgeschäfte.
Ein jedes dieser Dinge vermag wenigstens für einige Zeit ganz oder
zum Teil den Geist zu beschäftigen und von dem betrübenden
Gedanken abzulenken, und inzwischen findet sich entweder auf die
eine oder andere Weise ein Trostgrund, oder der Schmerz wird
geringer.

Boccaccio sieht die Gefahren eines eingezwängten Lebens. Das Mittelalter fürchtete, daß Menschen, die in besonderem Maße gebunden leben müs-sen, anfälliger für die Melan-cholie seien: die Mönche, die Frauen und – die einsam arbeitenden Gelehrten.

Damit nun durch mich die Unbilligkeit des Glücks teilweise wieder-
gutgemacht werde, welches, wo die Kraft – wie bei den zarten
Frauen – am geringsten ist, auch mit seinen Gaben am geizigsten zu
sein pflegt, gedenke ich, zur Hilfe und Zuflucht der Liebenden –
denn den übrigen genügen Nadel, Spindel und Haspel – hundert
Geschichten, Fabeln, Parabeln oder wirkliche Begebenheiten, wie
wir sie nennen wollen, mitzuteilen, die zur verderblichen Zeit der
letzten Pest von sieben Damen und drei jungen Männern erzählt
wurden. Auch will ich einige Liedlein hinzufügen, die eben jene
Damen zu ihrer Lust gesungen haben.

In diesen Geschichten wird man lustige und traurige Liebesmärlein
und andere abenteuerliche Begebenheiten kennenlernen, die sich in
neuer und alter Zeit zugetragen haben. Aus ihnen werden die
Damen, welche sie lesen, gleichermaßen Lust an den spaßhaften
Dingen, die darin vorkommen, schöpfen können als auch guten Rat
und Belehrung, was zu fliehen und was zu erstreben ist. Mich dünkt,
dies alles könne nicht geschehen, ohne daß die üble Laune ent-
schwände. Geschieht aber das, und Gott gebe, daß es geschehe, so
mögen die Leser Amor ihren Dank sagen, der mich von seinen
Fesseln befreit und mir erlaubt hat, auf ihr Vergnügen bedacht zu
sein.

Die Kunst vermag das Leben zu befreien. Doch nur wer selbst in die Irrungen des Le-bens verstrickt war, ist er-mächtigt, seinerseits nun an-dere aufzuheitern. Ästheti-sches Subjekt kann man nur sein, wenn man sich gelöst hat von den Zwängen, ihnen gegenüber selbstmächtig ge-worden ist.

ERSTER TAG DES DEKAMERON

Es beginnt der erste Tag des Dekameron, an dem nach einer Darlegung des Autors, warum die später auftretenden Personen zusammenkamen, um einander Geschichten zu erzählen, unter Pampineas Herrschaft von dem gesprochen wird, was ein jeder am liebsten hat.

Sooft ich, holde Damen, in meinen Gedanken erwäge, wie mitleidig ihr alle von Natur aus seid, erkenne ich auch, daß eurer Meinung nach dies Werk einen betrübten und bitteren Anfang haben wird, da es an seiner Stirn die schmerzliche Erwähnung jener verderblichen Pestseuche trägt, die vor kurzem jeden, der sie sah oder sonst kennenlernte, in Trauer versetzte.

Doch wünsche ich, daß ihr euch nicht vom Weiterlesen in dem Glauben abschrecken lasset, ihr müßtet immer zwischen Seufzern und Tränen lesend weiterwandeln. Dieser schreckensreiche Anfang soll euch nicht anders sein wie den Wanderern ein steiler und rauher Berg, jenseits dessen eine schöne und anmutige Ebene liegt, die ihnen um so wohlgefälliger scheint, je größer die Anstrengung des Hinauf- und Hinabsteigens war. Und wie der Schmerz sich an das Übermaß der Lust anreiht, so wird auch das Elend von der hinzutretenden Freude beschlossen. Dieser kurzen Trauer – kurz nenne ich sie, weil sie in wenigen Zeilen enthalten ist – folgen alsbald die Lust und die Süßigkeit, die ich euch oben versprochen habe und die man nach einem solchen Anfang ohne ausdrückliche Versicherung vielleicht nicht erwartete. In der Tat, hätte ich füglich vermocht, euch auf einem anderen und minder rauhen Pfade als diesem dahin zu führen, wohin ich es wünsche, so hätte ich es gern getan. Weil aber ohne diese Erwähnung nicht berichtet werden konnte, warum das geschah, was weiterhin zu lesen ist, entschließe ich mich gewissermaßen notgedrungen zu dieser Beschreibung.

Ich sage also, daß seit der heilbringenden Menschwerdung des Gottessohnes eintausenddreihundertachtundvierzig Jahre vergangen waren, als in die herrliche Stadt Florenz, die vor allen andern in Italien schön ist, das tödliche Pestübel gelangte, welches – entweder durch Einwirkung der Himmelskörper entstanden oder im gerechten Zorn über unseren sündlichen Wandel von Gott als Strafe über den Menschen verhängt – einige Jahre früher in den Morgenlanden begonnen, dort eine unzählbare Menge von Menschen getötet hatte und dann, ohne anzuhalten, von Ort zu Ort sich verbreitend, jammerbringend nach dem Abendlande vorgedrungen war.

Gegen dieses Übel half keine Klugheit oder Vorkehrung, obgleich man es daran nicht fehlen und die Stadt durch eigens dazu ernannte Beamte von allem Unrat reinigen ließ, auch jedem Kranken den Eintritt verwehrte und manchen Ratschlag über die Bewahrung der Gesundheit erteilte. Ebensowenig nützten die demütigen Gebete, die von den Frommen nicht ein, sondern viele Male in feierlichen Bittgängen und auf andere Weise Gott vorgetragen wurden. Etwa zu Frühlingsanfang des genannten Jahres begann die Krankheit schrecklich und erstaunlich ihre verheerenden Wirkungen zu zeigen. Dabei war aber nicht, wie im Orient, das Nasenbluten ein

Die Abbildung gegenüber zeigt *Die Pest in Florenz*, Ausschnitt aus der Miniatur von S. 129.

Die erste Pestbeschreibung im abendländischen Schrifttum haben wir von der Hand des athenischen Historikers Thukydides (um 455–395 v. Chr.). Im zweiten Buch seines „Peloponnesischen Krieges" schildert er die Verheerungen, die die Seuche im belagerten Athen angerichtet hat. Boccaccio kannte jedoch Thukydides nicht. Von den lateinischen Dichtern haben Lukrez, Ovid und Vergil Bilder der Pest hinterlassen. Vornehmlich aus Ovids Werk dürfte der Florentiner Anregungen für seine Darstellung geschöpft haben. Eine zeitgleiche Schilderung der Seuche findet sich im Werk des florentinischen Chronisten Matteo Villani. Jedoch galt schon früh die – sicherlich mehr stilisierte – Darstellung Boccaccios als die weitaus bessere, so daß Machiavelli in seiner 170 Jahre später geschriebenen „Geschichte von Florenz" nicht den Chronisten zitiert, sondern den Dichter: „Im Laufe dieser Zeit wütete jene denkwürdige Pest, die Messer Giovanni Boccaccio mit so großer Beredsamkeit geschildert hat und an der in Florenz über 96 000 Menschen starben . . ."

Ausbleiben der himmlischen Hilfe in der Ovidschen Schilderung:
„Siehst Du den Tempel dort auf den Stufen, den langen? Jupiter ist er genannt. Wer hat vor dessen Altar umsonst nicht Weihrauch gebracht? Wie oft, noch während Gebetes Worte er sprach: für sein Weib der Mann, für den Sohn der Erzeuger, haben sie, unerhört, am Altar ihr Leben geendet . . ." (Ovid: „Metamorphoses" VII, 587 ff).

Pestkruzifix von *Johann Meinrad Guggenbichler* (1649–1723), heute im Besitz des Stadtmuseums in Köln. Solche Kruzifixe tauchen im Spätbarock auf: Christus wird als Pestopfer dargestellt, das anstelle der Gemeinschaft die Qualen der Seuche erleidet. Die Pestbakterien (Pasteurella pestis) wurden 1894 entdeckt. Sie werden durch Flöhe (vor allem durch den Rattenfloh) auf Menschen übertragen. Zunächst zeigen sich Lymphknotenerkrankungen an Leisten-, Achsel- und Halsdrüsen (Beulenpest) und Karbunkel (Hautpest). Die septische Überschwemmung des Blutes mit den Erregern (Pestsepsis) kann zur Erkrankung der Lungen führen. Diese Lungenpest ist von Mensch zu Mensch übertragbar; ihre Sterblichkeitsrate erreicht an die 100 Prozent, die der Beulenpest etwa 15 Prozent.

„Als das Übel von Erden noch schien und verborgen so großen Unheils Grund, versuchte mit ärztlicher Kunst man zu wehren. Doch überwunden erlag die Mühe, besiegt durch den Ausgang" (Ovid: „Metamorphoses" VII, 525 ff).

offenbares Zeichen unvermeidlichen Todes, sondern es kamen zu Anfang der Krankheit gleichermaßen bei Mann und Weib an den Leisten oder an den Achselhöhlen gewisse Geschwulste zum Vorschein, die manchmal so groß wie ein gewöhnlicher Apfel, manchmal wie ein Ei wurden, bei den einen sich in größerer, bei den andern in geringerer Anzahl zeigten und schlechtweg Pestbeulen genannt wurden. Später aber gewann die Krankheit eine neue Gestalt, und viele bekamen auf den Armen, den Lenden und allen übrigen Teilen des Körpers schwarze und bräunliche Flecken, die bei einigen groß und gering an Zahl, bei andern aber klein und dicht waren. Und so wie früher die Pestbeule ein sicheres Zeichen unvermeidlichen Todes gewesen und bei manchen noch war, so waren es nun diese Flecke für alle, bei denen sie sich zeigten.

Dabei schien es, als ob zur Heilung dieses Übels kein ärztlicher Rat und die Kraft keiner Arznei wirksam oder förderlich wäre. Sei es, daß die Art dieser Seuche es nicht zuließ oder daß die Unwissenheit der Ärzte (deren Zahl in dieser Zeit, außer den wissenschaftlich gebildeten, an Männern und Frauen, die nie die geringste ärztliche Unterweisung genossen hatten, übermäßig groß geworden war) den rechten Grund der Krankheit nicht zu erkennen und daher ihr auch kein wirksames Heilmittel entgegenzusetzen vermochte, genug, die wenigsten genasen, und fast alle starben innerhalb dreier Tage nach dem Erscheinen der beschriebenen Zeichen; der eine ein wenig früher, der andere etwas später, die meisten aber ohne alles Fieber oder sonstige Zufälle.

Die Seuche gewann um so größere Kraft, da sie durch den Verkehr von den Kranken auf die Gesunden überging, wie das Feuer trokkene oder brennbare Stoffe ergreift, wenn sie ihm nahegebracht werden. Ja, so weit erstreckte sich dies Übel, daß nicht allein der Umgang die Gesunden ansteckte und den Keim des gemeinsamen Todes in sie legte; schon die Berührung der Kleider oder anderer Dinge, die ein Kranker gebraucht oder angefaßt hatte, schien die Krankheit dem Berührenden mitzuteilen.

Unglaublich scheint, was ich jetzt zu sagen habe, und wenn es nicht die Augen vieler sowie die meinigen gesehen hätten, so würde ich mich nicht getrauen, es zu glauben, hätte ich es auch von glaubwürdigen Leuten gehört. Ich sage nämlich, daß die ansteckende Kraft dieser Seuche mit solcher Gewalt von einem auf den anderen übersprang, daß sie nicht allein vom Menschen dem Menschen mitgeteilt ward, sondern daß auch, was viel mehr sagen will, häufig und unverkennbar andere Geschöpfe außer dem Menschengeschlecht, wenn sie Dinge berührten, die einem an der Pest Leidenden oder an ihr Gestorbenen gehört hatten, von der Krankheit befallen wurden und an diesem Übel starben. Davon habe ich unter anderm eines Tages mit eigenen Augen, wie ich vorhin gesagt habe, folgendes Beispiel gesehen: man hatte die Lumpen eines armen Mannes, der an dieser Seuche gestorben war, auf die offene Straße geworfen, und dort fanden sie zwei Schweine, welche sie nach der Art dieser Tiere anfangs lange mit dem Rüssel durchwühlten, dann aber mit den Zähnen ergriffen und hin und her schüttelten, alsbald aber fielen sie beide, als hätten sie Gift gefressen, unter einigen Zuckungen tot auf die Lumpen hin, die sie zu ihrem Unheil erwischt hatten.

Aus diesen und vielen anderen ähnlichen und schlimmeren Ereignissen entstand ein allgemeiner Schrecken, und mancherlei Vorkehrungen wurden von denen getroffen, die noch am Leben waren. Fast alle strebten zu ein und demselben grausamen Ziele hin, die Kranken nämlich und was zu ihnen gehörte, zu vermeiden und zu fliehen, in der Hoffnung, sich auf solche Weise selbst zu retten. Einige waren der Meinung, ein mäßiges Leben, frei von jeder Üppigkeit, vermöge die Widerstandskraft besonders zu stärken. Diese taten sich in kleineren Kreisen zusammen und lebten, getrennt von den übrigen, abgesondert in ihren Häusern, wo sich kein Kranker befand, beieinander. Hier genossen sie die feinsten Speisen und die ausgewähltesten Weine mit großer Mäßigkeit und ergötzten sich, jede Ausschweifung vermeidend, mit Musik und anderen Vergnügungen, die ihnen zu Gebote standen, ohne sich dabei von jemand sprechen zu lassen oder sich um etwas, das außerhalb ihrer Wohnung vorging, um Krankheit oder Tod zu kümmern.

Etruskisches Fresko aus dem „*Grab der Jagd und des Fischfangs"* in Tarquinia (Ende des 6. Jahrhunderts v. Chr.). Das Gebiet von Etrurien umfaßte die Toscana. Das gemeinsame Mahl entspannt, lenkt ab von Sorgen und wirkt belebend auf Körper und Seele. Daher die Neigung bei allen Hochkulturen, das Mahl festlich zu gestalten und die Tischsitten zu verfeinern. Rechts im Bild ein unbekleideter Mann und eine reich geschmückte Dame im Gespräch. Er hält in der Linken eine Schüssel, und sie macht Anstalten – mit graziösester Handhaltung! –, ihm einen Blumenkranz aufzusetzen. Das Mädchen ganz links hat schon den nächsten Kranz gewunden und wendet sich zu den Herrschaften, um ihn darzubieten. Daneben ein Flötenspieler.

Andere aber waren der entgegengesetzten Meinung zugetan und versicherten, viel zu trinken, gut zu leben, mit Gesang und Scherz umherzugehen, in allen Dingen, soweit es sich tun ließe, seine Lust zu befriedigen und über jedes Ereignis zu lachen und zu spaßen, sei das sicherste Heilmittel für ein solches Übel. Diese verwirklichten denn auch ihre Reden nach Kräften. Bei Nacht wie bei Tag zogen sie bald in diese, bald in jene Schenke, tranken ohne Maß und Ziel und taten dies alles in fremden Häusern noch weit ärger, ohne dabei nach etwas anderem zu fragen als, ob dort zu finden sei, was ihnen zu Lust und Genuß dienen konnte. Dies wurde ihnen auch leicht gemacht, denn als wäre sein Tod gewiß, so hatte jeder sich und alles, was ihm gehörte, aufgegeben. Dadurch waren die meisten Häuser herrenlos geworden, und der Fremde bediente sich ihrer, wenn er sie zufällig betrat, wie es der Eigentümer selbst getan hätte.

Wie sehr aber auch die, welche so dachten, ihrem viehischen Vorhaben nachgingen, so vermieden sie doch auf das sorgfältigste, den Kranken zu begegnen. In solchem Jammer und in solcher Betrübnis der Stadt war auch das ehrwürdige Ansehen der göttlichen und menschlichen Gesetze fast ganz gesunken und zerstört; denn ihre Diener und Vollstrecker waren gleich den übrigen Einwohnern alle krank oder tot oder hatten so wenig Gehilfen behalten, daß sie keine Amtshandlungen mehr vornehmen konnten. Darum konnte sich jeder erlauben, was er immer wollte.

Viele andere indes schlugen einen Mittelweg zwischen den beiden obengenannten ein und beschränkten sich weder im Gebrauch der Speisen so sehr wie die ersten, noch hielten sie im Trinken und in anderen Ausschweifungen so wenig Maß wie die zweiten. Vielmehr bedienten sie sich der Speise und des Tranks nach Lust und schlossen sich auch nicht ein, sondern gingen umher und hielten Blumen, duftende Kräuter oder sonstige Spezereien in den Händen und rochen häufig daran, überzeugt, es sei besonders heilsam, durch solchen Duft das Gehirn zu erquicken; denn die ganze Luft schien von den Ausdünstungen der toten Körper, von den Krankheiten und Arzneien stinkend und beklemmend.

Andere aber waren grausameren Sinnes – obgleich sie vermutlich
sicherer gingen – und erklärten, kein Mittel gegen die Seuche sei so
wirksam und zuverlässig wie die Flucht. In dieser Überzeugung verließen viele, Männer wie Frauen, ohne sich durch irgendeine Rücksicht halten zu lassen, allein auf die eigene Rettung bedacht, ihre
Vaterstadt, ihre Wohnungen, ihre Verwandten und ihr Vermögen
und flüchteten auf ihren eigenen oder gar einen fremden Landsitz;
als ob der Zorn Gottes, der durch diese Seuche die Ruchlosigkeit
der Menschen bestrafen wollte, sie nicht überall gleichmäßig erreichte, sondern nur diejenigen vernichtete, die sich innerhalb der
Stadtmauern antreffen ließen, oder als ob niemand mehr in der
Stadt verweilen solle und deren letzte Stunde gekommen sei.

Obgleich diese Leute mit den also verschiedenen Meinungen nicht
alle starben, so kamen sie doch auch nicht alle davon, sondern viele
von den Anhängern jeder Meinung erkrankten, wo immer sie sich
befanden, und verschmachteten fast ganz verlassen, wie sie das
Beispiel dazu, solange sie gesund gewesen waren, denen gegeben
hatten, die gesund blieben. Wir wollen davon schweigen, daß ein
Mitbürger den andern mied, daß der Nachbar fast nie den Nachbarn
pflegte und die Verwandten einander selten oder nie besuchten;
aber mit solchem Schrecken hatte dieses Elend die Brust der Männer wie der Frauen erfüllt, daß ein Bruder den andern im Stich ließ,
der Oheim seinen Neffen, die Schwester den Bruder und oft die
Frau den Mann, ja, was das schrecklichste ist und kaum glaublich
scheint: Vater und Mutter weigerten sich, ihre Kinder zu besuchen
und zu pflegen, als wären es nicht die ihrigen.

In dieser allgemeinen Entfremdung blieb den Männern und Frauen,
die erkrankten – und ihre Zahl war unermeßlich –, keine Hilfe
außer dem Mitleid der wenigen Freunde, die sie nicht verließen,
oder dem Geiz der Wärter, die sich durch einen unverhältnismäßig
hohen Lohn zu Dienstleistungen bewegen ließen. Aber auch der

Auf der unten abgebildeten
*Miniatur aus einem Antiphonar
des 15. Jahrhunderts* (Siena,
Bibliotheca Comunale) wird die
Pest durch einen *apokalyp-
tischen Reiter* versinnbildlicht.
Die Miniatur ist ein Werk von
Giovanni di Paolo (?1403–1482),
dem „Greco des 15. Jahrhunderts" (Berenson),der von den
französischen Miniaturisten
und der florentinischen Malerei
beeinflußt, die sienesisch-
gotische Tradition fortführte,
und dessen eigenartige Phantasie und kühne Irrealität neue
Akzente setzte.

Das von Boccaccio geschilderte Massensterben ist für die moderne Erfahrung am ehesten nachvollziehbar, wenn man ihm die Verheerungen eines Krieges zur Seite stellt. Und sogar dieser Vergleich ist unzulänglich, denn es sterben in Florenz verhältnismäßig mehr Menschen als in irgendeinem Krieg in Europa.

Die Kunst gelangt beim Versuch, eine Katastrophe darzustellen, an eine absolute Grenze. Wagt sie sich an dieses Thema, dann muß sie notwendigerweise zu symbolischen Verdichtungen greifen. Die Kohlezeichnung ,,*1914*" von *Antonio Rizzi* (1869–1941) ist ein solcher Versuch, das Undarstellbare darzustellen. Rizzi greift zu Archetypen: der Tod geht auf den Wogen eines Leichenmeeres. Der Schrecken wird von den Wellenbergen evoziert, die alles verschlingen. Der Künstler folgt einer Ästhetik des ,,Erhabenen" (das heißt des Gewaltigen im Gegensatz zum ,,Schönen"). ,,Man muß den Ozean . . ., wenn er in Ruhe betrachtet wird, als einen klaren Wasserspiegel, der bloß vom Himmel begrenzt ist, aber ist er unruhig, wie einen alles zu verschlingen drohenden Abgrund, dennoch e r h a b e n finden können . . ." (Kant: ,,Kritik der Urteilskraft" § 29). So kritisch die Absicht des Künstlers auch gewesen sein mag – indem er auf einen Topos des ,,Erhabenen" (Ozean) zurückgreift, werden Krieg und Kriegsausbruch enthistorisiert: der Krieg wird zum Naturprozeß, für den es keine Verantwortlichen gibt. So bekommt er mythische Gewalt. Der Schrecken, auf den das Kunstwerk eigentlich antworten sollte, wird in ihm wiederholt; es steht noch ganz unter seinem Bann und gibt diesen an den Betrachter weiter. Die Katastrophe ,,verarbeitet" hätte dasjenige Werk, in dem trotz des Schreckens dem Geist noch Raum geblieben wäre, sich über den Schrecken zu erheben.

letzteren waren nicht viele zu finden, und die sich dazu hergaben, waren Männer oder Weiber von geringer Einsicht, die meist auch zu solchen Dienstleistungen gar kein Geschick hatten und kaum etwas anderes taten, als daß sie den Kranken dies oder jenes reichten, was sie gerade verlangten, oder zusahen, wenn sie starben. Doch wurde ihnen oft ihr Gewinn bei solchem Dienste zum Verderben.

Weil die Kranken von ihren Nachbarn, Verwandten und Freunden verlassen wurden und nicht leicht Diener finden konnten, bürgerte sich ein Brauch ein, von dem man nie zuvor gehört hatte: daß nämlich Damen, wie vornehm, sittsam und schön sie auch waren, sich, wenn sie erkrankten, durchaus nicht scheuten, von Männern, mochten diese jung oder alt sein, bedient zu werden und vor ihnen, ganz als ob es Frauenzimmer wären, ohne alle Scham jeden Teil ihres Körpers zu entblößen, sobald die Bedürfnisse der Krankheit es erforderten. Vielleicht hat dieser Brauch bei manchen, die wieder genasen, in späterer Zeit einigen Mangel an Keuschheit veranlaßt. Überdies starben aber auch viele, die vermutlich am Leben geblieben wären, hätte man ihnen Hilfe gebracht.

So war denn, teils wegen des Mangels gehöriger Pflege, teils wegen der Heftigkeit der Seuche, die Zahl der bei Tag und Nacht in der Stadt Gestorbenen so groß, daß man sich entsetzte, wenn man sie erfuhr, geschweige denn, wenn man das Elend selbst mit ansah. Daraus entstand fast unvermeidlich unter denen, die am Leben blieben, manche Unregelmäßigkeit, die den früheren bürgerlichen Sitten widersprach. So war es früher üblich gewesen – wie wir es auch heute noch sehen –, daß die Nachbarinnen und die weiblichen Verwandten mit den nächsten Angehörigen eines Verstorbenen in dessen Hause zusammenkamen und klagten, während sich die männlichen Mitglieder der Familie sowie Nachbarn und andere Bürger vor seiner Tür in Menge versammelten. Auch kam die Geistlichkeit dazu, je nach dem Stande des Verstorbenen, und dann wurde die Leiche auf den Schultern seiner Genossen bei angezündeten Wachskerzen mit Gesang und anderen Begräbniszeremonien zu der Kirche getragen, die jener noch vor seinem Tode bestimmt hatte. Als indessen die Heftigkeit der Seuche zunahm, hörten alle diese Bräuche ganz oder teilweise auf, und neue traten an ihre Stelle. Denn nicht allein starben die meisten, ohne daß viele Frauen zusammengekommen wären, sondern gar manche verließen dieses Leben ohne die Gegenwart eines einzigen Zeugen, und nur wenigen wurden die mitleidigen Klagen und die bitteren Tränen ihrer Angehörigen vergönnt. Statt dieser hörte man nun meist geselliges Lachen, Scherze und Gespött, eine Weise, welche die Frauen, ihr weibliches Mitleid großenteils verleugnend, um sich gegen die Krankheit zu wahren, meisterlich gelernt hatten. Es kam selten vor, daß eine Leiche von mehr als zehn oder zwölf Nachbarn zur Kirche geleitet wurde. Dabei trugen nicht achtbare und befreundete Bürger die Bahre, sondern eine Art Totengräber, die sich aus dem niederen Volk zusammengefunden hatten und Pestknechte genannt wurden, gingen eilfertig mit dem Sarge und vier oder sechs Geistlichen nicht in die vom Verstorbenen vorher bestimmte Kirche, sondern in die nächste beste, manchmal mit wenigen Lichtern, zuweilen aber auch mit keinem. Hier ließen die Geistlichen mit Hilfe der Pestknechte

den Toten in die erste beste Gruft legen, die sie offen fanden, ohne sich zu langen Feierlichkeiten Zeit zu nehmen.

Die Lage der kleinen Leute und wohl auch der meisten aus dem Mittelstand war noch viel elender, da sie entweder von der Hoffnung oder von der Armut in ihren Häusern zurückgehalten wurden, mit den Nachbarn verkehrten und daher täglich zu Tausenden erkrankten und bei dem vollständigen Mangel an Pflege und Hilfe

Im Gegensatz zu Rizzis Kohlezeichnung „1914" zeigt das „Decamerone" die künstlerische Bemühung, die Katastrophe im Kunstwerk zu parieren (siehe „Themen" S. 112 ff) anstelle angesichts ihrer Gewalt zu erstarren.

rettungslos starben. Es gab viele, die bei Tag oder Nacht auf offener Straße verschieden, viele, die ihren Geist in den Häusern aufgaben und ihren Nachbarn erst durch den Gestank, der aus ihren faulenden Leichen aufstieg, Kunde von ihrem Tode brachten. So war von den einen wie von den andern alles voll; denn überall starben Menschen. Dann verfuhren die Nachbarn meist auf die gleiche Art, zu welcher sie ebensosehr aus Furcht, daß die Fäulnis der Leichname ihnen schaden werde, als aus Mitleid für die Verstorbenen bewogen wurden. Sie schleppten nämlich entweder selbst oder mit Hilfe einiger Träger, wenn sie solche bekommen konnten, die Körper der Toten aus ihren Wohnungen und legten sie vor den Türen nieder. So hätte, wer – zumal am Morgen – durch die Stadt gegangen wäre, der Leichen unzählige liegen sehen. Dann ließen sie Bahren kommen oder legten, wenn es an diesen gebrach, ihre Toten auf ein bloßes Brett. Auch geschah es, daß auf einer Bahre zwei oder drei davongetragen wurden, und nicht einmal, sondern viele Male hätte man zählen können, wo dieselbe Bahre die Leichen des Mannes und der Frau oder zweier und dreier Brüder oder des Vaters und seines Kindes trug.

Oft ereignete es sich auch, daß, wenn ein paar Geistliche vor einer mit dem Kreuz hergingen, sich gleich drei oder vier Bahren mit anschlossen und die Priester, die einen Toten begraben zu sollen glaubten, nun deren sechs, acht und zuweilen noch mehr hatten. Dabei wurden dann die Verstorbenen mit keiner Kerze, Träne oder Begleitung geehrt, vielmehr war es so weit gekommen, daß man sich nicht mehr darum kümmerte, wenn Menschen starben, als man es

Die Abbildung unten gibt einen Ausschnitt aus dem Fresko *„Die gute und die schlechte Regierung"* (vgl. S. 48/49) wieder, entstanden 1338–1339. Der Schöpfer des Werks, Ambrogio Lorenzetti, zeigt in diesem Abschnitt die Idylle ländlichen Lebens und Arbeitens unter der *„Guten Regierung"*, das die Pest zunichte gemacht hat. Eine andere Bedeutung gewinnt das Landleben der Erzähler des *„Decamerone"*: *„Das Grauen der Pest nährt die Behaglichkeit des Landlebens . . .",* so bemerkt Alberto Moravia (vgl. Themen S. 121).

jetzt um den Tod einer Geiß täte. Woraus denn gar deutlich wird, daß ein geduldiges Hinnehmen der Ereignisse, welches der gewöhnliche Lauf der Welt durch kleines und seltenes Unglück auch den Weisen nicht zu lehren vermag, durch die Größe des Elends auch den Einfältigen mitgeteilt werden kann.

Da für die große Menge Leichen, die, wie gesagt, in jeder Kirche täglich und fast stündlich zusammengetragen wurden, der geweihte Boden nicht langte, besonders wenn man nach alter Sitte jedem Toten eine besondere Grabstätte hätte einräumen wollen, so machte man, statt der kirchlichen Gottesäcker, weil diese bereits überfüllt waren, sehr tiefe Gruben und warf die neu Hinzukommenden in diese zu Hunderten. Hier wurden die Leichen aufgehäuft wie die Waren in einem Schiff und von Schicht zu Schicht mit ein wenig Erde bedeckt, bis die Grube bis zum Rand voll war.

Um aber alles Elend, das unsere Stadt betroffen hat, nicht weiter in seinen Einzelheiten auszuspinnen, sage ich, daß, während ein so feindliches Geschick in ihr hauste, die umliegende Landschaft deshalb nicht um das mindeste mehr verschont blieb. Ich schweige von den Burgflecken, die in kleinerem Maßstab den gleichen Anblick boten wie die Stadt. Auf den zerstreuten Landgütern und Meierhöfen jedoch starben die armen unglücklichen Landleute mit den Ihrigen ohne allen ärztlichen Beistand und ohne Pflege eines Dieners auf Straßen und Feldern wie in ihren Häusern, ohne Unterschied bei Tag und Nacht, nicht wie Menschen, sondern fast wie das Vieh. Darum wurden sie ebenso wie die Städter ausschweifend in ihren Sitten und kümmerten sich nicht mehr um ihren Besitz oder ihre Arbeit. Sie dachten nicht daran, die Früchte ihres früheren Schweißes, ihrer Ländereien und ihres Viehstandes für die Zukunft zu pflegen und zu vermehren, sondern bemühten sich mit allem Scharfsinn einzig und allein darum, die vorhandenen zu verzehren, als erwarteten sie den Tod an demselben Tage, den sie hatten anbrechen sehen. Daher geschah es denn, daß Ochsen, Esel, Schafe, Ziegen, Schweine, Hühner, ja selbst Hunde, die dem Menschen doch am treuesten sind, von den Häusern, denen sie zugehört, verjagt, nach Gefallen auf den Feldern umherliefen, wo das Getreide verlassen stand und weder geerntet noch geschnitten wurde. Manche unter diesen kehrten, ohne von einem Hirten angetrieben zu werden, als ob sie mit Vernunft begabt gewesen wären, am Abend gesättigt zu ihren Häusern zurück, nachdem sie den Tag über Nahrung gesucht hatten.

Was kann ich Stärkeres sagen, wenn ich mich nun wieder vom Lande zur Stadt zurückwende, als daß die Härte des Himmels und vielleicht auch die der Menschen so groß war, daß man mit Gewißheit glaubt, vom März bis zum nächsten Juli seien, teils von der Gewalt dieser bösartigen Krankheit, teils wegen des Mangels an Hilfe, den manche der Kranken leiden mußten, weil die Gesunden sie aus Furcht vor der Ansteckung in ihrer Not verließen, über hunderttausend Menschen innerhalb der Mauern von Florenz dem Leben entrissen worden, während man vor diesem verheerenden Ereignis der Stadt vielleicht kaum so viele Einwohner zugeschrieben hätte. Ach, wie viele große Paläste, wie viele schöne Häuser und vornehme Wohnungen, die einst voll glänzender Dienerschaft, voll

Zusammenbruch der Bestattungsriten bei Ovid:
„Nicht nach den Bräuchen trägt man die von dem Sterben entrafften Leiber hinaus, die Tore zu eng für die Züge der Leichen! Unbestattet liegen sie da am Boden, man schafft sie Ohne die Gaben auf Stöße von Holz. Keine Scheu ist geblieben, Schon um die Scheiter ist Streit, man verbrennt auf Feuern von Fremden. Niemand, der weine, ist da; der Tränen Spende entbehrend, Irren der Söhne und Männer, der Greise und Jünglinge Seelen"
(Ovid: „Metamorphoses" VII, 606 ff; siehe dazu auch „Themen" S. 120).

edler Herren und Damen gewesen waren, standen jetzt bis auf den geringsten Stallknecht leer! Wieviel denkwürdige Geschlechter blieben ohne Stammhalter, wie viele umfassende Verlassenschaften und berühmte Reichtümer ohne Erben! Wieviel rüstige Männer, schöne Frauen und blühende Jünglinge, denen selbst Galen, Hippokrates und Äskulap das Zeugnis blühender Gesundheit ausgestellt hätten, aßen noch am Morgen mit ihren Verwandten, Gespielen und Freunden, um am Abend des gleichen Tages in einer andern Welt mit ihren Vorfahren das Nachtmahl zu halten!

Es schmerzt mich, so lange bei solch großem Elend zu verweilen. Deshalb will ich nun die Erzählung aller jener Ereignisse auslassen, die ich schicklich übergehen zu können glaube, und sage statt dessen, daß es sich, während unsere Stadt von Bewohnern fast verlassen stand, zutrug (wie ich später von jemand Glaubwürdigem gehört habe), daß sieben junge Damen, die einander sämtlich als Freundinnen, Verwandte oder Nachbarinnen nahestanden, sich an einem Dienstagmorgen in der ehrwürdigen Kirche Santa Maria Novella, die nahezu von niemand besucht war, trafen, nachdem sie in Trauerkleidern, wie sie für eine solche Zeit sich schickten, dem Gottesdienst beigewohnt hatten. Keine von ihnen hatte das achtundzwanzigste Jahr überschritten, keine zählte weniger als achtzehn Lenze. Jede war verständig, jede schön von Gestalt, von reinen Sitten und von anständiger Munterkeit. Ich würde ihre wahren Namen nennen, hielte nicht ein guter Grund mich davon ab. Ich wünsche nämlich nicht, daß eine von ihnen um der Geschichte willen, die sie damals erzählt und angehört und die ich in der Folge mitteilen werde, sich in Zukunft zu schämen habe, was doch geschehen könnte, da heute den Sitten viel engere Grenzen gesetzt sind als damals, wo sie aus den oben erwähnten Gründen nicht nur ihrem, sondern auch viel reiferem Alter zu Belustigungen die größte Freiheit ließen. Ebensowenig möchte ich den Neidischen, die immer bereit sind, löblichen Lebenswandel zu verleumden, Gelegenheit geben, durch üble Nachrede in irgendeiner Hinsicht den guten Ruf dieser ehrenwerten Damen zu schmälern. Um indes ohne Verwirrung unterscheiden zu können, was eine jede von ihnen sprach, gedenke ich ihnen fernerhin Namen beizulegen, die den Eigenschaften einer jeden vollständig oder teilweise entsprechen. Und so wollen wir denn die erste und im Alter am meisten vorgerückte Pampinea nennen, die zweite Fiammetta, Filomena die dritte, die vierte Emilia, Lauretta soll die fünfte heißen, die sechste Neifile, und die letzte mag, nicht ohne Grund, Elisa genannt werden.

Diese sieben waren nun in einer Ecke der Kirche zusammengekommen, wo sie bald das Vaterunserbeten aufgaben, sich fast im Kreis niedersetzten und nach einigen Seufzern untereinander von den schlimmen Zeiten viel und mancherlei redeten. Nach einer Weile begann Pampinea, als die andern alle schwiegen, also zu reden:

„Liebe Mädchen, ihr werdet so gut wie ich gehört haben, daß es niemand Schande bringt, sich in geziemender Weise seines Rechts zu bedienen. Das natürliche Recht eines jeden, der auf Erden geboren ward, ist es aber, sein Leben, soviel er vermag, zu pflegen, zu erhalten und zu verteidigen. Dies ist auch so anerkannt wahr, daß

Die sieben jungen Frauen werden als die sieben Tugenden gedeutet (die vier Kardinaltugenden: Stärke, Klugheit, Gerechtigkeit, Mäßigkeit, und die drei theologischen: Glaube, Liebe und Hoffnung).

Pampinea beruft sich auf das Recht zur Selbsterhaltung. Nach der spätgriechischen philosophischen Richtung der Stoa wohnt jedem Lebewesen ein Trieb zur Selbsterhaltung inne. Thomas von Aquin nimmt diese Lehre in die scholastische Theologie auf: „Jedes beliebige Ding der Natur trachtet nach seiner Selbsterhaltung." Da dieser Trieb natürlich ist, muß er gut sein, das heißt, er begründet das „Recht" auf Selbsterhaltung.

schon manch einer um des lieben Lebens willen einen anderen ungestraft getötet hat. Erlauben nun die Gesetze, denen es obliegt, darüber zu wachen, daß jeder recht und schlecht leben kann, solche Handlungen, wieviel mehr muß es uns und jedem andern freistehen, alle Mittel, die wir kennen, zur Erhaltung unseres Lebens anzuwenden, ohne daß wir dadurch irgend jemand zu nahe träten. Indem ich unser Betragen an diesem Morgen und an vielen andern vergangenen Tagen aufmerksam betrachte und bedenke, worüber und wie wir uns miteinander zu besprechen pflegen, so fühle ich und bin gewiß, daß ihr es ebenso werdet fühlen können, daß eine jede unter uns für sich selbst bangt.

Auch wundere ich mich darüber keineswegs, wohl aber erstaunt mich, daß wir, die wir alle weiblicher Ängstlichkeit teilhaftig sind, dennoch für unsere wohlbegründete gemeinsame Furcht den Schutz nicht suchen, der uns zu Gebote stände. Wir verweilen meiner Meinung nach hier nicht anders, als wollten oder müßten wir Zeugnis darüber ablegen, wie viele Leichen hier zu Grabe getragen werden, oder ob die, welche hier im Kloster wohnen und deren Zahl auf nichts zusammengeschmolzen ist, ihre Horen zur gehörigen Zeit singen, oder als dächten wir, durch unsere Trauerkleider jedem, der uns antrifft, anzuzeigen, wie groß und vielfach unser Elend sei.

Verlassen wir aber diesen Ort, so sehen wir entweder Leichen- und Krankenüberführungen, oder wir begegnen denen, die einst um ihrer Verbrechen willen von den Rechtsbehörden aus der Stadt verbannt wurden und nun, gleichsam zum Spott, weil sie die Vollstrecker der Gesetze tot oder krank wissen, mit lästigem Ungetüm durch die Straßen ziehen; oder wir sehen endlich den Abschaum unserer Stadt, von unserem Blute erhitzt, unter dem Namen Pestknechte zu unserm Unglück überall reiten und streifen, wobei sie uns unser Unglück mit schändlichen Liedern vorhalten. Auch hören wir nie etwas anderes als ‚die und die sind tot und die und die liegen im Sterben‘, und außerdem würden wir, wenn es noch Leute gäbe, die es täten, nichts als schmerzliches Weinen vernehmen.

Kehren wir endlich in unsere Wohnungen zurück – ich weiß nicht, ob es euch ebenso geht wie mir, aber ich fürchte mich, wenn ich von einer zahlreichen Familie niemand mehr als eine Magd antreffe. Alle Haare sträuben sich mir, und wo ich gehe und stehe, glaube ich die Schatten meiner Verstorbenen zu sehen, und nicht mit den gewohnten Gesichtern, sondern ich erschrecke vor ihrem fürchterlichen, ich weiß nicht wodurch, so sehr entstellten Aussehen. Aus allen diesen Gründen fühle ich mich hier und anderwärts und zu Hause unglücklich, und das um so mehr, als es mir unmöglich scheint, daß jemand, der noch Blut in seinen Adern hat und anderswohin zu gehen imstande ist, außer uns hiergeblieben sei. Und sind wirklich noch einige hier, so habe ich mehrmals vernommen, daß diese, allein und in Gesellschaft, ohne zwischen anständigen und unanständigen Frauen einigen Unterschied zu machen, sobald die Lust sie dazu antreibt, mit einer jeden bei Tage und bei Nacht vornehmen, was ihnen am meisten Vergnügen macht. Und nicht allein die freien Leute, sondern auch die in den Klöstern eingeschlossenen haben unter dem Vorwand, was den andern nicht verwehrt werden könne, müsse auch ihnen freistehen, die Gesetze des

Inneres der Kirche Santa Maria Novella in Florenz. Es ist die wichtigste Dominikanerkirche der Stadt. Ihr Bau wurde 1246 begonnen und 1360 vollendet. Die langgezogene Pfeilerbasilika mit den Kreuzrippengewölben wirkt leicht französisch. Vgl. auch Abbildung S. 60/61.

Gehorsams über den Haufen geworfen, sich der Fleischeslust ergeben und sind in der Hoffnung, so dem Tode zu entgehen, ausschweifend und schamlos geworden.

Verhält es sich aber so, und daß es sich so verhält, ist offenbar, was tun wir dann hier? Worauf warten, wovon träumen wir? Warum sind wir saumseliger und träger, unsere Gesundheit zu schützen, als alle unsere übrigen Mitbürger? Halten wir uns für geringer als die anderen Frauen oder denken wir, unsere Seele sei mit stärkeren Banden an den Körper geknüpft, als die der übrigen ist, so daß wir uns um nichts zu kümmern brauchten, das unsere Gesundheit zu erschüttern vermöchte? Wir irren, wir betrügen uns; wie töricht sind wir, wenn wir solches wähnen! Sooft wir daran denken, wie viele und wie kräftige Jünglinge und Mädchen von dieser grausamen Seuche dahingerafft sind, sehen wir den besten Beweis dafür.

Damit wir nun nicht aus Trägheit oder Sorglosigkeit einem Unglück erliegen, dem wir, wenn wir wollten, auf irgendeine Weise entgehen könnten, dächte ich, wiewohl ich nicht weiß, ob ihr die gleiche Meinung habt, es wäre am besten, wir verließen, so wie wir sind, diese Stadt, wie es viele vor uns getan haben und noch tun. Die bösen Beispiele anderer wie den Tod verabscheuend, könnten wir mit Anstand auf unseren ländlichen Besitzungen verweilen, deren jede von uns eine Menge hat, wo wir uns dann Freude, Lust und Vergnügen verschafften, soviel wir könnten, ohne die Grenzen des Erlaubten irgendwie zu überschreiten. Dort hört man die Vöglein singen, dort sieht man Hügel und Ebenen grünen, dort wogen die Kornfelder nicht anders als das Meer, dort erblickt man wohl tausenderlei Bäume und sieht den Himmel offener, der, wie erzürnt er auch gegen uns ist, seine ewige Schönheit nicht verleugnet, was alles zusammen viel erfreulicher ist als der Anblick der kahlen Mauern unserer Stadt.

Außerdem ist die Luft dort frischer, und der Vorrat von Dingen, die man zum Leben braucht, ist dort größer, und geringer die Zahl der Unannehmlichkeiten. Denn obleich die Landleute dort sterben wie hier die Städter, so ist doch der üble Eindruck, der dadurch entsteht, um so geringer, als dort die Häuser und die Bewohner sparsamer verstreut sind wie hier in der Stadt. Hier verlassen wir auf der andern Seite, wie mich dünkt, niemand, vielmehr können wir umgekehrt uns verlassen nennen, da die Unsrigen, entweder sterbend oder dem Tode entfliehend, uns, als ob wir ihnen nicht zugehörten, in so großem Elend alleingelassen haben. Kein Tadel kann also auf uns fallen, wenn wir diesen Vorschlag annehmen, wohl aber können uns Schmerz, Leid und vielleicht der Tod treffen, wenn wir ihn verwerfen.

Beliebt es euch nun, so denke ich, es sei wohlgetan, wenn wir unsere Dienerinnen abrufen und uns die nötigen Sachen nachbringen lassen. Dann aber wollen wir, heute hier, morgen dort verweilend, unter den Ergötzungen und Lustbarkeiten, welche die Gegenwart uns bieten kann, so lange in diesem Leben fortfahren, bis wir — wenn der Tod uns nicht zuvor erreicht — gewahr werden, daß der Himmel diese Leiden zu enden beschlossen hat. Ich will euch noch daran erinnern, daß ein ehrbares Entfernen uns nicht minder anstehen kann als vielen der anderen Frauen ein ehrloses Verweilen."

Die übrigen Damen lobten nicht allein Pampineas Vorschlag, sondern hatten auch schon, voll Verlangen, ihn zu befolgen, mehrfach einzeln unter sich über die Art der Ausführung zu sprechen begonnen, als sollten sie, sobald sie sich von ihren Sitzen erhöben, sich gleich auf den Weg machen. Filomena indes, die sehr verständig war, sagte: „Mädchen, obgleich sehr wohl gesprochen ist, was Pampinea sagt, so müssen wir doch die Sache nicht so übereilen, wie ihr zu tun willens zu sein scheint. Bedenkt, daß wir allesamt Frauen sind, und keine unter uns ist noch so kindisch, daß sie nicht wüßte, wie übel Frauen allein beraten sind und wie schlecht wir ohne die Fürsorge eines Mannes uns anzustellen wissen. Wir sind unbeständig, eigensinnig, argwöhnisch, kleinmütig und furchtsam, und aus allen diesen Gründen fürchte ich gar sehr, daß diese Gesellschaft sich früher und zu größerer Unehre für uns auflösen wird, als sie es tun sollte, wenn wir niemand anders als uns selbst zum Führer nehmen. Darum ist es gut, Vorsorge zu treffen, ehe wir beginnen."

Darauf sagte Elisa: „Wahrlich, die Männer sind das Haupt der Frauen, und ohne ihre Anordnungen gedeiht selten eine unserer Unternehmungen zu einem löblichen Ende. Aber wo sollten wir diese Männer finden? Jede von uns weiß, daß die meisten ihrer Angehörigen tot sind, und die andern, die noch Lebenden, fliehen, ohne daß wir wüßten, wo sie sich befinden, der eine hierhin, der andre dorthin, in verschiedener Gesellschaft das gleiche Übel, dem auch wir zu entgehen suchen. Fremde aufzufordern ziemte sich nicht; denn wenn wir unserem Heile nachgehen wollen, müssen wir uns so einzurichten wissen, daß wir nicht Verdruß und Schande ernten, wo wir Freude und Ruhe zu gewinnen suchen."

Wenn Boccaccio die sieben Damen und drei Männer in einer Kirche zusammentreffen läßt, so folgt er damit einem alten literarischen Topos: der „Begegnung im Tempel" (Bernhard König). Auch Petrarca gibt vor, seiner Laura am Karfreitag, dem 6. April 1327, in der Kirche Santa Chiara in Avignon begegnet zu sein. Doch dieser Tag war gar kein Karfreitag! Boccaccio verwendet das Motiv in fast allen seinen Werken; im Prolog zum „Filocolo" behauptet er, seine Fiammetta am Ostersamstag in San Lorenzo Maggiore zu Neapel erstmals erblickt zu haben. Jeglicher Versuch, aus diesen Angaben biographische Rückschlüsse zu ziehen (wie es der Boccaccio-Forscher Henri Hauvette getan hat), scheitert daran, daß es sich um einen literarischen Topos handelt. Dieser findet sich zum erstenmal im „Hippolytos" des athenischen Tragikers Euripides (480–406 v. Chr.). Die Liebesgöttin Aphrodite schildert in den Eingangsversen, wie die Königin Phädra ihrem Stiefsohn Hippolytos bei den Mysterienfeiern zu Eleusis begegnet:
„Denn als er einmal aus des Pittheus Hause ging,
Zu schaun die Weihen hoher Gottgeheimnisse,
Ins Land Pandions, da erblickte Phädra ihn,
Des Vaters edle Gattin, und wie ich's verhängt,
Entbrannt ihr Herz in ungestümer Liebesglut"
(„Hippolytos" 48 ff).
Diese in einem heiligen Bezirk beginnende Liebe entzündet sich am ersten Blick und endet immer verhängnisvoll. Das Motiv geht in die hellenistische Dichtung ein und findet sich im spätgriechischen Liebesroman (Musaios, Aristainetos) wieder. Die lateinische Dichtung nimmt es auf (Ovid: „Heroiden" IV, 67 ff) und reicht es ans Mittelalter weiter.

Während dieses Gespräch noch unter den Damen im Gange war, traten unvermutet drei junge Männer in die Kirche, unter denen indes der jüngste kein geringeres Alter als fünfundzwanzig Jahre hatte und in deren Herzen weder die Widerwärtigkeiten jener Zeit noch der Verlust der Freunde und Verwandten, noch endlich die Furcht für ihr eigenes Leben die Liebe zu vertilgen oder abzukühlen vermocht hatte. Der erste unter ihnen hieß Panfilo, Filostrato der zweite und Dioneo der dritte, von denen ein jeder gar artig und gebildet war. Sie waren eben unterwegs, um als höchsten Trost in dieser gewaltigen Erschütterung aller Dinge den Anblick ihrer Damen zu suchen, die sich zufällig alle drei unter den genannten sieben befanden, wie der eine und der andere unter ihnen mit einigen der übrigen Mädchen durch Verwandschaft verbunden war.

Die Damen wurden ihrer früher ansichtig, als sie von ihnen gewahrt wurden, weshalb Pampinea lächelnd anhub: „Seht, das Glück ist unserem Beginnen günstig und führt uns verständige und wackere Jünglinge zu, die gern unsere Führer und Diener sein werden, wenn wir nicht verschmähen wollen, sie zu diesem Amte anzunehmen." Neifile aber wurde bei dieser Rede im ganzen Gesicht purpurrot vor Scham, denn sie wußte, daß einer der jungen Männer sie liebte, und sagte: „Pampinea, bei Gott, bedenke, was du sprichst! Ich weiß gewiß von keinem unter jenen, welcher es auch sei, irgend etwas anderes als lauter Gutes zu sagen; auch halte ich sie zu weit größeren Dingen, als dieses ist, geschickt und glaube, sie leisteten nicht allein uns, sondern auch viel schöneren und würdigeren Damen gute und ehrbare Gesellschaft. Weil es aber offenkundig ist, daß sie in einige, die sich unter uns befinden, verliebt sind, so fürchte ich, daß uns ohne ihre und unsere Schuld Tadel und Schande daraus erwachsen könnten, wenn wir sie mitnähmen."

Filomena antwortete darauf: „Das hat nichts zu bedeuten; solange ich sittsam lebe und mein Gewissen mir keine Vorwürfe macht, gilt es mir gleich, was man von mir redet, denn Gott und die Wahrheit werden zu meinem Schutze die Waffen ergreifen. Wären sie nur schon bereit, mit uns zu gehen, so könnten wir wahrlich uns rühmen, das Glück begünstige unsere Unternehmung."

Als die übrigen Mädchen Filomenas Worte vernommen hatten, beruhigten sie sich nicht allein, sondern verlangten in allgemeiner Übereinstimmung, daß jene gerufen, mit ihren Plänen bekannt gemacht und gebeten würden, ihnen Gesellschaft zu leisten. Zu diesem Zweck erhob sich Pampinea ohne weitere Worte und ging auf die Jünglinge zu, mit deren einem sie verwandt war, grüßte die ins Anschauen der Mädchen Versunkenen mit heiterem Antlitz und bat sie im Namen aller, nachdem sie ihren Plan zuvor auseinandergesetzt, daß sie sich entschließen möchten, ihnen mit reinen und brüderlichen Gesinnungen Gesellschaft zu leisten. Die Jünglinge glaubten anfangs, man wolle sie zum besten haben; als sie aber sahen, daß es der Dame Ernst war, antworteten sie freudig, sie seien bereit. Dann verabredeten sie, ohne die Ausführung ferner aufzuschieben, noch ehe sie die Kirche verließen, was bis zu ihrer Abreise noch besorgt werden müsse.

Nachdem sie alles in gehöriger Ordnung bereiten und an den Ort hatten senden lassen, wohin zu gehen sie zunächst beabsichtigten, machten sich am andern Morgen, das heißt am Mittwoch, die Damen mit einigen ihrer Dienerinnen und die drei Jünglinge mit dreien ihrer Leute bei Tagesanbruch auf den Weg. Sie verließen die Stadt, waren aber noch nicht mehr als zwei kleine Meilen weit von ihr entfernt, als sie schon an dem Orte anlangten, den sie fürs erste verabredet hatten.

Dieser Landsitz lag auf einem kleinen Hügel, nach allen Richtungen ein wenig von unseren Landstraßen entfernt, und war mit mancherlei Bäumen und Sträuchern bewachsen, alle grünbelaubt und lieblich anzusehen. Auf dem Gipfel dieser Anhöhe stand ein Palast mit einem schönen und großen Hofraum in der Mitte, reich an offenen Gängen, Sälen und Zimmern, die, sowohl insgesamt als jedes für sich betrachtet, ausnehmend schön und durch den Schmuck heiterer Malereien ansehnlich waren. Rings umher lagen Wiesen und reizende Gärten mit Brunnen voll kühlem Wasser und Gewölben, die reich an köstlichen Weinen waren, so daß sie eher für erfahrene Trinker als für mäßige, sittsame Mädchen geeignet schienen.

Das Innere des Palastes fand die eintretende Gesellschaft zu ihrem nicht geringen Vergnügen reinlich ausgekehrt. Alles war voll von Blumen, wie die Jahreszeit sie mit sich brachte, und der Fußboden war mit Binsen belegt. Als sie, kaum angekommen, sich niedergelassen hatten, sagte Dioneo, der alle andern an Frohsinn und Witz übertraf: „Meine Damen, mehr euer Verstand als unser Entschluß hat uns hierher geführt. Was ihr mit euren Kümmernissen anzufangen meint, weiß ich nicht; die meinigen habe ich hinter dem Stadttor zurückgelassen, als ich vor kurzem mit euch hindurchgegangen bin. Deshalb entschließt euch denn insgesamt, entweder mit mir zu scherzen, zu lachen und zu singen, soviel sich mit eurer Ehrbarkeit verträgt, oder verabschiedet mich, daß ich wieder meinen Sorgen nachgehe und in die geplagte Stadt zurückkehre."

Ihm antwortete Pampinea, nicht minder fröhlich, als hätte auch sie bereits alle ihre Sorgen verscheucht: „Dioneo, sehr wohl hast du gesprochen. In Lust und Freuden müssen wir leben, denn aus keinem andern Grund sind wir dem Jammer entflohen. Weil aber alles, was kein Maß und Ziel kennt, nicht lange währt, so meine ich als die Urheberin jener Gespräche, aus denen eine so schöne Gesellschaft hervorgegangen ist, es sei notwendig, daß wir übereinkommen, einen Oberherren zu wählen, dem wir dann als unserem Gebieter gehorchen und Ehre erweisen und dem die Sorge, unser heiteres Leben zu gestalten, allein überlassen bleibt. Damit indes ein jeder von uns zugleich die Last dieser Pflichten und das Vergnügen des Vorrangs empfinde und damit keiner, leer ausgehend, einen andern in dieser oder jener Hinsicht beneiden könne, sage ich, daß Ehre und Beschwerde jedem für einen Tag zugeteilt werden solle. Wer unter uns der erste sein soll, werde durch gemeinsame Wahl entschieden. In Zukunft aber möge um die Abendstunde der jeweilige Herr oder die jeweilige Herrin den Nachfolger oder die Nachfolgerin bestimmen. Wer nun auf solche Weise regiert, der mag während der Dauer seiner Herrschaft nach Willkür über Zeit, Ort und Einrichtung unseres Lebens verfügen und bestimmen."

Diese Worte wurden von der Gesellschaft mit lebhaftem Beifall aufgenommen, und Pampinea wurde einstimmig zur Königin des

Der Brauch, eine Gesellschaftskönigin zu wählen, stammt aus der höfischen Kultur Südfrankreichs. Beliebt war dort nicht nur das Erzählen von Geschichten, sondern die spielerische Erörterung von – meist erotischen – Streitfragen; dabei hatte die Königin das abschließende Urteil zu sprechen.

ersten Tages erwählt. Filomena aber lief eilig nach einem Lorbeer-
strauch; denn oft genug hatte sie sagen hören, welcher Ehre das
Laub des Lorbeers würdig ist und wie ehrwürdig es den macht, der
mit ihm bekränzt zu werden verdiene. So brach sie denn einige
Reiser von ihm ab und krönte Pampinea mit dem daraus geflochte-
nen stattlichen Kranze, der von diesem Tage an, solange die Gesellschaft beisammenblieb, für jeden als sichtbares Zeichen der königlichen Macht und Herrlichkeit diente.

Pampinea, die nun Königin war, gebot jedermann Stillschweigen
und sagte, als alle aufmerkten und die Diener der drei jungen
Männer nebst den vier Dienerinnen der Mädchen auf ihren Befehl
erschienen waren: „Um euch allen zum Anfang eine Probe zu geben, auf welchem Wege wir, vom Guten zum Besseren fortschrei-
tend, unsere Gesellschaft in Anstand und Vergnügen, und ohne daß
unser guter Ruf darunter leidet, so lange aufrechterhalten können,
wie es uns gefallen wird, ernenne ich zuerst Parmeno, den Diener
des Dioneo, zu meinem Seneschall; ihm übertrage ich Sorge und
Aufsicht über die ganze Dienerschaft, über Küche und Keller. Siris-
co, des Panfilo Diener, sei unter des Parmeno Oberbefehl unser
Rechnungsführer und Schatzmeister. Tindaro mag Filostrato, seinem Herrn, und den beiden anderen Männern in ihren Gemächern
aufwarten, wenn deren Diener durch ihre neuen Pflichten daran
gehindert sind. Meine Misia und Filomenas Licisca können ausschließlich den Küchendienst besorgen und die Speisen sorgfältig
bereiten, wie Parmeno es ihnen auftragen wird. Laurettas Chimera
und Fiammettas Stratilia bleibe es überlassen, die Zimmer von uns
Mädchen in Ordnung zu halten und für die Sauberkeit der Gesell-
schaftszimmer Sorge zu tragen. Alle insgemein aber sollen sich auf
unseren ausdrücklichen Befehl, wenn ihnen unsere Gnade lieb ist,
wohl in acht nehmen, uns andere als gute Nachrichten von draußen
zu bringen."

Kaum hatte Pampinea diese Befehle, die allgemeinen Beifall fanden, kurz und bündig erteilt, als sie munter aufstand und sagte:
„Hier gibt es Gärten und frische Wiesen, hier sind anmutige Plätze
in Menge. So möge denn ein jeder nach Gefallen lustwandeln gehen, sich aber wieder hier einfinden, wenn die dritte Morgenstunde
schlägt, damit wir noch im Kühlen speisen können."

So gingen denn die jungen Männer, nachdem die neue Königin
solcherart die muntere Gesellschaft beurlaubt hatte, in ergötzlichen
Gesprächen mit den schönen Mädchen langsamen Schrittes im
Garten einher, wanden sich bunte Kränze aus mancherlei Blumen
und sangen Liebeslieder. Als die Zeit verstrichen war, welche die
Königin ihnen gewährt hatte, kehrten sie zum Hause zurück und
fanden, daß Parmeno sein Amt voll Eifer angetreten hatte. In einem
Saal des Erdgeschosses waren die Tafeln mit schneeweißem Linnen
gedeckt, Trinkgläser, die wie Silber blinkten, standen umher und
alles war mit Ginsterblüten zierlich geschmückt. Das Wasser zum
Händewaschen ward auf Befehl der Königin herumgereicht, und
dann setzten sich alle in der von Parmeno bestimmten Ordnung.
Leckere Speisen wurden aufgetragen und der Tisch mit köstlichen
Weinen besetzt, worauf die drei Diener, ohne viel Worte zu verlieren, den Tafeldienst versahen. Die gute Zubereitung und Anord-

nung der Mahlzeit erheiterte jeden, gefällige Scherze und gemeinsame Heiterkeit würzten die Gerichte.

Die Mädchen und nicht minder die jungen Männer verstanden sich
sämtlich auf den Reigentanz. Einige unter ihnen aber besaßen besondere Geschicklichkeit in Spiel und Gesang. Darum ließ die
Königin, als die Tische abgeräumt waren, Musikinstrumente herbeibringen, und Dioneo nahm auf ihren Befehl die Laute, Fiammetta
eine Geige, und sie begannen, anmutig miteinander einen Tanz zu
spielen. Die Königin schickte die Diener zum Essen und tanzte dann
mit den anderen Damen und den zwei jungen Männern nach dieser
Musik langsamen Schrittes einen Reigen. Dem Tanz folgten anmutige, muntere Lieder. In dieser Art abwechselnd, vergnügte sich die
Gesellschaft so lange, bis die Königin glaubte, es sei Zeit zur Mittagsruhe. Darauf entließ sie alle. Die Jünglinge fanden ihre Zimmer
von denen der Mädchen getrennt. Dort standen feingedeckte Betten, und alles war mit Blumen bestreut, wie im Speisesaal, und
ebenso war es in den Gemächern der Damen. So entkleideten sich
denn alle und legten sich schlafen.

Die dritte Nachmittagsstunde hatte noch nicht lange geschlagen, als
die Königin aufstand und die anderen Damen, desgleichen die jungen Männer wecken ließ, weil das lange Schlafen bei Tage, wie sie
versicherte, der Gesundheit nachteilig wäre. Als alle beieinander
waren, suchten sie sich einen Rasenplatz aus, der gar hohes und fri-
sches Gras hatte, der Sonne unzugänglich war und von einer sanften
Brise gekühlt wurde. Hier setzten sie sich nach der Königin Geheiß
auf dem Rasen in die Runde, und sie begann zu sprechen: „Ihr seht,
die Sonne steht noch hoch, die Hitze ist drückend, und nur das
Zirpen der Grillen von den Olivenbäumen her unterbricht die
schwüle Stille. So wäre es denn offenbare Torheit, jetzt ausgehen zu
wollen. Hier ist es, wie ihr seht, kühl und angenehm zu weilen, auch
sind Brett- und Schachspiele zur Hand, und jeder kann hier seinem
Vergnügen, wie es ihm am besten dünkt, nachgehen. Wolltet ihr
jedoch in diesem Punkte meinem Rate folgen, so vertrieben wir uns
diese heißen Tagesstunden nicht mit Spielen, wobei der eine Teil
verdrießlich wird, ohne dem anderen oder dem Zuschauer besonderes Vergnügen zu gewähren, sondern mit Geschichtenerzählen, da,
wenn deren einer erzählt, die ganze Gesellschaft, die ihm zuhört,
sich daran ergötzen kann. Noch ehe wir alle an die Reihe gekommen sein werden, eine Geschichte zu erzählen, wird die Sonne sich
geneigt und die Hitze nachgelassen haben, und dann können wir
lustwandeln gehen, wohin es uns gefällt. Seid ihr nun mit dem zufrieden, was ich euch vorgeschlagen habe, so wollen wir danach tun;
doch will ich hierin ganz eurer Meinung folgen. Gefällt euch also
mein Vorschlag nicht, so mag jeder bis zum Abend tun, was ihm
gefällt." Mädchen und Männer erklärten sich einstimmig für das
Erzählen. „Nun wohl", sagte die Königin, „da ihr denn wollt, möge
für diesen ersten Tag ein jeder eine Geschichte von beliebigem
Inhalt erzählen." Darauf wandte sie sich zu Panfilo, der zu ihrer
Rechten saß, und forderte ihn freundlich auf, mit einer Geschichte
aus seinem Vorrat den Anfang zu machen. Kaum hatte er den
Befehl vernommen, so hob Panfilo, während alle aufmerkten, also
zu reden an:

Daß Boccaccio dies anmerken
muß, läßt darauf schließen,
daß es in der patrizischen
Kultur von Florenz zwar nicht
ungewöhnlich, aber auch
nicht selbstverständlich war,
daß die männliche Jugend
tänzerisch ausgebildet war.

Die (hier als fünf Paare aufgefaßten) zehn jugendlichen Bewohner von Florenz verlassen ihre Heimatstadt; Aus-

schnitt aus einer Miniatur, enthalten in einer französischen Handschrift des „Dekameron".

Übersicht über die Novellen des Ersten Tages

Herr Chapelet täuscht einen frommen Pater durch eine falsche Beichte und stirbt. Trotz des schlechten Lebenswandels, den er geführt, kommt er nach seinem Tode in den Ruf der Heiligkeit und wird Sankt Chapelet genannt.

Der Jude Abraham geht auf Antrieb des Jeannot von Sevigné nach Rom und kehrt, als er die Schlechtigkeit der Geistlichen dort kennengelernt hat, nach Paris zurück, um Christ zu werden.

Der Jude Melchisedech entgeht durch eine Geschichte von drei Ringen einer großen Gefahr, die ihm Saladin bereitet hat.

Ein Mönch befreit sich von einer schweren Strafe, die er verwirkt hat, indem er seinem Abt dasselbe Vergehen auf geschickte Weise vorhält.

Die Markgräfin von Montferrat weist die törichte Liebe des Königs von Frankreich durch ein Hühnergericht und ein paar hübsche Worte zurück.

Ein wackerer Mann beschämt durch einen guten Einfall die Heuchelei der Mönche.

Bergamino beschämt auf feine Weise Herrn Cane della Scala wegen einer plötzlichen Anwandlung von Geiz, indem er ihm eine Geschichte von Primasseau und dem Abt von Clugny erzählt.

Guiglielmo Barsiere straft mit feiner Rede den Geiz des Herrn Ermino de' Grimaldi.

Aus dem schwachen König von Zypern wird durch den Spott einer Edeldame aus der Cascogne ein entschlossener Herrscher.

Meister Alberto von Bologna beschämt auf feine Weise eine Dame, die ihn wegen seiner Liebe zu ihr beschämen wollte.

150

Erster Tag, Erste Novelle

Herr Chapelet täuscht einen frommen Pater durch eine falsche Beichte und stirbt. Trotz des schlechten Lebenswandels, den er geführt, kommt er nach seinem Tode in den Ruf der Heiligkeit und wird Sankt Chapelet genannt.

Es ziemt sich, ihr liebwerten Damen, ein jedes Ding, das der Mensch unternimmt, mit dem heiligen und wunderbaren Namen dessen zu beginnen, der alle Dinge geschaffen hat. Darum denke ich denn, der ich als erster bei unseren Erzählungen den Anfang machen soll, mit einer jener wunderbaren Fügungen zu beginnen, deren Kunde unser Vertrauen auf ihn als den Unwandelbaren bestärken und uns lehren wird, seinen Namen immerdar zu preisen. Es ist offenbar, daß die weltlichen Dinge insgesamt vergänglich und sterblich sowie nach innen und nach außen reich an Leiden, Qual und Mühe sind und unzähligen Gefahren unterliegen, welchen wir, die wir mitten unter ihnen leben und selbst ein Teil von ihnen sind, weder widerstehen noch uns ihrer erwehren könnten, wenn uns Gottes besondere Gnade nicht die nötige Kraft und Fürsorge verliehe. Was diese Gnade anbetrifft, so haben wir uns keineswegs einzubilden, daß sie um irgendeines Verdienstes willen, das wir hätten, über uns komme, vielmehr geht sie nur von seiner eigenen Huld aus und wird den Bitten derer gewährt, die einst wie wir sterblich waren, jetzt aber, weil sie während ihres Erdenwallens seinem Willen folgten, mit ihm im Himmel der ewigen Seligkeit teilhaftig sind. An sie, als an Fürsprecher, die unsere Schwäche und Gebrechlichkeit aus eigener Erfahrung kennen, richten wir vor allem jene Bitten, die wir vielleicht nicht wagten, unserem höchsten Richter gegenüber laut werden zu lassen. Um so überschwenglichere Gnade haben wir aber in ihm zu erkennen, wenn wir, deren sterbliches Auge auf keine Weise in das Geheimnis des göttlichen Willens eindringen kann, durch falschen Wahn betrogen, einen zu unserem Fürsprecher vor der Majestät Gottes erwählen, den er von seinem Angesicht verbannt hat, und wenn er, vor dem nichts verborgen ist, dessen ungeachtet mehr auf die reine Gesinnung des Bittenden als auf dessen Unwissenheit oder auf des Angerufenen Verdammung sieht und das Gebet ebenso erhört, als ob der vermeintliche Fürsprecher die Seligkeit, ihn zu schauen, genösse. Daß es sich so verhält, wird aus der Geschichte offenbar werden, die ich euch erzählen will. Offenbar nach menschlichem Dafürhalten, sage ich, da Gottes Ratschlüsse uns verborgen bleiben.

Es wird nämlich berichtet, daß Musciatto Franzesi, als er von einem reichen und angesehenen Kaufherrn zum Edelmanne geworden war und nun mit dem Bruder des Königs von Frankreich, dem vom Papst Bonifaz herbeigerufenen und unterstützten Karl ohne Land, nach Toskana ziehen sollte, sich entschloß, seine Geschäfte, welche, wie es bei Kaufleuten der Fall zu sein pflegt, äußerst verwickelt waren, mehreren Bevollmächtigten zu übertragen. Für alles fand er Rat, nur blieb ungewiß, wo er jemanden auftreiben wollte, der geschickt wäre, jene Schulden einzutreiben, die er bei einigen Burgundern ausstehen hatte. Der Grund seines Bedenkens lag darin, daß ihm wohlbekannt war, was für ein wortbrüchiges, händelsüchtiges und abscheuliches Volk die Burgunder sind und daß er sich auf niemand besinnen konnte, der abgefeimt genug gewesen wäre, um ihrer Bösartigkeit mit Erfolg Widerpart zu leisten. Als er in solchem Zweifel lange hin und her überlegt hatte, fiel ihm ein gewisser Ciapperello von Prato ein, der sein Haus in Paris oft zu besuchen pflegte. Die Franzosen, die den Namen Ciapperello nicht verstanden und der Meinung waren, er wolle so viel sagen wie chapeau, was in ihrer Landessprache Kranz bedeutet, nannten diesen Mann, der klein von Gestalt und sehr geschniegelt war, seiner Kleinheit halber nicht Chapeau, sondern Chapelet, unter welchem Namen er denn überall bekannt war, während nur wenige wußten, daß er Ciapperello hieß.

Das Leben, das dieser Chapelet führte, war folgendermaßen beschaffen: In seinem Beruf als Notar hätte er es für eine große Schande gehalten, wenn eine der von ihm ausgestellten Urkunden, obgleich er deren wenige ausstellte, anders als gefälscht befunden worden wäre. Solcher falschen Urkunden aber machte er, soviel man nur wollte, und dergleichen lieber umsonst als rechtmäßige für schwere Bezahlung. Falsches Zeugnis legte er auf Verlangen und aus freien Stücken besonders gern ab, und da in Frankreich Eidschwüre um jene Zeit in höchstem Ansehen standen, gewann er, da er sich nicht um einen Meineid scherte, auf unrechtmäßige Weise alle Prozesse, in denen er die Wahrheit nach seinem Gewissen zu beschwören berufen ward. Ausnehmendes Wohlgefallen fand er daran, und großen Fleiß verwandte er darauf, unter Freunden, Verwandten und was sonst immer für Leuten Unfrieden und Feindschaft anzuzetteln, und je größeres Unglück daraus entstand, desto mehr freute er sich. Wurde er aufgefordert, jemand umbringen zu helfen oder an einer anderen Schandtat teilzunehmen, so weigerte er sich niemals und war der erste auf dem Platz. Oft war er auch bereit, mit eigenen Händen zu ermorden und zu verwunden. In seiner beispiellosen Jähheit lästerte er Gott und alle Heiligen um jeder Kleinigkeit willen auf das gräßlichste. In der Kirche ließ er sich niemals antreffen und verspottete alle christlichen Sakramente mit den verruchtesten Worten. Um so mehr war er dafür in den Schenken und anderen Sündenhäusern. Aus Rauben und Stehlen hätte er sich ebensowenig ein Gewissen gemacht, als ein Heiliger daraus, Almosen zu geben. Er fraß und soff in solchem Übermaß, daß er mehrmals knapp mit dem Leben davonkam. Spielen und im Spiel betrügen betrieb er wie ein Handwerk. Doch wozu so viele Worte! Genug, er war der schändlichste Mensch, der vielleicht je geboren ward, und schon seit langer Zeit konnten nur die Macht und das Ansehen des Herrn Musciatto ihm bei seinen Verbrechen durchhelfen, so daß weder Einzelpersonen, die er häufig, noch die Gerichte, die er fortwährend beleidigte, Hand an ihn legten.

Dieser Ciapperello war es, den Herr Musciatto, welcher seinen Lebenswandel sehr genau kannte, jetzt als den rechten Mann auserkor, um der burgundischen Bosheit die Spitze zu bieten. So ließ er ihn denn rufen und sprach zu ihm: „Chapelet, ich stehe, wie du weißt, im Begriff, ganz von hier wegzuziehen, und da ich unter

Der Erzähler schildert kaum äußere Eigenschaften und gibt kein Bild vom Innenleben des Schurken. „Aus diesem Grunde ist Boccaccio kaum als ein moralistischer Dichter zu bezeichnen; denn das Innenleben des Menschen, alles, was nach außen hin nicht sichtbar wird, interessiert ihn nicht" (Luigi Russo).

Zu beachten ist, daß Chapelet die Verbrechen nicht begeht, um sich zu bereichern, oder aus anderem Eigennutz, sondern ganz allein aus Lust am Bösen.
Ein abgewandeltes Herr-Knecht-Verhältnis konstituiert die Handlung: der Auftraggeber kann um so unbesorgter seine Hände in Unschuld waschen, desto gerissener und gewissenloser der Handlanger zupackt, dem er die Schmutzarbeit anvertraut.

anderm noch mit einer Anzahl von Burgundern zu tun habe, so kenne ich niemand, dem ich mich besser als dir anvertrauen könnte, um von so betrügerischem Volk mein Geld einzutreiben. Du hast jetzt nichts zu tun, und wenn du diese Angelegenheit übernehmen willst, so verspreche ich dir, dich mit den Gerichten auszusöhnen und dir an dem, was du für mich eintreibst, einen Anteil zu lassen, daß du zufrieden sein kannst." Herr Chapelet, der müßig ging, auch an irdischen Gütern keinen Überfluß hatte und nun den verlieren sollte, der lange Zeit sein Stecken und Stab gewesen war, sagte ohne langes Besinnen und gewissermaßen notgedrungen, ja, er sei gern bereit.

Nach gehöriger Verabredung und nach Empfang der Vollmacht des Herrn Musciatto und der Gnadenbriefe des Königs reiste Chapelet, als Herr Musciatto Paris verlassen, nach Burgund, wo ihn fast niemand kannte. Hier fing er, wider seine Natur, ganz freundlich und sanftmütig an, seinen Auftrag auszuführen und die Schulden einzufordern, gleichsam als wollte er sich die Bosheit bis zuletzt aufsparen.

Inzwischen war Chapelet ins Haus zweier Brüder aus Florenz gezogen, die Geld auf Wucherzinsen liehen und ihm, Herrn Musciatto zuliebe, viel Ehre erwiesen. In deren Hause erkrankte er jetzt, und obgleich die beiden Brüder ihm sogleich geschickte Ärzte rufen, ihn durch ihre Diener pflegen ließen und überhaupt alles taten, was zu seiner Heilung förderlich sein konnte, so war doch jede Hilfe vergeblich. Dem guten Mann, der nachgerade alt geworden und liederlich gelebt hatte, ging es nach der Aussage der Ärzte täglich schlechter und schlechter, und es zeigte sich zum großen Leidwesen der Brüder gar bald, daß Chapelet an keiner anderen Krankheit als der des nahen Todes leide.

Diese beiden Brüder nun fingen eines Tages nicht weit von dem Zimmer, wo Chapelet krank lag, folgendermaßen zu reden an: „Was sollen wir mit dem Menschen anfangen", sagte der eine zum andern. „Wir sind auf jeden Fall seinetwegen in einer sehr verdrießlichen Lage. Ihn jetzt, krank wie er ist, aus dem Hause zu weisen, wäre gewiß unserem Ruf ebenso nachteilig wie unüberlegt von unserer Seite; denn die Leute, die gesehen haben, wie wir ihn erst aufgenommen und für seine Pflege und Heilung gesorgt, wären überzeugt, daß er uns keinen Grund gegeben haben könne, ihn nun als einen Todkranken aus dem Hause zu tun. Auf der anderen Seite aber ist er ein so gottloser Mensch gewesen, daß er weder wird beichten, noch das Abendmahl oder die letzte Ölung wird annehmen wollen, und stirbt er, ohne gebeichtet zu haben, so nimmt keine Kirche den Leichnam auf, und er wird wie ein toter Hund in die Grube geworfen. Sollte er aber auch beichten, so sind seine Sünden so zahlreich und so verrucht, daß nichts dadurch gebessert wird; denn es wird sich weder Mönch noch Pfaffe finden, der ihn lossprechen könnte oder wollte, und stirbt er ohne Absolution, so schmeißen sie ihn auch in die Grube. Kommt es aber so oder so, immer wird das ganze Volk, das ohnehin wegen unseres von ihm verabscheuten Gewerbes äußerst schlecht auf uns zu sprechen ist und Lust genug haben mag, uns auszuplündern, offen gegen uns aufstehen und sagen: ‚Diese Hunde von Italienern, die man in der Kirche

Im italienischen Text steht „lombardische Hunde". In Norditalien wurde zuerst das kirchliche Zinsverbot faktisch durchbrochen. Die italienischen Wechsler und Bankiers wurden in ganz Europa daher „Lombarden" genannt, obwohl seit der zweiten Hälfte des 13. Jahrhunderts die Toskaner (Florenz) das Übergewicht über die Lombarden (Mailand) erlangt hatten. Die Wuchergeschäfte standen beim ärmeren Volk in schlechtem Ansehen, und es kam immer wieder zu Ausschreitungen; allerdings erreichten diese nie den Maßstab von Pogromen, von denen allein die jüdische Bevölkerung heimgesucht wurde.

Gegenüberliegende Seite: *Giottos* Darstellung der *„Desperatio"* („Verzweiflung") aus der *Scrovegni-Kapelle zu Padua* (siehe Chronik S. 17, 75 und Themen S. 103).

Giotto stellt hier den sieben Tugenden sieben Laster gegenüber. Prudentius (348–405), der größte altchristliche Dichter, hat in seiner „Psychomachia" den Kampf der Tugenden und Laster um die Seele des Menschen beschrieben; dieser Vorstellung folgt Giotto. Die „Dummheit" eröffnet die Reihe der Laster, die „Verzweiflung" schließt sie ab: sie kennzeichnet das Stadium größter Gottferne, wo der Mensch das Leben aufgibt (Selbstmord) oder die Identität wechselt (seelischer Selbstmord). Siehe dazu „Themen" S. 104 ff.

abweist, wollen wir nicht mehr unter uns dulden.' Sie werden unser Haus stürmen und sich kein Gewissen daraus machen, uns nicht nur Hab und Gut zu nehmen, sondern gar leicht sich an unserem Leib und Leben vergreifen. So sind wir denn auf alle Fälle bei Chapelets Tod übel dran."

Herr Chapelet, der, wie gesagt, ganz nahe bei dem Orte lag, wo die beiden redeten, und wie man es oft bei Kranken findet, ein feines Gehör hatte, verstand alles, was sie über ihn sagten. Er ließ sie zu sich rufen und sprach: „Ich wünsche nicht, daß ihr euch meinetwegen Gedanken macht oder in Furcht seid, daß euch jemand um meinetwillen kränken möchte. Ich habe gehört, was ihr über mich gesprochen habt, und ich bin wohl überzeugt, daß es so käme, wie ihr sagt, wenn das geschähe, was ihr voraussetzt; aber es soll schon anders gehen. Ich habe zu meinen Lebzeiten unserem Herrgott so viel zuleide getan, daß jetzt, wo ich sterbe, ein Streich mehr auch keinen Unterschied machen wird. Darum schafft mir nur den erfahrensten und frömmsten Mönch herbei, den ihr zu finden wißt, und habt ihr den, so laßt mich nur machen. Ich werde eure und meine Angelegenheit schon so besorgen, daß alles gut sein wird und ihr Ursache habt, zufrieden zu sein."

Obgleich die beiden Brüder daraus noch keine besondere Hoffnung schöpften, gingen sie doch in ein Mönchskloster und verlangten nach einem frommen und verständigen Manne, der einem Italiener, welcher bei ihnen krank liege, die Beichte hören könnte. Man gab ihnen einen bejahrten Mönch mit, der ein heiliges, makelloses Leben führte, ein großer Schriftgelehrter und gar ehrwürdiger Mann war und bei allen Bürgern im besonderen und hohen Ansehen der Heiligkeit stand. Diesen brachten sie zu dem Kranken.

Als er in die Kammer eingetreten war, wo Chapelet lag, und sich an sein Bett gesetzt hatte, hub er freundlich an, ihm Mut zuzusprechen, und dann erst fragte er ihn, wie lange es her sei, daß er zum letzten Male gebeichtet habe. Chapelet, der sein Leben lang nicht gebeichtet hatte, antwortete ihm: „Ehrwürdiger Vater, sonst ist es meine Gewohnheit, alle Woche wenigstens einmal zur Beichte zu gehen, die vielen Male ungerechnet, wo ich öfter gehe; aber ich muß gestehen, jetzt, wo ich krank geworden bin, sind schon acht Tage vergangen, ohne daß ich gebeichtet hätte, soviel Schmerzen hat die Krankheit mir bereitet."

„Mein Sohn", sagte darauf der Mönch, „daran hast du wohlgetan, und also magst du auch in Zukunft tun. Doch da du so oft beichtest, so sehe ich wohl, ich werde wenig Mühe haben, dich zu fragen und deine Antworten anzuhören." Chapelet sprach: „Herr Pater, sagt das nicht; wie oft und wie vielmals ich auch zur Beichte gegangen bin, so habe ich mich doch nie entschließen können, anders zu verfahren, als eine Generalbeichte aller meiner Sünden vom Tage meiner Geburt an bis zum Beichttag abzulegen. Darum bitte ich Euch, bester Vater, daß Ihr mich ebenso genau über alles ausfragt, als ob ich nie gebeichtet hätte. Und schont mich nur ja nicht etwa, weil ich krank bin; denn ich will lieber dieses mein Fleisch plagen, als aus Schonung dafür irgend etwas tun, was meiner unsterblichen Seele, die mein Heiland mit seinem kostbaren Blute losgekauft hat, zum Verderben gereichen könnte." Diese Worte hatten den ganzen

Beifall des heiligen Mannes und schienen ihm von einem gesammelten Gemüt Zeugnis zu geben.

In der Beichte werden die Todsünden erfragt; begonnen wird bei den Sünden aus Schwäche (Wollust, Völlerei und Geiz), dann folgen die Sünden aus Bosheit (Trägheit, Zorn, Neid und Hoffart). Weiteres zur Novelle im Teil „Themen" S. 105, 107, 114.

Nachdem er also diese Gewohnheit Chapelet gegenüber sehr gelobt hatte, fing er an, ihn zu befragen, ob er sich je mit Weibern in Wollust versündigt habe. Chapelet antwortete ihm mit einem Seufzer: „Mein Vater, was das anbetrifft, so schäme ich mich, Euch die Wahrheit zu sagen, denn ich fürchte, sie könnte als eitles Selbstlob ausgelegt werden." Der heilige Pater entgegnete: „Rede nur ruhig; denn wer die Wahrheit spricht, sei es in der Beichte oder bei anderer Gelegenheit, der sündigt niemals." „Nun denn", erwiderte Chapelet, „weil Ihr mich darüber beruhigt, so will ich Euch nur sagen, ich bin noch ebenso rein und unbefleckt, wie ich aus dem Schoße meiner Mutter hervorkam." „Des möge Gott dich segnen", sagte der Mönch, „wie wohl hast du daran getan! Und um so verdienstlicher ist deine Keuschheit, da du, wenn du gewollt hättest, weit eher das Gegenteil tun konntest als wir und alle andern, die durch eine Ordensregel gebunden sind."

Hierauf fragte er ihn, ob er sich je durch Völlerei Gottes Mißfallen zugezogen habe. Mit einem lauten Seufzer antwortete Chapelet: „Allerdings und oftmals." Denn weil er sich daran gewöhnt habe, außer den vierzigtägigen Fasten, welche fromme Leute jährlich halten, auch allwöchentlich wenigstens drei Tage lang mit Wasser und Brot zu fasten, so habe er das Wasser, vor allem wenn er von Gebeten oder Wallfahrten besonders angestrengt gewesen sei, mit derselben Lust und demselben Wohlgefallen getrunken wie der größte Säufer den Wein. Manchmal habe es ihn auch nach Kräutersalat gelüstet, wie ihn die Bäuerinnen machen, wenn sie aufs Feld gehen, und das Essen habe ihm besser geschmeckt, als es seiner Ansicht nach einem schmecken dürfe, der aus Gottesfurcht faste, wie er es doch getan habe. „Mein Sohn", sagte darauf der Mönch, „das sind Sünden, welche die Natur mit sich bringt; die haben wenig zu bedeuten, und um ihretwillen möchte ich nicht, daß du dein Gewissen mehr als not tut beschwertest. Es geschieht jedem Menschen, wenn er auch noch so heilig ist, daß ihm nach langem Fasten das Essen gut schmeckt und nach großer Anstrengung das Trinken." „Ach, Herr Pater", antwortete Chapelet, „Ihr sprecht so, um mich zu beruhigen. Das solltet Ihr nicht tun. Euch ist ja bekannt, daß ich wohl weiß, wie alles, was man tut, um Gott zu dienen, in ganz reiner Gesinnung, frei von jeder befleckenden Lust getan werden muß und daß, wer dem zuwiderhandelt, sündigt."

Höchlich zufrieden sagte der Mönch: „Nun, so freut es mich, daß du es so ansiehst, und ich lobe in diesem Stück dein ängstliches und sorgsames Gewissen. Aber sage mir: Hast du dich durch Geiz vergangen und mehr verlangt, als du verlangen solltest, oder behalten, was du nicht behalten durftest?" „Ehrwürdiger Vater", erwiderte ihm Chapelet, „es sollte mir leid tun, wenn Ihr eine falsche Meinung von mir hättet, weil ich bei den Wucherern hier wohne. Ich habe keinen Teil an ihrem Handwerk; vielmehr bin ich zu ihnen gekommen, um ihnen ins Gewissen zu reden und sie von diesem abscheulichen Erwerbe abzubringen. Auch wäre mir das, wie ich glaube, gelungen, hätte mich Gott nicht so heimgesucht. Ich kann Euch aber sagen, daß mein Vater mir ein schönes Vermögen hinterließ, von dem ich nach seinem Tode den größeren Teil als Almosen weggab. Dann habe ich, um mich zu ernähren und den Armen Gottes beistehen zu können, meinen kleinen Handel getrieben und dabei allerdings den Erwerb im Auge gehabt; was ich aber erworben habe, das habe ich immer mit den Armen gleichmäßig geteilt und meine Hälfte zu meiner Notdurft verbraucht, die andere aber jenen geschenkt. Dafür hat mir aber auch mein Schöpfer beigestanden, so daß meine Geschäfte täglich besser und besser gegangen sind." „Daran hast du wohlgetan", sagte der Mönch. „Aber hast du dich etwa häufig erzürnt?" „Ja", sagte Herr Chapelet, „das habe ich freilich gar oft getan. Und wer könnte sich wohl dessen enthalten, wenn er die Menschen alle Tage die abscheulichsten Dinge treiben sieht, wenn er beobachtet, wie sie Gottes Gebote nicht halten und sein Gericht nicht fürchten? Wohl zehnmal des Tages habe ich lieber tot als lebendig sein wollen, wenn ich sah, wie die jungen Leute den Eitelkeiten der Welt nachliefen, schworen und sich verschworen, in die Schenken, aber um die Kirche herumgingen und weit mehr auf den Wegen der Welt als auf dem Pfade Gottes wandelten." Darauf erwiderte der Mönch: „Mein Sohn, das ist ein edler Zorn, um dessentwillen ich für meinen Teil dir keine Buße aufzuerlegen wüßte. Sage mir aber, wäre es vielleicht möglich, daß du dich irgendeinmal vom Zorn zu einem Mord, zu Schlägereien oder zu Schimpfworten hättest verleiten lassen?" „Ach du meine Güte, Herr Pater", sagte Chapelet, „ich halte Euch für einen Mann Gottes; wie könnt Ihr doch solche Reden führen. Glaubt Ihr denn, ich bildete mir ein, daß Gott mich so lange am Leben erhalten hätte, wenn mir nur der entfernteste Gedanke gekommen wäre, etwas von dem zu tun, was Ihr da genannt habt? Dergleichen können ja nur Mörder und Straßenräuber tun; sooft ich dergleichen gesehen, habe ich immer gesagt: Geh, und Gott bessere dich."

„Gott segne dich, mein Sohn", sprach der Pater. „So sage mir denn, ob du jemals gegen irgendwen falsches Zeugnis abgelegt oder von andern schlecht gesprochen oder wider Willen des Eigentümers dich an fremdem Gute bereichert hast." „Ach ja, Herr Pater", sagte Chapelet, „was die üble Nachrede betrifft, freilich ja. Denn einmal hatte ich einen Nachbarn, der seine Frau in einem fort prügelte, ohne den geringsten Anlaß zu haben. Da hat mich denn das Mitleid mit dem armen Weibe, das er, sooft er sich betrunken hatte, jämmerlich zurichtete, einmal so gepackt, daß ich gegen ihre Verwandten recht auf ihn gescholten habe." „Wohl denn", antwortete der Mönch, „nun sage mir aber, wie ich höre, so bist du ein Kaufmann gewesen; hast du niemals jemand nach Art der Kaufleute betrogen?" „Ja, wahrhaftig, Herr Pater", sagte Herr Chapelet, „wie er hieß, das weiß ich aber nicht. Es war einer, der mir Geld brachte, was er für ein Stück Tuch schuldig war, das ich ihm verkauft hatte. Nun tat ich das Geld, ohne es zu zählen, in einen Kasten, und reichlich einen Monat später fand ich, daß es vier Heller mehr waren, als mir zukamen. Wohl ein ganzes Jahr lang habe ich sie aufgehoben; weil ich aber den, dem sie gehörten, in der ganzen Zeit nicht mehr wiedersah, habe ich sie am Ende als Almosen verschenkt." „Das war eine Kleinigkeit", sagte der Mönch, „und du hast recht daran getan, so damit zu verfahren."

Die Figur des Heuchlers erfährt in der europäischen Literatur die unterschiedlichste Behandlung. Der kolorierte Stich (nach *Edmond Geoffroy*, aus der *1876 in Paris erschienenen Ausgabe* der *Werke Molières)* zeigt *Tartuffe*, den Protagonisten der gleichnamigen Komödie Molières. Im Unterschied zu Chapelet, der seine Scheinheiligkeit genial inszeniert, verkörpert Molières Figur den dümmlichen Typus. „Der Esel guckt überall unter dem Löwenfell hervor; er spielt seine Rolle spottschlecht, indem er sie unsinnig übertreibt, und er verliert sofort die Kontrolle über sich, wenn seine Sinne gereizt werden . . . Tartuffe ist eben nicht die Verkörperung eines intelligenten und sich selbst beherrschenden Heuchlers, sondern ein grobschlächtiger Kerl mit starken und rohen Begierden, der die erfolgversprechende Haltung des Frömmlers anzunehmen versucht" (Erich Auerbach). Auerbach hebt darauf ab, daß die Kultur dem Menschen Gelegenheit gibt, sein Ich durch Vorspiegelung eines anderen Ich zu verbergen. Diese „Charaktermaske" erfordert eine kolossale Selbstbeherrschung in den sichtbaren Handlungen – oder aber eine kühne, intelligente Schauspielerei auf dem Totenbett. Beides zu erlernen ermöglicht die teilweise Anonymität der großstädtischen Kultur: die Figur des Heuchlers ist ein urbanes Phänomen. Zur gefährlichen Raffinesse eines Chapelet steht das demonstrativ-plumpe Frömmeln Tartuffes im Gegensatz, der unter dem nicht weniger erfolgreichen Motto (Bildunterschrift) handelt: „Ach, auch als Frommer bin ich schließlich nur ein Mensch."

LE TARTUFFE

TARTUFFE

Ah! pour être dévot, je n'en suis pas moins homme!

Act. III. sc. III.

Der fromme Mönch fragte ihn noch mancherlei, worauf er immer in dieser Weise antwortete. So wollte denn jener schon zur Absolution schreiten, als Chapelet sprach: „Herr Pater, noch eine Sünde habe ich auf dem Gewissen, die ich Euch nicht gebeichtet." „Und die wäre?" sagte der Mönch. „Ich entsinne mich", antwortete jener, „daß ich an einem Samstag gegen Abend von meinem Diener das Haus kehren ließ und also die schuldige Ehrfurcht vor dem Tage des Herrn vergessen habe." „Mein Sohn", erwiderte der Geistliche, „das hat weiter nichts zu bedeuten." „Sagt nicht, das habe nichts zu bedeuten", entgegnete Chapelet. „Den Sonntag soll man ehren; denn an diesem Tag war es, daß unser Heiland von den Toten auferstand."

Darauf sagte der Mönch: „Und hast du sonst noch etwas zu beichten?" „Ja, Herr Pater", antwortete Chapelet, „einmal habe ich in Gedanken in der Kirche ausgespuckt." Der Mönch fing an zu lächeln und sagte: „Mein Sohn, das sind Dinge, die man sich nicht zu Herzen nehmen soll; wir sind Geistliche und spucken alle Tage in der Kirche aus." „Und tut daran sehr übel", sprach Herr Chapelet; „denn nichts auf der Welt soll man so rein halten wie den Tempel des Herrn, in dem man dem Höchsten opfert."

Um es kurz zu machen, Sünden von dieser Art beichtete er ihm noch eine Menge. Dann fing er an zu seufzen und brach in einen Strom von Tränen aus, deren ihm, wenn er wollte, immer reichlich zu Gebote standen. „Was ist dir, mein Sohn?" sagte der Geistliche. „Ach, Herr Pater", erwiderte Chapelet, „eine Sünde habe ich noch auf dem Herzen, die habe ich nie gebeichtet, so schäme ich mich, sie zu bekennen; wenn ich nur daran denke, so weine ich, wie Ihr mich jetzt weinen seht, und um dieser Sünde willen kann ich mir auch nicht denken, daß Gott Erbarmen mit mir haben wird." „Schäme dich, mein Sohn", entgegnete der Mönch, „was redest du da? Wären alle Sünden, die von allen Menschen jemals zusammen begangen worden sind oder, solange die Welt stehen wird, noch von den Menschen begangen werden, in einem einzigen Menschen vereinigt, und der wäre reuig und zerknirscht, wie ich sehe, daß du es bist, so ist Gottes Gnade und Barmherzigkeit so groß, daß er sie alle, sobald sie gebeichtet wären, ihm freudig vergeben würde; und so sage denn zuversichtlich, was du getan hast." Darauf sprach Herr Chapelet, ohne vom Weinen abzulassen: „Ach, ehrwürdiger Vater, es ist eine gar zu schwere Sünde, und wenn es nicht auf Eure Fürbitte hin geschieht, so kann ich kaum glauben, daß Gott sie mir jemals vergeben sollte." Der Mönch antwortete ihm: „Sage sie nur ruhig, denn ich verspreche dir, daß ich für dich zu Gott beten werde." Herr Chapelet weinte noch in einem fort und schwieg; der Mönch aber ermunterte ihn erneut, zu reden. Als nun Chapelet den Geistlichen so mit Weinen eine lange Weile hingehalten hatte, stieß er einen tiefen Seufzer aus und sprach: „Ehrwürdiger Vater, weil Ihr mir denn versprochen habt, Gott für mich zu bitten, so will ich's Euch sagen. Wißt denn, wie ich noch klein war, habe ich einmal meine Mutter geschmäht." Und kaum hatte er so gesprochen, so hub er von neuem bitterlich zu weinen an. „Mein Sohn", antwortete der Mönch, „dünkt dich denn das wirklich solch eine schwere Sünde? Lästern die Leute nicht etwa täglich ihren Herrgott? Und doch vergibt er gern einem jeden, der bereut, ihn gelästert zu haben. Und du verzweifelst, für diesen Fehltritt Vergebung zu finden? Fasse Mut und weine nicht; denn wahrlich, wärest du einer von denen gewesen, die unsern Herrn ans Kreuz geschlagen haben, und wärest du so zerknirscht, wie ich es jetzt an dir sehe, so vergäbe er dir." Darauf sagte Chapelet: „Um Himmels willen, Herr Pater, was sprecht Ihr da? Allzusehr habe ich mich vergangen, und allzu große Sünde war es, daß ich meine Herzensmutter schmähte, die mich neun Monate lang Tag und Nacht im Leibe getragen hat und mich mehr als hundertmal auf den Armen hielt; und wenn Ihr nicht für mich betet, so wird mir's auch nicht verziehen werden."

Als der Mönch inneward, daß Chapelet weiter nichts zu sagen hatte, sprach er ihn los und gab ihm in der festen Überzeugung, Chapelet, dessen Reden er für lautere Wahrheit nahm, sei ein frommer, gottseliger Mensch, den Segen. Und wer möchte wohl zweifeln, wenn er jemand auf dem Totenbette also reden hörte? Nach dem allen sagte er: „Herr Chapelet, Ihr werdet mit Gottes Hilfe bald wieder gesund sein; sollte es aber dennoch geschehen, daß Gott Eure gesegnete und zum Abschied von dieser Welt bereite Seele zu sich riefe, hättet Ihr alsdann etwas dawider, daß Euer Körper in unserem Kloster beerdigt würde?" „Durchaus nicht", entgegnete Chapelet; „vielmehr möchte ich sonst nirgends liegen als eben bei Euch. Ihr habt mir ja versprochen, für mich zu beten, und auch ohne das habe ich von jeher besondere Ehrfurcht für Euren Orden gehabt. Und so bitte ich Euch, daß Ihr Christi wahrhaftigen Leib, den Ihr diesen Morgen auf dem Altare eingesegnet habt, mir zusendet, sobald Ihr in Euer Kloster zurückgekommen seid. Denn ich denke ihn, wenn Ihr es gestattet, obgleich unwürdig, zu genießen und dann die letzte heilige Ölung zu empfangen, damit ich, wenn ich als Sünder gelebt habe, wenigstens als Christ sterben möge." Der heilige Mann sagte, das sei wohl gesprochen und er sei alles zufrieden. Das Sakrament solle dem Kranken sogleich gebracht werden. Und so geschah es.

Die beiden Brüder hatten sehr gefürchtet, Chapelet werde sie täuschen, und sich deshalb der Bretterwand nahe gesetzt, welche die Kammer, in welcher der Kranke lag, von der anstoßenden trennte. Hier hatten sie die ganze Beichte belauscht und bequem verstanden, was Chapelet dem Mönche gesagt. Mehr als einmal reizten die Geschichten, die sie ihn beichten hörten, sie so sehr zum Lachen, daß wenig daran fehlte, so wären sie damit herausgeplatzt. Dann aber sagten sie wieder zueinander: „Himmel, welch ein Mensch ist das, den weder Alter noch Krankheit, noch Furcht vor dem Tode, dem er sich nahe sieht, oder vor Gott, vor dessen Richterstuhl er in wenigen Stunden zu stehen vermuten muß, von seiner Verruchtheit haben abbringen und zu dem Entschluß führen können, anders zu sterben, als er gelebt hat." Indes, sie hatten gehört, seine Leiche solle in der Kirche aufgenommen werden, und um das Übrige kümmerten sie sich nicht. – Herr Chapelet empfing bald darauf das Abendmahl, dann, als sein Befinden sich über die Maßen verschlechterte, die letzte Ölung und starb noch am Tage seiner musterhaften Beichte, bald nach der Vesper.

Die beiden Brüder besorgten aus dem Nachlaß des Verstorbenen ein anständiges Begräbnis und meldeten den Todesfall im Kloster, damit die Mönche, wie es der Brauch ist, die Nachtwache bei der Leiche halten und sie am andern Morgen abholen sollten.

Der fromme Mönch, der sein Beichtiger gewesen war, besprach sich, als er seinen Tod vernahm, mit dem Prior des Klosters. Er ließ zum Kapitel läuten und schilderte den versammelten Mönchen, welch ein frommer Mann Chapelet, seiner Beichte zufolge, gewesen war. In der Hoffnung, daß Gott durch ihn noch große Wunder verrichten werde, überredete er sie, man müsse diese Leiche notwendig mit besonderer Auszeichnung und Ehrfurcht empfangen. Der Prior und die übrigen Mönche pflichteten in ihrer Leichtgläubigkeit dieser Meinung bei, und so gingen sie denn sämtlich noch spät am Abend in das Haus, wo Chapelets Leichnam lag, und hielten über diesem eine große und feierliche Vigilie.

Am andern Morgen kamen sie alle, mit Chorhemden und Mäntelchen angetan, die Chorbücher in der Hand und die Kreuze voraus, um den Leichnam mit Gesang zu holen. Dann trugen sie ihn unter Gepränge und großer Feierlichkeit in ihre Kirche, und fast die ganze Einwohnerschaft des Städtchens, Männer und Frauen, schloß sich dem Zuge an. Als die Leiche in der Kirche niedergesetzt worden war, stieg der Geistliche, dem Chapelet gebeichtet hatte, auf die Kanzel und berichtete von des Verstorbenen frommem Leben, von seinem Fasten, seiner Keuschheit, seiner Einfalt, Unschuld und Heiligkeit die wunderbarsten Dinge. Unter anderm erzählte er, was Herr Chapelet ihm unter Tränen als seine größte Sünde gebeichtet und wie er ihn kaum zu überzeugen vermocht habe, daß Gott ihm auch diese vergeben werde. Dann begann er die Zuhörer zu schelten und sagte: „Ihr aber, ihr von Gott Verdammten, ihr lästert um jedes Strohhalmes willen, der euch zwischen die Füße kommt, Gott, seine Mutter und alle Heiligen im Paradiese." Außerdem sagte er noch viel von seiner Herzensgüte und Lauterkeit.

Mit einem Wort, seine Reden, denen die Gemeinde vollkommenen Glauben schenkte, bemächtigten sich in solchem Maße der frommen Herzen der Versammlung, daß alle, sobald der Gottesdienst zu Ende war, sich untereinander stießen und drängten, um dem Toten Hände und Füße zu küssen. Die Kleider wurden ihm auf dem Leibe zerrissen; denn jeder hielt sich für glücklich, wenn er einen Fetzen davon haben konnte. In der Tat mußten die Mönche den Körper den ganzen Tag über ausstellen, daß ihn jedweder nach Gefallen beschauen konnte. In der folgenden Nacht wurde er in einer Kapelle ehrenvoll in einem Marmorsarge bestattet, und schon am Tage darauf fingen die Leute an, den Toten zu besuchen, zu verehren und Lichter anzuzünden. Mit der Zeit gelobten sie ihm Opfergaben und begannen dann, ihrem Versprechen gemäß, Wachsbilder aufzuhängen. Der Ruf seiner Heiligkeit und seine Verehrung wuchsen so sehr, daß nicht leicht jemand in irgendeiner Gefahr einen anderen Heiligen anrief als Sankt Chapelet, wie sie ihn nannten und noch heute nennen, und allgemein wird versichert, daß Gott durch ihn gar viele Wunder getan habe und deren noch täglich an jedem tue, der die Fürsprache dieses Heiligen andächtig erbitte.

So lebte und starb Herr Ciapperello von Prato und wurde ein Heiliger, wie ihr gehört habt. Daß es möglich ist, dieser Mensch sei wirklich im Anschauen Gottes selig, will ich allerdings nicht leugnen,

Miniatur aus einer *burgundischen Handschrift* (um 1430), die der Flame *Guillebert de Mets* herstellte. Er fertigte zusammen mit seinem Landsmann Jean Mansel Illustrationen zu jeder Novelle an. Diese Miniaturen stellen je zwei Szenen derselben Novelle dar (vgl. Abb. S. 129, 179, 187, 202, 244, 291). Die Miniatur war eine im Mittelalter besonders gepflegte Kunstform. Das Wort „Miniatur" leitet sich ab von „Minium" (= Mennige, rotes Bleioxyd); dieser zinnoberrote Farbstoff diente zur Auszeichnung von Linien und Buchstaben. Die Buchmalerei ist sehr alt: schon altägyptische Totenbücher wurden mit Miniaturen versehen; Griechen und Römer, Chinesen und Japaner, Perser und Araber schätzten bemalte Bücher. Im Altertum bestand das Buch zumeist aus einer Rolle (Rotulus); als Material diente seit dem 2. Jahrhundert v. Chr. nicht mehr Papyrus, sondern das strapazierfähigere Pergament. Die Rolle erlaubte es, fortlaufende Serien bildlicher Darstellungen neben den Text zu setzen. In der Spätantike verdrängte der Codex (zusammengeheftete einzelne Blätter, bis heute unsere Buchform!) die Rolle. Die bildliche Ausschmückung mußte sich nun der rechteckigen Form des Buchblattes anpassen. In der christlichen Kultur wurde die Buchmalerei eine klösterliche Angelegenheit. Man empfand das Schreiben und Malen als Askese, als Nachahmung Christi. Erst im Hochmittelalter entstand eine vom Kloster unabhängige Buchmalerei.

denn so ruchlos und abscheulich sein Leben war, so kann er doch in den letzten Augenblicken seines Lebens so viel Reue empfunden haben, daß Gott sich vielleicht seiner erbarmt und ihn in sein Reich aufgenommen hat. Weil uns dies aber verborgen bleibt, so spreche ich nach dem, was uns offenbar ist, und sage, daß er vielmehr in den Krallen des Teufels verdammt als im Paradiese zu sein verdient. Verhält es sich aber so, dann können wir deutlich erkennen, wie unermeßlich Gottes Gnade gegen uns ist, die nicht unseren Irrtum, sondern die Lauterkeit unseres Glaubens betrachtet, wenn wir einen

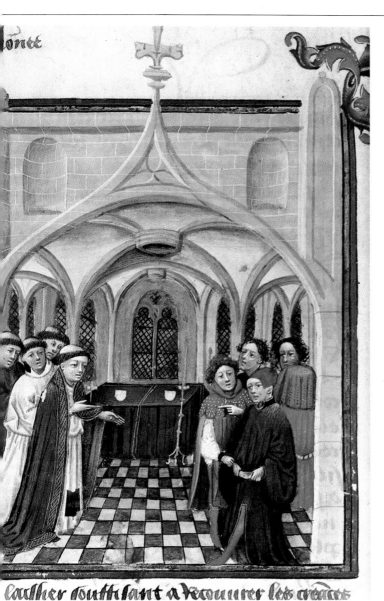

Ab der Mitte des 13. Jahrhunderts war Paris führend auf dem Gebiet der Buchmalerei. Die letzte Blüte erlebte sie im ausgehenden 14. und im 15. Jahrhundert. Papier, das – von China kommend – im 8. Jahrhundert in Persien aufgetaucht und im 10. Jahrhundert über das arabische Spanien nach Europa gelangt ist, wurde seit dem 14. Jahrhundert in Europa hergestellt. Die Bücher verbilligten sich dadurch außerordentlich (für besonders kostbare Bücher zog man jedoch noch lange Zeit das Pergament vor), und dies erhöhte die Nachfrage nach Illustrationen. Vorherrschend wurde nur die flämisch-französische Schule in der Nachfolge der Brüder Jan und Hubert van Eyck (Anfang des 15. Jahrhunderts). Die Miniatur wagte sich nunmehr an die Perspektive.

Die linke Szene zeigt, wie der Künstler bei der Behandlung der Fliesen und der Dielen an der Decke um eine zentralperspektivische Konstruktion bemüht ist, die er aber bei der Gestaltung des Tisches rechts hinten nicht durchhält. An dieser Miniatur kann man ablesen, wie der flämische Stil damit ringt, zwei unterschiedliche Seherfahrungen zu vereinbaren: auf der einen Seite die herkömmliche Einzelbeobachtung mit Liebe zum Detail und auf der anderen Seite die – aus Italien stammende – Dreidimensionalität, der nur mit abstrahierender mathematischer Konstruktion eines räumlichen Bezugssystems beizukommen ist.

seiner Feinde in der Meinung, er sei sein Freund, zum Mittler zwischen ihm und uns machen und er uns erhört, als hätten wir uns einen wahren Heiligen zu unserem Fürsprecher bei seiner Gnade erwählt. Und so empfehlen wir uns ihm denn mit allem, was uns not ist, in der festen Überzeugung, erhört zu werden, damit er uns in diesem allgemeinen Elend und in dieser so heiteren Gesellschaft im Lobe seines Namens, in dem wir sie begonnen haben, gesund und unversehrt erhalten möge. Und mit diesen Worten schwieg Panfilo.

163

ERSTER TAG, DRITTE NOVELLE

Der Jude Melchisedech entgeht durch eine Geschichte von drei Ringen einer großen Gefahr, die ihm Saladin bereitet hat.

Als Neifile schwieg und ihre Geschichte von allen gelobt worden war, fing Filomena nach dem Wunsche der Königin also zu sprechen an:

Die Erzählung Neifiles erinnert mich an die gefährliche Lage, in der sich einst ein Jude befand, und da von Gott und der Wahrheit unseres Glaubens bereits in angemessener Weise gesprochen worden ist, es mithin nicht unziemlich erscheinen kann, zu den Schicksalen und Handlungen der Menschen herniederzusteigen, so will ich euch diese Geschichte erzählen, die euch vielleicht lehren wird, vorsichtiger zu sein, wenn ihr auf vorgelegte Fragen zu antworten habt. Ihr müßt nämlich wissen, daß, wie die Torheit gar manchen aus seiner glücklichen Lage reißt und in tiefes Elend stürzt, so den Weisen seine Klugheit aus großer Gefahr errettet und ihm vollkommene Ruhe und Sicherheit gewährt. Wie der Unverstand oft vom Glück zum Elend führt, zeigen viele Beispiele, die wir gegenwärtig nicht zu erzählen gesonnen sind, weil deren täglich sich unter unseren Augen zutragen. Wie aber die Klugheit helfen kann, werde ich euch, meinem Versprechen gemäß, in dem folgenden kurzen Geschichtlein zeigen.

Saladin, dessen Trefflichkeit so groß war, daß sie ihn nicht nur von einem geringen Manne zum Sultan von Babylon erhob, sondern ihm auch vielfach Siege über sarazenische und christliche Fürsten gewährte, hatte in zahlreichen Kriegen und in großartigem Aufwand seinen ganzen Schatz geleert und wußte nun, da neue und unerwartete Bedürfnisse wieder eine große Geldsumme erheischten, nicht, wo er sie so schnell, wie er ihrer bedurfte, auftreiben sollte. Da erinnerte er sich eines reichen Juden namens Melchisedech, der in Alexandrien auf Wucher lieh und nach Saladins Dafürhalten wohl imstande gewesen wäre, ihm zu helfen, aber so geizig war, daß er es aus freien Stücken nie getan hätte. Gewalt wollte Saladin nicht gebrauchen; aber das Bedürfnis war dringend, und es stand bei ihm fest, auf die eine oder andere Art sollte der Jude ihm helfen. So sann er denn nur auf einen Vorwand, ihn unter einigem Scheine von Recht zwingen zu können.

Endlich ließ er ihn rufen, empfing ihn auf das freundlichste, hieß ihn neben sich sitzen und sprach alsdann: „Mein Freund, ich habe schon von vielen gehört, du seiest weise und habest besonders in göttlichen Dingen tiefe Einsicht. Darum wüßte ich gern von dir, welches unter den drei Gesetzen du für das wahre hältst, das jüdische, das sarazenische oder das christliche." Der Jude war in der Tat ein weiser Mann und erkannte wohl, daß Saladin ihm solcherlei Fragen nur vorlegte, um ihn in seinen eigenen Worten zu fangen. Auch sah er, daß, welches von diesen Gesetzen er auch vor den andern loben möchte, Saladin immer seinen Zweck erreichte. So bot er denn schnell seinen ganzen Scharfsinn auf, um eine unverfängliche Antwort, wie sie ihm not tat, zu finden. Schon fiel ihm auch ein, wie er sprechen mußte, und er sagte:

„Mein Gebieter, die Frage, die Ihr mir vorlegt, ist schön und tiefsinnig. Soll ich aber meine Meinung darüber sagen, so muß ich Euch eine kleine Geschichte erzählen, die Ihr sogleich vernehmen sollt. Ich erinnere mich, oftmals gehört zu haben, daß vor Zeiten ein reicher und vornehmer Mann lebte, der vor allen anderen auserlesenen Juwelen, die er in seinem Schatz verwahrte, einen wunderschönen und kostbaren Ring wert hielt. Um diesen seinem Werte und seiner Schönheit nach zu ehren und ihn auf immer im Besitz seiner Nachkommen zu erhalten, ordnete er an, daß derjenige unter seinen Söhnen, der den Ring, als ihm vom Vater übergeben, vorzeigen könnte, für seinen Erben gelten und vor allen anderen als der vornehmste geehrt werden sollte. Der erste Empfänger des Ringes traf unter seinen Kindern eine ähnliche Verfügung und verfuhr dabei wie sein Vorfahre. Kurz, der Ring ging von Hand zu Hand auf viele Nachkommen über. Endlich aber kam er in den Besitz eines Mannes, der drei Söhne hatte, die sämtlich schön, tugendhaft und ihrem Vater unbedingt gehorsam waren, daher auch gleich zärtlich von ihm geliebt wurden. Die Jünglinge wußten, welche Bewandtnis es mit dem Ringe hatte, und da ein jeder der Geehrteste unter den Seinigen zu werden wünschte, baten alle drei einzeln den Vater, der schon alt war, inständig um das Geschenk des Ringes. Der gute Mann liebte sie alle gleichmäßig und wußte selber keine Wahl unter ihnen zu treffen. So versprach er denn den Ring einem jeden und sann über ein Mittel nach, um alle zu befriedigen. Zu diesem Ende ließ er heimlich von einem geschickten Meister zwei andere Ringe fertigen, die dem ersten so ähnlich waren, daß er selbst, der doch den Auftrag gegeben hatte, den rechten kaum zu erkennen wußte. Als er auf dem Totenbette lag, gab er heimlich jedem der Söhne einen von den Ringen. Nach des Vaters Tod nahm ein jeder Erbschaft und Vorrang für sich in Anspruch, und da einer dem andern das Recht dazu bestritt, zeigte jeder, um seine Forderung zu begründen, den Ring vor, den er erhalten hatte. Da die Ringe einander so ähnlich waren, daß niemand erkennen konnte, welcher der echte sei, blieb die Frage, welcher von ihnen des Vaters echter Erbe sei, unentschieden, und bleibt es noch heute.

So sage ich Euch denn, mein Gebieter, auch von den drei Gesetzen, die Gottvater den drei Völkern gegeben und über die Ihr mich befraget. Jedes der Völker glaubt seine Erbschaft, sein wahres Gesetz und seine Gebote zu haben, damit es sie befolge. Wer es aber wirklich hat, darüber ist, wie über die Ringe, die Frage noch unentschieden."

Als Saladin erkannte, wie geschickt der Jude den Schlingen entgangen war, die er ihm in den Weg gelegt hatte, beschloß er, ihm seine Not geradewegs zu entdecken. Dabei verschwieg er ihm nicht, was er im Sinne getragen, wenn jener ihm nicht mit soviel Geistesgegenwart geantwortet hätte. Der Jude diente ihm nun bereitwillig mit jeder Summe, die er verlangte, und Saladin erstattete ihm nicht nur das Darlehen vollständig zurück, sondern überhäufte ihn auch mit Geschenken und behielt ihn immerdar als Freund unter denen, die ihm am nächsten standen.

Lessing spinnt die Parabel von den drei Ringen noch weiter. Die drei Söhne treten vor den Richter, um ihn entscheiden zu lassen, wer im Besitz des echten Ringes sei. Der Richter kommt zu folgendem „Urteil":

„. . . Hat von Euch jeder seinen Ring von seinem Vater: So glaube jeder sicher seinen Ring

Den echten. – Möglich; daß der Vater nun

Die Tyrannei des einen Rings nicht länger

In seinem Hause dulden wollen! – Und gewiß;

Daß er euch alle drei geliebt, und gleich

Geliebt: indem er zwei nicht drücken mögen,

Um einen zu begünstigen – Wohlan!

Es eifre jeder seiner unbestochnen

Von Vorurteilen freien Liebe nach!"

(„Nathan der Weise" III,7).

Lessing deutet die Novelle im Sinne des aufgeklärten 18. Jahrhunderts: die Ringe sind gleichwertig. Bei Boccaccio ist das mitnichten der Fall: einer der drei Ringe ist der echte, nur bleibt Geheimnis, welcher.

Die Aufklärung indes eliminiert das Geheimnis: wenn die Ringe ohnehin gleichwertig sind, dann hat auch die religiöse Streiterei keinen Sinn; dann ist Toleranz und Achtung untereinander geboten.

Folgende Doppelseite: Szenenfoto aus einer Aufführung von Lessings „Nathan der Weise" der Schwäbisch-Haller Freilichtspiele 1981. Nathan (Hans Gert Kübel) erzählt dem Sultan (Wolfgang Schwarz) die Ringparabel vor der Kulisse des Klosters Adelberg, einem ehemaligen Prämonstratenserkloster (gestiftet 1178) mit typischer Doppeltoranlage. Bei der Inszenierung durch Kurt Hübner hatte die Freie Volksbühne Berlin die Kostüme gestellt.

Die Erzähler des „Decame-rone" auf einer Miniatur des 15. Jahrhunderts (vgl. Abbildungen S. 80 und S. 93).

ENDE DES ERSTEN TAGES

Schon hatte die Sonne sich gegen Abend geneigt, und die größte Hitze war vorüber, als die Erzählungen der jungen Mädchen und der drei Jünglinge zu Ende gediehen waren. Da redete die Königin voller Anmut so zu ihnen: „Nichts, ihr lieben Gefährtinnen, bleibt unter meiner Regierung für den heutigen Tag zu tun übrig, als euch eine neue Königin zu geben, die nach ihrem Gutdünken für den folgenden Tag ihre und unsere Lebensweise zu geziemender Erheiterung bestimmen mag. Und obwohl es richtig ist, daß der Tag erst mit dem Einbruch der Nacht zu Ende geht, halte ich es doch für gut, daß die folgenden Tage zu dieser Stunde beginnen, weil niemand ohne einige Vorbereitungszeit gehörige Verfügungen für die Zukunft treffen kann, und damit alles besorgt werden könne, was die Königin für morgen dienlich erachten wird. So soll denn zur Ehre dessen, auf den alles Leben sich bezieht, und zu unserer Freude am folgenden Tag die verständige Filomena unser Reich regieren."

Mit diesen Worten erhob sie sich, nahm den Lorbeerkranz von ihrem Haupte und setzte ihn jener ehrerbietig auf, die nun zuerst von ihr, dann von den übrigen Mädchen und zuletzt von den Jünglingen als Königin begrüßt wurde. Alle boten ihr bereitwillig ihre Dienste an. Filomena errötete zwar ein wenig, als sie sich zur Königin gekrönt sah, dann aber faßte sie, der von Pampinea eben erst gesprochenen Worte eingedenk, Mut. Um nicht unbeholfen zu scheinen, bestätigte sie zuerst alle von Pampinea bestimmten Ämter, verfügte, was am andern Morgen und Abend am selben Orte, wo sie eben verweilten, bereitet werden sollte, und begann dann also zu sprechen:

„Geliebte Gesellinnen, obgleich Pampinea ihrer Güte und nicht meinem Verdienst zufolge mich zu euer aller Königin ernannt hat, bin ich doch nicht gesonnen, unsere Lebensweise allein nach meiner Meinung, sondern auch nach der euren zu ordnen. Damit ihr nun im voraus wißt, was meiner Ansicht nach zu tun sei, und damit ihr alsdann nach eurem Gefallen etwas hinzufügen oder ablehnen könnt, will ich euch mit wenigen Worten meine Gedanken mitteilen.

Wenn meine Beobachtungen über das von Pampinea heute befolgte Verfahren mich nicht trügen, so hat es sich als ergötzlich und empfehlenswert erwiesen. Nachdem also bestimmt sein wird, wie wir das Begonnene fortsetzen wollen, werden wir uns erheben, eine Weile lustwandeln und, wenn die Sonne untergehen will, im Kühlen speisen. Dann aber wird es nach einigen Liedern und anderer Kurzweil wohlgetan sein, schlafen zu gehen. Morgen früh wollen wir aufstehen, wenn es noch frisch ist, und jeder mag sich nach seiner Neigung vergnügen. Zur gehörigen Zeit aber wollen wir zurückkehren, zu Mittag speisen, alsdann tanzen, und endlich, nach der Mittagsruhe, werden wir nach dem heutigen Beispiel mit dem Geschichtenerzählen fortfahren, das, wie mir scheint, den wesentlichsten Bestandteil unserer Freude und Belehrung ausmacht. Außerdem will ich auch, was Pampinea nicht tun konnte, weil sie zu spät zur Herrschaft gelangte, unseren Geschichten bestimmte Grenzen setzen und euch diese im voraus angeben, damit ein jeder Zeit habe, sich auf eine schöne Geschichte entsprechenden Inhalts zu besinnen. Da nun die Menschen vom Anbeginn der Welt an den Zufällen des Glücks und des Schicksals unterworfen gewesen sind und bis zu ihrem Ende unterworfen bleiben werden, mag, wenn es euch gefällt, es damit so gehalten werden, daß ein jeder erzählen soll, wie Menschen nach dem Kampf mit allerlei Ungemach wider alles Hoffen zu fröhlichem Ende gediehen sind."

Mädchen und Männer lobten diese Anordnung und erklärten sich willig, sie zu befolgen. Dioneo allein sagte, als die andern bereits schwiegen: „Wie alle übrigen es schon ausgesprochen haben, so sage auch ich, Madonna, daß Eure Verfügungen durchaus zweckmäßig und empfehlenswert sind. Doch bitte ich, daß mir eines als besondere Gunst gewährt und für die Dauer unserer Gesellschaft erhalten werde: daß ich nämlich durch diese Verfügung nicht gezwungen sei, eine Geschichte über den aufgegebenen Gegenstand zu erzählen, sondern daß mir trotz derselben die Wahl völlig frei bleibe. Damit aber niemand meint, ich erbitte mir diese Gunst, weil ich keinen Vorrat von Geschichten zur Hand habe, so bin ich im voraus erbötig, unter den Erzählenden immer der letzte zu sein."

Da die Königin ihn als einen munteren und kurzweiligen Menschen kannte und daher wohl erriet, er fordere dies nur, um die Gesellschaft, wenn sie des ernsteren Redens müde wäre, mit einer lustigen Geschichte wieder aufzuheitern, gewährte sie ihm unter Zustimmung der übrigen gern die erbetene Gunst. Dann erhob sie sich von ihrem Sitze, und die Mädchen gingen langsamen Schrittes zu einem klaren Bach, dessen Wasser von einem Hügel zwischen Felsstücken und grünen Kräutern in ein von dichten Bäumen beschattetes Tal niederfloß. Hier plätscherten sie barfüßig und mit nackten Armen im Wasser umher und trieben allerlei Scherze. Als die Essenszeit nahte, kehrten sie zum Schlosse zurück und nahmen mit Behagen die Abendmahlzeit ein.

Nach Tisch ließ die Königin Musikinstrumente bringen und befahl, einen Tanz zu beginnen, den Lauretta anführen und Emilia, von des Dioneo Laute unterstützt, durch ein Lied begleiten sollte. Auf die-

„*Narziß an der Quelle*", von *Giovanni Antonio Boltraffio* (1467–1516), einem Schüler Leonardo da Vincis. Der Blick des Narziß ist völlig versunken ins eigene Spiegelbild. Der Psychoanalytiker Jacques Lacan schreibt über den Augenblick, da der Mensch sich zum erstenmal im Spiegel sieht: „Man kann das Spiegelstadium als eine Identifikation verstehen . . .: als eine beim Subjekt durch die Aufnahme eines Bildes ausgelöste Verwandlung." Bei Narziß führt die Verwandlung jedoch nicht über die Selbstverliebtheit hinaus, sondern gerinnt: im Gesichtsausdruck mischen sich Schönheit und Trauer, und er scheint ewig so bleiben zu wollen. Im Gemälde finden sich keine Hinweise auf die Zeit oder den Zeitablauf; es ist für den Betrachter ein tiefer und düsterer Spiegel voll beklemmender Traumatmosphäre.

Emilias Lied nimmt das Narziß-Motiv auf.
Ovid beschreibt, wie der schöne Jüngling Narziß im Quellwasser sein eigenes Bild erblickt und sich tödlich in dasselbe verliebt: „Der da bin ich! Ich erkenne! Mein eigen Bild ist's! In Liebe Brenn ich zu mir, errege und leide die Flammen! Was tu ich? Laß ich mich bitten; Bitt ich? Was sollte ich dann auch erbitten? Was ich begehre, ist an mir! Es läßt die Fülle mich darben. Könnte ich scheiden von meinem Leibe! . . ." (Ovid: „Metamorphoses" III, 463 ff).

sen Befehl hin begann Lauretta einen Tanz, während Emilia mit ihrer zum Herzen dringenden Stimme folgendes Lied sang:

> Von meiner Schönheit bin ich so gefangen,
> Daß neue Liebe nie
> Mich locken wird mit anderem Verlangen.
>
> Wenn ich in eignes Anschaun mich versenke,
> Erblick ich, was dem Geiste Ruh verspricht,
> Was neu sich zuträgt, wessen ich gedenke,
> Beraubt mich so geliebter Wonne nicht.
> So weiß ich denn, es schaut mein Angesicht
> An fremden Reizen nie,
> Was mir im Herzen zündete Verlangen.
>
> Bin ich, um solcher Seligkeit zu pflegen,
> Mein hohes Glück mir anzuschaun entbrannt,
> So flieht es nicht und kommt mir selbst entgegen.
> In Worte wird die Süße nicht gebannt,
> Die es gewährt; es faßt sie der Verstand

Die Gestalt ist im Stil eines Porträts abgebildet, aber erst von den Schultern ab, daher ist ihre Position im Raum nicht auszumachen. Zwischen Vordergrund (Narziß) und Hintergrund gibt es keinen Übergang, sie fallen auseinander (wie das narzißtische Ich und die Welt auseinanderfallen); und dies erzeugt die Irrealität eines Traumbildes (eine raffinierte Anspielung auf das Noch-nicht-Wachsein des narzißtischen Menschen). Nirgendwo ragt die Figur in den Himmel oder in die Landschaft; der Felsen hält sie eingeschlossen: sogar die Neigung des Hauptes beantwortet er mit einem Überhang (links über dem Kopf). Falls der Ort eine Grotte darstellt, wäre auf die Symbolik des Mutterleibs angespielt: Narziß bleibt befangen in einer Welt ohne Du, wie ein Fötus. Da die Quelle, worin er sich spiegelt, nicht sichtbar ist, wird aus dem Geschehen ein rein innerseelischer Vorgang, der nicht einmal zur Dingwelt Bezug hat. Die Figur kommuniziert auch nicht mit dem Betrachter: der Oberkörper ist ihm noch halb zugewandt, doch der Kopf zeigt ein abweisendes Vollprofil, das eine statuarische Härte ins Gemälde bringt.

Sterblicher Wesen nie,
Entzündet sie nicht ähnliches Verlangen.

Ich fühle stündlich wachsend mich entbrennen,
Je mehr ich dorthin wende meinen Blick;
Drum weih ich mich nur ihm, will sein mich nennen.
Zwar kostet' ich erst das versprochne Glück;
Doch größre Lust ist, hoff ich, noch zurück,
So daß auf Erden nie
Empfunden ward so seliges Verlangen.

Das Narziß-Motiv ist mehrdeutig; nicht nur die krasse Form des erotischen Autismus ist angesprochen, sondern die viel verbreitetere: der Liebende vermag ja am Geliebten, am anderen Selbst, sich selber zu erfahren; dies ermöglicht, daß die Erfahrung des Selbst unendlich viel reicher und interessanter erscheint als die Erfahrung des anderen; so bleibt der Geliebte immer nur Spiegel für das eigene Ich.

Dieses Tanzlied, in dessen Endreime alle fröhlich eingefallen waren, gab durch seinen Inhalt einigen aus der Gesellschaft viel zu denken. Als es indes geendet war und man noch einige andere Tänze hatte folgen lassen, war schon ein Teil der kurzen Nacht verstrichen. Deshalb gefiel es der Königin, den ersten Tag zu beschließen. Sie ließ die Fackeln anzünden und gebot einem jeden, sich bis auf den andern Morgen zur Ruhe zu begeben. Alle gingen in ihre Gemächer und taten nach ihrem Befehle.

Übersicht über die Novellen des Zweiten Tages

Martellino stellt sich lahm und gibt vor, durch den Leichnam des heiligen Heinrich geheilt zu werden. Sein Betrug wird entdeckt, er wird geprügelt und eingekerkert und schwebt in Gefahr, gehenkt zu werden, kommt aber endlich los.

Rinaldo von Asti kommt, von Räubern ausgeplündert, nach Castel Guiglielmo, wo er von einer Witwe beherbergt und für seinen Unfall schadlos gehalten wird und dann unversehrt nach Hause zurückkehrt.

Drei Jünglinge bringen ihr Hab und Gut durch und verarmen. Ein Neffe von ihnen kehrt, an allem verzagend, nach Hause zurück und trifft unterwegs mit einem Abt zusammen, der sich als Tochter des Königs von England entpuppt. Sie heiratet ihn und macht seine Oheime durch Ersatz des Verlorenen wieder wohlhabend.

Landolfo Ruffolo verarmt, wird Korsar, gerät in genuesische Gefangenschaft und erleidet Schiffbruch. Er rettet sich auf einer Kiste voll köstlicher Edelsteine, wird in Korfu von einem armen Weibe beherbergt und kehrt reich in die Heimat zurück.

Andreuccio von Perugia kommt nach Neapel, um Pferde zu kaufen, und gerät in einer Nacht dreimal in Lebensgefahr, entrinnt ihr jedoch jedesmal und kehrt mit einem Rubin in seine Heimat zurück.

Madonna Beritola verliert ihre zwei Söhne, wird dann mit zwei kleinen Rehen auf einer Insel gefunden und geht nach Lunigiana. Hier tritt einer ihrer Söhne bei dem Landesherrn in Dienst, schläft mit dessen Tochter und wird gefangengesetzt. Inzwischen empört sich Sizilien gegen König Karl, der Sohn

wird von seiner Mutter erkannt und heiratet die Tochter seines Herrn. Der Bruder findet sich ebenfalls, und beide werden wieder vornehme Leute.

Der Sultan von Babylon schickt seine Tochter dem König von Algarbien zur Frau, sie aber gerät durch eine Reihe von Ereignissen in einem Zeitraum von vier Jahren und an verschiedenen Orten neun Männern in die Hände. Endlich wird sie ihrem Vater zurückgebracht und reist als vorgebliche Jungfrau zum König von Algarbien, um dessen Gattin zu werden.

Der Graf von Antwerpen geht einer falschen Anschuldigung wegen in die Verbannung und läßt seine zwei Kinder an verschiedenen Orten in England. Als er später unerkannt zurückkehrt, findet er beide in glücklicher Lage. Er zieht als Stallknecht mit dem Heer des Königs von Frankreich, seine Unschuld wird entdeckt, und er gewinnt seine frühere Stellung wieder.

Bernabo von Genua verliert durch Ambrogiuolos Betrug sein Vermögen und befiehlt, daß seine unschuldige Frau getötet werde. Sie entkommt und dient in Männerkleidern dem Sultan. Dann entdeckt sie den Betrüger und veranlaßt Bernabo, nach Alexandrien zu kommen. Der Betrüger wird bestraft, und sie kehrt, wieder im Frauengewand, mit ihrem Mann reich nach Genua zurück.

Paganino von Monaco raubt dem Herrn Ricciardo von Chinzica seine Gattin. Dieser erfährt, wo sie ist, begibt sich dorthin, befreundet sich mit Paganino und fordert sie von ihm zurück. Paganino verspricht sie ihm, wenn sie wieder zu ihm wolle. Sie hat aber keine Lust, zu ihm zurückzukehren, und wird nach Herrn Ricciardos Tode Paganinos Frau.

Zweiter Tag, Fünfte Novelle

*Andreuccio von Perugia kommt nach Neapel, um Pferde zu kaufen,
und gerät in einer Nacht dreimal in Lebensgefahr, entrinnt ihr jedoch
jedesmal und kehrt mit einem Rubin in seine Heimat zurück.*

Bei den Edelsteinen, die Landolfo fand, begann Fiammetta, welche
die Reihe des Erzählens traf, ist mir eine Geschichte eingefallen, die
kaum weniger Gefahren enthält, sich aber von der Laurettas dadurch unterscheidet, daß ihre Ereignisse sich nicht etwa im Verlauf
mehrerer Jahre, sondern in einer einzigen Nacht abspielten.

Es lebte, wie mir erzählt worden ist, in Perugia ein junger Pferde-
makler namens Andreuccio di Pietro, der sich auf die Nachricht hin,
daß in Neapel ein guter Pferdemarkt sei, fünfhundert Goldgulden in
die Tasche steckte und sich, ohne je zuvor in der Fremde gewesen
zu sein, mit mehreren anderen Kaufleuten nach jener Stadt auf den
Weg machte.

An einem Sonntag in der Dämmerung dort eingetroffen, ging er,
den Ratschlägen folgend, die sein Wirt ihm erteilte, am andern
Morgen auf den Markt, wo er zwar viele Pferde besah, an vielen
Gefallen fand und um sie feilschte, dennoch aber über keines handelseins werden konnte. Um indes zu zeigen, daß er wirklich zu
kaufen gedenke, zog er, unvorsichtig und unerfahren wie er war, zu
wiederholten Malen vor den Augen aller, die ab- und zugingen,
seine Börse voll Gold heraus. Da geschah es denn, daß, während er
so marktete und seinen Geldbeutel sehen ließ, von ihm ungesehen
eine junge Sizilianerin vorüberging, die zwar wunderschön, aber
auch für geringes Geld bereit war, jedermann zu Willen zu sein, und
seine Börse ins Auge faßte. Sogleich sprach sie zu sich selbst: „Wie
gut wär ich daran, wenn dieses Geld mein wäre", und damit ging sie
weiter. Nun hatte dies Mädchen eine Alte bei sich, die gleichfalls
aus Sizilien war. Sowie diese den Andreuccio gewahr ward, ließ sie
ihre Herrschaft weitergehen und lief auf jenen zu, den sie auf das
zärtlichste umarmte. Das Mädchen bemerkte dies und wartete, ohne
ein Wort zu sagen, in einiger Entfernung das Ende jenes Gesprächs
ab. Andreuccio hatte sich inzwischen nach der Alten umgewandt,
sie erkannt und mit großer Freude begrüßt. Sie versprach, zu ihm in
seine Herberge zu kommen, und ging dann nach kurzer Unterhaltung weiter. Er aber fuhr zu feilschen fort, kaufte jedoch an diesem
Morgen nichts.

Die Dirne, die zuerst Andreuccios vollen Beutel und dann seine
Bekanntschaft mit ihrer Alten gesehen hatte, trug sich mit dem
Gedanken, ob sie nicht ein Mittel finden könnte, jenes Geld oder
wenigstens einen Teil davon zu erlangen, und fragte zu dem Ende
die Alte vorsichtig aus, wer der Fremde sei, was er hier suche und
woher sie ihn kenne. Diese erzählte ihr alles, was die Angelegenheiten des Andreuccio betraf, kaum weniger genau, als er selbst es
hätte tun können, denn sie hatte lange Zeit in Sizilien und dann in
Perugia bei seinem Vater gedient. Ebenso gab sie über seine Wohnung und den Zweck seiner Reise die nötige Auskunft. Als das
Mädchen solchergestalt seine ganze Verwandtschaft und deren

Wir erfahren nichts über Andreuccios Aussehen, nichts
über seinen Charakter. Die
Figur geht vollkommen in der
Handlung auf.
Indem er sein Geld vorzeigt,
benimmt sich Andreuccio
nicht bloß unvorsichtig, sondern er verscherzt auch seine
Kaufkraft. Die Händler, die
nun wissen, was er sich leisten kann, setzen ihre Preise
entsprechend an. So verkehrt
sich das Verhältnis: „Nun
sind es nicht mehr die Pferde,
die zu Markte stehen, sondern der Geldbeutel Andreuccios" (Millicent J. Marcus).
Der junge Mann aus Perugia
leitet gewissermaßen aus
Unachtsamkeit sein Geschick
selber in die Wege.

Das Rad des Schicksals kreiselt rasch für Andreuccio. Die *Tarot-Karte X* zeigt dieses Rad. Die 78 Karten des Tarot dienen der Wahrsagerei. Woher sie stammen – ob aus dem jüdisch-semitischen Kulturraum oder aus dem indischen –, ist ungeklärt. Die Symbole sind teils ägyptisch, teils asiatisch, teils spätantik. Ab dem 13. Jahrhundert werden diese Karten erwähnt; die modernen Spielkarten sind eine Abart des Tarot. Die Grundbedeutung der Tarot-Karte X ist: Eintritt von Neuem, Umschwung, Unbeständigkeit. Das Rad ist ein Attribut der römischen Schicksalsgöttin Fortuna. ,,Ich will das Rad des Schicksals nicht lächerlich machen", heißt es bei dem Historiker Tacitus (,,Dialogus de oratoribus" 23). Die Symbolik ist vielschichtig: unbeweglich über dem kreiselnden Rad sitzt eine Sphinx als Verkörperung des Lebensrätsels. Ihr Schwert weist sie als Wächterin aus – als ob sie demjenigen, der die Losung nicht weiß, den Zugang zum Paradies verwehrte. An der Felge halten sich Lebewesen fest, deren Tierhaftigkeit auf ihr Verhaftetsein in der körperlichen Welt hinweist. Nach der Kabbala (jüdische Geheimlehre, die bei Alchimisten, Magiern, manchen Philosophen und Dichtern hohes Ansehen genossen hat) entspricht die Zahl X dem Buchstaben ,,Jod"; er bezeichnet das Reich und den Tempel Gottes. So bietet die Karte eine vordergründige und eine esoterische Bedeutung an: sie macht auf einen Umschwung der Dinge aufmerksam, doch dem Eingeweihten legt sie nahe, sich innerlich freizumachen vom Auf und Ab des Geschehens und Herzensruhe zu finden. Wenn das Rad als Kreis gedacht wird, dann liegt die Nabe im Mittelpunkt (er entspricht dem ,,Tempel Gottes"); die Nabe bleibt aber ruhig und unbeweglich. Die esoterische Mahnung lautet für den Ratsuchenden folgendermaßen:

LA ROUE DE FORTUNE
THE WHEEL OF FORTUNE

Namen hinreichend kennengelernt hatte, baute es auf dieser Kenntnis eine sinnreiche Erfindung auf, durch welche es seinen Zweck zu erreichen gedachte. Zu dem Ende gab es der Alten, sobald sie zu Hause angekommen waren, Besorgungen für den ganzen Tag, damit sie nicht mehr zu Andreuccio gehen sollte. Dann schickte es ein kleines Mädchen, das zu dergleichen Diensten gut angelernt war, gegen Abend in das Wirtshaus, wo Andreuccio wohnte. Die Kleine fand jenen zum Glück selbst, wie er allein an der Tür stand, und fragte nach ihm. Wie er nun erklärte, er sei es, zog sie ihn beiseite und sagte: „Herr, eine Edeldame aus dieser Stadt möchte, wenn es Euch gefällig wäre, gern mit Euch reden." Andreuccio dachte bei diesen Worten einen Augenblick nach, und da er sich für einen hübschen Burschen hielt, vermutete er, die Edeldame werde in ihn verliebt sein, als ob es damals in Neapel keine andern hübschen Leute gegeben hätte. So antwortete er schnell, er sei bereit, und fragte nur, wo und wann jene Dame ihn sprechen wolle. „Herr", erwiderte die Kleine, „wenn es Euch gefällig wäre zu kommen, so erwartet sie Euch schon in ihrer Wohnung." Andreuccio versetzte sogleich, ohne dem Wirt auch nur ein Wort zu sagen: „So geh denn voraus, ich werde dir folgen."

Auf diese Weise führte die Kleine ihn in das Haus jener Dirne, welches in einer Straße, das finstere Loch genannt, gelegen war, deren Anständigkeit schon der Name erraten läßt. Andreuccio freilich wußte und ahnte davon nichts und trat in der Meinung, an einen ehrbaren Ort und zu einer liebenswürdigen Dame zu gehen, unbefangen hinter der Kleinen in das Haus. Da die Kleine ihrer Gebieterin bereits zugerufen hatte: „Hier kommt Andreuccio", so trat diese, als er hinaufstieg, an das obere Ende der Treppe. Sie war noch ziemlich jung, schlank gewachsen und von schönem Gesicht, dabei vornehm gekleidet und geschmückt. Als Andreuccio ihr näher kam, ging sie ihm mit offenen Armen drei Stufen entgegen, schlang diese fest um ihn und verweilte, von übermäßiger Zärtlichkeit übermannt, einige Zeit in dieser Stellung, ohne ein Wort zu sagen. Dann küßte sie ihn weinend auf die Stirn und sagte mit gerührter Stimme: „O mein Andreuccio, sei mir willkommen." Dieser war über so feurige Liebkosungen ziemlich verwundert und sagte ganz erstaunt: „Madonna, ich freue mich Eurer Bekanntschaft." Sie aber nahm ihn bei der Hand und führte ihn in ihren Saal hinauf, von wo sie, ohne ein Wort zu sprechen, mit ihm in ihre Stube ging, die von Rosen, Orangenblüten und anderen Wohlgerüchen auf das köstlichste duftete. Hier sah Andreuccio ein Bett mit herrlichen Vorhängen, viele Kleider, die nach der Landessitte auf Rechen umhergingen, und andere schöne und kostbare Geräte in Menge, um welcher Dinge willen er als ein Neuling nicht zweifeln zu dürfen glaubte, daß sie eine gar vornehme Dame sein müsse.

Als sie sich nun miteinander auf einer Truhe am Fußende ihres Bettes niedergelassen hatten, begann sie also zu ihm zu sprechen: „Andreuccio, ich bin gewiß, daß du dich über die Liebkosungen, mit denen ich dich empfange, gleichermaßen verwunderst wie über meine Tränen, denn du kennst mich nicht und hast vielleicht niemals von mir gehört. Noch mehr aber wirst du vermutlich über das erstaunen, was du jetzt hören wirst: ich bin nämlich deine Schwester. Ich sage dir aber, seit Gott mir die Gnade erzeigt hat, daß ich vor meinem Tode einen meiner Brüder zu sehen bekommen habe (und was gäbe ich nicht darum, euch alle zu sehen), werde ich beruhigt aus der Welt gehen, mag ich sterben, wann immer es geschehen

Wer sich ans Äußere klammert, wird herumgewirbelt; wer sich abwendet, findet Herzensruhe und ist nicht mehr schicksalsanfällig. Diese Lehre drückt sich in Andreuccios Schicksal aus.

soll. Doch von alldem hast du vielleicht in deinem Leben nichts
vernommen, und so will ich dich darüber belehren. Wie du wohl
erfahren hast, lebte Pietro, dein und mein Vater, lange Zeit in Palermo und wurde und wird dort von allen, die ihn kannten, wegen
seiner Herzensgüte und Liebenswürdigkeit sehr geliebt. Vor allen
andern jedoch, die ihm geneigt waren, liebte ihn meine Mutter, die
von adeligem Geschlecht ist und damals verwitwet war, am meisten.
Sie wurde, ohne den Zorn ihres Vaters und ihrer Brüder und ihre
eigene Ehre zu achten, so vertraut mit ihm, daß ich auf die Welt
kam und geworden bin, wie du mich siehst. Dann aber traten Umstände ein, um derentwillen Pietro Palermo verließ und nach Perugia zurückkehrte. So blieb ich damals als kleines Kind mit meiner
Mutter zurück, und unser Vater hat sich, soviel mir bekannt geworden ist, seit dieser Zeit weder um sie noch um mich bekümmert.
Wäre er nicht dein Vater, so tadelte ich ihn wegen dieses Betragens
auf das ernstlichste, schon wegen seiner Undankbarkeit meiner
Mutter gegenüber, die allein von treuer Liebe bewogen, ohne zu
wissen, wer er war, sich und zugleich alles, was ihr gehörte, seinen
Händen anvertraute, von der Liebe ganz zu schweigen, welche er
für mich als seine Tochter, die ihm von keiner Magd und keinem
gemeinen Weibsbild geboren worden war, hätte hegen sollen. Doch
was hilft das! Was einmal falsch gemacht wurde, ist, besonders wenn
es vor langer Zeit geschah, viel leichter zu tadeln als zu bessern.
Genug, es war so. Er ließ mich als kleines Kind in Palermo zurück,
und da bin ich denn ziemlich so weit herangewachsen, wie du mich
siehst, bis meine Mutter mich an einen wackeren Edelmann aus
Girgenti verheiratete, der meiner Mutter und mir zuliebe gleichfalls
nach Palermo zog. Weil aber mein Mann sehr welfisch gesinnt ist,
ließ er sich in geheime Verabredungen mit unserem König Karl ein.
Ehe diese indes noch zur Ausführung gebracht werden konnten,
hatte König Friedrich Wind davon bekommen, und just als ich mich
anschickte, die erste Dame der Insel zu werden, mußten wir fliehen.
So nahmen wir denn das wenige mit uns, das wir erlangen konnten —
wenig war es im Vergleich zu dem vielen, das wir besessen hatten –,
ließen Herrschaften und Schlösser zurück und flüchteten hierher,
wo König Karl sich uns so dankbar erweist, daß er uns einen Teil
des Schadens vergütet, den wir um seinetwillen erlitten, und Landgüter und Häuser in Menge geschenkt hat. Auch gewährt er meinem
Gatten, deinem Schwager, so große Einkünfte, wie du zu sehen
Gelegenheit haben wirst. Auf solche Weise bin ich hierher gekommen, wo ich es Gott und nicht dir verdanke, dich, meinen geliebte-
sten Bruder, gefunden zu haben." Und mit diesen Worten fing sie
aufs neue an, ihn zu umarmen, und küßte ihm unter Tränen auf das
zärtlichste die Stirn.
Als Andreuccio diese Fabel so zusammenhängend und unbefangen
aus dem Mund des Mädchens hervorgehen hörte, dem freilich
niemals das Wort auf den Lippen erstarb noch die Zunge versagte,
als er sich ferner erinnerte, sein Vater sei wirklich in Palermo gewesen und dabei nach eigener Erfahrung die Sitten der Jugend erwog,
die gern zu lieben geneigt ist, als er endlich die Tränen der Rüh-
rung, die Umarmungen und die keuschen Küsse des Mädchens fühlte, maß er allen Worten vollkommenen Glauben bei und sagte,

sobald es schwieg: „Madonna, mein Erstaunen kann Euch nicht anders als natürlich erscheinen, wenn Ihr bedenken wollt, daß mein Vater, was immer der Grund gewesen sein mag, niemals von Eurer Mutter oder von Euch gesprochen hat, oder wenn er es getan haben sollte, mir wenigstens nichts davon zu Ohren gekommen ist, so daß ich von Euch nicht mehr wußte, als wenn Ihr gar nicht auf der Welt wäret. Je mehr ich aber hier allein stand und je weniger ich dergleichen erwarten konnte, desto lieber ist mir nun, in Euch eine Schwester gefunden zu haben. Und wahrlich, ich wüßte nicht, wie Ihr dem Vornehmsten anders als lieb und wert sein könntet. Wieviel mehr seid Ihr es also mir, der ich nur ein kleiner Handelsmann bin. Doch über eines bitte ich Euch, mir noch Aufschluß zu geben: wie habt Ihr erfahren, daß ich hier in der Stadt bin?" Darauf erwiderte sie: „Heute früh erzählte es mir eine arme Frau, die bei mir ein- und auszugehen pflegt, weil sie nach ihrer Versicherung lange Zeit bei unserem gemeinschaftlichen Vater in Palermo und Perugia gedient hat. Hätte ich es nicht für schicklicher gehalten, daß du zu mir in mein eigenes Haus kämst als ich zu dir in ein fremdes, so wäre ich längst schon bei dir gewesen." Nun fing sie an, ihn auf das genaueste und namentlich nach allen seinen Verwandten zu fragen, worauf ihr Andreuccio vollen Bescheid gab. Um dieser Tatsache willen glaubte er nur immer mehr, was nicht zu glauben ihm gesünder gewesen wäre.

Das Gespräch hatte lange gedauert, und die Hitze war groß. Daher ließ das Mädchen griechischen Wein und Konfekt kommen und Andreuccio einschenken. Darüber kam die Essenszeit heran, und Andreuccio wollte weggehen. Sie aber gab es durchaus nicht zu, stellte sich sehr gekränkt darüber, umarmte ihn und sagte: „Ja, nun sehe ich wohl, wie wenig du dir aus mir machst! Nicht für möglich sollte man es halten; du bist bei deiner Schwester, die du nie zuvor in deinem Leben gesehen hast, und in ihrem eigenen Hause, wo du gleich nach deiner Ankunft hättest absteigen sollen, und nun willst du sie wieder verlassen, um im Wirtshaus essen zu gehen. Wenn auch mein Mann leider nicht zu Hause ist, so werde ich doch wohl nach den schwachen Kräften einer Frau dir einige Ehre zu erweisen wissen."

Andreuccio wußte darauf weiter nichts zu erwidern und sagte nur: „Ich habe Euch so lieb, wie man eine Schwester haben soll; wenn ich aber nicht nach Hause gehe, wird man mich den ganzen Abend zu Tisch erwarten, und mein Ausbleiben wird als Unhöflichkeit betrachtet werden." „Nun, gottlob", erwiderte sie dagegen, „habe ich denn niemand in meinem Hause, um sagen zu lassen, daß man nicht auf dich warten soll? Höflicher aber wäre es gegen mich und im Grunde nur deine Schuldigkeit, wenn du deinen Gefährten sagen ließest, sie sollten hierher zum Abendessen kommen. Dann könntet ihr nachher, wenn ihr anders wolltet, in Gesellschaft nach Hause gehen." Andreuccio erwiderte, die Gefährten möchte er für den Abend nicht. Da sie es aber einmal so haben wolle, solle sie nach Gefallen über ihn selbst verfügen. Darauf tat sie, als ließe sie im Wirtshaus bestellen, daß man ihn nicht zum Essen erwarten möchte, und nach mancherlei andern Gesprächen setzten sie sich zu Tisch, wo sie auf das glänzendste mit zahlreichen Schüsseln bedient wurden und das Essen durch die List des Mädchens sich bis tief in die Nacht hinein ausdehnte.

Als sie endlich vom Tisch aufgestanden waren und Andreuccio nach Hause gehen wollte, erklärte sie, daß sie das keinesfalls zugeben werde. Neapel sei überhaupt nicht, am wenigsten aber für den Fremden, der Ort, um in der Nacht darin umherzugehen. Auch habe sie, als sie das Essen im Wirtshaus habe absagen lassen, dasselbe gleich für das Nachtlager getan. Er glaubte nicht allein dies alles, sondern fand auch in seinem falschen Wahn an der Gesellschaft des Mädchens großen Gefallen und blieb. Auch nach Tisch spann sie nicht ohne Absicht mancherlei Gespräche noch lange aus, und erst als ein bedeutender Teil der Nacht vorüber war, ließ sie Andreuccio mit einem kleinen Kinde, das ihm zeigen sollte, was er etwa brauchen könnte, in der Stube zurück und ging mit ihren Dienerinnen in ein anderes Zimmer.

Die Hitze war noch immer groß. Deshalb warf Andreuccio, sobald er sich allein sah, die Kleider ab, zog die Hosen aus und legte diese unter das Kopfkissen. Weil ihn nun das natürliche Bedürfnis überfiel, sich der überflüssigen Last des Leibes zu entledigen, fragte er das Kind, wo er das tun könnte. Dieses zeigte ihm eine Tür auf der einen Seite des Zimmers und sagte: „Geht nur dort hinein." Andreuccio schritt unbefangen vorwärts, setzte aber unglücklicherweise den Fuß auf ein Brett, das auf der entgegengesetzten Seite losgegangen war und fiel mit ihm zugleich hinab. So gnädig war ihm aber Gott, daß er sich, wie tief er auch hinunterfiel, doch im Fallen keinen Schaden tat, obgleich er von dem Unrat, der jenen Ort erfüllte, ganz bedeckt ward. Damit ihr aber das eben Gesagte und was ich noch hinzuzufügen habe, besser verstehen mögt, will ich euch näher beschreiben, wie jener Ort beschaffen war. Es waren in einem engen Gäßchen auf zwei Balken, die man, wie unter ähnlichen Umständen oft geschieht, zwischen den gegenüberstehenden Häusern eingeklemmt hatte, einige Bretter befestigt und auf diesen der Sitz angebracht. Eines dieser Bretter war es nun, mit dem Andreuccio hinunterfiel. Zwar rief er aus der Tiefe des Gäßchens, erschrocken über den Unfall, nach dem Kinde, aber dieses war, sobald es ihn fallen gehört hatte, zu seiner Gebieterin geeilt und hatte dieser berichtet, was geschehen war. Sogleich lief das Mädchen in die Stube, um zu sehen, ob Andreuccios Kleidungsstücke da seien, und sobald es diese und mit ihnen den Geldbeutel, den er aus törichter Besorgnis immer bei sich führte, gefunden und den Zweck erreicht sah, um dessentwillen sie, die Palermitanerin, sich zur Schwester eines Perugianers gemacht und ihre Schlingen ausgelegt hatte, bekümmerte sie sich nicht mehr um jenen, sondern schloß eilends die Tür zu, aus welcher er herausgetreten war, als er fiel. Andreuccio rief inzwischen, da ihm das Kind nicht antwortete, immer stärker, doch es half ihm nichts. Nun erst fing er an, argwöhnisch zu werden, und begann allzu spät zu erraten, daß er betrogen worden war. Er kletterte über die kleine Mauer, welche das Gäßchen von der Straße trennte, ging an die Haustür, die ihm noch wohlbekannt war, klopfte und rüttelte lange daran und rief hinauf, aber alles vergebens. Jetzt sah er sein Unglück klar ein, weinte und sagte: „O Himmel, in welcher kurzen Zeit habe ich eine Schwester und fünf-

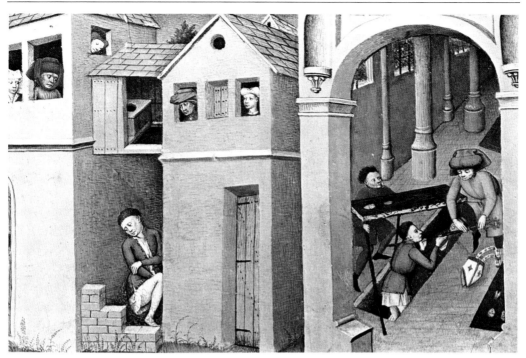

hundert Goldgulden eingebüßt!" In dieser Weise redete er noch
weiter und fing dann wieder an zu klopfen und zu rufen. Endlich
machte er solch einen Lärm, daß viele der nächsten Nachbarn darüber erwachten und aufstanden, als sie es nicht mehr ertragen konnten. Inzwischen kam eine Magd des Mädchens ans Fenster, stellte
sich ganz schläfrig und sagte höhnisch: „Wer pocht denn dort unten?" „Kennst du mich denn nicht", sagte Andreuccio, „ich bin ja
Andreuccio, der Bruder der Madonna Fiordaliso." Jene aber antwortete: „Guter Freund, wenn du zuviel getrunken hast, so geh und
schlafe und komme morgen in der Frühe wieder. Ich weiß nicht, von
was für einem Andreuccio du redest, noch was du sonst schwatzest.
Gehe in Frieden und sei so gut und laß uns schlafen." „Wie", sagte
Andreuccio, „du weißt nicht, wovon ich rede? Nun, wenn es mit den
sizilianischen Verwandtschaften so steht, so gib mir wenigstens die
Kleider wieder, die oben geblieben sind, und ich will gerne gehen."
Zur Antwort lachte ihm die Magd beinahe ins Gesicht und sagte:
„Guter Freund, ich glaube, du redest im Traume." Dies sagen, sich
umdrehen und das Fenster zuschlagen, war eins.
Als dem Andreuccio nun kein Zweifel übrigblieb, daß er betrogen
worden sei, geriet er so in Zorn, daß er beschloß, mit Gewalt durchzusetzen, was er im Guten nicht erlangen konnte. Er ergriff einen
großen Stein und begann mit viel heftigeren Schlägen als zuvor
gegen die Tür zu pochen. Darüber traten mehrere der Nachbarn,
die schon vorher erwacht und aufgestanden waren, ans Fenster. Sie
waren aufgebracht über das Pochen, meinten, irgendein ungezoge-
ner Mensch wolle mit lügenhaften Worten das arme Frauenzimmer

Die Nacht in Neapel wird zum
Abenteuer Poeschen Stils: die
Ereignisse fallen über Andreuccio her wie in einem
Alptraum. Es ist kein Eintau-
chen in eine unwirkliche Welt,
sondern das Hereinbrechen
des Unheimlichen in die präzise beschreibbare Normal-
welt.

ärgern, und schrien, nicht anders als alle Hunde einer Gasse einen fremden Hund anbellen: „Es ist sehr ungezogen, um diese Stunde die armen Weiber mit solchem Geschwätz in ihrem eigenen Hause zu stören. Geh mit Gott, guter Freund, und sei so gut und lasse uns schlafen. Hast du etwas mit ihr zu tun, so komm morgen wieder. In der Nacht aber laß uns ungeschoren." Vielleicht machten diese Worte einen Menschen, der sich drinnen im Hause befand und – ohne daß Andreuccio ihn zuvor gesehen – bei dem Mädchen Kupplerdienste versah, dreist genug, daß er ans Fenster trat und mit einer gewaltigen, wilden und zornigen Stimme hinunterrief: „Wer ist da?" Als Andreuccio bei diesem Ruf in die Höhe blickte, begriff er leicht, so wenig er auch in der Dunkelheit erkennen konnte, daß mit dem nicht viel zu spaßen sei, solch einen gewaltigen schwarzen Bart hatte er herunterhängen. Dabei gähnte er und rieb sich die Augen, als ob er aus dem Bett und von tiefem Schlafe aufgestanden wäre. Darum antwortete er nicht ohne Furcht: „Ich bin ein Bruder der Dame, die hier drinnen wohnt." Jener aber wartete nicht ab, daß Andreuccio seine Antwort vollendete, sondern rief noch viel grimmiger als zuvor: „Ich weiß nicht, was mich abhält, hinunterzukommen und dich widerwärtigen, besoffenen Esel, der du sein mußt, weil du uns diese Nacht nicht schlafen läßt, so lange durchzuprügeln, als du noch ein Glied rühren kannst." Mit diesen Worten drehte er sich herum und schlug das Fenster zu. Ein paar Nachbarn, die über diesen Menschen besser Bescheid wußten, sagten nun ganz freundlich: „Um Himmels willen, guter Freund, geh mit Gott und laß dich nicht totschlagen; es ist zu deinem Besten, wenn du gehst."

War Andreuccio zuerst über die Stimme und den Anblick des Menschen erschrocken, so bewog ihn jetzt das Zureden dieser Leute, die nur aus Mitleid so zu sprechen schienen, noch mehr, und verdrießlich, wie nur ein Mensch sein kann, und außer sich über das verlorene Geld ging er nach der Richtung, von wo er, ohne zu wissen wohin, am Abend zuvor der Kleinen gefolgt war, um sein Wirtshaus wiederzufinden. Weil ihm aber selbst der Gestank, der von ihm ausging, unerträglich war, bog er in der Absicht, sich dem Meer zuzuwenden und dort zu baden, links in eine Straße ein, die Ruga Catalana genannt wird. Während er so dem unteren Teil der Stadt zustrebte, sah er in einiger Entfernung zwei Männer, die eine Laterne trugen und ihm entgegenkamen. In der Meinung, daß es Häscher oder Leute sein könnten, die Böses im Schilde führten, verbarg er sich vor ihnen in einem verfallenen Hause, das in der Nähe stand. Jene aber folgten ihm, als ob sie gerade in dieses Gebäude bestellt gewesen wären, auf dem Fuße. Hier legte der eine von ihnen, der allerhand eiserne Werkzeuge auf den Schultern getragen hatte, diese nieder und fing an, sie mit dem andern zu besehen und mancherlei darüber zu sprechen.

Während sie noch so redeten, sagte der eine: „Weiß der Teufel, was das bedeutet. Ich rieche den abscheulichsten Gestank, der mir in meinem Leben vorgekommen ist." Bei diesen Worten hob er die Laterne ein wenig in die Höhe, und da sahen sie denn beide den armen Andreuccio und riefen ganz erstaunt: „Wer da?" Andreuccio schwieg, sie aber hielten ihm das Licht näher ans Gesicht und fragten, was er, so schmutzig wie er sei, da mache. Andreuccio erzählte ihnen nun alles, was ihm begegnet war, und sie errieten leicht, wo es ihm so gegangen sein mußte. „Das ist gewiß bei Scarabone Buttafuoco geschehen", sagten sie zueinander. Darauf sagte der eine zu Andreuccio: „Guter Freund, wenn du auch dein Geld verloren hast, so kannst du Gott doch nicht genug dafür danken, daß du den Fall getan hast und nicht wieder in das Haus hineinkommen konntest; denn sei überzeugt: wenn du nicht gefallen wärest, hätte man dich umgebracht, sobald du eingeschlafen warst, und dann hättest du Geld und Leben zusammen eingebüßt. Was hilft es dir aber jetzt, darüber zu weinen? Ebenso leicht kannst du dir die Sterne vom Himmel herunterholen, wie einen Kreuzer von dem Geld zurückgewinnen. Totgeschlagen aber kannst du werden, wenn er hört, daß du jemand ein Wort davon sagst." Nach diesen Worten besprachen sie sich eine Weile miteinander und sagten dann zu ihm: „Weißt du was, du dauerst uns, und willst du uns bei einer Sache helfen, die wir eben vorhaben, so glauben wir bestimmt, daß dein Anteil größer sein wird als das, was du eben eingebüßt hast." Andreuccio antwortete in der Verzweiflung, er sei zu allem bereit.

Nun war an eben jenem Tage der Erzbischof von Neapel, der Filippo Minutolo geheißen hatte, mit kostbaren Kleinodien geschmückt und mit einem Rubin am Finger, der über fünfhundert Goldgulden wert war, begraben worden. Diese Leiche wollten jene berauben und teilten jetzt ihre Absicht dem Andreuccio mit. Andreuccio machte sich, mehr der Gewinnsucht als der Vernunft gehorchend, mit auf den Weg. Während sie aber die Richtung nach dem Dom einschlugen, sagte der eine, dem der Gestank zu arg wurde, welchen Andreuccio verbreitete: „Können wir denn nicht Rat schaffen, daß er sich irgendwo ein wenig wäscht und nicht mehr so schrecklich stinkt?" Darauf sagte der andre: „Wir sind hier dicht bei einem Brunnen, an dem gewöhnlich eine Rolle und ein großer Eimer zu hängen pflegen. Da können wir hingehen und ihn waschen." Als sie zu dem Brunnen kamen, fanden sie zwar den Strick, aber der Eimer war weggenommen. Da beschlossen sie denn, ihn an den Strick zu binden und in den Brunnen hinunterzulassen. Unten sollte er sich waschen und wenn er fertig wäre, den Strick schütteln, damit sie ihn wieder heraufzögen. So taten sie auch wirklich. Als sie ihn aber kaum in den Brunnen hinuntergelassen hatten, kamen von ungefähr ein paar Häscher an jenen Brunnen. Sie waren jemand bei der großen Hitze nachgelaufen, hatten Durst bekommen und wollten trinken. Sobald Andreuccios neue Gesellen diese erblickten, liefen sie sogleich davon, ohne daß die Häscher sie gesehen hätten. Inzwischen hatte sich Andreuccio gewaschen und zog an dem Strick. Jene aber legten ihre Schilde, Waffen und Röcke ab und begannen den Strick emporzuwinden, in der Meinung, daß der volle Eimer daran befestigt sei. Als Andreuccio dem Brunnenrande nahe war, ließ er den Strick los und faßte jenen mit beiden Händen. Die Häscher aber erschraken darüber so sehr, daß sie, ohne ein Wort zu sagen, den Strick fahren ließen und davonliefen, so schnell sie nur konnten. Andreuccio wußte sich das nicht zu erklären, und hätte er sich nicht so festgehalten, so wäre er gewiß hinuntergestürzt und hätte sich vermutlich stark beschädigt, wenn er überhaupt mit dem Leben davongekommen wäre. So aber kletterte er heraus und er-

Holzschnitt aus der *ersten gedruckten Ausgabe des „Decamerone"* (Mailand 1470). Der Künstler kombiniert auf mittelalterliche Weise mehrere Szenen in einem Bild: Andreuccio wird von seiner vermeintlichen Schwester empfangen; er steigt aus dem Brunnen; er klettert aus dem Sarkophag. Der Künstler verwendet perspektivische Elemente, doch sie bestimmen nicht die Komposition; er bleibt daher technisch hinter der zeitgenössischen Malerei zurück.

staunte noch mehr, als er die Waffen sah, die, wie er genau wußte, nicht seinen Gefährten gehörten.

Voller Zweifel und Ungewißheit schalt er auf sein Schicksal und beschloß, ohne daß er von den Sachen etwas angerührt hätte, den Ort zu verlassen, obgleich er nicht wußte, wohin er gehen sollte. Unterwegs begegneten ihm indes die beiden Gesellen, die eben zurückkamen, um ihn aus dem Brunnen zu ziehen, und ihn nun, als sie seiner ansichtig wurden, verwundert fragten, wie er herausgekommen sei. Andreuccio sagte, er wisse es selbst nicht, und erzählte ihnen der Reihe nach, was sich zugetragen und was er außerhalb des Brunnens gefunden hatte. Dadurch errieten jene lachend den Zusammenhang der Sache und sagten ihm, warum sie geflohen wären, und wer ihn heraufgezogen hätte.

Da die Mitternacht inzwischen herangekommen war, gingen sie, ohne sich mit weiteren Reden aufzuhalten, geradewegs zum Dom, öffneten mit geringer Mühe die Türen und gingen zu dem großen marmornen Denkmal. Dort angelangt, hoben sie den Deckel desselben, so schwer er war, mit ihren Brecheisen weit genug in die Höhe, daß ein Mann hineinkriechen konnte, und stützten ihn sodann auf einen eisernen Pflock. Darauf sagte der eine: „Wer soll denn nun aber hineinsteigen?" „Ich nicht", entgegnete der andre. „Ich mag auch nicht", sagte der erste, „Andreuccio kann ja hineinkriechen." „Das werde ich wohl bleiben lassen", bemerkte dieser. „Wie", antworteten die beiden, „du hast keine Lust hineinzugehen? Wahrhaftig, du sollst hinein, oder wir werden dir mit einer von diesen Eisenstangen so viel auf den Kopf geben, daß du tot liegen bleibst." Andreuccio mußte nun aus lauter Furcht wohl oder übel hineinkriechen. Als er aber drinnen war, dachte er bei sich selbst: die haben mich hineingeschickt, um mich zu betrügen. Sobald ich ihnen alles hinausgegeben habe, werden sie hingehen, wohin sie Lust haben, während ich mühsam wieder aus dem Sarge krieche. So beschloß er denn, im voraus für sich selbst zu sorgen, und dachte dabei an den kostbaren Ring, von dem er reden gehört hatte. Diesen also zog er der Leiche des Erzbischofs, sowie er sie erreicht hatte, vom Finger und steckte ihn sich selbst an. Dann gab er jenen Bischofsstab, Mütze und Handschuhe, entkleidete die Leiche bis aufs Hemd, reichte ihnen alles hinaus und sagte, weiter sei nichts da. Die andern versicherten, der Ring müsse da sein, und hießen ihn überall suchen, er aber gab vor, ihn nicht zu finden, stellte sich, als suche er ihn, und hielt sie eine Weile hin. Jene aber, die draußen geblieben, waren ebenso schlau wie er, ermunterten ihn, ferner zu suchen, und zogen zu gelegener Zeit den Pflock, weg, der den Deckel emporhielt. Dann entflohen sie, während Andreuccio im Grabmal eingeschlossen blieb.

Wie ihm dabei zumute wurde, kann sich jeder denken. Zwar versuchte er wiederholt, den Deckel mit Kopf und Schultern emporzuheben, doch war alle Mühe umsonst, und er fiel endlich, vom Schmerze übermannt, ohnmächtig auf den toten Körper des Erzbischofs nieder. Es wäre in diesem Augenblick schwer zu entscheiden gewesen, wer mehr tot war, der Erzbischof oder er. Als er aber wieder zu sich kam, begann er bitterlich zu weinen. Es leuchtete ihm ein, daß es für ihn nur zwei Aussichten gab: entweder kam niemand, um das Grabmal zu öffnen, und dann mußte er vor Hunger und Gestank mitten unter den Würmern jener Leiche sterben, oder es kam jemand, und dann wurde er als Dieb gehangen.

Während er solcherlei Gedanken noch gar trübsinnig nachhing, hörte er in der Kirche Schritte und Gespräch von Leuten, die, wie er mit Schrecken vermutete, in derselben Absicht kamen, welche ihn und seine Gefährten hergeführt hatte. Als aber jene das Grabmal geöffnet und aufgestürzt hatten, begannen sie miteinander zu streiten, wer hineinkriechen sollte, und keiner wollte. Nach langem Zank sagte endlich ein Pfaffe: „Wovor fürchtet ihr euch denn? Denkt ihr, er wird euch fressen? Die Toten beißen niemand. Ich will selbst hineinsteigen." Und mit diesen Worten stützte er die Brust auf den Rand des Sarkophags und streckte, den Kopf nach außen gewandt, die Beine hinein, um sich dann hinunterzulassen. Als Andreuccio das sah, richtete er sich auf und faßte den Pfaffen an einem Bein, als ob er ihn niederziehen wollte. Kaum aber fühlte das der Geistliche, so schrie er laut und sprang mit einem Satz aus dem Sarge. Darüber erschraken wieder die übrigen so sehr, daß sie davonliefen, als ob hunderttausend Teufel hinter ihnen drein wären.

Als Andreuccio das gewahr wurde, kroch er, froher als er je gehofft hatte, sogleich aus dem Grabmal heraus, das jene offen gelassen hatten, und verließ die Kirche auf demselben Wege, auf welchem er gekommen war. Inzwischen war der Morgen fast herangekommen, und Andreuccio gelangte, den Ring am Finger, ans Meeresufer und von da in sein Wirtshaus, wo seine Gefährten und der Wirt die ganze Nacht über um seinetwillen in Angst gewesen waren. Er erzählte ihnen, was ihm begegnet war, und auf den Rat des Wirtes wurde für gut befunden, daß er Neapel sogleich verlassen sollte. So tat er denn auch augenblicklich und kehrte nach Perugia zurück, nachdem er sein Geld, statt Pferde zu kaufen, wie es seine Absicht gewesen, in einem Ringe angelegt hatte.

Binnen Stunden dreht sich das Rad des Geschehens so geschwinde, daß der anfangs leichtgläubige Andreuccio selber lernt, den Betrug der Welt gleichfalls mit Betrug zu vergelten.

Aus der Abenteuernacht taucht Andreuccio als gewitzter Mann auf; das Bad weist auf diese Neugeburt hin. Der Schluß ist zweideutig und bleibt in der Schwebe: durch Leichenschändung und Kirchenraub hat der Jüngling aus Perugia seinen Verlust ersetzt, und alle Mitwisser finden das in Ordnung.

ZWEITER TAG, ZEHNTE NOVELLE

Paganino von Monaco raubt dem Herrn Ricciardo von Chinzica seine Gattin. Dieser erfährt, wo sie ist, begibt sich dorthin, befreundet sich mit Paganino und fordert sie von ihm zurück. Paganino verspricht sie ihm, wenn sie wieder zu ihm wolle. Sie hat aber keine Lust, zu ihm zurückzukehren, und wird nach Herrn Ricciardos Tode Paganinos Frau.

Jedes Mitglied der ehrenwerten Gesellschaft rühmte die Geschichte, welche die Königin erzählt hatte, als besonders schön, vor allem aber Dioneo, dem für den heutigen Tag die Mühe des Erzählens allein noch oblag. So begann er denn nach einem gründlichen Lobe seiner Vorgängerin also zu reden:

Schöne Damen, eine Stelle in der Erzählung der Königin hat mich bewogen, die Geschichte, die ich im Sinne trug, für heute beiseite zu lassen und dafür eine andere zu erzählen. Ich meine nämlich die durch den glücklichen Ausgang nicht gemilderte Torheit des Bernabo, der sich, wie mancher andere Mann auch, einreden konnte, daß die Frauen daheim die Hände in den Schoß legen, während die Männer draußen in der Welt umherreisen und sich bald mit dieser, bald mit jener die Zeit vertreiben. Als ob wir, die wir ja unter den Frauen auf die Welt kommen und groß werden, nicht wüßten, wonach sie Verlangen tragen. So will ich euch denn in meiner Geschichte zu gleicher Zeit die Torheit solcher Leute und die noch größere anderer aufzeigen, die glauben, daß sie mehr vermöchten als die Natur selbst, und sich einbilden, mit eitlem Geschwätz bewirken zu können, was nicht in ihrer Macht liegt, ja, die versuchen, andere so umzubilden, wie sie selbst sind, obwohl deren Wesen dem ihrigen widerstrebt.

In Pisa lebte einmal ein Richter, der mehr mit Verstand als mit körperlichen Kräften begabt war und Herr Ricciardo von Chinzica genannt wurde. Dieser bildete sich wohl ein, daß einer Frau dieselben Fähigkeiten, wie sie zum Richteramt erforderlich sind, genügen, um etwas auszurichten. Er suchte sich daher im Vertrauen auf seinen ansehnlichen Reichtum mit allem Eifer eine schöne und junge Frau, während er doch, wenn er sich selbst so gut beraten hätte wie fremde Leute, das eine wie das andere sorgfältig hätte vermeiden sollen. Indes wurden seine Wünsche erfüllt. Herr Lotto Gualandi gab ihm eine seiner Töchter namens Bartolomea, eines der hübschesten und muntersten Mädchen in Pisa, obgleich dort die meisten so niedlich und flink sind wie die Eidechsen. Der Richter holte sie mit den größten Festlichkeiten heim und feierte eine glänzende und prachtvolle Hochzeit. Auch setzte er in der Brautnacht ein einziges Mal ernsthaft an, die Ehe zu vollziehen; doch fehlte nicht viel, so wäre es auch mißlungen. Am andern Morgen mußte er sich, da er ja dürr und von kurzem Atem war, durch manchen stärkenden Trank, würzige Suppen und andere Reizmittel ins Leben zurückrufen. Durch diese nächtlichen Erfahrungen lernte der Herr Richter seine Kräfte richtiger einzuschätzen, als er zuvor getan, und er begann infolgedessen seiner Frau einen Kalender beizubringen, der den

Schulkindern sicherlich gefallen hätte und ursprünglich vielleicht zu Ravenna gemacht war. Denn nach seinen Erklärungen gab es keinen Tag, auf den nicht ein oder mehrere Heiligenfeste fielen, und diesen Festen zu Ehren mußten sich Mann und Frau aus mancherlei triftigen Gründen fleischlicher Vereinigungen enthalten. Zu diesen Festen kamen noch die Quatember, die Vigilien der Apostel und anderer Heiliger, die Freitage und Samstage, der Sonntag als der Tag des Herrn, die ganze Fastenzeit, gewisse Mondphasen und eine Menge anderer Ausnahmen, für welche alle er im Bette seiner Frau die gleichen Ferien in Anspruch nehmen zu können glaubte, deren er sich zuweilen in seinen Prozessen bediente. Auf diese Weise fuhr er lange Zeit fort, sehr zum Verdrusse seiner Frau, die kaum einmal im Monat auf ihre Kosten kam. Dabei achtete er höchst sorgfältig darauf, daß nicht etwa einer sie auf die gleiche Art mit den Werktagen bekannt machte, wie er sie die Festtage gelehrt hatte.

Stich aus der „Londoner Ausgabe" des „Decamerone" (1757–1761). Die Rüdheit der Szene ist aufgefangen in der Eleganz der Posen. Der Künstler hat die Gegensätze gleichwohl in der Komposition durchklingen lassen: die im Zurücksinken begriffene Frau und der „standhafte" Mann, das Bett und die Tabelle, Trieb und Verbot. Die richterliche Geste – auf einen Paragraphen zu zeigen – ist in der Drehung des Oberkörpers zur Fluchtbewegung geworden.

Nun geschah es, daß einmal zur Zeit der großen Hitze den Herrn Ricciardo die Lust ankam, sich auf einem schönen Landgute in der Nähe des Monte Nero, das ihm gehörte, zu erholen und während des Aufenthalts von einigen Tagen frische Luft zu schöpfen. Seine schöne Frau mußte ihn begleiten, und um sie in der Zeit, die sie dort weilten, ein wenig zu unterhalten, veranstaltete er eines Tages einen Fischzug. Auf dem einen Kahn fuhr er mit den Fischern, auf dem andern sie mit einigen Frauen. So sahen sie dem Fischfang zu, und das Wohlgefallen, das sie an diesem Schauspiel fanden, lockte sie, ohne daß sie's gewahr wurden, mehrere Meilen ins Meer hinaus. Während sie aber noch auf den Fischfang achteten, näherte sich ihnen plötzlich eine Galeere des Paganino da Mare, der damals ein berühmter Seeräuber war. Als dieser die Kähne bemerkte, machte er Jagd auf sie, und sie konnten nicht schnell genug entfliehen, so daß es Paganino gelang, den Kahn zu erreichen, auf dem die Frauen sich befanden. Hier fiel sein Blick sogleich auf die schöne Dame, und ohne anderes zu begehren nahm er sie unter Herrn Ricciardos Augen, der eben gelandet war, auf seine Galeere und fuhr davon. Ob der Herr Richter, der auf jeden Windhauch eifersüchtig war, über diesen Anblick betrübt war, brauche ich euch nicht erst zu sagen. Er beklagte sich in und außerhalb Pisas über die Ruchlosigkeit der Seeräuber und wußte darum doch nicht, wem seine Frau in die Hände gefallen oder wohin sie gebracht worden war. Paganino aber fand an der Schönheit der jungen Frau Gefallen und schätzte sich glücklich, sie gewonnen zu haben. Da er selbst unbeweibt war, nahm er sich vor, sie für immer bei sich zu behalten, und tröstete sie auf das freundlichste, da er sie heftig weinen sah. Als nun die Nacht kam, setzte er, der keinen Kalender mit sich führte und alle Fest- und Fasttage längst vergessen hatte, seinen Trost, da ihm die Worte den Tag über geringe Frucht getragen, durch Taten nachdrücklicher fort. Er wußte sie so zu beruhigen, daß die gute Frau, noch bevor sie in Monaco ankamen, den Richter und seine Gesetze völlig aus dem Gedächtnis verloren und mit Paganino bereits das fröhlichste Leben von der Welt begonnen hatte. In Monaco dann gewährte ihr der letztere außer dem Vergnügen, das er ihr Tag und Nacht bereitete, noch die ehrenvollste Behandlung, wie wenn sie seine rechtmäßige Gemahlin gewesen wäre.

Im märchenhaften Fluidum der Novelle verkehren sich die Wertvorstellungen: in der Welt der Korsaren herrscht Höflichkeit, die Frau wird als souveräne Person behandelt, was sie in der zivilisierten Welt (Ehe) nicht erwarten darf. –

Trauszene (Italien, 15. Jahrhundert). Der Vater hält den rechten Arm der Tochter, und der Ehemann erhält sie „aus seiner Hand". Die Trauung wird vollzogen von einer Amtsperson (Notar, Richter) – dies entspricht dem auf dem römischen Recht beruhenden Zivilrecht. Die Zeremonie findet meist in der Kirche statt, muß aber nicht. Erst das Konzil von Trient (1545–1563) legt die Regeln für die Trauung fest und ordnet an, daß sie von einem Geistlichen vollzogen werden muß, um rechtskräftig zu sein.

Nach einiger Zeit kam es dem Herrn Richter zu Ohren, wo seine Frau sich befand, und er entschloß sich in der Meinung, daß kein anderer die Sache richtig anzupacken wüßte, ihr selbst nachzureisen. Er war bereit, jede Summe, die für ihre Auslösung verlangt werden sollte, willig zu bezahlen. Darauf begab er sich zu Schiffe und fuhr nach Monaco, wo er bald seine Frau zu sehen bekam. Aber auch sie hatte ihn bemerkt, sagte es noch am selben Abend Paganino und teilte ihm im voraus ihren Entschluß mit.

Am andern Morgen begegnete Herr Ricciardo dem Paganino, machte sich an ihn heran und bewarb sich eifrig um sein Wohlwollen und seine Freundschaft. Paganino aber stellte sich, als kenne er ihn nicht, und war voller Neugier, wo das hinauslaufen wolle.

Ricciardo wartete eine Zeit ab, die er für gelegen hielt, entdeckte dem Paganino in so wohlgesetzten und freundlichen Worten, als er nur zu finden wußte, den Grund seiner Reise und bat ihn inständig,

telles que / elles ne pourroient
estre pour ce que ceste chose ne

Des trois faconnees sur la grande sone

en toscanne est une noble
et ancienne cite nomee

ce que non pas sans grant en-
faison avoir a femme espousee que

ihm gegen beliebiges Lösegeld die Frau wiederzugeben. Paganino erwiderte darauf ganz freundlich: „Herr, zunächst seid mir willkommen. Was das andere betrifft, so antworte ich Euch mit kurzen Worten: Allerdings habe ich eine junge Frau im Hause, von der ich nicht weiß, ob sie Eure oder eines andern Frau ist, denn Euch kenne ich überhaupt nicht und sie erst seit der kurzen Zeit, die sie mit mir zusammenwohnt. Seid Ihr nun ihr Gatte, so will ich Euch als einen artigen und wackeren Mann, wofür ich Euch halte, zu ihr führen und zweifle nicht daran, daß sie Euch erkennen wird. Sagt sie dann dasselbe, was Ihr mir jetzt gesagt, und will sie mit Euch heimkehren, so bin ich Eurer Artigkeit wegen damit zufrieden, daß Ihr mir als Lösegeld gebt, was Ihr für richtig haltet. Sollte dem aber nicht so sein, so wäre es unschicklich, wenn Ihr sie mir entreißen wolltet; denn ich bin noch ein junger Mann und kann mir so gut wie jeder andere auch ein Frauenzimmer halten, vor allem aber eben diese, welche die liebenswürdigste unter allen ist, die ich je gesehen.“ Darauf sagte Herr Ricciardo: „Wahrhaftig, sie ist meine Frau, und wenn du mich nur zu ihr führst, so wirst du schon sehen, wie sie mir gleich um den Hals fallen wird. Darum verlange ich nichts anderes, als was du selber gesagt hast.“ „Gut“, entgegnete Paganino, „so wollen wir gehen.“

Miniatur aus der burgundischen Handschrift des „Decamerone" (siehe u. a. S. 162).
Der Illuminator legt zwei Szenen in ein Bild, die bildnerisch nicht verknüpft sind: das Schiff segelt nach links, das Schloß steht rechts. Liest man indes Schiff und Schloß symbolisch (Schloß als idyllisches Dasein, Schiff als jederzeit gefährdeter Lauf des Lebens), dann ist die Anordnung sinnvoll: die Idylle ist nichts Bleibendes, das Leben bewegt sich von ihr weg. „Das Motiv des Meeres hat bei Boccaccio immer einen beschwörenden, tief sehnsüchtigen Klang" (Alberto Moravia). Das Meer kontrastiert zur Seßhaftigkeit des Richters (und zu seiner Aktenkrämerei) und bringt einen Hauch von Ferne.

Darauf gingen sie miteinander zu Paganinos Wohnung, und als sie in einen Saal eingetreten waren, ließ Paganino die Frau herbeirufen. Sie kam alsbald angekleidet und geschmückt aus einem anstoßenden Zimmer in den Saal, wo die beiden Männer sich befanden; doch sagte sie zu Herrn Ricciardo weiter nichts, als was sie auch jedem beliebigen Fremden, der mit Paganino nach Hause gekommen wäre, gesagt hätte. Darüber konnte sich denn der Richter, der geglaubt hatte, sie werde ihn mit der größten Freude empfangen, gar nicht genug wundern, und er sprach zu sich selbst: „Leicht möglich, daß die Trauer und der lange Gram, der sich meiner bemächtigt, seit ich sie verloren, mich so entstellt haben, daß sie mich nicht wiedererkennt." So sagte er: „Frau, der Fischfang, zu dem ich dich geführt, kommt mich teuer zu stehen; denn nie empfand ich größeren Schmerz als den, welchen ich nach deinem Verluste erdulden mußte. Du aber scheinst mich nicht zu erkennen, so fremd redest du mit mir. Siehst du denn nicht, daß ich dein Herr Ricciardo bin, der hergekommen ist, um dem Edelmann, in dessen Hause wir uns befinden, alles zu bezahlen, was er verlangt, nur um dich wiederzuhaben und mit nach Hause zu nehmen? Er aber gibt dich mir, dank seiner Güte, für das, was ich selbst bestimmen werde." Bei diesen Worten wandte sich die Dame dem Richter zu, lächelte fast unmerklich und sagte: „Herr, redet Ihr mit mir? Ihr mögt mich wohl mit einer anderen verwechseln, denn was mich betrifft, so erinnere ich mich nicht, Euch jemals gesehen zu haben." Darauf sagte Herr Ricciardo: „Bedenke, was du sprichst, und betrachte mich genau. Wenn du dich nur besinnen willst, mußt du ja sehen, daß ich dein Ricciardo von Chinzica bin." Die Dame erwiderte: „Verzeiht mir, Herr, Euch so genau zu betrachten, möchte sich vielleicht nicht so für mich schicken, wie Ihr zu glauben scheint. Dennoch habe ich Euch hinlänglich betrachtet, um zu wissen, daß ich Euch nie zuvor gesehen."

Nun glaubte Herr Ricciardo, sie wolle nur aus Furcht vor Paganino in dessen Gegenwart nicht gestehen, daß sie ihn kenne. Deshalb bat er nach einiger Zeit Paganino um die Erlaubnis, allein in einem Zimmer mit ihr reden zu dürfen. Paganino erklärte sich auch damit einverstanden und stellte als einzige Bedingung, daß Ricciardo sie nicht wider ihren Willen sollte küssen dürfen. Der Frau aber befahl er, mit jenem in ein besonderes Zimmer zu gehen und anzuhören, was er ihr zu sagen hätte, und ihm dann ganz nach ihrem Gefallen zu antworten.

So gingen denn die Dame und Herr Ricciardo allein in das Zimmer, und als sie sich zusammengesetzt hatten, begann Herr Ricciardo also zu reden: „Ach, mein süßestes Herz, geliebteste Seele, meine einzige Hoffnung, kennst du denn deinen Ricciardo gar nicht wieder, der dich lieber hat als sein Leben? Wie ist das möglich? Habe ich mich denn so sehr verändert? Ach, mein Augapfel, schau mich doch nur ein wenig an!"

Darüber fing die Dame zu lachen an und sagte, ohne ihn weiterreden zu lassen: „Ihr könntet doch wohl wissen, daß ich kein so schwaches Gedächtnis habe, um Euch nicht als Herrn Ricciardo Chinzica, meinen Ehemann, zu erkennen. Solange ich aber bei Euch war, habt Ihr mich schlecht erkannt. Denn wenn Ihr so verständig

Die Frau spielt auf die biblische Bedeutung des Wortes „erkennen" an: Geschlechtsverkehr haben. „Adam erkannte Eva, seine Frau . . ." (Genesis 4,1).

wäret, wie Ihr Euch ausgebt, so müßtet Ihr Einsicht genug haben, um zu sehen, daß ich jung, frisch und kräftig bin, und müßtet Euch selbst sagen, was junge Frauen außer Kleidung und Essen sonst noch brauchen, wenn sie es gleich aus Schamhaftigkeit nicht gestehen wollen. Wie wenig Ihr das aber getan habt, wißt Ihr selbst. Wenn Euch die Rechtswissenschaft mehr Vergnügen machte als Eure Frau, so brauchtet Ihr ja keine zu nehmen. Mir seid Ihr aber nie wie ein Richter, sondern wie ein Kalendermacher vorgekommen, so gut kanntet Ihr alle Heiligentage, Feste, Fasten und Vigilien. Das kann ich Euch sagen: wenn Ihr die Arbeiter, die Eure Felder bestellen, so viele Festtage hättet halten lassen, wie der eine gehalten, der mein Gärtchen bearbeiten sollte, so hättet Ihr nie ein Körnchen Getreide geerntet. Nun habe ich diesen Mann getroffen, den mir Gott aus Mitleid mit meiner Jugend zugeführt. Mit ihm bewohne ich dieses Zimmer, in dem man von solchen Festen wie Ihr, der Ihr besser Gott zu dienen wißt als den Frauen, deren unzählige feiern, nicht das mindeste weiß und über dessen Schwellen weder Sonnabend noch Freitag, noch Heiliger Abend, noch Quatember, noch die schrecklich langen Fasten kommen. Hier wird den ganzen Tag gearbeitet und Wolle gezaust, und wieviel wir heute morgen schon vor uns gebracht, seit es zur Frühmesse geläutet, davon könnte ich mitreden. Darum will ich auch bei Paganino bleiben und mit ihm arbeiten, solange ich jung bin. Feste, Ablässe und Fasten hebe ich mir fürs Alter auf. Euch aber rate ich, nach Hause zu reisen, sobald Ihr nur könnt, und ohne mich so viele Feste zu feiern, wie Euch beliebt."

Diese Rede betrübte Herrn Ricciardo unsäglich, und als er sah, daß seine Frau ausgeredet hatte, erwiderte er: „Ach, geliebtes Leben, was für Worte habe ich von dir hören müssen! So nimmst du denn gar keine Rücksicht auf die Ehre deiner Eltern und auf deine eigene? So willst du denn lieber eine Todsünde begehen und mit dem Menschen hier wie eine Hure leben, als in Pisa meine Frau sein? Wenn der dich einmal satt haben wird, so wird er dir zu deiner größten Schande die Tür weisen. Ich aber werde dich immerdar liebhaben und immer wirst du, selbst wider meinen Willen, die Gebieterin meines Hauses sein. Solltest du denn wirklich um einer so unziemlichen und unmäßigen Lust willen deine Ehre und mich, der ich dich mehr als mein Leben liebe, zugleich von dir stoßen wollen? Trost meines Lebens, ich beschwöre dich, sprich nicht mehr davon und komm mit mir nach Hause. Da ich deine Wünsche jetzt kenne, will ich mich ja von nun an auch recht anstrengen. Darum, mein süßestes Herz, ändere deinen Entschluß und komm mit mir. Seit du mir geraubt bist, habe ich ja keinen frohen Augenblick gehabt."

Darauf antwortete die Dame: „Um meine Ehre soll sich nur, nun es zu spät ist, niemand mehr kümmern, als ich es selbst tue. Hätten meine Eltern sie lieber im Auge gehabt, als sie mich Euch gegeben! Da sie sich aber damals nicht um meine Ehre gekümmert haben, so denke ich's auch jetzt nicht um ihre zu tun. Begehe ich jetzt, wie Ihr sagt, eine Todsünde, so werde ich schon gelegentlich einmal eine Leben spendende Sünde begehen. Das überlaßt nur mir. Das aber will ich Euch sagen: hier komme ich mir vor wie Paganinos Frau,

Das auf der folgenden Doppelseite wiedergegebene Gemälde „Vulkan, Venus und Mars" von Tintoretto (1518–1594) behandelt das brisante Thema des ungleichen Paares: die Liebesgöttin Aphrodite (Venus), Gattin des ältlichen und häßlichen Schmiedegottes Hephaistos (Vulcanus), hintergeht diesen mit dem Kriegsgott Ares (Mars). Als Hephaistos dies vernimmt, schmiedet er ein Netz, um sie beide zu ertappen. Seine Abwesenheit ausnützend, gehen sie zu Bett und sitzen in der Falle, ohne sich rühren zu können. Hephaistos alarmiert die Götter: sie sollen Zeugen der an ihm begangenen Missetat sein. Sie kommen gerne:
„Und ein langes Gelächter erscholl bei den seligen Göttern,
Als sie die Künste sahen des klugen Erfinders Hephaistos. Und man wendete sich zu seinem Nachbarn und sagte: Böses gedeihet doch nicht, der Langsame haschet den Schnellen!"
So schildert Homer das Schauspiel („Odyssee" VIII, 326 ff).
Tintoretto verschärft im Gemälde den Konflikt: Vulkans Versuch, beide in flagranti zu erwischen, mißlingt. Mars kann sich verstecken, und der taube Alte hört nicht auf den Hund. In einer pornographischen Pointe zeigt Vulkan den „Beweis" im feuchten Laken: die Selbsterniedrigung, die im Mythos durch die selbstinszenierte Öffentlichkeit angezeigt wird, steigert sich hier zur Selbstquälerei. Das wahre Verhältnis zwischen den Gatten zeigt die Gebärde der Göttin – es ist eine zurückweichende Geste der Abwehr – und der Spiegel: er zeigt den Augenblick vor einer Vergewaltigung.

während ich in Pisa glauben mußte, Eure Hure zu sein, wenn ich sah, wie unsere Planeten nur nach Mondstellungen und geometrischen Berechnungen zusammenzubringen waren. Paganino, der hat mich hier die ganze Nacht im Arm, er drückt und beißt mich, und wie er mich zurichtet, das laßt Euch vom lieben Gott erzählen. Ihr sagt, Ihr wollt Euch anstrengen. Ja, womit denn? Wollt Ihr ihn mit Schlägen auf die Beine bringen, um nach drei Zügen matt zu sein? Ihr seid ja ordentlich zu Kräften gekommen, weil Ihr mich die ganze Zeit nicht gesehen habt. Geht, geht und strengt Euch an, am Leben zu bleiben. Ich glaube wahrhaftig, Ihr wohnt in dieser Welt nur zur Miete, so ausgemergelt und jämmerlich seht Ihr aus. Ich will Euch noch mehr sagen: wenn der mich einmal gehen läßt, wozu er, solange ich nur bei ihm bleiben will, noch keine Lust zu haben scheint, so komme ich darum doch nicht zu Euch, aus dem man mit allem Drücken keine Tasse voll Brühe herausbringen könnte. Zu meinem größten Leiden und Unglück bin ich einmal bei Euch gewesen und werde mir in dem Falle schon anderswo mein Unterkommen suchen. Denn ich wiederhole es Euch: hier haben wir keine Vigilien, und darum will ich hier bleiben. Nun macht aber und geht mit Gott, denn wollt Ihr nicht, so fange ich an zu schreien, Ihr wolltet mich notzüchtigen."

Aus dieser Rede erkannte Herr Ricciardo wohl, daß keine Hoffnung für ihn sei, und er sah nun endlich ein, wie töricht er gehandelt, bei seiner Kraftlosigkeit eine junge Frau zu nehmen. So ging er denn traurig und betrübt aus jenem Zimmer, gab dem Paganino noch manches gute Wort, das aber zu nichts führte, und kehrte endlich ohne die Frau und ohne jedweden Erfolg nach Pisa zurück. Hier verfiel er vor Betrübnis in solche Torheit, daß er einem jeden, der ihn in den Straßen von Pisa grüßte oder ihn nach etwas fragte, keine andere Antwort gab als diese: „Das arge Ding will keine Feste."

Es dauerte nicht lange, so starb der Richter. Als Paganino das erfuhr, nahm er die Frau, deren Liebe ihm hinlänglich bekannt war, zu seiner rechtmäßigen Gemahlin, und sie arbeiteten beide, ohne sich um Feste, Vigilien oder Fasten zu bekümmern, solange die Beine sie tragen konnten, und machten sich vergnügte Tage.

Aus diesem Grunde, ihr lieben Damen, bin ich denn auch der Meinung, daß Herrn Bernabo in seinem Streit mit Ambrogiuolo das Pferd beim Schwanz aufgezäumt hat.

Die Erzählung hatte der ganzen Gesellschaft so viel zu lachen gegeben, daß keiner war, dem nicht die Kinnladen davon wehgetan hätten. Auch gaben die Damen nun einstimmig dem Dioneo recht und sagten, Bernabo sei ein Tor gewesen. Als aber die Geschichte zu Ende war und das Gelächter nachgelassen hatte, nahm die Königin, die gewahrte, daß es schon spät war, alle ihre Geschichten bereits erzählt hatten und nach der bisherigen Ordnung ihr Regiment ablief, sich den Kranz vom Haupt, setzte ihn Neifile auf und sagte mit lachendem Munde: „Nun, liebe Freundin, sei die Regierung dieses kleinen Volkes dir übergeben." Damit setzte sie sich nieder.

Neifile errötete ob der empfangenen Würde, und ihr Antlitz erglühte, wie eine frische Rose beim anbrechenden Tage im April oder Mai anzusehen ist. Dabei schlug sie sanft die klaren Augen nieder, die wie der Morgenstern funkelten. Als aber das freudige Gemurmel, mit dem die übrigen ihre Zuneigung für die Königin kundgemacht hatten, sich gelegt und die Königin selbst ihre Befangenheit abgelegt hatte, nahm sie einen erhabeneren Sitz ein als zuvor und begann also zu sprechen:

„Da ich nun eure Königin bin, so will ich der Weise getreu, die meine Vorgängerinnen beobachtet und die ihr stillschweigend gebilligt habt, euch meine Gedanken in wenigen Worten mitteilen, damit, wenn ihr der gleichen Ansicht seid, wir sie gemeinsam ausführen. Wie ihr wißt, ist morgen Freitag und am darauffolgenden Tag Sonnabend; beides Tage, die wegen der Speisen, die an ihnen genossen werden, den meisten Leuten nicht behagen. Überdies sind wir dem Freitag als dem Tag, an welchem der gelitten hat, der für unser Leben gestorben ist, besondere Verehrung schuldig. So fände ich es denn recht und schicklich, wenn wir uns lieber mit Gedanken an Gott und mit Gebet als mit lustigen Geschichten beschäftigten. Am darauffolgenden Sonnabend aber ist es unter uns Frauen üblich, uns den Kopf zu waschen, um ihn von Staub und Schmutz zu befreien, die sich bei den Geschäften der vorhergegangenen Woche auf ihm angesammelt haben. Auch pflegen gar viele an diesem Tage aus Ehrfurcht vor der jungfräulichen Muttergottes zu fasten und dem folgenden Sonntage zu Ehren sich die ganze Zeit über jeglicher Arbeit zu enthalten. Da wir also an diesem Tage unsere sonstige Lebensweise gleichfalls nicht werden beobachten können, halte ich es für gut, daß wir auch mit unseren Erzählungen feiern. Dann sind wir aber schon vier Tage lang hier gewesen. Wollen wir nun vermeiden, daß neue Gäste uns beunruhigen, so erachte ich es für zweckmäßig, daß wir unseren Aufenthalt wechseln und anderswohin ziehen, wie ich denn schon einen solchen Ort erwogen und vorgesehen habe. Wenn wir dort am Sonntage nach dem Mittagsschlaf versammelt sein werden, habt ihr teils zum Nachdenken hinlänglich Zeit gehabt, teils aber wird es nach dem weiten Spielraum, der uns heute für unsere Erzählungen gestattet war, zweckmäßig sein, die Freiheit in der Wahl der Geschichten ein wenig zu beschränken und von den verschiedenen Wirkungen des Schicksals eine besonders herauszugreifen. Und so habe ich mir gedacht, daß wir von denen sprechen wollen, die durch Scharfsinn etwas Heißersehntes erlangten oder Verlorenes wiedergewannen.

Unbeschadet dem Vorrecht des Dioneo mag dann ein jeder eine Geschichte vortragen, die der Gesellschaft nützlich oder zumindest ergötzlich sein kann."

Alle lobten die Rede und den Vorschlag der Königin, und es wurde beschlossen, diesen in allem zu befolgen. Darauf ließ die Königin ihren Seneschall rufen und gab ihm genau an, wo er am Abend die Tische decken und was er sonst während ihrer Regierungszeit tun solle. Dann erhob sie sich mit der ganzen Gesellschaft und erlaubte jedem, seinem Vergnügen nachzugehen. Damen und Jünglinge schlugen den Weg nach einem kleinen Garten ein und aßen, als die Tischzeit gekommen war, froh und vergnügt dort zu Abend, nachdem sie sich zuvor eine Weile ergötzt. Dann erhoben sie sich, und Emilia führte auf Wunsch der Königin einen Tanz an. Pampinea sang das folgende Lied dazu, in das die übrigen im Chor einfielen:

Das auf der folgenden Doppelseite wiedergegebene Gemälde von *Tizian* (1477–1576) zeigt die *„Himmlische und irdische Liebe"*. Es dokumentiert den Wandel in der Auffassung der Nacktheit. Im Mittelalter galt sie als Zeichen der Kreatürlichkeit, die Bekleidung dagegen als Zeichen der Gottgefälligkeit. Der Neoplatonismus der Frührenaissance deutete jedoch gerade die nackte Schönheit als die höhere, da sie des Schmuckes nicht bedürfe. Zugrunde liegt der platonische Mythos von der zweifachen Existenz der Liebesgöttin. In Platos Dialog „Das Gastmahl" sagt Pausanias: „Wie sollten aber nicht der Göttinnen zwei sein? Die eine ist ja die ältere, die mutterlose Tochter des Kronos, welcher wir den Beinamen ‚die himmlische' geben, und dann die jüngere, des Zeus und der Dione Tochter, welche wir auch ‚die gemeine' nennen . . ." („Symposion" 181b).

193

Die „irdische Liebe" ist prächtig gekleidet. Ihre Linke ruht auf einer Schmuckdose, ihr liegen Blumen im Schoße – als Symbole der vergänglichen Schönheit. Die himmlische Liebe" hält eine Räucherschale in der Linken und neigt sich nach rechts, als wolle sie die starrsinnig Verharrende überreden. Sie sind sich ähnlich wie Zwillinge, weswegen auch eine astrologische Deutung möglich ist: es ist Venus in ihren beiden Häusern, einmal als sinnliche Liebe (im Stier), dann als geistige Liebe (in der Waage). Der neoplatonische Philosoph Marsilio Ficino (1433–1499) schreibt:

Welch Mädchen sänge wohl, wollt ich nicht singen,
Der alle Wünsche nur Erfüllung bringen?

So komm denn, Amor, Ursach meiner Freuden,
Jeglicher Hoffnung, jeglicher Gewährung;
Laß singen uns zusammen.
Nicht von den Seufzern noch den bittern Leiden,
Die ich empfind als deiner Lust Vermehrung;
Nein, von den hellen Flammen,
Aus deren Glut mir Fest und Freude stammen,
Weil meine Huldigungen zu dir dringen.

Du führtest, Amor, mir zur ersten Stunde,
Als ich aus deinem Flammenkelche schlürfte,
So holden Mann entgegen,
Daß an Schönheit, Mut und tiefer Kunde
Wohl keiner leicht sich ihm vergleichen dürfte,
Geschweig denn sein ihm überlegen.

In ihn entbrannt ich so, daß seinetwegen
Froh mein und deine Lieder rings erklingen.

Doch ist die höchste aller meiner Sonnen,
Daß Amor seine Liebe mir beschieden,
Wie ich nur ihm mich weihe.
So hab ich denn hienieden schon gewonnen,
Was ich gewünscht, und hoffe dort auf Frieden,
Und daß, um meine Treu
Zu lohnen, Gott von Strafen uns befreie,
Wenn wir empor zu seinem Reich uns schwingen.

Nach diesem Liede wurden noch mehrere andere gesungen und mancherlei Tänze aufgeführt. Als aber die Königin meinte, es sei Zeit, sich schlafen zu legen, ging ein jedes mit vorangetragenen Fackeln in sein Gemach. Die beiden folgenden Tage blieben den Beschäftigungen gewidmet, welche die Königin vorher erwähnt, und alle erwarteten voll Verlangen den Sonntag.

„Beide Venusgestalten sind ehrenwert und preisenswürdig; denn beide sorgen für die Fortpflanzung der Schönheit, wenngleich jede auf eigene Weise." Zwar ist die himmlische Liebe die höhere, doch Tizian versöhnt beide: der kleine Eros gehört zu beiden Gestalten; er schöpft Wasser aus einem Becken, das deutlich an einen Sarkophag gemahnt. Beide Liebesformen gehören zum Kreislauf von Leben und Tod. Schon in diesem frühen Gemälde kündigt sich Tizians Kolorit an: die Farbe wird zur geheimnisvollen Substanz, worin das Stoffliche aufgelöst wird, das Göttliche sich offenbart.

Übersicht über die Novellen des Dritten Tages

Masetto von Lamporecchio stellt sich stumm und wird Gärtner in einem Nonnenkloster, dessen Bewohnerinnen um die Wette bei ihm schlafen.

Ein Stallknecht schläft bei der Gemahlin des Königs Agilulf. Der König bemerkt es im stillen, findet ihn und schneidet ihm die Haare ab. Der Geschorene tut seinen Kameraden ein Gleiches und entgeht dadurch seinem Unstern.

Eine Dame, die in einen jungen Mann verliebt ist, bringt unter dem Vorwand der Beichte und großer Gewissenhaftigkeit einen sittenstrengen Mönch dahin, daß er, ohne zu wissen, was er tut, sie an das Ziel ihrer Wünsche führt.

Don Felice lehrt den Bruder Puccio, wie er durch eine Bußübung selig werden kann. Bruder Puccio nimmt sie auf sich, und Don Felice vertreibt sich inzwischen mit dessen Frau die Zeit.

Zima schenkt Herrn Francesco Vergellesi ein schönes Pferd und erhält dafür die Erlaubnis, mit dessen Frau reden zu dürfen. Als sie schweigt, antwortet er selbst in ihrem Namen, und dann erfolgt alles seinen Antworten gemäß.

Ricciardo Minutolo liebt die Gattin des Filippello Fighinolfi. Er erfährt, daß sie eifersüchtig auf ihren Mann ist, spiegelt ihr vor, Filippello werde am nächsten Tag mit seiner, Ricciardos, Frau in einem Bade zusammentref-

fen, und erreicht, daß sie hingeht. Während sie glaubt, mit ihrem Manne zusammen gewesen zu sein, findet sich, daß sie bei Ricciardo gelegen hat.

Tedaldo verläßt Florenz im Unfrieden mit seiner Geliebten. Nach einiger Zeit kehrt er, als Pilger verkleidet, zurück, spricht mit ihr, bringt sie zur Erkenntnis ihres Unrechts, rettet ihren Mann, der des Mordes an ihm überführt ist, vor dem Tode, versöhnt sich dann mit seinen Brüdern und erfreut sich mit der Geliebten in aller Vorsicht des Glücks der Liebe.

Ferondo wird, nachdem er ein gewisses Pulver geschluckt hat, für tot begraben. Der Abt aber, der sich inzwischen mit seiner Frau ergötzt, holt ihn aus dem Grabe, setzt ihn gefangen und macht ihm weis, er sei im Fegefeuer. Dann wird er auferweckt und erzieht einen Sohn, den der Abt mit seiner Frau erzeugt hat, als den seinigen.

Gillette von Narbonne heilt den König von Frankreich von einer Fistel und verlangt dafür Bertrand von Roussillon zum Manne. Dieser heiratet sie wider Willen und geht aus Verdruß nach Florenz. Hier verliebt er sich in ein junges Mädchen, das er zu umarmen glaubt, während er Gillette beschläft. Diese gebiert ihm zwei Söhne, um derentwillen er sie liebgewinnt und als Gemahlin behandelt.

Alibech wird Einsiedlerin, und der Mönch Rusticus lehrt sie den Teufel in die Hölle heimschicken. Dann kehrt sie zurück und wird die Frau des Neerbal.

Dritter Tag, Zweite Novelle

Ein Stallknecht schläft bei der Gemahlin des Königs Agilulf. Der König bemerkt es im stillen, findet ihn und schneidet ihm die Haare ab. Der Geschorene tut seinen Kameraden ein Gleiches und entgeht dadurch seinem Unstern.

Als die Geschichte des Filostrato, über welche die Damen zuweilen errötet waren, andere aber auch gelacht hatten, zu ihrem Ende gelangte, gefiel es der Königin, Pampinea fortfahren zu lassen. Lächelnd begann sie folgendermaßen:

Einige sind unverständig genug, zeigen zu wollen, daß sie merken und wissen, was sie nicht wissen sollten, und oft vermehren sie dann ihre Schande um vieles, wenn sie unbemerkte Sünde an andern rügen, während sie eben dadurch jene zu mildern dachten. Wie wahr dies ist, möge euch der entgegengesetzte Weg, den ein großer König einzuschlagen verständig genug war, in folgender Geschichte beweisen, worin ihr zugleich von der Schlauheit eines Menschen erfahren werdet, den ihr vielleicht für geringer haltet als Masetto.

Agilulf, König der Langobarden, verweilte, wie es seine Vorgänger getan hatten, mit seinem Hofe in der lombardischen Stadt Pavia. Er war mit Theodelinde, der Witwe des Königs Autherik, vermählt, die jedoch einst durch einen Liebhaber in große Gefahr geriet.

Als nämlich Agilulfs Tapferkeit und Verstand die Angelegenheiten der Lombarden um vieles gefördert und die Ruhe im Lande hergestellt hatten, geschah es, daß ein Stallknecht der Königin, ein Mensch von niedrigster Herkunft, der im übrigen für sein gemeines Handwerk viel zu hochgemut und schön und groß von Gestalt wie der König selbst war, sich über alle Maßen in die Königin verliebte. Da sein niedriger Stand ihm nicht die Einsicht genommen hatte, daß diese Liebe aller Sitte widersprach, war er verständig genug, sie niemandem zu offenbaren; ja er wagte nicht einmal, sich durch Blicke der Königin zu verraten. Obgleich er nun ohne jede Hoffnung lebte, ihr je zu gefallen, war er doch stolz darauf, seinen Sinn auf ein so hohes Ziel gerichtet zu haben, und, ganz vom Feuer der Liebe durchglüht, tat er weit mehr als einer seiner Dienstgefährten und alles, wovon er glaubte, daß es der Dame lieb sein könnte.

So geschah es, daß die Königin, wenn sie ausreiten wollte, lieber als irgendein anderes das von ihm besorgte Pferd bestieg. Sooft sich dies zutrug, meinte er, es sei ihm die höchste Gnade widerfahren. Er wich nicht vom Steigbügel und war glücklich, wenn er nur ihre Gewänder berührt hatte. Wie es aber nur zu oft geschieht, daß die Liebe um so mehr zunimmt, je geringer die Hoffnung wird, so vermochte auch dieser arme Stallknecht sein ständig wachsendes Verlangen nicht mehr im Verborgenen zu ertragen. Er beschloß, da keine Hoffnung ihm Hilfe versprach und da er nicht imstande war, sich von dieser Liebe zu befreien, sich den Tod zu geben. Bei weiterem Nachdenken, wie er seinen Entschluß ausführen wollte, nahm er sich vor, auf eine Weise zu sterben, die geeignet wäre, seinen Tod als Folge der großen Liebe, die ihn für die Königin durchdrungen hatte und noch durchdrang, darzustellen. Diese Weise glaubte er am

Der Hintergrund dieser Novelle ist die barbarische Vorzeit: Italien in der Epoche der langobardischen Herrschaft (568–774). Das Abenteuer des Stallknechts ist dadurch in einen mythischen Dämmer getaucht.

Die mailändische Künstlerfamilie *Zavattari* schuf um 1444 vierzig Fresken mit Szenen aus dem *Leben der Königin Theodolinde* in der Cappella di Regina des Domes zu Monza. Auf der vorhergehenden Doppelseite ist die Darstellung der „Reitenden Theodolinde" wiedergegeben. Diese Langobardenkönigin (auch „Theudelind") war eine sagenumwobene Figur. Als der um sie werbende Herzog Agilulf ihr die Hand küßte, sagte sie: „Der braucht mir nicht die Hand küssen, der mir seinen Kuß auf den Mund geben soll." So wurde Agilulf König der Langobarden. Eine andere Sage erzählt, daß die am Strand spazierende Königin von einem Meeresungeheuer vergewaltigt wurde; sie gebar einen Sohn, der sich rasch zu einer Bestie entwickelte, so daß der König und seine Ritter ihn in einem blutigen Gefecht zur Strecke bringen mußten (vgl. „Deutsche Sagen" von Jacob und Wilhelm Grimm Bd. 2, 1818, Nr. 405). Theudelind selbst half mit Pfeil und Bogen mit. Sie gestand nun, auf welche Weise sie zu diesem Sohn gekommen war. Um das Meeresungeheuer zu bezwingen, legte sich Agilulf in einen Hinterhalt, während Theudelind wiederum ans Ufer ging, um es anzulocken. Es sprang tatsächlich aus den Wellen und lief auf sie zu; nun überfiel es der König, und Theudelind tötete es mit einem Schwertstreich.

schicklichsten in einem Versuch zu finden, ganz oder zum Teil ans Ziel seiner Wünsche zu gelangen.

Zu diesem Ende unternahm er es nun nicht etwa, zur Königin von seiner Liebe zu reden oder sich ihr schriftlich zu entdecken; denn er

wußte, daß Reden wie Schreiben vergeblich wären. Vielmehr wollte
er versuchen, ob er nicht durch List erreichen könne, eine Nacht bei
der Königin zu verbringen. Mittel und Wege zu diesem Unternehmen waren indes nur zu finden, wenn es ihm gelang, in der Kleidung

des Königs, von dem er wußte, daß er nicht jede Nacht bei ihr schlief, in ihr Gemach und bis zu ihr selbst zu dringen. Deshalb verbarg er sich, um zu erfahren, auf welche Weise und in welchem Anzug der König seine Gemahlin besuche, mehrmals in der Nacht im großen Saale des Palastes, der die Gemächer des Königs und der Königin voneinander trennte. In einer dieser Nächte sah er endlich den König, in einen weiten Mantel gehüllt, eine brennende Kerze in der einen, in der andern Hand eine Gerte, aus seinem Gemach gehen, auf das der Königin zuschreiten und, ohne ein Wort zu reden, ein- oder zweimal mit der Gerte an die Tür schlagen. Alsbald öffnete sich die Tür, und dem König wurde die Kerze aus der Hand genommen.

Als unser Stallknecht ihn so hatte eintreten und auf ähnliche Weise zurückkehren sehen, dachte er ihn genau nachzuahmen. In dieser Absicht wußte er sich einen Mantel, der dem des Königs glich, eine Kerze und eine Rute zu verschaffen. Dann wusch er sich im Bade, so sorgfältig er nur konnte, damit der Stallgeruch die Königin nicht beschwere oder sie den Betrug gewahr werden lasse. Hierauf verbarg er sich nach gewohnter Weise in dem großen Saal, und als er sich überzeugt hatte, daß alles schlafe und nun die Zeit gekommen sei, entweder seine Wünsche zu verwirklichen oder auf würdige Weise dem ersehnten Tode entgegenzugehen, schlug er mit Stahl und Stein, die er bei sich führte, ein wenig Feuer, zündete seine Kerze an und ging, nachdem er den Mantel zusammengeschlagen und sich ganz darin eingehüllt hatte, auf die Tür des Gemaches zu und klopfte zweimal mit seiner Rute an. Eine Kammerfrau machte ihm noch ganz verschlafen die Tür auf, nahm ihm die Kerze aus der Hand und stellte sie beiseite, worauf er sogleich den Vorhang zurückschlug, den Mantel ablegte und in das Bett stieg, in welchem die Königin ruhte. Er umschlang diese verlangend mit seinen Armen, stellte sich aber verdrießlich; denn es war die Art des Königs, nichts mit sich reden zu lassen, wenn er verdrießlich war. Und so erkannte er, ohne daß er oder sie ein Wort geredet hätten, zu wiederholten Malen die Königin. Wie schwer ihm auch das Scheiden ward, so erhob er sich doch endlich aus Furcht, zu langes Verweilen könne es nach sich ziehen, daß genossene Lust sich in Leiden verwandle, nahm Kerze und Mantel, ging, ohne den Mund zu öffnen, und kehrte in sein Bett zurück, so schnell er konnte.

Kaum mochte er indes dort angelangt sein, so stand der König auf und ging in das Schlafgemach der Königin, die über diesen zweiten Besuch nicht wenig verwundert war. Als er zu ihr ins Bett gestiegen war und sie freundlich begrüßt hatte, faßte sie um dieser Freundlichkeit willen Mut und sagte: „Mein Herr und Gemahl, was ist das heute nacht für ein neuer Brauch? Kaum habt Ihr mich verlassen, nachdem Ihr Euch, mehr als es Eure Gewohnheit ist, an mir ergötzt habt, und kehrt nun so schnell zurück? Habt acht, was Ihr tut!"

Als der König diese Worte hörte, vermutete er sogleich, die Königin sei durch ähnliche Gestalt und Kleidung betrogen worden. Da er ein weiser Mann war und weder die Königin noch sonst jemand etwas gemerkt hatte, beschloß er, auch sie nichts merken zu lassen. Viele wären töricht genug gewesen, das nicht zu tun, sondern zu sagen: „Ich bin nicht hier gewesen; wer war da? Wie ist das zugegangen?

Was ist daraus geworden?" – wodurch sie sich dann vielerlei Unheil zugezogen hätten. Denn die Frau wäre dadurch unverschuldet beschimpft worden und hätte Veranlassung gehabt, aufs neue zu begehren, was sie schon einmal genossen hatte, und der König selbst, der durch Schweigen der Schande völlig entging, hätte durch Reden seine eigene Schmach herbeigeführt. Deshalb antwortete er ihr, mehr innerlich als dem Aussehen und den Worten nach erzürnt: „Frau, denkst du denn, ich sei nicht Manns genug, um wiederkommen zu können, wenn ich auch erst bei dir war?" Hierauf erwiderte die Königin: „Wohl, mein Herr, dessenungeachtet bitte ich Euch aber, an Eure Gesundheit zu denken." „Gut", entgegnete der König, „so will ich deinen Rat befolgen und diesmal umkehren, ohne dich weiter zu plagen."

Und so nahm er voller Unmut und Zorn über den nur zu gut erkannten Schimpf, der ihm widerfahren war, seinen Mantel und verließ das Gemach in der Absicht, den Täter herauszubringen. Er war überzeugt, dieser müsse zum Hause gehören und habe, wer immer er auch sein möge, noch nicht entschlüpfen können. Eine Laterne mit einem kleinen Lichtlein in der Hand, eilte er nach einem langen Saale seines Palastes, in dem, oberhalb der Pferdeställe, fast seine ganze Dienerschaft in zahlreichen Betten schlief. Eines schien ihm gewiß: wer das getan hatte, was die Königin ihm soeben erzählt, dem konnte sich Puls- und Herzklopfen von der erlittenen Anstrengung noch nicht gelegt haben. Deshalb fühlte er, am einen Ende beginnend, der Reihe nach einem jeden mit der Hand auf die Brust, um das Schlagen des Herzens zu vernehmen. Obgleich nun alle übrigen fest schliefen, so wachte doch der, welcher bei der Königin gewesen war, noch immer, und eine heftige Furcht befiel ihn, als er den König kommen sah und wohl erriet, was er suchte. Deshalb vermehrte sich sein Herzklopfen, das die körperliche Aufregung veranlaßt hatte, aus Furcht noch um vieles, und er zweifelte nicht, der König werde ihn auf der Stelle töten, sobald er es nur gewahr würde. Gingen ihm nun auch allerhand Pläne durch den Kopf, so entschloß er sich doch zuletzt, als er den König ohne Waffen sah, sich schlafend zu stellen und abzuwarten, was jener tun werde. Der König fand unter den vielen, die er untersuchte, keinen, den er für den Täter gehalten hätte, bis er endlich zu diesem kam, und als er dessen Herz so heftig schlagen fühlte, sagte er bei sich: „Der ist es." Da es aber seine Absicht war, niemanden etwas von dem wissen zu lassen, was er tun wollte, tat er nichts weiter, als daß er mit einer Schere, die er bei sich trug, ihm auf der einen Seite einen Teil von den Haaren abschnitt, die man damals sehr lang trug, um ihn an diesem Zeichen am andern Morgen erkennen zu können. Dann kehrte er sogleich in seine Gemächer zurück.

Unser Knecht hatte wohl gefühlt, was der König mit ihm vorgenommen, und war verschlagen genug einzusehen, zu welchem Ende er so gezeichnet worden war. Darum stand er ohne Zögern auf und schnitt mit einer Schere, deren zufällig zur Pflege der Pferde mehrere vorhanden waren, leise unter seinen Schlafgesellen von einem zum andern gehend, allen auf gleiche Weise an einem Ohr die Haare ab, worauf er sich, ohne daß jemand ihn gehört hätte, wieder schlafen legte.

ßes combaro ancienne que autrement oux Pa Guorux

Das Ziel des namenlosen Stallknechts ist so hochgesteckt, daß die e i n m a l i g e Erfüllung für alles entschädigt: für den langen Stau der Wünsche und die Todesgefahr. Der Umschlag ist paradox: sein Zweck war, sich das Leben zu nehmen. Doch die einmalige Erfüllung versorgt ihn mit der Kraft weiterzuleben. Dieses E i n m a l verleiht der Erzählung einen mythischen Firnis.

Das eigentümliche Geheimnis der Novelle liegt vielleicht in der unerhörten Energie des Namenlosen, schweigen zu können, obwohl er das Unerreichbare erreicht hat.

Kaum war der König am Morgen aufgestanden, so befahl er, noch ehe die Tore des Palastes geöffnet wurden, daß die ganze Dienerschaft vor ihm erscheinen solle. Wie diesem Befehl Genüge geleistet war und alle entblößten Hauptes vor ihm standen, blickte er unter ihnen umher, um den zu erkennen, den er selbst geschoren hatte. Als er aber die Mehrzahl unter ihnen mit gleichmäßig verschnittenen Haaren sah, verwunderte er sich und sagte bei sich selbst: „Wahrlich, der, den ich suche, bewährt seinem niederen Stande zum Trotz einen hohen Verstand." Überzeugt, nicht ohne großes Aufsehen zu seinem Ziele gelangen zu können, und gewillt, nicht kleiner Rache wegen große Schmach zu erwerben, entschloß er sich, ihn nur mit einem Worte zu erinnern und ihm zu zeigen, daß er wisse, was geschehen sei. Darum sagte er, sich an alle wendend: „Wer es getan hat, tue es nicht wieder, und so geht mit Gott." Ein anderer hätte sie allesamt köpfen, foltern, fragen und examinieren lassen und dadurch bekanntgemacht, was jeder zu verhüllen bemüht sein muß. Hätte er dann auch am Täter Rache genommen, so würde seine Schmach dadurch nicht vermindert, sondern um vieles vermehrt, die Ehre seine Gemahlin aber für immer befleckt worden sein.

Diejenigen, welche die Worte des Königs hörten, wunderten sich und untersuchten lange miteinander, was er damit habe sagen wollen. Keiner aber wußte sie zu verstehen, den einzigen ausgenommen, den sie wirklich angingen. Der aber war klug genug, zu Lebzeiten des Königs niemand etwas davon zu entdecken und auch sein Leben nicht wieder an ein solches Wagestück zu setzen.

DRITTER TAG, ACHTE NOVELLE

Ferondo wird, nachdem er ein gewisses Pulver geschluckt hat, für tot begraben. Der Abt aber, der sich inzwischen mit seiner Frau ergötzt, holt ihn aus dem Grabe, setzt ihn gefangen und macht ihm weis, er sei im Fegefeuer. Dann wird er auferweckt und erzieht einen Sohn, den der Abt mit seiner Frau erzeugt hat, als den seinigen.

So lang auch die Geschichte Emilias gewesen war, so hatte sie deswegen doch niemandem mißfallen, vielmehr waren alle der Meinung, Emilia habe in Anbetracht der Mannigfaltigkeit der vorgetragenen Ereignisse noch sehr kurz erzählt. Nun aber gab die Königin der Lauretta ihren Wunsch durch einen bloßen Wink zu verstehen und veranlaßte sie dadurch, also zu beginnen:
Ihr lieben Mädchen, ich besinne mich eben auf eine Geschichte, die ich euch zu erzählen Lust habe und die wahr ist, so sehr sie auch einer Lüge gleichsieht. Sie ist mir wieder eingefallen, weil ich eben hörte, wie einer für den andern betrauert und begraben worden ist, während ich euch erzählen werde, wie ein Lebender für tot begraben wurde, und wie er sich selbst nachher mit vielen andern nicht für fortlebend, sondern von den Toten auferweckt und aus dem Grabe auferstanden hielt, und wie schließlich derjenige, welcher dessentwillen als ein Schuldiger hätte verdammt werden sollen, wie ein Heiliger verehrt wurde.
In Toskana nämlich war und ist noch heutzutage eine Benediktinerabtei, wie man deren viele sieht, an einem wenig besuchten Orte gelegen. Dort hatte man einen Mönch zum Abt gemacht, der in jeder Beziehung, den Umgang mit Weibern abgerechnet, ein sehr heiliger Mann genannt werden konnte. Diesen Umgang aber wußte er so insgeheim zu betreiben, daß bei seinem Rufe der Strenge und Heiligkeit niemand dergleichen ahnte, geschweige denn etwas davon erfuhr.
Nun traf es sich, daß ein schwerreicher Bauer, namens Ferondo, mit dem Abte näher bekannt ward und bei seiner unmäßigen Einfalt und Albernheit von diesem, der sich zuweilen an seinen Narrheiten ergötzen mochte, gern gesehen wurde. Inzwischen wurde der Abt gewahr, daß Ferondo ein wunderschönes Weib zur Frau hatte, und er verliebte sich so sehr in dieses, daß er bei Tag und Nacht an nichts anderes dachte und fast verzweifeln wollte, als er erfuhr, Ferondo, der in allem andern so töricht und dumm war, sei vollkommen vernünftig, sobald es sich darum handle, seine Frau zu lieben und zu bewachen. Dennoch war er geschickt genug, den Ferondo so weit zu bringen, daß er zuweilen mit seiner Frau heraufkam, sich im Klostergarten einige Zeit zu ergötzen. Hier redete er ihnen dann mit vieler Salbung von der Seligkeit, vom ewigen Leben und von den heiligen Werken vieler verstorbener Männer und Frauen so lange etwas vor, bis die Frau Lust bekam, bei ihm zur Beichte zu gehen, und die Erlaubnis von ihrem Manne, als sie ihn darum ansprach, sogleich erhielt.
Zur großen Freude des Abtes kam die Frau nun wirklich zu ihm beichten, setzte sich zu seinen Füßen und begann, noch ehe sie et-

Auf nachfolgender Doppelseite zwei Darstellungen der *Luxuria* (Wollust). Das 140 cm hohe Eichenholzrelief links zeigt, für das Mittelalter unüblich, Luxuria in Gestalt eines Paares. Es gehört der höfischen Gesellschaft an. Während die gotischen Plastiken ebenso wie die Lyrik, die weltliche Minne thematisieren, die Haltung des sublimierten Gefühls ausdrücken, sprechen Gesicht und Gebärden des Paares deutlich die Lasterhaftigkeit aus (um 1320–1330, Stiftung Preußischer Kulturbesitz, Berlin). Etwa ein Jahrhundert später entstand die rechts daneben abgebildete Federzeichnung *Allegorie der Luxuria* von Antonio Pisanello (um 1395 bis ca. 1455). Die Zeichnung trägt den Charakter einer Studie. Mit den langen Läufen des Hasen korrespondieren die langen, schlanken Arme und Beine der Frauengestalt. Der Hase als allegorische Figur mag hier die gehetzte Kreatur symbolisieren. Wegen seiner zahlreichen Feinde kann er sich nur durch hohe Vermehrung erhalten. Er versinnbildlicht daher auch animalische Fruchtbarkeit. Ebenso wie die Frau ist er mit weitgeöffneten Augen dargestellt, was die Angst vor dem Gejagt-Werden anzeigen dürfte.

Gegenüberliegende Seite:
Spottbild auf das üppige Leben der Mönche; Holzschnitt von *Hans Sebald Beham* (1500–1550) aus dem Jahr 1521. Die Laster Hochmut, Wollust und Geiz – als allegorische Figuren – haben den Mönch „am Wickel", die Armut drischt auf ihn ein. Es fällt ihm sichtlich schwer, sich von Gottes Wort (Buch) allein zu nähren.

Die Novelle folgt der Tradition mittelalterlicher Mirakelgeschichten. Das Mirakel ist gewissermaßen das Gegenstück zur Heiligenlegende. Diese zeigt, wie ein Mensch die größten Schwierigkeiten überwindet, Allerschwerstes erträgt und so kundtut, daß Gottes Gnade mit ihm ist. Das Gegenteil geschieht im Mirakel: der Held ist immer ein ganz alltäglicher Mensch in seiner Schwäche; die göttliche Gnade kommt ihm zu Hilfe, so daß ihm Beschwernisse abgenommen werden, denen er ansonsten erliegen müßte.

was anderes redete: „Hochwürdiger Herr, hätte mir Gott einen andern oder auch gar keinen Mann gegeben, so würde es mir vielleicht nicht schwer fallen, unter Eurer Anleitung den Weg zu gewinnen, der nach Eurer Rede den Menschen zum Paradiese führt. Wenn ich aber bedenke, was Ferondo für ein Mensch und wie übermäßig seine Albernheit ist, so muß ich mich in dieser Hinsicht eine Witwe nennen, während ich doch wieder insofern verheiratet bin, als ich zu seinen Lebzeiten keinen andern Mann nehmen darf. Dabei ist er nun ohne irgendeinen Grund in seiner Einfalt so übertrieben eifersüchtig auf mich, daß ich um dessentwillen nicht anders als in Not und Elend mit ihm leben kann. Deshalb bitte ich denn, bevor ich zur ferneren Beichte schreite, Euch auf das demütigste, mir in dieser Sache mit einigem Rate gefällig zu sein; denn erlange ich dadurch nicht erst die Möglichkeit, gut zu handeln, dann wird mir das Beichten so wenig helfen wie die Buße."

Diese Rede gefiel dem Abt in seiner Seele gar wohl, und ihm deuchte, das Glück habe ihm bereits den Weg gebahnt, um seinen sehnlichsten Wunsch zu erlangen. „Meine Tochter", antwortete er, „wohl glaube ich, daß es einer so schönen und feinfühligen Frau, wie Ihr es seid, lästig sein mag, einen Blödsinnigen zum Manne zu haben; noch beschwerlicher aber muß ein Eifersüchtiger fallen. Da Ihr nun zugleich den einen und den andern habt, so glaube ich Euch gern, was Ihr von Euren Leiden erzählt. Für diese aber weiß ich, gerade herausgesagt, nur einen Rat und nur ein Mittel: nämlich ihn von seiner Eifersucht zu heilen. Die Arznei, die ihn zu heilen vermag, weiß ich recht wohl herzustellen, wenn Ihr Euch nur getraut, alles, was ich Euch sagen werde, gewiß geheimzuhalten."

Die Frau erwiderte: „Zweifelt nicht, ehrwürdiger Vater; eher will ich mein Leben lassen, als jemand das wiederzusagen, was zu sagen Ihr mir verboten habt. Wie sollte aber das vor sich gehen?" „Wollen wir, daß er geheilt werde", antwortete der Abt, „so muß er notwendig ins Fegefeuer." „Wie kann er denn bei lebendigem Leib dahin kommen?" sprach die Frau. Der Abt sagte: „Er muß sterben und so hinkommen. Wird er dann so viele Qualen erlitten haben, daß er von dieser seiner Eifersucht geheilt ist, so werden wir in gewissen Gebeten den lieben Gott bitten, daß er ihn wieder lebendig macht, und das wird dann auch geschehen." „Soll ich denn eine Witwe werden?" entgegnete die Frau. „Ja", sagte der Abt, „auf einige Zeit, während welcher Ihr Euch aber wohl hüten müßt, Euch an jemand verheiraten zu lassen. Gott nähme es Euch sehr übel, und Ferondo, wenn er wiederkäme und Ihr dann zu ihm zurück müßtet, wäre eifersüchtiger denn je zuvor." Die Frau antwortete: „Wird er nur von diesem Übel befreit und brauche ich dann nicht immer wie im Gefängnis zu sitzen, so bin ich mit allem zufrieden. Tut nach Eurem Gefallen."

„So will ich es denn übernehmen", sagte der Abt. „Wodurch wollt Ihr mich aber für einen solchen Dienst belohnen?" „Hochwürdiger Herr", erwiderte die Frau, „fordert, was Ihr wollt, wenn ich es zu leisten vermag. Was kann aber ein armes Weib, wie ich es bin, einem so vornehmen Herrn anbieten, das seiner würdig wäre?" Darauf sagte der Abt: „Madonna, Ihr könnt für mich nichts Geringeres tun, als was ich für Euch zu unternehmen im Begriff stehe. Denn so

wie ich zu Eurem Glück und zu Eurer Zufriedenheit zu wirken gedenke, so seid Ihr imstande, mir mein Leben und meine Ruhe wiederzugeben." „Ist das der Fall", entgegnete die Frau, „so bin ich
bereit." „Wohl denn", sagte der Abt, „so schenkt mir Eure Liebe
und gewährt mir Euren Leib, denn nur für Euch glühe ich und ver-
zehre mich im Feuer."

Als die Frau diese Worte vernahm, sagte sie voller Schrecken: „Um
Gottes willen, ehrwürdiger Vater, was begehrt Ihr da von mir! Ich
dachte, Ihr wäret ein Heiliger. Ziemt es sich denn für heilige Männer, daß sie die Frauen, die sich bei ihnen Rat holen wollen, um
dergleichen Dinge ansprechen?" Der Abt antwortete ihr: „Mein süßes Herz, verwundert Euch nicht darüber. Die Heiligkeit wird
darum nicht geringer, denn sie wohnt in der Seele, und das Verlangen, das ich Euch entdeckt habe, ist eine Sünde des Körpers. Wie
dem aber auch sei, Eure holde Schönheit übt solche Gewalt über
mich aus, daß die Liebe mich zwingt, so zu tun, wie ich getan habe.
Dabei könnt Ihr Euch mehr als andere Weiber Eurer Schönheit
rühmen, wenn Ihr bedenken wollt, daß sie den Heiligen wohlgefällt,
die doch gewohnt sind, die Schönheiten des Himmels zu betrachten.
Übrigens bin ich ein Mensch, wie sehr ich auch Abt bin, und wie Ihr
seht, noch nicht alt. Und so soll es Euch nicht leid sein, zu tun, wie
ich Euch gesagt habe, vielmehr sollt Ihr es selber wünschen, denn
während Ferondo im Fegefeuer ist, werde ich Euch nachts Gesellschaft leisten und Euch die Unterhaltung gewähren, die er Euch zu
bieten hätte. Auch wird es niemals jemand gewahr werden; denn
ein jeder denkt von mir so gut und vielleicht noch besser, als Ihr es
vorhin getan habt. Verschmäht nicht die Gnade, die Euch von Gott
geboten wird, denn viele sind, die sehnlich begehren, was Ihr haben
könnt und haben werdet, wenn ihr vernünftig genug seid, meinem
Rate zu trauen. Überdies habe ich manchen schönen und kostbaren
Schmuck, der meinem Willen nach niemand anders als Euch gehö-

Giorgio Padoan will aus dem
„Decamerone" eine antikleri-
kale Tendenz heraushören:
„Im Decamerone wird infolgedessen ständig ein offener
Gegensatz zwischen der Welt
des Klerus und der Welt des
Laien gezeigt. Diese Darstellung nimmt einen heftig ge-
reizten Ton an, wenn der
Autor von Geistlichen spricht,
die sich an der Frau eines
anderen, und das heißt an der
mit einem Laien verheirateten
Frau, vergreifen." Die Novelle
beweist das Gegenteil. Boccaccio nimmt alle Stände und
Klassen aufs Korn, nicht nur
die Kleriker. Daß die Novellen
aber recht häufig Geistliche
in flagranti ertappen, liegt
daran, daß Heuchelei und
Verstellung unter die Rubrik
„listiges Verhalten" fallen und
dieses für Boccaccio ein zen-
trales Problem darstellt (siehe
„Themen" S. 104 ff). Heuchelei und Verstellung tauchen
aber natürlich dort häufiger
auf, wo dem Individuum
enorme Sublimierung abverlangt wird – und das ist beim
Stande der Geistlichen in
stärkerem Maße der Fall als
bei den Laien.

Der „Alte vom Berge" ist eine sagenumrankte historische Figur des islamischen Mittelalters. Hassan Ibn Sabbah (um 1050–1124) war persischer Abstammung. Er schloß sich der Sekte der Ismaeliten an, die die Gesetze des Islam allegorisch auslegte und jeden öffentlichen Kultus ablehnte. Er wurde Oberhaupt der Sekte und wandelte sie in einen geheimen militärischen Orden um. 1091 bemächtigte er sich der Felsenburg Alamuth (Irak). Als Scheik-el-Dschebel (Herr des Berges) spann er von dieser uneinnehmbaren Festung aus seine Intrigen. Seine Anhänger, die Haschyschy (benannt nach einem heiligen Getränk, in das Haschisch gemischt war), waren ihm in absolutem Gehorsam ergeben und als Untergrundorganisation schwer angreifbar. Kein islamischer Herrscher war vor seinen Mordanschlägen sicher, so daß er zu einer gespenstischen Figur wurde, deren Anweisungen man lieber gehorchte. Er hüllte sich in völlige „Unsichtbarkeit": im Verlauf von 32 Jahren verließ er zweimal seine Gemächer im Palast zu Alamuth, um sich auf der Terrasse zu zeigen. Auch die Christen, die das Heilige Land und Teile Syriens besetzt hielten, fürchteten seine Sekte. Der Templerorden entlehnte ihr seine interne Organisation und wichtige Geheimlehren. Der „Alte vom Berge" wurde nach Hassan Ibn Sabbah zum Titel: jedes neue Oberhaupt der Haschyschy nannte sich nun so.

ren soll. So tut denn, süße Hoffnung meines Herzens, für mich, was ich gern für Euch tue."

Die Frau schlug die Augen nieder und wußte nicht, wie sie dem Abt diese Bitte abschlagen sollte. Sie ihm zu gewähren, schien ihr aber nicht gut getan. Als dieser bemerkte, daß sie mit der Antwort zögerte, nachdem sie ihn doch angehört hatte, glaubte er sie schon halb bekehrt, und wirklich gelang es ihm durch viele Worte, die er den ersten hinzufügte, noch ehe er ausgeredet hatte, ihr in den Kopf zu setzen, was er verlange, sei wohlgetan. Deshalb sagte sie ihm denn ganz verschämt, sie sei bereit, jedem seiner Befehle zu gehorchen. Früher aber könne sie nicht, als bis Ferondo im Fegefeuer sei. Der Abt erwiderte ihr voller Freuden: „Nun, so wollen wir ihn denn gleich hinschicken. Richtet es nur ein, daß er morgen oder in diesen Tagen zum Besuche zu mir heraufkommt." Mit diesen Worten drückte er ihr verstohlen einen wunderschönen Ring in die Hand und entließ sie.

Die Frau war vergnügt über das Geschenk, denn sie hoffte, daß noch andere folgen sollten, und nachdem sie ihre Freundinnen wieder aufgesucht hatte, erzählte sie ihnen auf dem Heimweg Wunderdinge von der Frömmigkeit des Abtes. Wenige Tage darauf ging Ferondo ins Kloster. Sobald der Abt ihn zu sehen bekam, nahm er sich vor, ihn ins Fegefeuer zu schicken. Zu diesem Ende suchte er ein Pulver von wunderbarer Kraft hervor, das er im Morgenlande von einem mächtigen Fürsten mit der Versicherung erhalten hatte, der Alte vom Berge pflegte sich desselben zu bedienen, wenn er jemanden im Schlaf in sein Paradies oder wieder herausbringen wolle. In größerer oder geringerer Menge gegeben, schläfere es den, der es genieße, ohne ihm irgend zu schaden, auf kürzere oder längere Zeit dermaßen ein, daß niemand ihm einen Funken von Leben beimessen könne, solange die Kraft des Pulvers dauere. Von diesem Pulver nahm er soviel, als nötig war, um einen dreitägigen Schlaf hervorzubringen und gab es Ferondo mit einem Glase jungen und noch trüben Weines, in welches er dasselbe unbemerkt getan hatte, in seiner Zelle zu trinken. Dann führte er ihn in den Kreuzgang und begann in Gesellschaft einiger anderer Mönche sich an seinen Torheiten zu ergötzen. Es dauerte indes nicht lange, so wirkte das Pulver, und Ferondo überfiel eine so plötzliche und unüberwindliche Müdigkeit, daß er noch im Stehen einschlief und schlafend umfiel. Der Abt stellte sich erschrocken über den Vorfall, ließ ihm die Kleider öffnen und kaltes Wasser bringen, um ihn damit zu bespritzen. Auch versuchte er noch viele andere Mittel, wie wenn er glaubte, die Lebensgeister, die von üblen, aus dem Magen oder sonst aufgestiegenen Dünsten eingenommen seien, auf diese Weise samt dem Bewußtsein zurückzurufen. Als nun der Abt und die Mönche sahen, daß er bei alledem sich nicht erholte, und als sie den Puls, nach dem sie fühlten, regungslos fanden, zweifelte keiner mehr daran, daß er tot sei. Deshalb ließ man es seiner Frau und seinen Angehörigen sagen, die alle schnell herbeikamen und ihn eine Weile gemeinschaftlich beweinten, worauf der Abt ihn, angezogen wie er war, in einer Gruft beisetzen ließ. Die Frau kehrte heim und erklärte, sich nie von einem Kinde trennen zu wollen, das er mit ihr erzeugt hatte. So blieb sie im Hause, nur damit beschäftigt, dem Vermögen, das Fe-

rondo hinterlassen hatte, und der Erziehung ihres Söhnleins vorzu-
stehen.

Der Abt indessen stand in der Nacht mit einem Bologneser Mönch,
der am selben Tage angekommen war und zu dem er großes Vertrauen hatte, in aller Stille auf. Beide nahmen den Ferondo aus seinem Grabe und legten ihn in ein anderes Gewölbe, worin man gar
kein Licht sah und das zum Strafgefängnis für die Mönche bestimmt
war. Hier zogen sie ihm seine Kleider aus, kleideten ihn statt dessen
wie einen Mönch, setzten ihn auf ein Bündel Stroh und ließen ihn
allein, bis er wieder zu sich käme. Und der Bologneser Mönch, der
vom Abt ohne Mitwissen eines anderen gehörig unterrichtet worden
war, wartete einstweilen, daß Ferondo sich erholen sollte.

Der Abt ging am andern Tag mit einigen seiner Mönche wie zum
Besuche in das Haus der Frau, die er ganz in Trauerkleidern und
sehr betrübt fand. Nachdem er sie eine Weile getröstet hatte, erinnerte er sie leise an ihr Versprechen. Da die Frau sich nun frei und
weder von Ferondo noch sonst jemand belästigt fühlte, auch an des
Abtes Finger schon einen zweiten, noch schöneren Ring bemerkt
hatte, sagte sie, sie sei bereit, und verabredete mit ihm, daß er in der
nächsten Nacht kommen solle. Wirklich ging er, sobald es Nacht
geworden war, in den Kleidern des Ferondo und von seinem Mönche begleitet zu der Frau, bei der er bis zum Morgen unter Scherz
und Freuden verweilte, bevor er zu seiner Abtei zurückkehrte. Oft
genug machte er denselben Weg in gleicher Absicht und wurde von
einigen, die ihm beim Kommen oder Gehen begegneten, für den
Geist des Ferondo gehalten, der, um Buße zu tun, in der Gegend
umgehen müßte. Darüber erzählten denn die abergläubischen Leute
in dem Dörfchen viele Geschichten, die auch zu den Ohren der Frau
kamen, welche indes wohl wußte, was für eine Bewandtnis es damit
hatte.

Als Ferondo in dem dunklen Gefängnis erwachte, ohne zu wissen,
wo er sich befand, trat der Bologneser Mönch mit einer fürchterlichen Stimme zu ihm hinein und gab ihm mit einigen Ruten, die er in
der Hand hielt, eine derbe Tracht Schläge. Ferondo fragte unter
Weinen und Schreien in einem fort: „Wo bin ich?" „Du bist im Fegefeuer", antwortete der Mönch. „Wie", sagte Ferondo, „so bin ich
denn tot?" „Jawohl", erwiderte der Mönch. Darauf begann Ferondo sich selbst, seine Frau und sein Söhnlein bitterlich zu bewei-
nen und sagte dabei die tollsten Albernheiten. Indessen brachte der
Mönch ihm etwas zu essen und zu trinken. Als Ferondo das sah, rief
er aus: „Mein Himmel, essen denn die Toten?" „Ja", sagte der
Mönch, „und was ich dir jetzt bringe, ist dasselbe Essen, welches die
Frau, die einstmals die deine war, heute morgen der Kirche geschickt hat, um für deine Seele eine Messe lesen zu lassen. Das
kommt dir nun, auf unseres Herrgotts Befehl, hier zugute." Darauf
sagte Ferondo: „Ach du meine Güte! Na, Gott gebe ihr ein ver-
gnügtes Jahr. Ich bin ihr freilich immer vor meinem Tode gar gut
gewesen und hab sie immer die ganze Nacht im Arm gehabt und
nichts anderes getan als sie geküßt und habe auch etwas anderes getan, wenn ich Lust dazu bekam." Dann fing er, hungrig und durstig,
wie er war, zu essen und zu trinken an. Da ihm aber der Wein nicht
allzugut vorkam, sagte er wieder: „Herrgott, gib ihr Unglück, sie hat

Stich von Hubert François Gravelot (1699–1773) aus der „Londoner Ausgabe" des „Decamerone", die Gravelot von 1757 bis 1761 illustriert hat. Diese Rokokodarstellung färbt das Geschehen erotisch; darauf deuten die geschürzten Kutten der Mönche (es sind zwei!) und auch die Bereitwilligkeit demonstrierende Gebärde des Ferondo hin. In Thematik und Motiv erinnert die Abbildung an Stiche aus der holländischen Ausgabe der Werke des Marquis de Sade (1797). Die Novelle selbst gibt dieser Umdeutung der Prügelszene keinen Raum. Ihre eigentliche Aktualität rührt eher an das Phänomen der im 20. Jahrhundert so ausgiebig praktizierten „Gehirnwäsche", die bewirkt, daß ein Mensch durch fortwährende Folter und Einbleuen bestimmter Ansichten zu einer völlig anderen Meinung kommen kann. Ferondos „Heilung" zeichnet eine Form dieser Gehirnwäsche vor.

H. Gravelot inv.   T. II. N. 10.   Le Mire &c.

dem Priester doch nicht von dem Fasse an der Wand geschickt." – Als er nun gegessen und getrunken hatte, nahm ihn der Mönch wieder vor und schlug ihn mit denselben Ruten aufs neue ganz mürbe. Nachdem Ferondo lange genug gejammert hatte, sagte er zu ihm: „Mein Gott, warum tatest du denn das?" Der Mönch sagte: „Weil unser Herrgott befohlen hat, daß dies alle Tage zweimal so geschehe." „Aus was für einer Ursache denn?" sagte Ferondo. Der Mönch erwiderte: „Weil du eifersüchtig warst, obgleich du das beste Weib

zur Frau hattest, das weit und breit zu finden war." „Ach Gott, ja",
sagte Ferondo, „und das honigsüßeste dazu, köstlicher als Marzipan.
Aber ich wußte nicht, daß unser Herrgott es übelnimmt, wenn ein
Mann eifersüchtig ist, sonst wär ich's nicht gewesen." Der Mönch
antwortete: „Das hättest du bedenken und dich bessern sollen, während du noch in jener Welt warst. Und sollte sich's treffen, daß du
wieder hinkämst, so gib nur acht, daß du in Gedanken behältst, was
ich dir jetzt antue, und daß du nie wieder eifersüchtig bist." „Ei",
sagte Ferondo, „kommt denn jemals einer zurück, der gestorben
ist?" „Freilich", entgegnete der Mönch, „wen Gott wieder hinbrin-
gen will!" „Ach Gott", sagte Ferondo, „wenn ich jemals zurück-
käme, so wollte ich der beste Mann von der Welt sein. Ich wollte sie
niemals schlagen, niemals schelten, außer wegen des Weines, den sie
heute morgen geschickt hat. Sie hat aber auch kein bißchen Licht
gegeben, und ich habe im Dunkeln essen müssen." Der Mönch antwortete: „Wohl hat sie Kerzen geschickt, aber man hat sie zu den
Seelenmessen verbrannt." „Ja", sagte Ferondo, „da wirst du recht
haben. Und gewiß, wenn ich wieder hinkomme, da will ich sie tun
lassen, wozu sie Lust hat. Aber sag einmal, wer bist denn du, der du
so mit mir umgehst?" Der Mönch erwiderte: „Ich bin auch tot und
war aus Sardinien, und weil ich im Leben meinen Herrn wegen seiner Eifersucht häufig gelobt habe, bin ich von Gott zu der Strafe
verurteilt, daß ich dir so lange zu essen und zu trinken gebe und
dich in solcher Weise schlagen muß, bis Gott über dich und mich
anders beschließen wird." Ferondo sagte: „Ist denn niemand hier
als nur wir beide?" „Jawohl", sagte der Mönch, „zu Tausenden,
aber du kannst sie so wenig sehen und hören wie ich auch." Darauf
sagte Ferondo: „Wie weit sind wir denn wohl von uns zu Hause?"
„Oho", antwortete der Mönch, „du bist hier noch etliche Meilen
weit hinter Schön-Kackenhausen." „Ei der Kuckuck", sagte Ferondo, „das ist einmal weit! Meines Erachtens ist das so weit, daß wir
schon aus der Welt heraus sein sollten."
Unter solchen und ähnlichen Gesprächen wurde Ferondo bei Essen
und Schlägen an die zehn Monate gehalten, während welcher der
Abt, der sich gar glücklich fühlte, oft genug die hübsche Frau besuchte und sich mit ihr den schönsten Zeitvertreib von der Welt
machte. Wie aber die Unfälle mitunter zu kommen pflegen, so
wurde die Frau schwanger und sagte es dem Abt, da sie es noch früh
genug gemerkt hatte. Darum schien es denn nun beiden geraten,
daß Ferondo unverzüglich aus dem Fegefeuer zurückkommen und
wieder ins Leben gerufen werden solle, auf daß sie, nachdem sie
wieder beisammengewesen wären, vorgeben könne, von ihm
schwanger zu sein. Zu diesem Zweck ließ der Abt in der nächsten
Nacht den Ferondo in seinem Kerker mit verstellter Stimme anrufen
und ihm folgendes sagen: „Ferondo, sei guten Mutes, Gott beliebt
es, dich in die Welt zurückzuschicken. Wenn du wieder hingekom-
men bist, wird dir deine Frau einen Sohn gebären, den sollt du Benedikt nennen; denn Gott erzeigt dir diese Gnade um der Gebete
des heiligen Abts und deiner Frau willen und aus Liebe zum heiligen Benedikt." Als Ferondo das hörte, wurde er sehr froh und sagte: „Na, das ist mir lieb; Gott möge es unserem Herrgott lohnen
und dem Abte und dem heiligen Benedikt und meiner honigsüßen,

Die „Gnadenreichung" ist in
dieser Erzählung eine Veranstaltung des Abtes. Sie dient
nicht dazu, den Schwachen
zu unterstützen, sondern im
Gegenteil, „ihn nach allen
Regeln der Kunst zu prellen
und hereinzulegen . . . Die
Hilflosigkeit erscheint nun
auch nicht mehr als Gnaden-
bedürftigkeit, sondern als
Dummheit. Das überlegene
Wesen ist freilich nun auch
nicht mehr Gott oder die heilige Jungfrau, sondern der
Abt, also ein Mensch, und
seine Überlegenheit gründet
auf seiner menschlichen Intelligenz, nicht mehr auf der
göttlichen Allmacht und Gnade" (Hans-Jörg Neuschäfer).

*„Das Fegfeuer"; Tafelgemälde
der Regensburger Schule*
(15. Jahrhundert; Bayerisches
Nationalmuseum in Mün-
chen). Die zu läuternden Seelen erleiden Qualen wie sonst
nur auf Höllenbildern. Links
gießt ein Dämon einem Geiz-
hals verflüssigtes Gold in den
Mund; dazwischen Engel, die
die Qualen mit Weinkanne,
Hostie und Zuspruch
erleichtern.

Die Vorstellung von einer
Läuterung der Seelen im Jenseits findet sich in etlichen
Religionen. Die spätantike
Gnosis kennt die fortschrei-
tende entmaterialisierende
Katharsis (Reinigung) der
Seelen. Im Neuen Testament
wird dies nirgends erwähnt.
Die einzige in Frage kom-
mende Stelle (erster Korin-
therbrief 3,15) wird überwiegend nicht mehr im Sinn
einer Fegfeuer-Vorstellung
gedeutet. In die offizielle christliche Lehre ist diese Vorstellung wahrscheinlich erst
durch den Kirchenvater Origenes eingedrungen. Er deutete die Stelle im Korinther-
brief so, als müßten die Seelen durch Feuer von ihren
irdischen Verfehlungen gereinigt werden: „Er sieht nicht",
so schrieb Origenes gegen
den Philosophen Kelsos, „daß
das Feuer zur Reinigung an
die Welt gelegt wird, natürlich
aber auch an jeden, der einer
durch das Feuer zu vollzie-
henden Strafe und zugleich
Heilung bedarf; ein Feuer,
das diejenigen brennt, aber
nicht verbrennt, an welchen
kein Stoff mehr vorhanden
ist, der von jenem Feuer verzehrt werden müßte, das aber
diejenigen brennt und verbrennt, die das . . . Gebäude
ihrer Handlungen, Worte und
Gedanken mit ‚Holz, Heu oder
Stroh' aufgeführt haben"
(„Gegen Kelsos" V,15). Die
Fegfeuervorstellungen blieben
aber vage und umstritten.
Erst auf dem ersten und zweiten Konzil zu Lyon (1245 und
1274) wurde das Purgatorium
(Fegfeuer) zum kirchlichen
Dogma erhoben.

kandierten, mit Käse bestreuten Frau ebenfalls." Darauf ließ ihm
der Abt im Wein, den er ihm zu trinken gab, so viel von jenem Pulver reichen, daß er etwa vier Stunden lang davon schlafen mußte,
und legte ihn, wieder mit den alten Kleidern angetan, mit Hilfe seines Mönchs aufs neue in die Gruft, in welcher er zuerst begraben
worden war.

Am andern Morgen kam Ferondo, als der Tag anbrach, wieder zu
sich, und er sah durch einige Spalten in der Gruft das Licht, das er
seit wohl zehn Monaten entbehrt hatte, wieder. Da es ihm nun so
vorkam, als sei er lebendig, so fing er an zu rufen: „Macht auf,
macht auf!" und stemmte sich selbst mit solcher Kraft gegen die
Decke der Gruft, daß, weil sie leicht zu heben war, er sie lüftete. Er
war noch damit beschäftigt, sie ganz abzuwerfen, als einige Mönche,

die eben ihr Morgengebet gesprochen hatten, herbeiliefen, die Stimme des Ferondo erkannten und ihn aus dem Grabe steigen sahen. Voller Schrecken über die unerhörte Begebenheit entflohen sie und eilten zum Abt. Dieser tat, als stände er eben vom Gebet auf, und sagte: „Kinder, fürchtet euch nicht. Nehmt Kreuz und Weihwasser und folgt mir nach, damit wir sehen, was die göttliche Allmacht uns offenbaren will." Und so taten sie.

Ferondo war indessen, ganz bleich von der langen Zeit, während welcher er den Himmel nicht gesehen hatte, aus der Gruft herausgestiegen. Sobald er den Abt erblickte, warf er sich ihm zu Füßen und sagte: „Ehrwürdiger Vater, Eure Gebete nebst denen des heiligen Benedikt und meiner Frau haben mich, wie mir offenbart worden ist, von der Pein des Fegefeuers erlöst und ins Leben zurückgerufen. Ich bitte Gott, daß er Euch dafür ein gutes Jahr und gute Tage heute und allezeit bescheren möge." Der Abt antwortete: „So sei denn die göttliche Allmacht gelobt! Gehe, mein Sohn, da Gott dich zurückgesandt hat, und tröste deine Frau, deren Tränen nicht versiegt sind, seit du von hinnen schiedest. Gehe und sei von nun an Gottes Freund und Diener." Ferondo sagte: „Hochwürdiger Herr, so ist mir wohl gesagt worden. Laßt mich nur machen, denn wenn ich hinkomme, küsse ich sie auch gleich, so gut bin ich ihr."

Der Abt blieb mit seinen Mönchen zurück und bezeigte viel Verwunderung über diese Begebenheit, weswegen er denn in großer Demut das Miserere singen ließ. Ferondo kehrte indes ins Dorf zurück, wo jeder, der ihn sah, vor ihm floh, wie man vor etwas Entsetzlichem flieht. Er aber rief alle zurück und versicherte, er sei auferweckt worden. Die Frau fürchtete sich ebenfalls vor ihm, bis endlich die Leute etwas mehr Zutrauen zu ihm faßten, sich überzeugten, daß er lebendig sei und ihm vielerlei Fragen nach jener Welt stellten. Er antwortete allen, als ob er vernünftiger zurückgekehrt sei, erzählte ihnen Neuigkeiten von den Seelen ihrer Angehörigen und erfand sich selber die schönsten Fabeln von der Welt über die Einrichtungen des Fegefeuers. Auch erzählte er vor allem Volke die Offenbarung, die ihm durch den Mund des Erzengels Braghiello vor seiner Wiedererweckung gemacht worden sei. Unterdessen kehrte er mit der Frau in sein Haus zurück, nahm von seinem Vermögen wieder Besitz und schwängerte sie, wenigstens seiner Meinung nach. Zum Glücke traf es sich, daß die Frau gerade zu der Zeit, welche nach der Meinung der Törichten, die sich einbilden, die Frauen trügen genau neun Monate lang die Kinder im Leibe, die richtige war, von einem Knaben genas, der auf den Namen Benedikt Ferondo getauft ward.

Die Rückkehr Ferondos und seine Reden steigerten den Ruf von des Abtes Heiligkeit um vieles; denn fast jedermann glaubte, jener sei wirklich vom Tode erweckt worden. Ferondo aber, der wegen seiner Eifersucht so viele Schläge bekommen hatte, war nun ganz von ihr geheilt und plagte, wie der Abt versprochen hatte, von nun an seine Frau nicht mehr damit. Diese war darüber sehr erfreut und lebte wie zuvor mit ihm in allen Ehren, ohne jedoch zu versäumen, sich dann und wann, wenn es sich schickte, mit dem heiligen Abte zu treffen, der sie so gut und so sorgfältig in den wichtigsten Angelegenheiten bedient hatte.

Wo die göttliche Vorsehung dem Menschen nicht mehr beisteht, dieser also für sich selbst einstehen muß, „ist der Kluge im Vorteil, der Dumme hat das Nachsehen, und keine ausgleichende Gerechtigkeit erstattet ihm zurück, was er selbst nicht zu verhindern wußte"
(Hans-Jörg Neuschäfer).

Übersicht über die Novellen des Vierten Tages

Tancredi, Fürst von Salerno, tötet den Geliebten seiner Tochter und schickt ihr sein Herz in einer Schale, sie aber gießt vergiftetes Wasser darüber, trinkt es und stirbt.

Bruder Alberto redet einer Frau ein, der Engel Gabriel sei in sie verliebt, und beschläft sie mehrmals in dessen Namen. Endlich springt er aus Furcht vor ihren Verwandten aus dem Fenster und flüchtet in das Haus eines alten Mannes, der ihn, als wilden Mann verkleidet, am nächsten Tag auf den Marktplatz bringt, wo er erkannt, von seinen Klosterbrüdern festgehalten und ins Gefängnis gesetzt wird.

Drei Jünglinge lieben drei Schwestern und fliehen mit diesen nach Kreta. Die älteste von ihnen ermordet aus Eifersucht ihren Geliebten. Die zweite rettet jene dadurch vom Tode, daß sie sich dem Herzog von Kreta ergibt. Dafür ermordet aber ihr Geliebter sie und flieht mit der ältesten. Die dritte Schwester und ihr Freund werden dieses Mordes beschuldigt und bekennen sich im Gefängnis dazu. Aus Furcht vor dem Tode bestechen sie die Wächter und fliehen arm nach Rhodos, wo sie im Elend sterben.

Gerbino greift gegen das Versprechen König Wilhelms, seines Großvaters, ein Schiff des Königs von Tunis an, um dessen Tochter zu rauben. Die Schiffsleute töten die Dame, wofür Gerbino sie alle umbringt, ihm aber nachher der Kopf abgeschlagen wird.

Lisabettas Geliebter wird von ihren Brüdern ermordet. Er erscheint ihr im Traum und zeigt ihr, wo er verscharrt ist. Darauf gräbt sie seinen Kopf heimlich aus, tut ihn in einen Basilikumtopf und benetzt ihn täglich stundenlang mit ihren Tränen. Endlich nehmen ihn die Brüder ihr fort, und sie stirbt bald darauf vor Gram.

Andreola liebt den Gabriotto. Sie erzählt ihm einen Traum, den sie gehabt hat, und er

ihr einen anderen. Darauf stirbt er plötzlich in ihren Armen. Als sie ihn mit ihrer Dienerin nach Hause trägt, werden sie von der Wache gefangen, und sie gesteht, wie sich alles zugetragen hat. Der Stadtrichter will ihrer Ehre Gewalt antun, sie wehrt sich aber. Ihr Vater erfährt indes, wo sie ist, und befreit sie, da er sie unschuldig findet. Sie aber weigert sich, länger in der Welt zu leben, und wird Nonne.

Simona liebt den Pasquino. Als sie miteinander in einem Garten sind, reibt Pasquino sich mit einem Salbeiblatt die Zähne und stirbt. Simona wird festgenommen und stirbt gleichfalls, als sie ein anderes jener Salbeiblätter an den Zähnen zerreibt, um dem Richter zu zeigen, wie Pasquino gestorben ist.

Girolamo liebt Salvestra. Die Bitten seiner Mutter nötigen ihn, sich für einige Zeit nach Paris zu begeben, und als er zurückkommt, findet er seine Geliebte verheiratet. Er schleicht sich verstohlen in ihr Haus und stirbt an ihrer Seite. Girolamos Leiche wird in eine Kirche getragen, und Salvestra sinkt tot neben ihr nieder.

Herr Guillem von Roussillon gibt seiner Frau das Herz des Herrn Guillem von Cabestaing zu essen, den sie geliebt und den er getötet hat. Als sie es erfährt, stürzt sie sich aus einem hohen Fenster herab und wird mit ihrem Geliebten begraben.

Die Frau eines Arztes legt ihren Geliebten, der einen Schlaftrunk genommen hat, den sie aber für tot hält, in einen Kasten, den zwei Wucherer mit dem Scheintoten in ihr Haus tragen. Letzterer erholt sich und wird als Dieb gefangen. Die Magd der Frau redet dem Richter vor, sie habe jenen in den Kasten gelegt, den die Wucherer gestohlen. So wird er vom Galgen gerettet, die Wucherer aber werden wegen des Kastendiebstahls zu einer Geldstrafe verurteilt.

Beginn des vierten Tages des Dekameron

Es endet des Dekameron dritter Tag, und es beginnt der vierte, an welchem unter der Herrschaft des Filostrato von den Schicksalen derjenigen gesprochen wird, deren Liebe ein unglückliches Ende nahm.

Geliebte Damen, sowohl nach den Worten weiser Männer, die ich vernommen, als nach dem, was ich selbst oftmals gesehen hatte, war ich des Glaubens, daß der ungestüme und sengende Wind des Neides nur die hohen Türme und die erhabensten Baumwipfel erschütterte; doch finde ich mich in dieser Meinung betrogen. Weil ich nämlich das wilde Ungestüm jenes wütenden Gifthauches fliehe und immer vor ihm geflohen bin, habe ich meinen Weg absichtlich nicht allein in der Ebene, sondern in den tiefsten Tälern gehalten. Diese meine Gesinnung muß schon dem deutlich genug einleuchten, der die gegenwärtigen Geschichten betrachtet; habe ich sie doch nicht nur in der Sprache des florentinischen Volkes und in Prosa ohne weitere Bezeichnung geschrieben, sondern auch im anspruchslosesten und bescheidensten Stil von der Welt. Dessenungeachtet bin ich dem Ungestüm jenes Sturmes so wenig entgangen, daß er mich vielmehr gewaltig erschüttert, ja fast entwurzelt hat und ich von den Bissen des Neides ganz zerfleischt bin. Woraus erhellt, daß es wahr ist, was die Weisen sagen, daß allein unter allen Dingen die Erbärmlichkeit dem Neide entgeht.

Einige nämlich haben beim Lesen dieser Geschichten gesagt, daß ihr, o Damen, mir allzusehr gefallt und es mir übel anstehe, wenn ich solches Behagen daran finde, euch zu unterhalten und zu ergötzen, oder gar, wie andere sich noch stärker geäußert haben, euch zu loben. Wieder andere, die ihr Urteil als ein reiferes angesehen haben möchten, haben gemeint, für mein Alter sei es unziemlich, noch immer bemüht zu sein, den Damen zu gefallen und nur von ihnen zu reden. Noch andere haben sich auf das liebevollste um meinen Nachruhm besorgt gestellt und geäußert, ich täte besser, mit den Musen auf dem Parnaß zu weilen, als mit derlei Geschwätz unter euch zu verkehren. Auch hat es nicht an solchen gefehlt, die mit größerer Geringschätzung als Einsicht der Meinung gewesen sind, daß ich gescheiter täte, daran zu denken, wo ich Brot hernehmen könnte, als bei solchen Narreteien von der Luft zu leben. Endlich haben auch einige zum Nachteile meiner Arbeit behaupten wollen, die Begebenheiten meiner Geschichten hätten sich ganz anders zugetragen, als ich sie euch berichte. Von so mannigfachen und gewaltigen Stürmen, von so giftigen und scharfen Zähnen werde ich bedrängt, geängstigt, ja lebensgefährlich verwundet, weil ich in euren Diensten, ihr werten Damen, stehe. Aber ich vernehme und ertrage alle diese Anfechtungen, Gott weiß es, mit heiterem Mute.

Obgleich nun meine Verteidigung in diesen Dingen allein obläge, bin ich doch nicht gesonnen, meine Kräfte zu schonen, sondern beabsichtige vielmehr, ohne jeden weiteren Verzug zwar nicht so zu erwidern, wie sich's gebührte, wohl aber mit einer schlichteren Antwort mich von meinen Gegnern zu befreien. Denn wenn sie nun, wo noch nicht ein Drittel meines Werkes gediehen ist, schon so

Die verfeinerte Kultur – von wenigen Ausnahmen abgesehen, wie etwa der altgriechischen – hat eine Neigung, sich zu feminisieren. Boccaccio nennt in einem Atemzug die Poesie und den Dienst an den Frauen, das Ästhetische und das Erotische.

zahlreich und so übermütig sind, so muß ich wohl vermuten, daß sie sich, wenn ihnen nicht eine vorgängige Abfertigung zuteil wird, noch vor Beendigung meines Werkes so vervielfacht haben möchten, daß sie mich mit geringer Mühe in den Grund bohren und eure, wenn auch noch so großen Kräfte nichts mehr dagegen vermöchten. Bevor ich mich indes darauf einlasse, irgend jemandem eine Antwort zu geben, will ich zu meiner Rechtfertigung nicht eine vollständige Geschichte erzählen, weil es sonst so aussehen könnte, als wollte ich meine Geschichten mit denen einer so ehrenwerten Gesellschaft, wie es die oben beschriebene war, vermischen, wohl aber einen Teil von einer Geschichte mitteilen, damit dieser Mangel selbst sie von jenen unterscheide.

So sage ich denn zu meinen Widersachern, daß in unserer Stadt schon vor geraumer Zeit ein Bürger namens Filippo Balducci lebte, der, obgleich von ziemlich geringem Stande, dennoch wohlhabend, wohlerzogen und für seine Umstände ungewöhnlich welterfahren war. Dieser hatte eine Frau, die er auf das zärtlichste liebte, und sie ihn ebenso, so daß sie bei ihrem sorgenfreien Leben sich beide nichts so angelegen sein ließen, als eines dem andern recht viel Freude zu machen. Nun geschah es, wie dereinst uns allen geschehen wird, daß die gute Frau aus dieser Welt ging und ihrem Filippo nichts als einen einzigen Sohn hinterließ, der etwa zwei Jahre alt sein mochte. Der Mann verfiel über den Tod seiner Frau in solche Schwermut wie nur jemals einer, der den Gegenstand seiner Liebe verlor. Und da er sich der Gesellschaft beraubt sah, die ihm unter allen die liebste gewesen war, beschloß er, nicht mehr der Welt anzugehören, sondern sich dem Dienste Gottes zu widmen und seinen kleinen Sohn dem gleichen Beruf zuzuführen. Zu diesem Ende verteilte er sein ganzes Vermögen als Almosen, begab sich sodann auf den Monte Asinajo und bezog dortselbst mit seinem Söhnchen eine kleine Klause. Während er nun, von Almosen zehrend, mit dem Kinde in Fasten und Beten fortlebte, vermied er auf das sorglichste, in dessen Gegenwart von weltlichen Dingen zu reden oder ihm dergleichen vor die Augen kommen zu lassen, damit sie dasselbe nicht von jenem frommen Leben ablenken möchten. Vielmehr redete er ihm statt dessen nur von der Herrlichkeit des ewigen Lebens, von Gott und seinen Heiligen und lehrte es nichts als fromme Gebete.

In solchem Leben erhielt er den Kleinen viele Jahre lang, ließ ihn nie aus der Klause gehen und duldete nicht, daß der Knabe jemand anders als ihn zu sehen bekam. Filippo war aber gewohnt, zu Zeiten nach Florenz zu wandern, von wo er, nach seinen Bedürfnissen von gottesfürchtigen Leuten unterstützt, in seine Zelle heimkehrte. Als nun der Sohn das achtzehnte Jahr erreicht hatte, der Vater aber schon alt geworden war, geschah es, daß der Junge den Alten fragte, wohin er gehe, worauf Filippo ihm die Wahrheit sagte. Darauf entgegnete der Sohn: „Vater, Ihr seid nachgerade alt und ertragt die Arbeit nur mit Mühe. Warum nehmt Ihr mich nicht einmal mit nach Florenz und macht mich mit den gottesfürchtigen Freunden bekannt, damit ich dann, sooft Ihr es wünscht, allein nach unseren Bedürfnissen in die Stadt gehen kann und Ihr zu Hause bleibt?" Der Vater erwog, wie sein Sohn schon groß und an ein gottgefälliges Leben so gewöhnt sei, daß die Verlockungen der Welt ihn wohl schwerlich an sich ziehen könnten, und sagte bei sich selbst: „Er hat nicht unrecht." Und so nahm er ihn mit, als er in die Stadt ging.

Als der junge Mensch nun Paläste, Häuser, Kirchen und alle die andern Schönheiten sah, von denen Florenz voll ist und deren er, soweit seine Erinnerung reichte, noch niemals gesehen hatte, verwunderte er sich ausnehmend und fragte bei vielen seinen Vater, wie sie genannt würden. Der Vater gab ihm Auskunft, und wenn er dann den Namen vernommen hatte, war er zufrieden und fragte nach etwas anderem. Während der Sohn also fragte und der Vater antwortete, geschah es, daß sie einer Schar schöner und geschmückter junger Mädchen begegneten, die soeben von einem Hochzeitsfeste heimkehrten. Als der junge Einsiedler diese gewahr wurde, fragte er alsbald den Vater, was das für Dinger wären. Jener antwortete: „Mein Sohn, schlage die Augen nieder und schaue sie nicht an, denn sie sind vom Übel." Darauf sprach der Sohn: „Wie nennt man sie denn aber?" Weil nun der Vater in den begehrenden Trieben des Jünglings nicht unnütze Lust und Verlangen zu erregen wünschte, mochte er sie nicht mit ihrem rechten Namen Weiber nennen, sondern sagte: „Das sind Gänschen." Und – es klingt in der Tat unglaublich – der junge Mann, der nie ein Weib erblickt hatte, antwortete sogleich, unbekümmert um Paläste, Ochsen, Pferde, Esel, Geld und alle andern Dinge, die er gesehen: „Vater, ich bitte Euch, verschafft mir so ein Gänschen." „Um Himmels willen, schweig", entgegnete der Vater, „die sind vom Übel." Darauf fragte ihn der Sohn: „Sieht denn das, was vom Übel ist, so aus?" „Ja", sagte der Vater; aber der Sohn entgegnete wieder: „Ich weiß nicht, was Ihr sprecht und warum diese vom Übel sind. Was mich betrifft, so meine ich, daß ich noch nie etwas so Schönes und Reizendes gesehen habe. Die sind ja noch schöner als die gemalten Engel, die Ihr mir so oft gezeigt habt. Wenn Ihr mir gut seid, so laßt uns so ein Gänschen mit hinaufnehmen, ich will es schon auffüttern." Da sagte der Vater: „Ich will aber nicht; und du weißt auch gar nicht, womit die gefüttert sein wollen." Indem er aber so sprach, fühlte er, daß die Natur mehr vermochte als menschlicher Verstand, und er bereute es, ihn nach Florenz mitgenommen zu haben.

Was ich bisher von dieser Geschichte erzählt habe, möge indes genügen, und ich will mich nun zu denen wenden, an die ich sie gerichtet. Einige meiner Tadler sagten nämlich, ich tue übel daran, daß ich mich allzusehr bemühe, euch, ihr jungen Damen, zu gefallen, und ein allzu großes Behagen an euch finde. Diese Vorwürfe nun, daß ihr nämlich mir gefallt und ich bestrebt bin, euch zu gefallen, gestehe ich offen als wahr ein, frage aber jene, ob sie sich darüber wundern können, wenn sie, abgesehen von der Bekanntschaft mit den liebevollen Küssen, den süßen Umarmungen und den höchsten Wonnen der Liebe, die ihr, holdselige Damen, öfters gewährt, nur eure erlesenen Sitten, eure gefällige Schönheit, eure zierliche Anmut und überdies eure weibliche Sittsamkeit fortwährend beachtet haben und noch beachten, da doch ein Mensch, der auf einem wilden und einsamen Berge, innerhalb der Wände einer kleinen Klause und in alleiniger Gesellschaft seines Vaters genährt, erzogen und groß geworden war, sobald er euch erblickt, nur nach euch verlangte, euch begehrte und nur euch in seinen Wünschen anhing?

Die nachfolgende Doppelseite zeigt einen *Ausschnitt aus dem Fresko „Das gute Stadtregiment"* (ursprünglich „Der Friede") von *Ambrogio Lorenzetti* (vgl. Abb. S. 48/49, 140). Die Gruppe tanzender Frauen ist das Zentrum der Darstellung. Dies ist verwunderlich, weil Tanzdarstellungen im Mittelalter sehr selten sind. „Wo man tanzt, da ist der Teufel", kommentierte der Kirchenvater Johannes Chrysostomos (348–407) die Evangeliumstelle mit der tanzenden Salome (Markus 6,17–29). In der Praxis wurde die Festfreudigkeit von der offiziellen kirchlichen Ansicht über das Tanzen kaum getrübt. Daß Lorenzetti als Gipfel der segensreichen Auswirkungen der „guten Regierung" (oder des „Friedens") den Tanz gewählt hat, ist nicht unproblematisch: der Tanz gehört zum Fest, das Fest ist aber – bei den Naturvölkern wie im Mittelalter die (momentane) Aufhebung der herrschenden Ordnung.

VOLGIETE GLIOCCHI A RIMIRAR COSTEI VOI CHE REGGIETE CHE QVI FIGVRATA ·E·

Schon in der frühesten abendländischen Dichtung taucht der Tanz als Symbol des bürgerlichen Friedens auf. Homer benutzt es bei der Beschreibung des Schmuckes auf Achills Schild: „Bräute führten sie fort aus den Kammern beim Scheine der Fackeln, Rings durch die Stadt; aus vielen Kehlen ertönte das Brautlied. Jünglinge drehten sich tanzend im Kreise, begleitet vom Schalle Klingender Flöten und Harfen inmitten von ihnen; die Weiber Standen alle bewundernd indes vor den Türen der Häuser" („Ilias" XVIII, 492 ff). Nach Plato vermittelt der Tanz göttlichen Rhythmus und Harmonie an die Menschen. Beides ist aber für ein geordnetes Zusammenleben („gutes Stadtregiment" und „Frieden") notwendig. Nicht zufällig nimmt die Frau mit der Trommel die Mitte des Reigens ein, denn dieses Instrument bestimmt den Rhythmus. Sieht man von der trommelnden Dame ab, so sind es neun Tänzerinnen, weswegen man mutmaßt, daß der Maler auf die neun Musen (siehe Abbildung S. 201) anspielen wollte. Die Musen galten als Schirmherrinnen der kosmischen Harmonie, und Plato schreibt über sie: „Die Bewegungen der Harmonie sind indes mit den Umläufen unserer Seelen verwandt. Wer sich mit Vernunft den Musen hingibt, nicht zu vernunftloser Lust . . ., dem wird die Harmonie von den Musen als Bundesgenosse gegen den ungeordneten Umlauf in uns gegeben, damit er zur Ordnung und zur Übereinstimmung mit sich selber findet" („Timaios" 47d).

Werden mich jene tadeln, verspotten und beschimpfen dürfen, wenn ich an euch Gefallen finde oder euch zu gefallen mich bemühe; mich, dessen Leib der Himmel ganz dazu erschaffen hat, um euch zu lieben, mich, dessen Geist ich selbst seit meiner Kindheit euch zugeführt, seit ich die Kraft eurer Lichtaugen, die Anmut eurer honigsüßen Worte und die Flamme empfunden habe, die sich an euren sehnsüchtigen Seufzern entzündet – besonders, wenn sie ins Auge fassen, daß ihr vor allen andern Dingen einem Einsiedler, einem ungebildeten Jungen oder, um es richtiger zu sagen, einem wilden Tier gefielet –? Wahrlich, nur wer die Freuden und die Kraft der Gefühle nicht kennt, welche die Natur in uns gelegt, und deshalb euch weder liebt noch von euch geliebt zu werden wünscht, tadelt mich auf diese Weise, und der Tadel eines solchen kümmert mich wenig.

Diejenigen aber, die sich über mein Alter aufhalten, dürften nicht wissen, daß der Stengel des Lauches grün bleibt, wenn der Kopf auch weiß ist, und allen Scherz beiseite lassend, antworte ich ihnen, daß ich es nie für eine Schande halten werde, mich bis zum Ende meines Lebens um diejenigen zu bewerben, denen zu gefallen Guido Cavalcanti und Dante Alighieri in reifen Jahren, Messer Cino von Pistoja aber in seinem späten Alter sich zur Ehre und Freude schätzten. Entfernte ich mich nicht dadurch von meiner herkömmlichen Redeweise, so brächte ich die Chroniken herbei und zeigte, wie voll sie von großen Männern des Altertums sind, die noch in ihren spätesten Jahren sich eifrigst bemüht haben, den Frauen zu gefallen. Ist diese Tatsache jenen unbekannt, so mögen sie hingehen und sich belehren lassen.

Daß ich mit den Musen auf dem Parnaß weilen solle, ist, ich sage es selbst, ein guter Rat. Da wir aber weder immer bei den Musen noch sie immer bei uns bleiben können, so ist es nicht zu tadeln, daß man sich, wenn man von ihnen entfernt ist, mit Gegenständen beschäftigt, die ihnen ähnlich sehen. Nun sind die Musen Frauen, und mögen ihnen die Damen an Würde auch nicht gleichstehen, so haben sie doch auf den ersten Anblick Ähnlichkeit mit ihnen und müßten mir also gefallen, wäre es auch aus keinem andern Grunde als diesem. Zudem aber haben die Damen mir schon Anlaß gegeben, Tausende von Versen zu dichten, während ich auf den Anlaß der Musen hin noch keinen einzigen gemacht habe. Wohl aber halfen mir die Musen und lehrten mich jene tausend Verse schreiben, und es ist nicht unmöglich, daß sie während des Schreibens dieser Geschichtchen, so anspruchslos sie sind, mich schon mehrere Male heimgesucht haben. Ist dem aber so, dann taten sie es vermutlich der Ähnlichkeit zu Ehren und zu Gefallen, welche die Damen mit ihnen haben. Demzufolge entfernte ich mich, wenn ich diese Geschichten niederschreibe, lange nicht so weit vom Berge Parnaß und von den Musen, wie manche vielleicht denken mögen.

Was aber sollen wir denen antworten, die mir aus lauter Mitleid mit meinem Hunger raten, an meinen Broterwerb zu denken? Wahrlich, ich wüßte es nicht. Soviel aber weiß ich wohl: überlege ich mir, wie ihre Antwort ausfiele, wollte ich sie meiner Notdurft wegen ansprechen, dann kann ich mir sie nicht anders denken als: „Geh und bettle dir Brot bei deinen Fabeleien." Doch haben den Dichtern ihre Fabeleien mitunter schon mehr eingebracht als vielen Reichen ihre Schätze. Manche verherrlichten durch ihre Fabeln das ganze Zeitalter, dem sie angehörten, während im Gegenteil viele andere, die bestrebt waren, mehr zu erwerben, als sie brauchten, selbst in Kummer und Sorge verkamen. Doch wozu die vielen Worte! Mögen jene Tadler mich immerhin abweisen, wenn ich etwas von ihnen verlange. Gottlob, für jetzt bedarf ich dessen nicht. Sollte ich aber später dennoch in Not geraten, so weiß ich nach der Lehre des Apostels sowohl Überfluß als Mangel zu ertragen, und deshalb möge es sich denn niemand um mich angelegener sein lassen, als ich es tue.

Diejenigen endlich, welche behaupten, diese Geschichten hätten sich nicht auf die erzählte Weise zugetragen, täten mir einen großen Gefallen, wenn sie die rechte Wahrheit beibrächten. Verhielte sich diese alsdann anders, als ich geschrieben habe, so fände ich ihren Tadel begründet und wäre meinen Fehler zu verbessern bemüht.

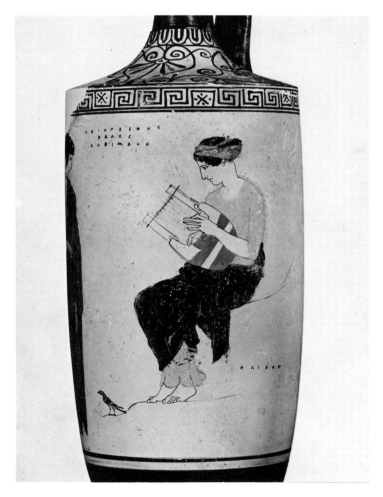

Auf der Kithara spielende Muse; bemalter Lekythos (Parfümfläschchen zur Opfergabe an die Toten) aus dem 5. Jahrhundert v. Chr. (Staatliche Antikensammlung in München). Die Musen sind im griechischen Mythos (Hesiod) die Töchter des Zeus und der Mnenosyne (Erinnerung). Neun an der Zahl, gelten sie als Pflegerinnen aller geistigen Betätigung. Die Abbildung zeigt Kalliope, die über die heroische Dichtung, die Epik und das Saitenspiel waltet. Sitz der Musen ist keineswegs der Parnaß, sondern der Berg Helikon; den Felsen, auf dem Kalliope sitzt, benennt die griechische Aufschrift als „Helikon". Erst in römischer Zeit werden die Musen auf den Parnaß versetzt – zu dessen Füßen Delphi, Apollons Heiligtum, liegt. Er galt dann als der Dichterberg schlechthin.

Das Gemälde „*Cimone*" von *Peter Paul Rubens* (1577–1640) interpretiert eine Szene aus der 41. Novelle des „Decamerone": ein blödsinniger Junge namens Kimon trifft eines Tages drei leichtbekleidete Damen schlafend an und verliebt sich in eine davon derart, daß er vernünftig wird. Daß der Mann durch die Liebe zur Frau veredelt und gesittet wird, ist ein beliebtes Thema der mittelalterlichen Liebesdichtung (siehe auch Boccaccios „Ameto", Chronik S. 46 ff). Rubens gestaltet daraus eine Verführungsszene: die rechts hingelagerte Dame schläft nicht, sondern beobachtet den Mann aus den Augenwinkeln. Die Körperhaltung des Jungen in diesem entscheidenden Augenblick seines Lebens, da die Geschlechtlichkeit erwacht, ist doppeldeutig.

Die Poesie war und ist recht oft eine brotlose Kunst. Es ist aber weniger die Geringschätzung der Armut des Dichters, die zu solcher Mißbilligung Anlaß gibt, sondern wohl eher der mühsam zurückgehaltene Haß einer utilitaristischen Welt gegen alles, was sich den funktionalisierten Zweckbestimmungen nicht fügt. Boccaccios Freund, Petrarca, brandmarkte die terroristische Intoleranz des Normalbürgers gegen Dichter und Weise mit Worten, die bis heute nichts von ihrer Gültigkeit eingebüßt haben:

Solange aber nichts zum Vorschein kommt als Worte, will ich ihnen ihre Meinung lassen, für mein Teil aber bei der meinigen bleiben und von ihnen dasselbe sagen, was sie mir vorwerfen.

Da ich nun gesonnen bin, für diesmal mit dem Gesagten mich zu begnügen, erkläre ich, daß ich mit Hilfe Gottes und mit der, die ich von euch, ihr holdseligen Damen, erhoffe, und mit Geduld gewappnet, diesen Stürmen den Rücken kehren und sie blasen lassen will. Kann mir ja doch nichts anderes geschehen als dem leichten Staube, den der Sturmwind entweder nicht von der Stelle bewegt oder den er, wenn er ihn ergreift, in die Höhe trägt und oftmals auf den Häuptern der Menschen, den Kronen der Könige und Kaiser und zuzeiten auf stolzen Palästen und hohen Türmen absetzt, von denen er, wenn er niederfällt, doch nicht tiefer als bis zu der Stelle fallen kann, von der er aufgehoben ward.

Habe ich also jemals mich mit allen meinen Kräften bemüht, euch in etwas zu gefallen, so werde ich es nun mehr als je zuvor tun, weil

Auf Rubens' Gemälde könnte *Kimon* gerade dabei sein, sich tief herunterzubeugen, was die Beinstellung und die Verkürzung des Oberkörpers auch nahelegen; oder aber er umkreiste die ruhende Gruppe wie ein Raubtier die Beute, dann erhielte die Komposition eine der Novelle entgegengesetzte Bedeutung: durch den Kontakt mit der Frau wird der Mann nicht veredelt, sondern zum Tier.

ich erkenne, daß man mir mit billigen Gründen nichts anderes vorwerfen kann, als daß die übrigen wie auch ich, die wir euch lieben, nach dem Willen der Natur verfahren. Ihren Gesetzen aber zu widerstreben, bedarf es allzu großer Kräfte, und die es zu tun versuchen, bemühen sich oftmals nicht allein vergebens, sondern auch zu ihrem eigenen wesentlichen Nachteil. Was mich betrifft, so gestehe ich, daß ich jene Kräfte weder habe noch zu haben wünsche. Ja, besäße ich sie auch, so würde ich sie doch lieber einem andern leihen, als für mich verwenden. Es mögen denn jene Kläffer schweigen, und, wenn sie unfähig sind, sich zu erwärmen, in ihrer Frostigkeit weiterleben. Mögen sie ihren Freuden oder richtiger ihren verderbten Lüsten nachgehen und mir in dem kurzen Leben, das uns verliehen ist, die meinigen lassen. Nun aber ist es Zeit, daß wir, schöne Damen, nach langem Abschweifen wieder dahin zurückkehren, von wo wir ausgegangen sind, und in der begonnenen Ordnung fortfahren.

„Zweifach und abschüssig ist jeder Weg der Menschen: die Gewinnsucht selbstverständlich, und dann die Wollust. Von ihnen den Fuß nur geringfügig wegzuleiten wird bereits für einen widerwärtigen oder lächerlichen Irrtum gehalten, so daß jeder, der diesen gewöhnlichen Weg flieht . . ., als völlig verrückt angesehen wird oder aber als öffentlicher Feind des Menschengeschlechts" (Petrarca: „Prose" 218).

Die Sonne hatte vom Himmel bereits alle Gestirne und von der Erde die feuchten Schatten der Nacht vertrieben, als Filostrato aufstand und die ganze Gesellschaft aufstehen ließ. Sie gingen in den schönen Garten und lustwandelten dort nach Gefallen. Als aber die Essensstunde gekommen war, speisten sie eben da, wo sie tags zuvor das Abendessen verzehrt hatten. Nach dem Mittagsschlafe, den sie beendeten, als die Sonne im Zenit stand, setzten sie sich in der gewohnten Weise bei der schönen Quelle nieder. Dann gebot Filostrato Fiammetta, die Reihe der Erzählungen zu beginnen. Sie aber hub, ohne weitere Reden zu erwarten, anmutig zu sprechen an:

VIERTER TAG, ERSTE NOVELLE

Tancredi, Fürst von Salerno, tötet den Geliebten seiner Tochter und schickt ihr sein Herz in einer goldenen Schale; sie aber gießt vergiftetes Wasser darüber, trinkt es und stirbt.

Einen traurigen Gegenstand hat der König uns für heute zu besprechen gegeben, da wir fremde Tränen, die nicht erzählt werden können, ohne daß Hörer und Sprecher zum Mitleid erregt werden, schildern sollen, wo wir doch nur zusammenkamen, um uns zu erheitern. Vielleicht tat er es, um die Heiterkeit der vorigen Tage ein wenig auszugleichen. Was aber immer ihn dazu veranlaßt haben mag, so will ich, da mir nicht zukommt, seinen Gefallen zu ändern, euch eine klägliche, herzzerreißende und eurer Tränen würdige Begebenheit erzählen.

Tancredi, der Fürst von Salerno, wäre ein mildherziger und gutgesinnter Fürst gewesen, hätte er sich in seinen alten Tagen nicht noch die Hände mit dem Blut zweier Liebender besudelt. Derselbe hatte zeitlebens nur eine Tochter gehabt, und wohl ihm, hätte er auch sie nicht besessen! Der Vater liebte sie so zärtlich, wie nur je eine Tochter von ihrem Vater geliebt ward, und nur um dieser Liebe willen, weil er es nicht übers Herz bringen konnte, sich von ihr zu trennen, verheiratete er sie selbst da noch nicht, als sie das heiratsfähige Alter schon um mehrere Jahre überschritten hatte. Endlich gab er sie zwar einem Sohne des Herzogs von Capua zur Frau, aber nach kurzer Ehe machte dessen Tod sie zur Witwe, und sie kehrte zum Vater zurück.

Sie war von Gesicht und Gestalt so schön, wie nur je ein anderes Weib gewesen, und dabei jung, entschlossen und gescheit in höherem Maße, als einer Frau vielleicht taugen mag. Während sie nun bei dem zärtlichen Vater in Überfluß und Bequemlichkeit lebte, wie es ihrem hohen Range zukam, und gewahr wurde, daß der Vater vor großer Liebe sich wenig bemühte, sie wieder zu verheiraten, beschloß sie, weil sie es nicht schicklich fand, ihn um einen zweiten Mann anzusprechen, sich, wenn es geschehen könne, heimlich einen würdigen Geliebten zu verschaffen. So beschaute sie sich denn viele adelige und nichtadelige Männer, die am Hofe ihres Vaters verkehrten, wie das an Höfen zu geschehen pflegte, und beachtete das Betragen und die Sitten vieler unter ihnen. Vor den andern gefiel ihr ein junger Diener ihres Vaters namens Guiscardo, der seiner Abkunft nach ziemlich gering, seinen Eigenschaften und seinem Betragen zufolge aber mehr als alle übrigen adelig zu nennen war. In diesen verliebte sie sich, als sie ihn öfters sah und an seinem Wesen immer größeren Gefallen fand, in aller Stille auf das inbrünstigste. Auch hatte der junge Mann, der ebenfalls klug war, die Gesinnung der Dame erkannt und ihr sein Herz in solchem Maße zugewendet, daß er alle Gedanken außer der Liebe zu ihr fast gänzlich aus seiner Seele getilgt hatte.

Während nun beide einander auf solche Weise heimlich liebten und die junge Dame nach nichts so sehr als nach einer Zusammenkunft mit ihm verlangte und dennoch ihre Liebe niemand anvertrauen wollte, erdachte sie sich eine neue List, um ihn mit allem bekannt zu machen. Sie schrieb nämlich einen Brief, in welchem sie ihm anzeigte, was er am folgenden Tag zu tun habe, um zu ihr zu gelangen. Dann steckte sie diesen in die Höhlung eines Schilfrohrs, das sie dem Guiscardo scherzend mit den Worten übergab: „Daraus magst du heute abend deiner Magd ein Blasrohr zum Feueranzünden machen." Guiscardo nahm es hin und erriet bald, daß sie es ihm nicht ohne Ursache gegeben und solche Worte dazu gesprochen habe. Infolgedessen entfernte er sich sogleich, trug das Rohr heim, besah es und zerbrach es, als er es gespalten fand. Als er nun darin ihren Brief entdeckte, ihn gelesen und die darin enthaltenen Vorschläge wohl in sich aufgenommen hatte, wurde er so froh wie kein anderer und begann sogleich, alles ins Werk zu setzen, was nötig war, um auf die angegebene Weise zu ihr zu gelangen.

Hart an dem fürstlichen Palast war schon vor undenklichen Zeiten eine Höhle in den Felsen gehauen, die von einem künstlich durch die Wand des Felsens getriebenen Luftloch einiges Licht empfing. Weil indes die Höhle selbst vernachlässigt war, hatten aufgeschlossene Dornen und Sträucher auch jenes Luftloch fast ganz verdeckt. In diese Höhle konnte man durch eine geheime Treppe gelangen, die sich in einem der von der Dame bewohnten Zimmer im Erdgeschoß des Palastes befand, obgleich der Eingang mit einer starken Tür verschlossen war. Auch war von der Treppe seit so undenklichen Zeiten kein Gebrauch gemacht worden, daß sie dem Gedächtnis aller Schloßbewohner so gut wie entfallen war und kaum einer sich erinnerte, daß sie vorhanden sei. Dennoch aber hatte die Liebe, deren Auge das Verborgenste beachtet, sie in das Gedächtnis der liebenden Dame zurückgerufen. Damit niemand das mindeste gewahr würde, hatte sie tagelang mit den Werkzeugen, die ihr zur Hand waren, allein sich abgemüht, die Türe zu öffnen. Dann war sie in die Höhle gegangen, hatte sich jenes Luftloch angesehen und dem Guiscardo geschrieben, daß er versuchen möge, dort herunterzukommen. Auch hatte sie ihm zu diesem Zweck angegeben, wie tief es ungefähr von dort bis auf den Boden sein könne.

Zur Ausführung dieses Planes machte sich Guiscardo in aller Eile einen Strick mit allerhand Knoten und Schlingen zurecht, um daran hinabzusteigen, zog ein Lederkoller an, das ihn vor den Dornen schützen sollte, und machte sich dann, ohne jemand ein Wort wissen zu lassen, in der nächsten Nacht auf den Weg nach jenem Luftloch. Hier befestigte er das eine Ende des Strickes an einem kräftigen Stamm, der hart am Rande stand, ließ sich alsdann in die Höhle

Adel ist für Boccaccio – wie auch für Dante – keine durch Geburt gewährleistete Eigenschaft, sondern eine Angelegenheit der persönlichen Haltung.

Das Motiv der Höhle bringt in die Novelle ein Element von Geheimnis und Abenteuer. Alberto Moravia nennt sie „eine würdige Bühne für unglückliche Leidenschaften". Die Höhle steht aber zugleich für das weibliche Geschlecht. Guiscardo erhält Zutritt zu Ghismonda nicht innerhalb der Burg (Architektur = Zivilisation), sondern von außen (Natur). Die Anfälligkeit des Weibes findet sich auf seiner Naturseite. Die Symbolik zielt aber auch auf ein soziologisches Problem: sogar die verhärtetste Gesellschaft (Burg) ist verwundbar, insofern sie ihre natürliche Basis (Erdreich, Höhle) nie zur Gänze im Griff hat.

hinab und erwartete die Dame. Diese stellte sich zur rechten Zeit, als wollte sie schlafen, schickte ihre Gesellschafterinnen weg und öffnete, nachdem sie sich eingeschlossen hatte, die Tür zur Höhle, in der sie ihren Guiscardo fand. Beide begrüßten sich mit unbeschreiblicher Freude, gingen dann miteinander in das Gemach und verbrachten dort den größten Teil des Tages unter dem lebhaftesten beiderseitigen Ergötzen. Als sie darauf sorgfältige Abrede getroffen hatten, wie sie ihre Liebe fernerhin geheimhalten wollten, kehrte Guiscardo in die Höhle zurück, und die junge Dame suchte, nachdem sie die Tür verschlossen, ihre Gesellschafterinnen wieder auf. Guiscardo aber kletterte in der folgenden Nacht an seinem Stricke empor, kroch aus dem Luftloch, durch das er gekommen war, wieder heraus und ging nach Hause.

Da er nun den Weg einmal gefunden hatte, legte er ihn im Verlaufe der Zeit noch oft auf dieselbe Weise zurück. Endlich aber verwandelte das Schicksal, das den Liebenden so lange und so große Freuden nicht gönnte, durch ein trauriges Ereignis ihre Glückseligkeit in Jammer und Tränen.

Tancredi pflegte zuweilen ganz allein in das Gemach seiner Tochter zu kommen, eine Zeitlang bei ihr zu bleiben, mit ihr zu sprechen und dann wieder zu gehen. So kam er denn auch eines Tages nach Tische, als die junge Dame, deren Name Ghismonda war, mit ihren Gesellschafterinnen im Garten verweilte, in ihr Zimmer herunter, ohne daß ihn jemand gehört oder gesehen hätte. Als er sie nicht fand, wollte er ihr Vergnügen nicht unterbrechen. Die Fenster waren verschlossen und die Vorhänge ihres Bettes niedergelassen, und der alte Fürst setzte sich in einer Ecke zu Füßen des letzteren auf einen Schemel, legte das Haupt ans Bett, zog den Vorhang über sich, als hätte er sich absichtlich verbergen wollen, und schlief ein.

Während er noch schlief, verließ Ghismonda, die zu ihrem Unglück eben an jenem Tage den Guiscardo zu sich beschieden hatte, ihre beiden Gesellschafterinnen, kehrte leise in ihr Zimmer zurück, verschloß es hinter sich und öffnete, ohne zu bemerken, daß jemand da war, dem Guiscardo, der sie bereits erwartete, die Tür. Als beide nun nach ihrer Gewohnheit sich zusammen niederlegten, miteinander scherzten und sich ergötzten, geschah es, daß Tancredi erwachte und dem, was Guiscardo und seine Tochter miteinander vornahmen, zuhörte und zusah. Tief ergrimmt wollte er seinen Zorn sogleich über sie ausschütten; dann aber zog er es vor, zu schweigen und womöglich verborgen zu bleiben, um später mit größter Überlegung und geringer Schande für sich selbst das auszuführen, was zu tun ihm bereits dunkel vorschwebte. Die beiden Liebenden blieben nach gewohnter Weise lange Zeit beieinander und wurden Tancredi noch immer nicht gewahr. Endlich standen sie auf. Guiscardo kehrte in die Höhle zurück, und die junge Dame verließ das Zimmer. Darauf ließ Tancredi, obgleich er schon alt war, sich aus einem Fenster des Zimmers in den Garten hinunter und erreichte, ohne von jemand beobachtet worden zu sein, mit tödlichem Gram im Herzen sein Zimmer.

In der folgenden Nacht wurde auf seinen Befehl Guiscardo, den sein Lederkoller ungelenk machte, eben als er um die Zeit des ersten Schlafes aus jenem Luftloch schlüpfen wollte, von zwei Reisigen ge-

Moravia weist darauf hin, daß Tancredis Liebe zur Tochter inzestuös ist. Der Fürst hätte nicht hinter das Geheimnis seiner Tochter kommen können, wenn er bloß – wie es einem vertraulichen Verhältnis angemessen ist – seine Tochter in ihrem Gemach besucht und nicht – was deutlich an ein Eheverhältnis erinnert – sie in ihrem Zimmer erwartet hätte.

fangen und heimlich vor Tancredi geführt. Als dieser ihn sah, sagte
er, fast bis zu Tränen erschüttert: „Guiscardo, meine Güte gegen
dich hat den Schimpf und die Schande nicht verdient, die du mir,
wie ich heute mit eigenen Augen gesehen habe, in dem Meinigen
angetan hast." Guiscardo antwortete ihm auf diese Worte weiter
nichts als: „Die Liebe vermag viel mehr als Ihr und ich."
Darauf befahl Tancredi, daß er in aller Stille in einem benachbarten
Raume bewacht werde, und so geschah es. Tancredi aber ging,
nachdem er viele und mancherlei Vorhaben durchdacht hatte, am
andern Tag, bevor Ghismonda von dem Geschehenen das mindeste
erfahren hatte, seiner Gewohnheit zufolge nach Tisch in das Gemach seiner Tochter, ließ sie zu sich rufen, schloß sich mit ihr ein
und sagte dann unter Tränen: „Ghismonda, ich glaubte deiner Tugend und Ehrbarkeit so gewiß zu sein, daß, von wem immer es mir
gesagt worden wäre, ich mir niemals hätte träumen lassen, du könntest auch nur daran denken, dich einem Manne, der dir nicht ange-
traut ist, zu ergeben, geschweige denn, du wärest fähig, es wirklich
zu tun, wie ich es mit eigenen Augen gesehen habe. Daß es nun
dennoch geschehen ist, wird mir den kurzen Rest von Leben, den
mein Alter mich noch erwarten läßt, auf immer verbittern. Wollte
Gott nur wenigstens, daß, wenn du einmal zu solcher Sittenlosigkeit
herabsinken solltest, du dir einen Mann erwählt hättest, der deinem
Adel ebenbürtig gewesen wäre. So aber hast du dir unter den vielen,
die sich an meinem Hofe aufhalten, den Guiscardo ausgesucht, einen Menschen vom niedrigsten Stande, der an unserem Hofe sozusagen aus bloßem Erbarmen bis auf den heutigen Tag ernährt worden ist, und du hast mich dadurch in die größten Sorgen gestürzt, da
ich nicht weiß, was ich nach dem Geschehenen mit dir anfangen soll.
Mein Vorsatz über Guiscardo, den ich diese Nacht, als er aus dem
Luftloch der Höhle schlüpfte, festnehmen ließ und gefangenhalte,
ist bereits gefaßt. Was aber aus dir werden soll, mag Gott wissen,
denn ich weiß es nicht. Auf der einen Seite bewegt mich die Liebe,
die ich von jeher zärtlicher für dich empfunden habe als jeder andere Vater für seine Tochter, auf der andern erregt mich der gerechte Zorn über deine verbrecherische Torheit. Jene will, daß ich
dir vergebe, dieser aber nötigt mich wider meine Natur, dich hart zu
bestrafen. Bevor ich mich jedoch entschließe, will ich hören, was du
selbst über das Geschehene zu sagen hast." Und mit diesen Worten
neigte er das Haupt und weinte so heftig wie ein Kind, das arge
Schläge empfangen hat.
Ghismonda hatte bei der Rede ihres Vaters, aus der sie entnahm,
daß nicht allein ihre geheime Liebe entdeckt, sondern auch ihr
Guiscardo gefangen sei, unbeschreiblichen Schmerz empfunden und
war oft nahe daran gewesen, diesem nach Art der meisten Frauen in
Tränen und lautem Wehklagen Luft zu machen. Dennoch besiegte
sie die Schwäche, behielt die Züge ihres Gesichtes mit wunderbarer
Festigkeit in der Gewalt und setzte sich vor, in der Meinung, daß ihr
Guiscardo schon umgebracht sei, lieber ihr Leben lassen zu wollen,
als die geringste Bitte für sich zu tun.
Darum antwortete sie ihrem Vater nicht wie ein betrübtes oder eines Vergehens bezichtigtes Weib, sondern fest und unbekümmert,
mit trockenen Augen und sicheren, unveränderten Zügen folgen-

„Die wahrhaft subversive Gestalt in der Erzählung ist der
Fürst selber" (Millicent
J. Marcus; siehe auch „Themen" S. 106 f und 113 f).

Tancredi fehlen die Alters-
tugenden, wie Millicent J. Marcus feststellt. Klugheit, Gerechtigkeit, Freigebigkeit und
Güte führt Dante („Convivio"
II,27) als die dem Alter anste-
henden Eigenschaften auf.
Strenggenommen besteht das
Rätsel der Novelle aber genau
darin, daß der Fürst diese
Tugenden sehr wohl besitzt,
denn er ist beliebt, daß er
aber in diesem Falle die Kontrolle verliert (die Art, wie er
weint deutet auf greisenhaf-
ten Infantilismus); er muß
also an einer geheimen
Wunde getroffen worden sein.

dermaßen: „Tancredi, ich bin weder zu leugnen noch zu bitten gesonnen, denn das eine würde und das andere soll mir nichts nützen.
Auch will ich deine Liebe und Milde durch nichts auf der Welt für
mich zu erregen suchen, vielmehr bin ich entschlossen, zuerst die
Wahrheit zu gestehen und meine Ehre mit genügenden Gründen zu
verteidigen, dann aber meinen hohen Sinn durch Taten auf das
nachdrücklichste zu bewähren. Es ist wahr, ich habe Guiscardo geliebt, liebe ihn noch und werde ihn lieben, solange mein Leben
währt, was nicht mehr lange sein wird; und sollte man nach dem
Tode noch lieben, so werde ich auch dann nicht aufhören, ihn zu
lieben. Zu dieser Liebe hat mich indes nicht nur meine weibliche
Schwäche, sondern auch deine Saumseligkeit, mich zu verheiraten,
verbunden mit seiner Trefflichkeit, getrieben. Da du selbst, Tancredi, von Fleisch und Blut bist, so mußtest du wissen, daß du eine
Tochter erzeugt hast, die aus Fleisch und Blut und nicht aus Eisen
oder Stein besteht. Du mußtest dich erinnern und mußt es noch
heute tun, obwohl du jetzt alt geworden bist, von welcher Art die
Gesetze der Natur sind und mit welcher Kraft sie die Jugend bestürmen, und wenn du gleich als Mann einen Teil deiner besten
Jahre mit Waffenübungen verbracht hast, so konnte dir doch nicht
unbekannt sein, was Muße und Überfluß über bejahrte, geschweige
denn über junge Leute vermögen. Nun bin ich, als deine Tochter,
von Fleisch und Blut und weit davon entfernt, gelebt zu haben,
vielmehr noch jung an Jahren, und aus beiden Gründen voll sinnlichen Verlangens, dessen Stärke auf das äußerste dadurch gesteigert
worden ist, daß ich schon einmal vermählt gewesen und so gewahr
geworden bin, welche Wollust es ist, jenes Verlangen zu befriedigen.
So entschloß ich mich denn, da ich doch jenen Angriffen nicht zu
widerstehen vermochte, als ein schwaches junges Weib das zu tun,
wozu sie mich verlockten, und verliebte mich wirklich. Aber wahrlich, ich bot dabei alle meine Kräfte auf, um, soweit ich es zu verhindern imstande war, durch den Fehltritt, zu dem die Natur mich
zwang, weder dir noch mir Schande zu bereiten. Auch hatten Amors
Mitleid und meines Geschickes Gunst mir so verborgene Wege erspäht und gewiesen, daß ich zum Ziel meiner Wünsche gelangte,
ohne daß jemand etwas davon gewahr worden wäre. Dies alles
leugne ich nicht, wer dir auch jene Kunde hinterbracht hat oder wie
du sonst das Geschehene erfahren hast. Übrigens habe ich mich
dem Guiscardo nicht, wie viele tun, aufs Geratewohl ergeben; nein,
ich habe ihn nach sorgfältiger Überlegung unter vielen anderen erwählt, ihn mit umsichtiger Sorgfalt zu mir eingeführt und mit bedächtiger Ausdauer von beiden Seiten mich lange der Erfüllung
meiner Wünsche gefreut.
Daß ich eben ihn mir ausersehen, scheinst du, von meinem Fehltritt
an sich abgesehen, dem gemeinen Vorurteile mehr als der Wahrheit
nachgehend, mir mit besonderer Bitterkeit vorzuwerfen, wenn du
sagst, ich hätte mich mit einem Menschen geringeren Standes eingelassen – als ob du mir nicht gezürnt hättest, wenn ich mir einen
Edelmann zu gleichem Umgang erwählt hätte. Dabei berücksichtigst
du aber nicht, daß du keineswegs mich eines Unrechts bezichtigst,
sondern allein das Schicksal, welches nur allzuoft die Unwürdigen
erhebt und die Würdigen in die Tiefe läßt. Schweigen wir aber jetzt

einen Augenblick davon und fassen wir das Wesen der Dinge ins
Auge, so wirst du erkennen, daß unser aller Fleisch aus einem Stoffe
besteht und daß unsere Seelen alle von ein und demselben Schöpfer
mit gleichen Fähigkeiten, gleichen Anlagen und gleichen Eigenschaften ausgestattet worden sind. Erst die Tugend hat uns, die wir
gleich geboren wurden und noch werden, unterschieden, und diejenigen, welche sie in höherem Grade besaßen oder übten, wurden
edel genannt, während die übrigen unedel blieben. Wenn nun gleich
späterhin widerstrebende Gebräuche dieses Grundgesetz verhüllt
haben, so ist es darum weder aufgehoben noch aus der Natur und
den edlen Sitten getilgt. Der also beweist unwiderleglich seinen
Adel, der tugendhaft handelt, und wer ihn dann anders nennt, der
lädt auf sich einen Makel und nicht auf den fälschlich Benannten.
Tue dich unter allen deinen Edelleuten um, erwäge ihre Eigenschaften, ihre Sitten, ihr Betragen und stelle ihnen Guiscardo mit den
Seinigen gegenüber. Willst du dann leidenschaftslos richten, so mußt
du ihn hochadelig, deine Edelleute aber gemein nennen.

Was im übrigen Guiscardos Tugenden und seinen Wert betrifft, so
habe ich mich in dieser Hinsicht auf niemandes Urteil, sondern allein auf deine Worte und meine Augen verlassen. Wer lobte ihn
wohl je so lebhaft, wie du ihn wegen alles dessen gepriesen hast, was
an einem wackeren Manne des Lobes wert ist? Und wahrlich, du tatest nicht unrecht daran; denn täuschten meine Augen mich nicht,
so hast du ihm keinen Lobspruch erteilt, den ich nicht von ihm
durch die Tat viel herrlicher hätte bestätigt gesehen, als deine Worte
es auszudrücken vermochten. Hätte ich mich hierbei aber dennoch
irgendwie betrogen, so wärest du es gewesen, der mich getäuscht
hat.

Willst du nun noch sagen, daß ich mich mit einem Menschen von
niedrigem Stande eingelassen habe? Gewiß, du sprächest die Unwahrheit. Sagtest du aber vielleicht: mit einem armen Menschen, so
könnte man dir allerdings zu deiner Schande vorwerfen, daß du einen trefflichen Mann in deinem Dienste nicht besser gefördert hast.
Doch Armut beraubt niemanden des Adels, sondern nur des Besit-
zes. Viele Könige, viele große Fürsten sind arm gewesen, und viele,
die hinter dem Pfluge gehen oder das Vieh hüten, waren und sind
überreich.

Das letzte Bedenken, von dem du sprachst, was du nämlich mit mir
machen sollst, schlage dir nur völlig aus dem Sinn. Bist du in deinem
späten Alter gesonnen, das zu tun, was du in deiner Jugend nicht
pflegtest, willst du hart und grausam verfahren, so übe an mir als
der ersten Ursache dieses Vergehens, wenn meine Tat anders ein
solches zu nennen ist, immerhin deine Härte, denn ich bin entschlossen, mit keinem Wort deine Milde in Anspruch zu nehmen.
Auch beteure ich dir: solltest du mir nicht dasselbe tun, was du
dem Guiscardo angetan hast oder noch antun wirst, so werde ich
mir mit meinen eigenen Händen das gleiche Los bereiten. Wohlan
denn, weine, wenn du willst, den Weibern gleich, verschließe, wenn
du glaubst, daß wir es verdient haben, dem Mitleid dein Herz und
töte uns beide mit einem Schlage."

Der Fürst erkannte in dieser Rede die Seelengröße seiner Tochter,
glaubte sie aber dennoch zu dem, was sie angedeutet hatte, nicht so

Der Fürst muß erfahren, daß
die Worte „Tugend" und
„Adel" in seinem Mund Ge-
meinplätze sind, in der Rede
der Tochter aber Fleisch und
Blut haben. Er verstummt
nicht nur vor ihrer Entschlos-
senheit, sondern auch vor der
Gewalt ihrer Sprache. Es ist
eine geistige Abdankung, für
die er Rache nimmt auf einer
Ebene, auf der die Macht
immer überlegen ist: durch
die Tat.

fest entschlossen, wie es ihren Worten entsprach. Deshalb gab er, als er sie verließ, den Gedanken zwar völlig auf, seine Härte an ihr selbst auszulassen, beabsichtigte aber dafür, ihre glühende Liebe durch andere Schläge abzukühlen. Zu diesem Ende befahl er den beiden, die den Guiscardo bewachten, diesen in der nächsten Nacht ohne jedes Geräusch zu erdrosseln, ihm das Herz aus dem Leibe zu nehmen und dieses ihm, dem Fürsten, zu bringen. Die Wächter taten genau, wie ihnen befohlen worden war. Der Fürst aber ließ sich am andern Tag eine große und schöne goldene Schale reichen, tat in diese Guiscardos Herz und schickte sie alsdann seiner Tochter durch einen vertrauten Diener, dem er auftrug, wenn er die Schale übergäbe, zu sagen: „Das schickt dir dein Vater, um dir an dem, was du am meisten liebst, ebensoviel Freude zu bereiten, wie du ihm an dem gewährt hast, was er am liebsten hatte."

Ghismonda hatte sich inzwischen, sobald ihr Vater von ihr gegangen war, in ihrem schrecklichen Vorsatz unerschüttert, giftige Wurzeln und Kräuter bringen lassen, diese abgekocht und ein Wasser daraus bereitet, das sie zur Hand haben wollte, sobald geschähe, was sie fürchtete. Als nun der Diener mit dem Geschenk und den Worten des Fürsten vor sie kam, nahm sie mit unverändertem Gesicht die Schale und war, sobald sie dieselbe aufdeckte, das Herz erblickte und jene Worte vernahm, sogleich völlig überzeugt, daß es Guiscardos Herz sei. Deshalb blickte sie zu dem Diener auf und sagte: „Wahrlich, einem Herzen wie diesem ziemte kein geringeres Grab als ein goldenes. Darin hat mein Vater verständig gehandelt." Und nach diesen Worten führte sie es zum Munde, küßte es und sagte: „Mein Vater hat mir von jeher und bis zu diesem letzten Augenblicke meines Lebens in allen Dingen die zärtlichste Liebe bewiesen, jetzt aber tut er es mehr denn je zuvor. Bestelle ihm dafür den letzten Dank, den ich ihm jemals sagen werde."

Als sie dies gesagt, wandte sie sich wieder zur Schale, die sie noch fest in den Händen hielt, und sagte, während sie unverwandt das Herz anblickte: „O geliebter Wohnort aller meiner Freuden, Fluch über die Grausamkeit dessen, der schuld daran ist, daß ich dich mit leiblichen Augen erblickte. Genügte es mir doch, dich mit den Augen des Geistes immerdar zu schauen. Du hast nun deinen Lauf beendet und vollbracht, was dein Geschick dir bestimmt hatte. Du hast das Ziel erreicht, dem ein jeder entgegengeht. Alles Elend und alle Mühe dieser Welt hast du hinter dir gelassen und durch deinen Feind selbst ein Grab gefunden, wie es deinem Werte gebührt. Nichts fehlt dir nun zu deiner vollen Bestattung als die Tränen derjenigen, die du im Leben so zärtlich geliebt hast. Damit aber auch diese dir zuteil würden, gab Gott es meinem unbarmherzigen Vater ein, daß er dich mir schickte, und ich will sie dir gewähren, wenngleich ich mir vorgenommen hatte, ohne Tränen zu sterben und durch keinen Schrecken meine Züge verändern zu lassen. Habe ich dir meine Tränen gezollt, so will ich ohne Säumen trachten, daß durch deine Hilfe sich meine Seele mit derjenigen vereinige, die einst von dir so sorgsam beherbergt ward. Und unter welchem Geleit könnte ich wohl zufriedener und sicherer in jenes unbekannte Land gehen als in dem ihrigen? Ich glaube sicher, sie weilt noch hierinnen und betrachtet den Schauplatz ihrer und meiner Freuden,

Im italienischen Text heißt es: „Das schickt dir dein Vater, um dich zu t r ö s t e n für das, was du am meisten liebst, wie du ihn g e t r ö s t e t hast für das, was er am meisten liebte." Das Wort „trösten" ist ironisch verkehrt zu „strafen". Ghismonda erkennt allerdings in dem brutal-ironischen Akt eine schmerzliche Symbolik: „Wenn Tancredi wirklich seine Tochter hätte trösten wollen, hätte er dies genau dadurch tun können, daß er ihr (bildhaft) Guiscardos Herz zur Heirat gegeben hätte." (Millicent J. Marcus.) Zu Ghismonda vgl. auch Abb. S. 90/91 im Teil Chronik.

und da ich gewiß bin, sie liebt mich noch, so erwartet sie wohl meine
Seele, die ihr auf das zärtlichste anhängt."

Als sie so gesprochen hatte, begann sie, ohne nach Art der Frauen
laut zu klagen, über die Schale geneigt, unter tausend Küssen, die
sie dem toten Herzen gab, einen solchen Strom von Tränen zu ver-
gießen, daß es wunderbar zu sehen war und nicht anders schien, als
sei ihrem Haupt ein Wasserquell entsprungen. Ihre Gesellschafterinnen, die um sie her standen, begriffen weder, was das für ein
Herz war, noch was die Worte der Dame zu bedeuten hatten. Dennoch weinten sie alle aus Mitleid, erkundigten sich teilnehmend,
aber vergeblich nach der Ursache ihrer Tränen und beeiferten sich,
zu tun, was sie nur wußten und konnten, um sie zu trösten.

Die Dame aber richtete ihr Haupt, als sie genug geweint zu haben
glaubte, wieder auf, trocknete ihre Augen und sagte: „O mein viel-
geliebtes Herz, nun sind alle meine Pflichten gegen dich vollendet,
und mir bleibt nichts zu tun übrig, als daß ich mit meiner Seele
komme, um der deinen Gesellschaft zu leisten." Und mit diesen
Worten ließ sie sich die Flasche reichen, die das Wasser enthielt, das
sie am Tage zuvor bereitet, schüttete es in die Schale, in der das
Herz von ihren vielen Tränen gebadet lag, setzte sie vollkommen
furchtlos an den Mund und trank sie völlig leer. Dann aber bestieg
sie, die Schale in der Hand, ihr Bett, nahm die geziemendste Lage
ein, die sie ihrem Körper zu geben wußte, drückte das Herz ihres
toten Geliebten an das ihre und erwartete so, ohne ein Wort zu reden, ihren Tod.

Inzwischen hatten ihre Gesellschafterinnen, ob sie gleich nicht wußten, was für ein Wasser Ghismonda getrunken, alles dem Tancredi
hinterbracht, was sie mit angesehen und gehört hatten. Dieser eilte,
das Geschehene ahnend, in das Gemach seiner Tochter und trat in
dem Augenblick ein, wo sie sich auf ihr Bett niederlegte. Nun, da es
zu spät war, sprach er ihr mit süßen Worten Trost zu und fing bitterlich zu weinen an, als er erkannte, wie weit es mit ihr gekommen
war. Ghismonda aber sagte zu ihm: „Trancredi, spare dir diese Tränen für ein Unglück, das du nicht, wie dieses, selbst herbeigeführt
hast, und verschwende sie nicht um mich, die ich dergleichen nicht
begehre. Wer außer dir möchte auch wohl über das weinen, was er
selbst gewollt hat? Wenn aber dennoch eine Spur der Liebe, die du
für mich empfandest, in dir lebendig geblieben sein sollte, so ge-
währe mir als letzte Gunst, wenn du schon nicht dulden wolltest,
daß ich stillschweigend und verborgen mit Guiscardo lebte, daß nun
mein Leib wenigstens mit dem seinigen, wohin du ihn immer hast
werfen lassen, öffentlich zusammen ruhe." Der Drang der Tränen
gestattete dem Fürsten nicht, zu antworten. Die Dame aber fühlte,
daß ihr Ende gekommen sei, drückte noch einmal das tote Herz an
die Brust und sagte: „Lebt mit Gott, ich scheide." Da verschleierten
sich ihre Augen, ihre Sinne schwanden, und sie schied aus diesem
leidvollen Leben.

Ein so trauriges Ende nahm, wie ihr vernommen, Guiscardos und
Ghismondas Liebe. Tancredi aber bereute zu spät seine Grausamkeit mit vielen Tränen und ließ die beiden Leichen unter allgemei-
nem Bedauern der Leute von Salerno ehrenvoll in einem und demselben Grabe bestatten.

Übersicht über die Novellen des Fünften Tages

Kimon wird durch die Liebe vernünftig und raubt Iphigenie, seine Geliebte, zur See. In Rhodos verhaftet, wird er durch Lysimachos befreit, und beide entführen gemeinschaftlich Iphigenie und Kassandra von ihrem Hochzeitsfest. Sie fliehen nach Kreta und heiraten ihre Geliebten, mit denen sie endlich in die Heimat zurückberufen werden.

Constanza liebt Martuccio Gomito. Auf die Nachricht von seinem Tode hin überläßt sie sich verzweifelt und allein einem Kahne, den der Wind nach Susa treibt. In Tunis findet sie den Geliebten lebendig wieder und gibt sich ihm, der inzwischen durch klugen Ratschlag die Gunst des Königs erworben hat, zu erkennen. Er heiratet sie und kehrt mit ihr als reicher Mann nach Lipari zurück.

Pietro Boccamazza flieht mit Agnolella und stößt auf Räuber. Das Mädchen flüchtet sich in einen Wald und wird von dort zu einer Burg geführt. Pietro fällt gefangen in die Hände der Räuber, entgeht ihnen aber wieder und gelangt endlich, nachdem er noch andere Gefahren überstanden hat, in dieselbe Burg, wo Agnolella sich befindet. Dort vermählt er sich mit ihr, und beide kehren nach Rom zurück.

Ricciardo Manardi wird von Messer Lizio da Valbona bei dessen Tochter angetroffen. Er heiratet das Mädchen und söhnt sich mit ihrem Vater wieder aus.

Guidotto von Cremona vertraut sterbend dem Giacomino von Pavia seine Pflegetochter an. Giannole di Severino und Minghino di Mingole verlieben sich zu Faenza beide in sie und werden darüber miteinander handgemein. Endlich wird entdeckt, daß das Mädchen eine Schwester des Giannole ist, und Minghino erhält sie zur Frau.

Gian von Procida wird bei seiner Geliebten, die inzwischen dem König Friedrich geschenkt worden war, überrascht und mit ihr an einen Pfahl gebunden, um verbrannt zu werden. Ruggieri dell'Oria erkennt und rettet ihn, und er wird ihr Gemahl.

Theodor verliebt sich in Violante, die Tochter des Messer Amerigo, seines Herrn, schwängert sie und wird deshalb zum Strange verurteilt. Während er mit Geißelhieben zur Hinrichtung geführt wird, befreit ihn sein Vater, und er vermählt sich mit Violante.

Nastagio degli Onesti bewirbt sich um die Liebe einer Dame aus dem Hause Traversari und bringt, ohne Gegenliebe zu finden, dabei sein ganzes Vermögen durch. Auf die Bitten der Seinigen geht er eines Tages nach Chiassi und sieht dort, wie ein junges Mädchen von einem Ritter gejagt, getötet und dann von zwei Hunden gefressen wird. Darauf lädt er seine Familie, die Dame und ihre Angehörigen zu einem Mittagessen dorthin, und der Anblick des zerfleischten Mädchens und die Furcht vor einem ähnlichen Schicksal erschrecken die Spröde so sehr, daß sie Nastagio zum Manne nimmt.

Federigo degli Alberighi liebt, ohne Gegenliebe zu finden, und verzehrt in ritterlichem Aufwand sein ganzes Vermögen, so daß ihm nur ein einziger Falke bleibt. Den setzt er, da er nichts anderes hat, seiner Dame, die ihn besucht, zum Essen vor. Sie aber ändert, als sie dies vernommen, ihre Gesinnung, nimmt ihn zum Mann und macht ihn reich.

Pietro di Vinciolo geht aus, um anderwärts zu Nacht zu essen. Seine Frau läßt ihren Buhlen kommen; Pietro kehrt aber heim, und die Frau versteckt den Liebhaber unter einem Hühnerkorbe. Pietro erzählt, daß im Hause Ercolanos, bei dem er gespeist, ein Jüngling, den die Frau verborgen, gefunden worden sei, worüber Pietros Frau die des Ercolanos heftig tadelt. Zum Unglück tritt ein Esel dem Burschen unter dem Korbe auf die Finger, so daß er schreien muß. Pietro läuft hinzu, sieht ihn und erkennt die Falschheit seiner Frau, ist aber niederträchtig genug, sich am Ende doch wieder mit ihr auszusöhnen.

FÜNFTER TAG, ACHTE NOVELLE

Nastagio degli Onesti bewirbt sich um die Liebe einer Dame aus dem Hause Traversari und bringt, ohne Gegenliebe zu finden, dabei sein ganzes Vermögen durch. Auf die Bitten der Seinigen geht er eines Tages nach Chiassi und sieht dort, wie ein junges Mädchen von einem Ritter gejagt, getötet und dann von zwei Hunden gefressen wird. Darauf lädt er seine Familie, die Dame und ihre Angehörigen zu einem Mittagessen dorthin, und der Anblick des zerfleischten Mädchens und die Furcht vor einem ähnlichen Schicksal erschrecken die Spröde so sehr, daß sie Nastagio zum Manne nimmt.

Als Lauretta schwieg, hub Filomena auf der Königin Geheiß also zu reden an:

So wie mitleidige Gesinnung an uns gelobt wird, ihr holden Damen, ahndet die göttliche Gerechtigkeit eine grausame auf das strengste, wo sie dergleichen unter uns antrifft. Um euch davon ein Beispiel zu geben und euch dadurch zu bewegen, daß ihr der Hartherzigkeit völlig entsagt, bin ich gesonnen, euch eine Geschichte zu erzählen, die nicht weniger euer Mitgefühl erwecken als euch ergötzen wird.

In Ravenna, einer uralten Stadt der Romagna, lebte einst eine Menge adeliger und vornehmer Leute, und unter diesen befand sich ein junger Mann namens Nastagio degli Onesti, der durch den Tod seines Vaters und eines Onkels über die Maßen reich geworden war. Dieser nun verliebte sich, wie es nichtverheirateten jungen Leuten zu geschehen pflegt, in die Tochter des Messer Paolo Traversari. Obwohl ihre Familie von viel älterem und besserem Geschlecht war als die seinige, hoffte er doch, durch seine Bemühungen, ihr zu dienen, allmählich ihre Gunst zu gewinnen. So unermüdlich, löblich und großartig aber auch die letzteren waren, brachten sie ihm doch keinerlei Nutzen, sondern es schien vielmehr, als ob sie ihm schadeten, so hart, unerfreulich und widerwillig erwies sich ihm das geliebte Mädchen, welches vielleicht um der eigenen vorzüglichen Schönheit und um des eigenen Adels willen so hochmütig und ungefüge geworden war, daß es weder ihn, noch was ihm irgend lieb war, leiden mochte.

Diese Gesinnung der Geliebten wußte Nastagio so wenig zu ertragen, daß er nach vielen Klagen mehr als einmal im Begriff war, sich aus Schmerz das Leben zu nehmen. Wenn er sich aber dennoch einer solchen Tat enthielt, nahm er sich oft vor, jene Spröde völlig aufzugeben oder sie, wo möglich, ebenso zu hassen, wie sie ihn haßte. Alle diese Vorsätze blieben indes eitel; denn es war nicht anders, als ob seine Liebe im selben Maße wüchse, in dem seine Hoffnung abnahm.

Wie nun der junge Mann auf solche Weise beharrlich seine Liebe verfolgte und in seiner maßlosen Verschwendung fortfuhr, meinten einige seiner Angehörigen und Freunde, daß er dabei sehr bald sich selbst und sein Vermögen aufgezehrt haben werde. Deshalb rieten sie ihm mehrmals und baten ihn, Ravenna zu verlassen und sich eine Zeitlang an einem andern Orte aufzuhalten, weil, wie sie glaubten, auf solche Art seine Liebe und seine Ausgaben abnähmen. Nastagio spottete zwar öfter über diesen Rat; da er jedoch auf ihre vielen Ermahnungen hin nicht immer nein sagen konnte, gab er ihnen endlich nach und ließ auch in der Tat keine geringeren Reisevorkehrungen treffen, ob er nach Frankreich, Spanien oder sonst einem entfernten Lande hätte ziehen wollen. Als er aber dann zu Pferde gestiegen war und, von seinen zahlreichen Freunden begleitet, Ravenna verlassen hatte, ritt er nach Chiassi, einem vielleicht drei Meilen von der Stadt entfernten Orte, ließ Gezelte mancher Art herbeibringen und aufschlagen und erklärte denen, die ihm das Geleit gegeben, sie möchten nach Ravenna heimkehren, weil er hier zu verweilen gesonnen sei.

Unter diesen Zelten nun führte Nastagio wieder ein ebenso glänzendes und herrliches Leben wie je zuvor und lud nach alter Gewohnheit bald diese und bald jene zum Mittag- oder Abendessen. Eines Tages aber, ziemlich zu Anfang des Maien und bei wunderschönem Wetter, geschah es, daß Nastagio, ganz in Gedanken an die grausame Geliebte versunken, allen seinen Leuten befahl, ihn allein zu lassen, um ungestörter seinem Trübsinn nachhängen zu können. So irrte er zweck- und ziellos umher, bis er zum großen Pinienwalde gelangte.

Schon war die Mittagsstunde beinahe herangekommen und Nastagio, unbekümmert um Speise, Trank und andere Dinge, wohl eine halbe Meile weit in den Wald eingedrungen, als ihn plötzlich das laute Weinen und das verzweifelte Wehklagen eines Weibes, das er zu vernehmen glaubte, aus seinen süßen Träumereien schreckte. Da er nun aufblickte, ward er nicht allein zu seinem Erstaunen gewahr, daß er mitten im Pinienhaine sei, sondern er sah nach wenigen Augenblicken auch, wie gerade vor ihm, aus einem dichtverwachsenen Gebüsch von Strauchwerk und Dornen hervor, ein wunderschönes nacktes Mädchen mit fliegenden Haaren und von Stacheln und Ästen zerkratztem Leibe in vollem Laufe unter lautem Weinen und Rufen um Gnade der Stelle zueilte, an der er sich befand. Zu beiden Seiten folgten ihr zwei riesige und wütende Jagdhunde auf den Fersen und packten sie oft und unbarmherzig, wo sie sie erreichten. Hinterher aber jagte auf schwarzem Pferde und in dunkler Rüstung ein Ritter, dessen Gesicht vor Zorn glühte, den Degen in der Faust, und drohte mit entsetzlichen, schmähenden Worten, sie zu morden.

Nastagio wurde bei diesem Anblick zugleich von Staunen und Abscheu ergriffen. Dann aber weckte das Mitleid mit dem unglücklichen Weibe den Wunsch in ihm, wenn er es irgend vermöchte, ihre Qualen zu endigen und sie dem Tode zu entreißen. In Ermangelung einer Waffe griff er zu einem Baumast, mit dem er, statt eines Stokkes, den Hunden und dem Ritter entgegenging. Der Ritter aber rief ihm, sobald er dies gewahr wurde, von weitem zu: „Laß ab, Nastagio, und überlasse mir und meinen Hunden, daß wir vollbringen, was dieses ruchlose Weib verdient hat." Und nachdem er so gesprochen, packten die Hunde das Mädchen mit aller Kraft an den Weichen und hielten es fest. Während aber der Ritter hinzukam und vom Pferde sprang, trat auch Nastagio heran und sagte: „Obgleich ich nicht weiß, wer du bist, der du mich so gut zu kennen scheinst,

Das Motiv der wilden Jagd stammt aus der nordischen Mythologie. Auch Dante verbindet die Bestrafung der Selbstmörder mit einer „wilden Jagd": die Sträucher, in die ihre Seelen hineingebannt sind, werden dauernd zerrissen und zertreten von Zerstörern des eignen Gutes, die ihrerseits von Hunden gehetzt und zerfleischt werden („Inferno" XIII). Hier ist der Selbstmörder selber der Jagende.

kann ich dir doch soviel sagen, daß es eine höchst schmähliche Tat ist, wenn ein gewappneter Ritter ein nacktes Weib morden will und es von den Hunden packen läßt, als wäre es ein wildes Tier. Darum werde ich diese verteidigen, solange ich irgend kann."

Darauf erwiderte der Ritter: „Nastagio, ich stamme aus der gleichen Stadt wie du, und du warst noch ein kleines Kind, als ich, den man Messer Guido degli Anastagni nannte, in dies Mädchen hier wahrlich noch viel verliebter war, als du es jetzt in die Traversari bist. Ihr Hochmut aber und ihre Härte stürzten mich in solches Unglück, daß ich mich endlich mit dem Degen, den du hier in meiner Hand siehst, als ein Verzweifelter entleibte und deshalb zur ewigen Pein verdammt bin. Nicht lange darauf starb auch sie, die sich unmäßig über meinen Tod gefreut hatte, und wegen der Sünde der Hartherzigkeit und der Lust an meinen Qualen, welche sie im Wahn, nichts Unrechtes, sondern etwas Verdienstvolles getan zu haben, nie bereute, wurde sie gleichfalls zu den Strafen der Hölle verurteilt. Als sie nun dorthin gelangte, wurde ihr und mir zur Strafe auferlegt, daß sie vor mir fliehen, ich aber sie, die einst so heiß Geliebte, nicht wie den Gegenstand meiner Liebe, sondern wie meine Todfeindin verfolgen muß. Sooft ich sie alsdann erreiche, so oft durchbohre ich sie mit diesem selben Degen, mit dem ich einst mich umgebracht, öffne ihr, wie du sogleich gewahren wirst, mit dem Messer die Seite, reiße das harte kalte Herz, in das weder Liebe noch Mitleid den Eingang zu finden wußten, samt den übrigen Eingeweiden aus ihrem Leibe und werfe es den Hunden hier zum Fraße vor. Dann vergehen nur wenige Augenblicke, und sie ersteht nach Gottes gerechtem Ratschluß durch seine Allmacht nicht anders vom Boden, als ob sie nie getötet worden wäre, und danach beginnen die klägliche Flucht und die Verfolgung durch mich und die Hunde von neuem. Da geschieht es denn, daß ich sie jeden Freitag um diese Stunde an diesem Platz einhole und so mißhandle, wie du sehen wirst. Doch wähne ja nicht, daß wir an den anderen Tagen ruhen, sondern wisse, daß ich sie dann an andern Punkten, wo sie Grausamkeiten gegen mich ersann oder vollführte, verfolge und erreiche. Weil ich nun aus einem zärtlich Liebenden ihr Feind geworden bin, muß ich sie ebenso viele Jahre in dieser Weise verfolgen, wie sie Monate hartherzig gegen mich gewesen ist. Laß mich also den Befehl der göttlichen Gerechtigkeit vollziehen und versuche keinen Widerstand gegen das, was du nicht hindern kannst."

Von diesen Worten ganz eingeschüchtert, trat Nastagio, dem sich jedes Haar am Leibe sträubte, zurück und harrte angstvoll, die Augen auf das unglückliche Mädchen gerichtet, was der Ritter vornehmen werde. Dieser aber stürzte am Ende seiner Rede wie ein wütender Hund auf das Mädchen los, welches, von den zwei Rüden festgehalten, auf den Knien lag und um Gnade rief, und rannte ihm mit aller Macht den Degen mitten durch die Brust, daß er zum Rükken wieder herausfuhr. Weinend und winselnd fiel die Ärmste von diesem Stoß zu Boden. Der Ritter aber griff zu einem Messer, klappte es auf und öffnete ihr damit die Seite. Dann weidete er ihr das Herz und alles, was um dieses herum lag, aus und warf es den Hunden vor, die es heißhungrig verschlangen. Doch dauerte es gar nicht lange, so erhob sich das Mädchen, als sei nichts von alledem

Die Höllenstrafe für das Mädchen ist also keinesfalls durch ihre Verweigerung der Gegenliebe begründet. Es verfällt vielmehr der Verdammnis wegen seiner Freude am Selbstmord des Ritters.

Der Wiederholungszwang ist zeitlich begrenzt, nicht in die Ewigkeit hineinverlängert, wie bei Höllenstrafen üblich. Die zeitliche Dimension der Wiederholung wird auf Menschenmaß herabgekürzt; so wird suggeriert, der Fluch sei tilgbar, wenn die Nachgeborenen das Verhältnis zwischen den Geschlechtern beachten.

geschehen, und begann in der Richtung auf das Meer zu die Flucht
aufs neue. Hinter ihr her stürmten abermals die Hunde, die nicht
abließen, sie zu zerfleischen. Auch der Ritter saß, den Degen in der
Faust, wieder zu Pferde, und so schnell stürmten Flucht und Verfolgung dahin, daß nach wenigen Augenblicken Nastagio nichts mehr
von allem gewahr ward.

Noch lange verweilte er, nachdem dieses Schauspiel an ihm vor-
übergezogen war, zwischen Mitleid und Furcht schwankend. Dann
aber gedachte er plötzlich, wie dieses Ereignis, da es sich alle Freitage wiederhole, geeignet sei, ihn in seinen Wünschen wesentlich zu
fördern. Darum merkte er sich die Stelle und ließ, zu seinem gewöhnlichen Aufenthaltsort heimgekehrt, mehrere seiner Angehörigen und Freunde aus Ravenna zu sich entbieten. "Wohlan", sagte er

Sandro Botticelli (1444–1510) malte im Jahr 1483 für Lorenzo den Prächtigen eine vierteilige Bilderfolge über die Geschichte Nastagios. Hier ist die „wilde Jagd" abgebildet. Der Maler verschiebt die Akzente: der Ritter sitzt nicht auf einem Rappen, sondern auf einem Schimmel; seine Rüstung ist nicht finster, sondern golden. Damit ist der Aspekt der Verdammnis ausgeklammert; der Vorgang wird „verdiesseitigt". Die Gesichter Nastagios und des Ritters sind die gleichen. Auch ist die Pose vom Maler so gewählt, daß Nastagio der Flüchtenden weniger zu Hilfe kommt als ihr vielmehr den Weg versperrt. Die Frau ist eingekeilt zwischen zwei Männern, die im Grunde identisch sind. So verwandelt sich die Szene zu einer Gefangennahme. Botticelli hat der wilden Jagd ihren jenseitigen Charakter genommen, aber gleichzeitig das Geschehen verewigt (die Jagd geht im Hintergrund weiter): die gesellschaftliche Regelung der Beziehungen zwischen den Geschlechtern – Heirat, Ehe, Familie (Lorenzo bestellte den Bildzyklus bei Botticelli, um ihn einem Freund zum Hochzeitgeschenk zu machen!) – erfordert die ständige „Gefangennahme" der Frau und ihre dauerhafte Unterwerfung.

zu ihnen, als sie gekommen waren, „schon lange habt ihr mich gedrängt, daß ich von der Liebe zu jener meiner Feindin ablassen und meiner Verschwendung Einhalt gebieten möge. Jetzt bin ich bereit, es zu tun, jedoch unter der Bedingung, daß ihr zuvor noch Messer Paolo Traversari dazu bewegt, mit Frau und Tochter und allen Damen seiner Verwandtschaft am nächsten Freitag zusammen mit euch und den andern Damen, die ihr wählen möget, das Mittagessen hier bei mir einzunehmen. Warum ich dies verlange, werdet ihr alsdann erfahren." Jene achteten dies für kein großes Begehren und luden, nach Ravenna zurückgekehrt, als es ihnen an der Zeit schien, die im voraus verabredeten Personen. War es nun auch nichts Leichtes, das von Nastagio geliebte Mädchen zur Teilnahme zu bestimmen, so kam sie doch mit den übrigen zum Feste.

Nastagio ließ ein verschwenderisches Mittagsmahl herrichten und die Tafel unter den Pinienbäumen rings um die Stelle ordnen, wo er die Strafe des hartherzigen Weibes mit angesehen hatte. Dann wies er Männern und Frauen ihre Plätze an, wobei er den Sitz seiner Geliebten so gewählt hatte, daß der Fleck, an dem er die Wiederholung jenes Schauspiels erwartete, ihr gerade gegenüber war.

Schon war man bis zum letzten Gang gediehen, als das Geschrei des gejagten Mädchens zu aller Ohren zu dringen begann. Alle befremdeten diese angstvollen Laute, jeder fragte, woher sie rührten, aber keiner vermochte Auskunft zu geben. Aufgeschreckt erhoben sich alle und blickten unverwandt nach der Seite, von der das Geräusch kam. Da gewahrten sie das jammernde Mädchen, den Ritter und die Hunde, und alsbald waren diese alle mitten unter den Gästen. Mit heftigen Scheltworten wehrten diese sowohl dem Ritter als auch den Hunden, und viele traten vor, um dem Mädchen beizustehen. Die Erzählung des Ritters, die er ihnen fast in denselben Worten wiederholte, mit denen er früher zu Nastagio gesprochen hatte, ließ sie indes nicht nur von ihrem Vorhaben abstehen, sondern erfüllte sie mit Staunen und Entsetzen. Unter den anwesenden Damen waren viele dem wehklagenden Mädchen, andere dem Ritter verwandt und erinnerten sich seiner Liebe und seines Todes. Als aber dieser sein grausames Beginnen so wie kürzlich vollführte, weinten alle ebenso bitterlich, als wäre ihnen dasselbe Schicksal am eigenen Leibe widerfahren.

Der Inszenierung des Schrekkens ist die junge Dame nicht gewachsen. Grausam erscheint ihr nicht der veranstaltete Terror, sondern sie selbst. Eingeschüchtert unterliegt sie einem Fehlschluß: aus der Bestrafung der Freude über einen Selbstmord folgt nicht, daß sie sich zur Gegenliebe zwingen muß, um diesem Schicksal zu entgehen.

Als nun alles zu Ende gebracht und der Ritter verschwunden war, sprachen die, welche dem Schauspiel zugesehen hatten, noch viel und mancherlei darüber. Am meisten aber vor allen andern hatte Nastagios spröde Geliebte sich entsetzt; denn da sie der Grausamkeit gedachte, die sie stets gegen jenen geübt hatte, fühlte sie wohl, daß alles, was sie mit Auge und Ohr deutlich wahrgenommen, keinen der Anwesenden näher angehe als eben sie, und es war ihr nicht anders, als jage jener sie schon ergrimmt durch den Wald und die Hunde packten sie in den Weichen. Und so groß war die Furcht vor diesem Schicksal, daß sie in schnellem Wechsel von Haß zu Liebe die Zeit nicht erwarten konnte, eine vertraute Dienerin insgeheim zu Nastagio zu senden und ihn um seinen Besuch bitten zu lassen, da sie bereit sei, alles zu tun, was ihm gefallen werde. Und die Gelegenheit dazu bot sich noch am selben Abend. Darauf ließ ihr Nastagio erwidern, die Botschaft sei ihm sehr willkommen, er gedenke aber, wenn es ihr gefalle, nur in Ehren ans Ziel seiner Wünsche zu gelangen, indem er sich ehelich mit ihr vermähle.

Daß Nastagio darauf aus ist, so schnell wie möglich zu heiraten, macht den psychologisch unmöglich scheinenden Sinneswandel der Dame erklärlich: es geht um die gewaltsame Unterwerfung der Frau unter das patriarchalische Streben nach Reproduktion. Und dazu bedarf es keiner Liebe, bloß der Ehe (siehe auch „Themen" S. 120).

Die junge Dame wußte wohl, daß es nur an ihr gelegen hatte, wenn sie nicht schon längst Nastagios Gemahlin geworden war. Sie antwortete daher, sie sei dessen wohl zufrieden. Dann meldete sie als ihre eigene Botin ihrem Vater und ihrer Mutter, daß sie jetzt den Nastagio zu heiraten bereit sei. Beide waren darüber sehr erfreut, und schon am nächsten Sonntag wurde das junge Paar feierlich verlobt. Dann hielten sie Hochzeit und lebten miteinander noch lange Jahre glücklich. Es hatte aber jenes Ereignis nicht nur diese eine glückliche Folge, sondern alle Damen Ravennas wurden dadurch so eingeschüchtert, daß sie den Wünschen der Männer seitdem um vieles geneigter geworden sind als zuvor.

FÜNFTER TAG, NEUNTE NOVELLE

Federigo degli Alberighi liebt, ohne Gegenliebe zu finden, und ver-
zehrt in ritterlichem Aufwand sein ganzes Vermögen, so daß ihm nur
ein einziger Falke bleibt. Den setzt er, da er nichts anderes hat, seiner
Dame, die ihn zu besuchen kommt, zum Essen vor. Sie aber ändert,
als sie dies vernommen, ihre Gesinnung, nimmt ihn zum Manne und
macht ihn reich.

Kaum hatte Filomena zu reden aufgehört, als die Königin wahrnahm, daß außer Dioneo und ihr niemand mehr zu erzählen hatte,
und so begann sie heiter:
So ist es denn nun an mir, zu erzählen, und ich genüge gern meiner
Pflicht, indem ich euch eine Geschichte mitteile, die der vorigen einigermaßen ähnlich ist. Ich tue dies nicht nur, damit ihr erkennt,
welche Macht eure Anmut über edle Herzen auszuüben vermag,
sondern damit ihr auch daraus entnehmt, wie ihr eure Gunstbezei-
gungen da, wo es sich geziemt, von selbst gewähren solltet, statt
euch vom Glücke leiten zu lassen, welches nicht nach verständiger
Wahl, sondern wie es sich eben trifft, in den meisten Fällen ohne jedes rechte Maß seine Gaben zu verleihen pflegt.
Wisset also, daß in jüngster vergangener Zeit in unserer Stadt ein
Mann namens Coppo di Borghese Domenichi lebte und vielleicht
heute noch lebt, der sich bei allen eines großen und ehrenvollen An-
sehens erfreute und um seiner Tugenden und erlesenen Sitten willen
mehr noch als wegen seines adeligen Blutes gefeiert wurde und allgemeinen Ruhmes würdig war. Dieser fand in seinen späten Jahren
Gefallen daran, sowohl seinen Nachbarn als auch Fremden oftmals
von vergangenen Ereignissen zu erzählen, wie er denn solches ge-
ordneter, mit schönen Worten und treuerem Gedächtnis zu tun verstand als irgendein anderer.
Unter andern schönen Geschichten pflegte er namentlich auch zu
erzählen, daß einst in Florenz ein junger Edelmann gewesen sei,
Federigo di Messer Filippo Alberighi genannt, den man in ritterlichen Übungen und adeligen Sitten höher gehalten habe als irgendeinen seiner Standesgenossen in Toskana. Wie es nun edlen Jünglingen zu widerfahren pflegt, so verliebte sich auch Federigo in eine
adelige Dame namens Monna Giovanna, welche zu jener Zeit für
eine der holdseligsten und schönsten in Florenz gehalten ward. Um
ihre Liebe zu gewinnen, scheute er in Turnieren und Kampfspielen
keinerlei Aufwand, richtete Feste her und teilte Geschenke aus,
ohne seines Vermögens irgend zu achten. Die Dame aber, die
ebenso sittsam wie schön war, kümmerte sich so wenig um dies alles, das zu ihren Ehren geschah, wie um denjenigen, von dem es
ausging.
Da Federigo jedoch über seine Kräfte hinaus große Summen vertat
und nichts erwarb, verfiel er binnen kurzem in solche Armut, daß er
von allen seinen Besitztümern nichts behielt als ein kleines Bauern-
gut, dessen Einkünfte ihm kümmerlichen Unterhalt gewährten, und
einen Falken, wie es kaum einen edleren auf der Welt geben mochte. Inzwischen war seine Liebe nur noch glühender geworden; da er

Dante läßt die Verschwender
im vierten Höllenkreis büßen
(„Inferno" VII). Bemerkenswert ist, daß Federigo, in Armut gefallen, sich in seine
Lage schickt und sich be-
scheidet; er hält die Pose des
Großmütigen, der niemanden
um Hilfe angeht, folgerichtig
durch.

Federigos Tun läßt erkennen, daß sein Charakter gegen Erfahrung abgeschottet ist: er hat aus dem Verlust seiner Güter nichts gelernt; seine Manie verschafft sich zwanghaft Geltung, sein Charakter ist also unfrei.

jedoch als Städter nicht mehr so leben zu können glaubte, wie es ihm wünschenswert erschien, zog er sich aufs Land zurück und ertrug dort auf seinem Gütchen, ohne jemand um Hilfe anzugehen, unter Vogelstellen geduldig seine Armut.

Während nun Federigos Vermögensumstände sich so sehr verschlechtert hatten, geschah es, daß der Gemahl der Monna Giovanna schwer erkrankte. Als er gewahr wurde, daß es mit ihm zu Ende ging, machte er ein Testament, in welchem er sein schon ziemlich herangewachsenes Söhnlein zum Erben seiner großen Reichtümer ernannte und für den Fall, daß der Knabe ohne rechtmäßigen Erben versterben sollte, Monna Giovanni, die er auf das zärtlichste geliebt hatte, zur Nachfolgerin bestimmte. Bald darauf starb er, und die hinterbliebene Witwe zog, wie es unter den hiesigen Frauen üblich ist, für den Sommer dieses Jahres aufs Land, nach einer ihrer Besitzungen, welche Federigos Gütchen ziemlich nahe gelegen war. So trug es sich denn zu, daß jener Knabe, der an Hunden und Vögeln seine Freude hatte, mit Federigo vertraut wurde. Als er dessen Falken öfter hatte fliegen sehen, fand er an ihm solches Gefallen, daß ihn zu besitzen sein höchster Wunsch ward. Doch traute er sich nicht darum zu bitten, da er sah, wie wert er Federigo war.

Um diese Zeit ereignete es sich, daß der Knabe erkrankte. Die Mutter, die nur dies eine Kind hatte und es von ganzer Seele liebte, betrübte sich unsäglich, und wie sie den ganzen Tag um den Kranken geschäftig war und ihm guten Mut einflößte, fragte sie ihn unter dringenden Bitten, ob er denn nicht vielleicht nach irgend etwas Verlangen hege. Wenn es nur irgend möglich sei, werde sie es ihm verschaffen. Schon mehrmals hatte der kranke Knabe dieses Anerbieten vernommen, als er endlich antwortete: „Mutter, könnt Ihr machen, daß ich Federigos Falken erhalte, so glaube ich in kurzem wieder gesund zu werden." Nachdem die Edeldame diese Worte vernommen hatte, blieb sie eine Zeitlang in sich gekehrt und erwog, was sie tun sollte. Sie wußte wohl, daß Federigo sie lange geliebt hatte, ohne von ihr jemals auch nur einen Blick erlangt zu haben. Daher sagte sie bei sich selber: „Wie darf ich zu Federigo um diesen Falken senden oder gar selbst deshalb zu ihm gehen, da, wie ich höre, dieser Falke der edelste ist, der je einem Jäger diente, und da er noch überdies seinem Herrn in solcher Weise den Lebensunterhalt gewährt? Und wie könnte ich so rücksichtslos sein, einem Edelmann, dem sonst keine Freude mehr geblieben ist, diese seine einzige rauben zu wollen?"

Obgleich sie gewiß war, den Falken zu erhalten, sobald sie darum bäte, antwortete sie daher, von jenen Gedanken bestrickt, nichts auf das Verlangen ihres Söhnleins und schwieg. Endlich aber trug die Liebe zu dem Knaben dennoch den Sieg davon, und um ihn zufriedenzustellen, entschloß sie sich, was auch immer die Folge davon wäre, nicht zu Federigo zu senden, sondern selbst zu ihm zu gehen und den Falken zu holen. Deshalb sagte sie: „Mein Kind, gib dich zufrieden und sorge nur, daß du gesund wirst; denn ich verspreche dir, daß morgen früh mein erster Gang des Falken wegen sein wird, und ich bin gewiß, daß ich ihn dir bringen werde." Schon diese Antwort erfreute den Knaben so sehr, daß noch am selben Abend eine leichte Besserung an ihm zu beobachten war.

Falke auf der Faust des Falkners. Die Jagd mit Falken (Beize) läßt sich schon in der assyrischen Kultur nachweisen (8./7. Jahrhundert v. Chr.). Besonders gepflegt wurde sie bei den Persern und Arabern. Durch die Kreuzzüge gelangte sie als Mode nach Europa, und der Stauferkaiser Friedrich II. (1194–1250) verfaßte sogar ein Werk über die Falknerei. Die Abrichtung des Falken (Lockemachen) ist langwierig: er muß sich auf einem Handschuh tragen, sich mit der Haube bedecken und sich abhauben lassen, dann sich ans Wild anwerfen und, nachdem er es geschlagen hat, zur Faust zurückkehren. Beeindruckend ist die unglaubliche Geschwindigkeit, mit der sich ein Falke auf seine Beute herunterstürzt: bis zu 300 Stundenkilometer. Er fasziniert durch die eigentümliche Mischung aus Schönheit und Angriffslust, seine Anmut im Flug und seine Schnelligkeit im Schlagen. In manchen Kulturen wurde er als göttliches Tier verehrt, so zum Beispiel in Ägypten, wo er als der Vogel des Sonnengottes galt. In der abendländischen Emblematik tauchte der Falke vielfach als Sinnbild der „gebändigten Freiheit" auf, wobei man offenbar das Phänomen im Auge hatte, daß dieser Raubvogel überhaupt zahm auf die Faust zurückkehrt.

Am nächsten Morgen nahm Monna Giovanna eine andere Dame zum Geleit und lustwandelte mit dieser bis zu Federigos kleinem Häuschen. Zum Vogelstellen war es nicht die Zeit, und schon seit mehreren Tagen war er deshalb nicht ausgegangen. So geschah es, daß, als sie nach ihm fragte, er in seinem Garten verweilte und dort gewisse kleine Arbeiten besorgen ließ. Als er vernahm, daß sie an seiner Tür sei und nach ihm verlange, erstaunte er sehr und eilte ihr mit ehrfurchtsvollem Gruße freudig entgegen. Sie aber erhob sich, ihn mit freundlicher Anmut zu begrüßen, und sprach: „Guten Morgen, Federigo!" Dann fügte sie hinzu: „Ich bin gekommen, um dich für alles Ungemach zu entschädigen, das du seither um meinetwillen erduldet hast, weil du mich leidenschaftlicher liebtest, als dir dienlich gewesen wäre. Die Entschädigung aber besteht darin, daß ich mit dieser meiner Begleiterin heute vertraulich bei dir zu Mittag zu essen gedenke." Hierauf antwortete Federigo in Demut: „Madonna, ich weiß von keinem Ungemach, das mir je durch Euch zuteil geworden wäre, wohl aber von so vielem Heile, daß ich, wenn je an mir irgend etwas Lob verdiente, dies nur Eurer Trefflichkeit und meiner Liebe zu Euch verdanke. Und wahrlich, dieser Euer Besuch, den Ihr mir aus freier Güte gewährt, ist mir, wenngleich Ihr zu einem dürftigen Wirte gekommen seid, unendlich viel lieber, als wenn mir die Schätze zurückgegeben worden wären, die ich zu der Zeit besaß, wo ich einst den größten Aufwand machte." Nach diesen Worten führte er sie schüchtern in sein Haus und von diesem in den Garten. Weil er aber sonst niemand hatte, der ihr Gesellschaft hätte leisten können, sagte er: „Madonna, da kein anderer hier ist, so wird dies gute Weib, die Frau des Mannes, der hier meinen Acker bestellt, Euch zur Gesellschaft bleiben, während ich den Tisch besorgen lasse."

Wie groß auch seine Armut war, so hatte er bis dahin eigentlich noch nicht empfunden, daß sein ungeordnetes Verschwenden der früheren Reichtümer ihn Mangel leiden ließ. Diesen Morgen aber, als es ihm an allem gebrach, um die Dame zu ehren, der zuliebe er einst Unzählige bewirtet und geehrt hatte, erkannte er zuerst seine Dürftigkeit. In der peinlichsten Herzensangst lief er wie außer sich hin und wider und verwünschte sein Schicksal, als er weder Geld vorfand noch irgend etwas, das er hätte verpfänden können. Inzwischen war die Stunde schon vorgerückt, und so groß auch sein Verlangen war, die edle Dame wenigstens einigermaßen zu bewirten, so konnte er sich doch nicht entschließen, irgend jemand, nicht einmal seinen Bauern, um etwas anzusprechen.

Da fiel ihm sein guter Falke in die Augen, der im Eßzimmer auf seiner Stange saß, und wie er sonst nirgends einen Ausweg zu entdecken vermochte, faßte er ihn und erachtete das edle Tier, als er es wohlgenährt fand, für eine Speise, die einer solchen Dame würdig sei. Und ohne sich weiter zu besinnen, drehte er ihm den Hals um und ließ ihn dann eilig von seiner Magd gerupft und hergerichtet an den Spieß stecken und sorgsam zubereiten. Dann breitete er schneeweiße Tücher, deren ihm noch einige geblieben waren, über den Tisch und ging mit frohem Gesicht wieder hinaus zu seiner Dame, um ihr zu sagen, daß das Mittagessen, so gut er es zu bieten vermöge, bereit sei. So erhoben sich denn die Dame und ihre Begleiterin, gingen zu Tisch und verzehrten, ohne zu wissen, was sie aßen, mit Federigo, der sie mit der größten Sorgfalt bediente, den guten Falken.

Eine boshafte Ironie des Geschicks bewirkt, daß eben die Dame, um deretwillen Federigo seine Reichtümer durchgebracht hat, nun das letzte Gut von Wert aufißt, das ihm noch verblieben war. Monna Giovanna gerät dadurch in eine unbeabsichtigte Mitschuld an seinem Laster.

Als sie darauf vom Tische aufgestanden waren und noch einige Zeit in freundlichen Gesprächen mit ihm verbracht hatten, schien es der Dame an der Zeit, das zu sagen, um dessentwillen sie gekommen war, und freundlichen Blickes zu Federigo gewandt, begann sie also: „Federigo, gedenkst du deiner früheren Schicksale und meiner Sittenstrenge, die du vermutlich für Härte und Grausamkeit erachtet hast, so zweifle ich nicht, daß du über meine Dreistigkeit staunen wirst, wenn du vernimmst, warum ich eigentlich hierhergekommen bin. Hättest du aber Kinder oder hättest du deren besessen, so daß du die Liebe, die man für sie hegt, zu erkennen vermöchtest, so glaube ich mit Zuversicht, daß ich dir wenigstens zum Teil entschuldigt erschiene. Du besitzt kein Kind, ich aber, die ich einen Sohn habe, vermag mich dem Gesetz, dem alle Mütter unterworfen sind, nicht zu entziehen, und dieses Gesetz zwingt mich gegen meine Neigung, ja gegen Anstand und Pflicht, dich um ein Geschenk zu bitten, von dem ich weiß, wie teuer es dir ist. Auch hast du allen Grund, es so wert zu haben, da die Ungunst des Schicksals dir keine andere Freude, keine Zerstreuung, keinen Trost als diesen einen gelassen hat. Dieses Geschenk aber ist dein Falke, nach welchem mein Knabe so unmäßiges Verlangen trägt, daß ich fürchten muß, die Krankheit, an welcher er daniederliegt, werde sich um vieles verschlimmern, wenn er ihn nicht erhält, ja vielleicht sogar eine Wendung nehmen, durch die ich ihn verliere. So beschwöre ich dich denn, nicht bei der Liebe, die du für mich hegst – denn um deretwillen hast du gegen mich keinerlei Verpflichtung –, sondern bei deiner adeligen Gesinnung, welche du in höfischer Sitte und Freigebigkeit mehr als irgendein anderer bewährt hast, daß es dir gefallen möge, mir deinen Falken zu schenken, damit ich sagen könne, du habest mir durch diese Gabe das Leben meines Sohnes erhalten, und damit er immerdar in deiner Schuld bleibe."

Federigo vernahm, was die Dame begehrte, und als er sich dabei bewußt ward, ihr nicht genügen zu können, da er ihr den Falken zur Mahlzeit vorgesetzt hatte, begann er in ihrer Gegenwart, bevor er noch ein Wort der Erwiderung vorbringen konnte, bitterlich zu weinen. Zuerst glaubte die Dame, diese Tränen rührten von dem Schmerze her, sich von dem guten Falken trennen zu sollen, und schon war sie im Begriff zu sagen, daß sie ihn lieber nicht haben wolle. Doch bezwang sie sich und erwartete Federigos Antwort, welcher, nachdem er seine Tränen bemeistert, also sprach: „Madonna, seit es Gott gefallen hat, daß ich Euch meine Liebe zuwendete, habe ich bei vielen Gelegenheiten das Schicksal mir feindlich gefunden und über seine Ungunst mich zu beschweren gehabt. Dies alles aber war nur gering im Vergleich zu dem, was mir jetzt widerfährt. Denn wie sollte ich mich wohl je wieder mit meinem Geschick aussöhnen, wenn ich bedenke, daß ich durch seine Tücke außerstande gesetzt bin, Euch jetzt, da Ihr zu meinem verarmten Hause gekommen seid, welches Ihr, solange es reich war, nie Eures Besuches gewürdigt, das kleine Geschenk zu geben, das Ihr begehrt.

Stich von *François Boucher* (1703–1770) aus der *„Londoner Ausgabe"* des *„Decamerone"*. Federigo zeigt den Damen Flügel und Kopf des geschlachteten Falken. Boucher gelang es, sogar diese harmlose Szene zu erotisieren. Er wählte eine Bildkomposition, wo der Falke links von Monna Giovanna liegt, so daß Federigos hinweisende Rechte in den Schoß der Dame greift (zweidimensional gesehen). Die linke Hand und der Blick der Dame zielen – ohne irgendeine kompositorische Motivierung! – auf die Geschlechtsregion des Mannes. Der Rokokokünstler spielt damit auf die Assoziation Vogel = männliches Glied, Falke = Phallus an.

Vous sanques mes
treschieres dames
devez savoir que en
nre cité florence
fu et par aventure encore est
vnt homme appelle copin sur
nomé bezguefin dominique ~
Cestui copin fu notable homme
et de grant autorité selon
ceulx de nre temps / Il fu clame
et digne de perpetuel renom,
plus par ses bonnes meurs et
vertus / que de par la noblesse de
son lignaige   Apres gestui
copin fu eaclus / Il se delictoit
souuent parler auec ses voisins
et autres des choses auenues
et passees / Il qui savoit mieulx
parler plus ordonneement et
plus grant memoire et par

langetere plus a tourne que aud
autre / Entre ses beaulx autres
comptes / Il auoit acoustume
de dire que en la cité de flor
ce Jadis fu vnt Jouuencel ap
pelle federic qui estoit filz natur
et legitime dun chevalier floren
tin appelle philippe albery Cestui
federic on live quelongue autre
Jouuenceau de toscanne fu renom
mez en fais darmes et en libe
ralité / Et ainsi come Il auient
a plusieurs nobble nobles homme
le Jouuencel federic fu surpris
et enamoures dune noble dam
appellee Jehanne de beaulins
en son temps estoit Reputee vne
des plus belles et des mieulx
atournees qui lors feussent a
florence   Et a fin q le savant

Warum ich dies aber nicht vermag, will ich Euch kurz berichten. Als ich vernahm, Ihr wolltet – Dank sei Eurer Güte – bei mir zu Mittag essen, glaubte ich, Eures Adels und Eurer Trefflichkeit gedenkend, es sei würdig und angemessen, Euch, soweit meine Kräfte reichten, durch eine wertvollere Speise zu ehren, als diejenigen sind, mit welchen man andere Gäste zu bewirten pflegt. Da gedachte ich des Falken, den Ihr jetzt von mir begehrt, und wie vorzüglich er sei und hielt ihn für eine Speise, die Euer würdig wäre. So habt Ihr ihn denn heute mittag gebraten auf der Schüssel gehabt, und ich glaubte, ihm die beste Stätte bereitet zu haben. Nun aber sehe ich, daß Ihr ihn in anderer Weise begehrt, und mein Schmerz, Euren Wunsch nicht erfüllen zu können, ist so heftig, daß ich nicht glaube, mich je wieder darüber beruhigen zu können." Nach diesen Worten ließ er ihr zum Beweise des Gesagten, Federn, Fänge und Schnabel des Falken vorzeigen.

Als die Dame dies alles hörte und sah, tadelte sie ihn anfangs, daß er zur Bewirtung eines Weibes einen so edlen Falken getötet habe. Dann aber bewunderte sie im stillen die Größe seiner Gesinnung, welche die bittere Armut nicht abzustumpfen vermocht hatte und die ihm auch in diesem Augenblicke geblieben war. Da ihr jedoch alle Hoffnung, den Falken zu besitzen, geraubt war und Befürchtungen wegen der Genesung des Knaben in ihr aufstiegen, schied sie voller Betrübnis und kehrte zu ihrem Sohne zurück.

War es nun die Wirkung des Verdrusses, daß er den Falken nicht haben konnte, oder war die Krankheit von der Art, daß sie auch ohne das zu einem solchen Ende führen mußte – genug, nur wenige Tage verstrichen, als er zum größten Leidwesen seiner Mutter aus dem Leben schied. Infolge dieses Verlustes blieb sie zwar geraume Zeit in Tränen und Traurigkeit; da sie aber noch jung und in den Besitz eines glänzenden Vermögens gelangt war, drängten ihre Brüder sie vielfach, eine zweite Ehe einzugehen. Obwohl sie sich nun dessen am liebsten enthalten hätte, so gedachte sie doch bei solchem Drängen der Trefflichkeit Federigos und seines letzten Beweises hochherziger Gesinnung, den er ihr gegeben, indem er einen solchen Falken, nur um sie zu ehren, getötet hatte. Darum sagte sie zu ihren Brüdern: „Am liebsten ließe ich, wolltet ihr es gestatten, meinen Witwenstuhl unverrückt. Ist es aber euer Begehren, daß ich zu einer zweiten Ehe schreite, so werde ich wahrlich keinem andern mich vermählen, wenn ich Federigo degli Alberighi nicht erhalte." Auf diese Rede hin verhöhnten sie ihre Brüder und sprachen: „Törichte, was schwatzest du da! Wie kannst du ihn nehmen wollen, der nichts auf dieser Welt hat?" Sie aber antwortete: „Meine Brüder, wohl weiß ich, daß es sich so verhält, wie ihr sagt. Ich aber ziehe den Mann, der des Reichtums entbehrt, dem Reichtume vor, der des Mannes entbehrt."

Als die Brüder diese ihre Gesinnung vernahmen und sich überzeugten, daß Federigo trotz seiner Armut ein höchst ehrenwerter Mann war, gewährten sie ihm, Giovannas Wünschen entsprechend, diese samt allen ihren Reichtümern. Er aber beschloß, im Besitze einer so trefflichen und von ihm so überschwenglich geliebten Gattin, überdies noch in dem Besitz eines außerordentlichen Vermögens, nach langen Jahren freudig seine Tage.

Die Abbildung gegenüber zeigt ein *Schmuckblatt einer französischen Handschrift* (ca. 1430; vgl. Abb. S. 129) *der Falkennovelle.*

Paradoxie der Situation: es ist Federigos großer Tag; die Angebetete sucht ihn auf, um bei ihm zu speisen; zugleich bezeichnet dieser Tag den Tiefpunkt seiner materiellen Verhältnisse und die Katastrophe seiner Manie: der Falke kann nicht mehr von gezieltem Nutzen sein, weil er das Opfer des Lasters seines Herrn geworden ist.

Monna Giovanna heiratet also nicht aus Liebe. Somit wird das Happy-end doppelbödig (siehe auch „Themen" S. 113).

Übersicht über die Novellen des Sechsten Tages

Ein Edelmann sagt zu Madonna Oretta, er wolle ihr den Weg durch eine Geschichte so sehr verkürzen, daß sie glauben werde, sie sitze zu Pferde. Als er sie darauf ungeschickt erzählt, bittet sie ihn, daß er sie wieder absteigen lasse.

Cisti, der Bäcker, bringt durch eine beißende Antwort Messer Geri Spina wegen eines unbescheidenen Begehrens zur Einsicht.

Monna Nonna de' Pulci gebietet durch eine treffende Antwort den unschicklichen Reden des Bischofs von Florenz Schweigen.

Chichibio, der Koch des Currado Gianfigliazzi, verwandelt durch einen schnellen Einfall den Zorn des Currado in Gelächter und rettet sich vor dem Unheil, mit dem dieser ihn schon bedroht hatte.

Messer Forese da Rabatta und Meister Giotto di Bondone, der Florentiner Maler, die beide von Mugello zurückkommen, machen sich gegenseitig über ihr unscheinbares Aussehen lusig.

Michele Scalza beweist einigen jungen Leuten, daß die Baronci das adeligste Geschlecht in der Welt und in der Maremma sind, und gewinnt damit eine Mahlzeit.

Madonna Filippa wird vor Gericht gefordert, weil ihr Gatte sie mit ihrem Geliebten erwischt hat. Durch ihre geschickte und lustige Antwort kommt sie aber frei und veranlaßt eine Abänderung des Stadtrechts.

Fresco rät seiner Nichte, niemals in den Spiegel zu sehen, wenn ihr der Anblick unausstehlicher Leute so widerwärtig sei, wie sie behaupte.

Guido Cavalcanti sagt einigen Florentiner Edelleuten, die ihn überrascht haben, in versteckter Weise die Wahrheit.

Bruder Cipolla verspricht den Bewohnern eines Landstädtchens, ihnen eine Feder des Engels Gabriel zu zeigen. Da er aber an deren Stelle Kohlen findet, sagt er, sie seien von denen, mit welchen der heilige Laurentius geröstet ward.

SECHSTER TAG, VIERTE NOVELLE

Chichibio, der Koch des Currado Gianfigliazzi, verwandelt durch einen schnellen Einfall den Zorn des Currado in Gelächter und rettet sich vor dem Unheil, mit dem dieser ihn schon bedroht hatte.

Schon schwieg Lauretta, und die Nonna war von allen auf das höchste gelobt worden, als die Königin der Neifile fortzufahren gebot. Diese also begann zu sprechen:

Ihr liebreichen Mädchen, obwohl ein schneller Verstand oft dem Redenden je nach den Umständen treffende und kluge Einfälle an die Hand gibt, so kommt doch das Glück zu Zeiten auch den Furchtsamen zu Hilfe und legt ihnen plötzlich Worte auf die Zunge, welche der Sprechende in ruhigen Augenblicken hätte nie zu ersinnen vermocht. Davon denke ich euch durch meine Geschichte ein Beispiel zu geben.

Currado Gianfigliazzi war, wie jede von euch gesehen und gehört haben mag, stets ein gar freigebiger und gastfreier adeliger Bürger unserer Stadt, der – seiner wichtigeren Leistungen für jetzt zu schweigen – ein ritterliches Leben führte und sich stets mit Hunden und Beizvögeln vergnügte. Als dieser nun eines Tages unfern von Peretola mit einem seiner Falken einen Kranich getötet und diesen jung und fett gefunden hatte, schickte er ihn seinem guten Koch, der Chichibio hieß und ein Venezianer war, und ließ ihm sagen, daß er ihn zum Abendessen braten und wohl zubereiten solle. Chichibio, der wie ein Bruder Leichtfuß aussah und auch wirklich einer war, rupfte den Kranich, steckte ihn an den Spieß und begann ihn sorgsam zu braten. Fast war er schon gar und verbreitete einen prächtigen Wohlgeruch, als ein Dirnchen aus der Umgegend, das Brunetta hieß und in das Chichibio gewaltig verliebt war, in die Küche trat. Kaum roch sie den Duft des Bratens und sah den Kranich am Spieß, so gab sie dem Chichibio die besten Worte, daß er ihr einen Schenkel davon abschneiden möchte. Chichibio antwortete singend: ,,Ihr kriegt ihn nicht, Donna Brunetta, Ihr kriegt ihn nicht von mir." Darüber wurde denn das Dirnchen ganz zornig und sagte: ,,Nun, so wahr wie Gott lebt, gibst du mir nicht einen Schenkel, so kriegst du von mir nicht das mindeste, wozu auch immer du Lust haben magst." Am Ende löste Chichibio, um sein Mädchen nicht böse zu machen, wirklich einen Schenkel ab und gab ihn ihr.

Als indes dem Currado und seinen paar Gästen den Kranich mit einem Schenkel vorgesetzt ward, ließ jener voll Erstaunen den Chichibio rufen und fragte ihn, was mit dem andern Schenkel geworden sei. Der lügenhafte Venezianer antwortete sogleich: ,,Herr, die Kraniche haben nur einen Schenkel und ein Bein." Zornig erwiderte Currado: ,,Was, zum Teufel, sie hätten nur einen Schenkel und ein Bein? Als ob das der erste Kranich wäre, den ich zu sehen bekomme!" Chichibio aber blieb dabei und sprach: ,,Herr, es ist so, wie ich Euch sage, und beliebt es Euch, so werde ich es Euch an den lebendigen zeigen." Currado wollte mit Rücksicht auf die Fremden, die er bei sich hatte, den Wortwechsel nicht weiter fortsetzen; darum antwortete er: ,,Weil du denn sagst, daß du mir an den le-

Der Name des Kochs ist onomatopoetisch gefärbt: er klingt wie ein Vogelschrei oder Vogelname. Da ,,Vogel" im Italienischen eine handfeste sexuelle Bedeutung hat, ist der Ausgangspunkt der Handlung noch zusätzlich unterstrichen: eine sexuelle Erpressung, der der Koch unterliegt.

Eine Herr-Knecht-Auseinandersetzung, wie sie des öfteren in Schwänken oder später in der Komödie vorkommt. Die Antwort des Kochs ist kurzatmig und wäre nur ausreichend, wenn der Herr nachsichtig darüber hinweggginge.

bendigen Vögeln zeigen willst, was ich allerdings noch nie gesehen
oder von andern gehört habe, so will ich mir morgen früh die Sache
ansehen. Aber beim Leibe Christi, das schwöre ich dir, wenn es sich
anders verhält, so lasse ich dich zurichten, daß du mich dein Leben
lang in schlechter Erinnerung behalten sollst."

So endete der Streit für diesen Abend. Am andern Morgen aber erhob sich Currado bei Tagesanbruch noch gar zornig, denn der Ärger
hatte ihn nicht schlafen lassen, und gebot, daß die Pferde vorgeführt
würden. Er ließ Chichibio auf ein Rößlein aufsitzen und ritt mit ihm
nach einer Niederung, wo man am Flußufer in der Morgenfrühe
Kraniche anzutreffen pflegte. Im Reiten aber sagte er: ,,Nun werden
wir ja sehen, wer gestern gelogen hat, ich oder du."

Als Chichibio merkte, daß Currados Zorn noch andauerte und er
seiner Lüge überführt werden sollte, ritt er in der größten Angst von
der Welt hinter Currado her und wäre gern geflohen, wenn es sich
hätte tun lassen. Da sich aber dazu keine Gelegenheit bot, blickte er
bald vor-, bald rückwärts, bald nach beiden Seiten, und alles, was
ihm vor die Augen kam, schien ihm auszusehen wie Kraniche, die
auf zwei Beinen standen. Endlich, als sie schon in die Nähe des

,,Don Quijote und Sancho Pansa"; Gemälde von *Honoré Daumier* (1808–1879). Die beiden Figuren sind wohl die berühmteste Verkörperung des Herr-Knecht-Verhältnisses. Immer wieder haben Kunst, Literatur und Philosophie die Beziehung zwischen Herr und Knecht erörtert. Hegel vertritt die Auffassung, daß der Knecht die größeren Chancen hat, sich zu voller menschlicher Selbständigkeit zu erheben, als der Herr – zwar sei dieser todesmutig, aber jener dafür welterfahrener: ,,Aber wie die Herrschaft zeigte, daß ihr Wesen das Verkehrte dessen ist, was sie sein will, so wird auch wohl die Knechtschaft vielmehr in ihrer Vollbringung zum Gegenteil dessen werden, was sie unmittelbar ist; sie wird als in sich zurückgedrängtes Bewußtsein in sich gehen, und zur wahren Selbständigkeit sich umkehren" (,,Phänomenologie des Geistes" VI, A).

Kranichjagd; Miniatur aus einer im 14. Jahrhundert geschaffenen Handschrift des sogenannten *„Hausbuchs der Cerruti"* (Archiv für Kunst und Geschichte, Berlin).
Seit dem 13. Jahrhundert verdrängte die Armbrust den Bogen, zuerst militärisch, dann auch in der Jagd. Der hochbeinige Kranich hält sich zumeist in Wassernähe auf. Den Menschen ist er früh aufgefallen wegen seines lauten Schreis. Er galt wohl deswegen in der Antike als Zeuge für die Wahrheit und gegen die Lüge (siehe Schillers „Kraniche des Ibykus"). Im alten China versinnbildlichte er ein langes Leben, in der griechisch-römischen Antike hingegen den Liebes- und Lebensgenuß. Diese unterschwellige erotische Komponente ist in die Novelle eingegangen.

Flusses gelangt waren, erblickte er, früher als einer der übrigen, am Ufer wohl ein Dutzend Kraniche, die sämtlich, wie diese Vögel schlafend zu tun pflegen, auf einem Beine standen. Da zeigte er sie schleunigst dem Messer Currado und rief: „Herr, nun könnt Ihr deutlich erkennen, daß ich Euch gestern abend die Wahrheit gesagt habe, wenn ich behauptete, die Kraniche hätten nur einen Schenkel und ein Bein. Seht nur die alle, die dort stehen." Als Currado sie gewahr wurde, sagte er: „Warte nur, ich will dir schon zeigen, daß sie ihrer zweie haben." Und indem er ein wenig näher heranritt, rief er: „Ho, ho!" Aufgeschreckt durch diesen Ruf, ließen die Kraniche alsbald den andern Fuß nieder und flogen nach wenigen Schritten alle davon. Da wandte sich Currado zu Chichibio und sprach: „Nun, du Naschmaul, was meinst du jetzt? Glaubst du nun, daß sie zwei Beine haben?" Chichibio war ganz bestürzt, und ohne selbst zu wissen, woher ihm die Antwort zufiel, entgegnete er: „Freilich, Herr, freilich, aber dem Kranich von gestern habt Ihr nicht ‚Ho, ho!' zugerufen; denn hättet Ihr das getan, hätte er sicher das andere Bein ebenso ausgestreckt, wie vorhin diese hier."
Den Currado ergötzte diese Antwort so sehr, daß all sein Zorn sich in Scherz und Lachen verkehrte, und er antwortete: „Chichibio, du hast recht, das hätte ich freilich tun sollen." So also entging Chichibio durch eine schnelle und scherzhafte Erwiderung dem Unheil und wendete den Zorn seines Herrn von sich ab.

Die Situation nimmt bedrohliche Züge an, der Herr inszeniert ein Gerichtsverfahren: der Strafe soll die Überführung vorausgehen. Nicht der Zufall einer witzigen Antwort rettet den Knecht, sondern das großmütige Gebaren Currados, der – wie Gerichtsherren im Mittelalter bei einem guten Witz des Delinquenten es so oft taten – von der Vollstreckung des Urteils absieht. Die scheinbare Versöhnung von Herr und Knecht macht die Furchtbarkeit der Herrschaft noch offenkundiger: der Anwendung nackter Gewalt vermag der Knecht nur in der Rolle des Narren zu entkommen.

Sechster Tag, Siebente Novelle

Madonna Filippa wird vor Gericht gefordert, weil ihr Gatte sie mit ihrem Geliebten erwischt hat. Durch ihre geschickte und lustige Antwort kommt sie aber frei und veranlaßt eine Abänderung des Stadtrechts.

Fiammetta schwieg, und noch lachte jeder über den wunderlichen Grund, durch welchen Scalza den Adel der Baronci über den aller andern erhoben hatte, als die Königin dem Filostrato zu erzählen gebot. Dieser begann also zu reden:

Gut reden zu können, ihr ehrenwerten Damen, ist bei jeder Gelegenheit ein schönes Ding, am schönsten aber dünkt mich diese Redegabe, wenn sie sich da bewährt, wo die Notwendigkeit sie dringend erfordert. Dies Geschick besaß eine Edelfrau, von der ich euch zu erzählen gedenke, in solchem Maße, daß sie nicht nur in ihren Zuhörern Lachen und Heiterkeit erweckte, sondern, wie ihr vernehmen werdet, sich selbst aus den Schlingen eines schimpflichen Todes befreite.

In der Stadt Prato bestand einst das in Wahrheit ebenso grausame wie tadelnswerte Gesetz, daß eine Ehefrau, die ihr Gatte im Ehebruch mit einem Geliebten antraf, ohne den geringsten Unterschied genau so verbrannt werden sollte wie diejenige, welche dabei ertappt wurde, daß sie sich dem ersten besten für Geld preisgab. Während dieses Gesetz noch in Kraft war, geschah es, daß eine adelige und schöne Frau, die Madonna Filippa hieß und verliebter war als irgendeine andere, eines Nachts in ihrem eigenen Schlafgemach von Rinaldo dei Pugliesi, ihrem Gatten, in den Armen des Lazzarino de Guazzagliotri, eines jungen und schönen Edelmannes aus derselben Stadt, gefunden wurde, den sie liebte wie ihr eigenes Leben. Bei diesem Anblick geriet Rinaldo so außer sich, daß er sich kaum bezwingen konnte, nicht über sie herzufallen und sie zu töten; und wäre er nicht wegen der Folgen besorgt gewesen, so hätte er dem Ungestüm seines Zornes gehorcht und also getan. So enthielt er sich zwar dieses Verlangens, begehrte aber statt dessen von dem grausamen Prateser Gesetze den Tod seiner Frau, den zu vollstrecken ihm selbst verboten war.

Da er nun ein ziemlich ausreichendes Zeugnis hatte, um den Fehltritt seiner Frau zu beweisen, verklagte er sie, ohne besseren Rat anzunehmen, sobald es Tag geworden war, und ließ sie vor das Gericht fordern. Die Frau, die gar kühnen Mutes war, wie man dies bei allen zu finden pflegt, die in wahrhafter Liebe entbrannt sind, beharrte, so nachdrücklich ihr auch von vielen Freunden und Verwandten abgeraten wurde, auf ihrem Vorsatz, zu erscheinen und lieber mit dem Geständnis der Wahrheit starken Geistes zu sterben, als nach feiger Flucht in der Verbannung zu leben und sich dadurch eines so edlen Geliebten unwert zu erweisen, wie es der war, in dessen Armen sie die vorige Nacht verlebt hatte, Lazzarino de Guazzagliotri.

Sie erschien also mit einem stattlichen Gefolge von Damen und Männern, die ihr alle zu leugnen rieten, vor dem Podesta und fragte

---

Die Züge der Novelle sind der Heiligenlegende entlehnt: wie der christliche Märtyrer es verschmäht, seinen Glauben zu verleugnen, so verbeißt sich Madonna Filippa in den Gedanken, entweder eine Bresche in die Gesetzgebung zu schlagen oder als Märtyrerin unterjochter Weiblichkeit zu sterben.

diesen mit furchtlosem Blick und fester Stimme, was er von ihr begehre. Als der Podesta sie ins Auge faßte und gewahrte, wie schön sie war und wieviel edlen Anstand sie besaß, und als er ihren Worten zugleich entnahm, welch hohen Sinn sie hegte, fing er an, Mitleid mit ihr zu empfinden und sich zu sorgen, daß sie Dinge bekennen möchte, um derentwillen er durch seine Ehre genötigt wäre, sie zum Tode zu verurteilen. Deshalb sagte er zu ihr, da er doch nicht umhin konnte, sie über das zu befragen, dessen man sie beschuldigte: „Madonna, wie Ihr seht, ist Rinaldo, Euer Gatte, hier anwesend und beklagt sich über Euch, die er mit einem andern Manne im Ehebruch betroffen zu haben behauptet. Er begehrt nun, daß ich Euch, einem bestehenden Gesetze zufolge, dafür mit dem Tode bestrafe. Ich kann dies aber nur dann tun, wenn Ihr selbst Euch schuldig bekennt. Habt denn also wohl acht, wie Ihr antwortet, und sagt mir, ob das der Wahrheit entspricht, dessen Euer Gatte Euch beschuldigt."

Hierauf antwortete die Dame, ohne die Fassung im geringsten zu verlieren, mit heiterer Stimme: „Messer, es ist vollkommen wahr, daß Rinaldo mein Ehemann ist und mich in der vergangenen Nacht in Lazzarinos Armen gefunden hat, in denen ich, wie ich niemals leugnen werde, aus wahrer und inniger Liebe, die ich für ihn hege, oftmals geweilt habe. Nun wißt Ihr aber auch, daß die Gesetze gemeinsam sein und unter Zustimmung derer beschlossen werden müssen, die sie betreffen. So verhält es sich aber nicht mit diesem Gesetze, das allein den armen Weibern Zwang auferlegt, obwohl sie doch weit besser als die Männer mehreren zugleich zu genügen imstande sind. Außerdem hat, als dieses Gesetz erlassen wurde, weder eine Frau ihre Einwilligung dazu gegeben, noch ist auch nur eine

„Im Gehirn des Mannes"; Holzschnitt von *Edvard Munch* (1863–1944) aus dem Jahr 1897. Die geschlängelten Linien deuten die Gehirnwindungen an. In der bildenden Kunst seit dem Spätmittelalter besteht eine Spannung zwischen dem Kopf als dem Träger des Geistes und Willens einerseits und der Geschlechtlichkeit andererseits. Es kommt darauf an, wie der Kampf zwischen beiden ausgetragen wird. Munch verlegt die geschlechtliche Begierde in den Kopf selbst; es besteht also gar keine Chance, ihr zu entrinnen. Es ist eine moderne Deutung des Problems: nicht der Körper ist die erotische Gefahrenquelle, sondern das allgegenwärtige Unbewußte.

Filippa beruft sich auf den demokratischen Grundsatz, daß Mitglieder der städtischen Gemeinde auch Subjekte (Rechtssubjekt und Subjekt der Gesetzgebung) sein müssen.

„Phryne vor den Richtern"; Gemälde von *Jean-Léon Gérôme* (1824–1904) aus dem Jahr 1861.
Phryne war die berühmteste Hetäre (so nannten die Griechen die oft hochgebildeten Dienerinnen der Aphrodite) des griechischen Altertums. Sie war geistreich und von legendärer Schönheit. Zu ihren Geliebten zählten namhafte Staatsmänner und Künstler, so zum Beispiel der Bildhauer Praxiteles, der ihr eine Eros-Statue schenkte.
Ihre Schamhaftigkeit war sprichwörtlich: „Deswegen war es nicht leicht, sie nackt zu sehen. Ihre Tunika trug sie immer körpereng, und sie benutzte nie die öffentlichen Bäder. Beim Eleusinischen Fest ... legte sie vor den Augen ganz Griechenlands das Obergewand ab und ging mit aufgelöstem Haar ins Meer. Und der Maler Apelles malte nach ihr seine ‚Meerentsteigende Aphrodite' ..."
(Athenaios: „Deipnosophistai" XIII, 590 ff). Als sie sich mit einem ihrer Liebhaber verkrachte, klagte sie dieser wegen religiöser Vergehen an (Asebie). Damit stand ihr Leben auf dem Spiel. Zum Glück für sie übernahm einer der besten athenischen Gerichtsredner, Hypereides, ebenfalls ein Geliebter Phrynes, ihre Verteidigung. Da der Prozeß verlorenzugehen drohte, griff Hypereides zu einem unkonventionellen Mittel:

Filippas Forderung wird durch die Verfassungskämpfe der italienischen Stadtrepubliken brisant. Auch wenn hin und wieder das demokratische Prinzip siegte, so wurde die Frau dennoch aus dem öffentlichen Leben abgedrängt. Mit der Frage an ihren Mann läßt Filippa durchblicken, daß für sie das eheliche Geschlechtsleben eine vertraglich geregelte Angelegenheit ist: man erfüllt den Vertrag ganz genauso wie bei der Prostitution. Über die Prostitution und die eheliche Pflichterfüllung erhebt sich die freie Liebe.

darum befragt worden. Mit Recht kann man es aus diesen Gründen ein arges Gesetz nennen. Wollt Ihr indes, meinem Leben und Eurem Gewissen zum Schaden, Euch dazu hergeben, dessen Vollstrekker zu sein, so steht dies in Eurem Belieben. Bevor Ihr jedoch weiter vorschreitet und irgendein Urteil fällt, ersuche ich Euch, daß Ihr mir die kleine Gunst erweist, meinen Gatten zu fragen, ob ich ihm jedesmal und sooft es ihm beliebte, ohne einmal nein zu sagen, seine volle Lust an mir gewährt habe oder nicht."
Ohne die Frage des Podesta abzuwarten, antwortete Rinaldo hierauf, daß die Frau ihm allerdings auf jedes Begehren volle Befriedigung seiner Wünsche gestattet habe. „Wohlan denn", fuhr sogleich die Dame fort, „so frage ich Euch, Herr, was ich, wenn er zu jeder Zeit sich genommen hat, wessen er bedurfte und wonach ihn gelüstete, mit dem machen sollte oder noch soll, das er übrigläßt? Soll ich es vielleicht den Hunden vorwerfen? Oder ist es nicht besser, es

Er löste die Schulterspangen seiner Mandantin, so daß ihr Kleid bis zum Gürtel herabfiel und den Oberkörper freigab. Er soll dann gefragt haben, ob böse sein kann, was die Götter so schön geschaffen haben? Und Phryne wurde freigesprochen.

Jean-Léon Gérôme war ein Salonmaler im Paris des Zweiten Kaiserreichs und wußte die Episode raffiniert in Szene zu setzen: daß die Hetäre verschämt ihr Gesicht verbirgt, macht ihre Nacktheit auf geradezu obszöne Weise deutlich. Eingefangen ist der Augenblick, wo Hypereides die „Wahrheit enthüllt", daß nämlich das männliche Gesetz durchlöchert wird von dem, was das Gesetz doch kontrollieren soll: vom Trieb und vom Weiblichen.

einem Edelmann zu gewähren, von dem ich weiß, daß er mich mehr liebt als sich selbst, statt es verlorengehen und umkommen zu lassen?"

Zu diesem Verhör einer so ausgezeichneten und bekannten Dame waren fast sämtliche Bewohner von Prato herbeigekommen. Als sie nun diese ergötzliche Frage vernahmen, riefen sie alle nach vielem Gelächter wie aus einem Munde, daß die Dame recht habe und wohl spreche. Noch bevor sie auseinandergingen, änderten sie auf Anraten des Podesta jenes unbillige Gesetz und bestimmten, daß es in Zukunft nur für die Frauen gelten solle, welche sich für Geld gegen ihre Männer vergingen.

So verließ denn Rinaldo, beschämt über sein törichtes Unternehmen, das Gericht, die Dame aber kehrte fröhlich und frei, als wäre sie vom Scheiterhaufen entstanden, siegreich in ihr elterliches Haus zurück.

Filippa spielt mit der Angst der Männer vor dem weiblichen Potenzüberschuß und pocht auf das Recht, über diesen Überhang sexueller Energie frei zu verfügen. Die patriarchalische Ordnung beruht aber gerade darauf, daß dieser mythische Potenzüberschuß des Weibes strengstens kontrolliert wird. Jahrtausendelang wurde von dieser Kontrolle das Überleben der Zivilisation abhängig gemacht, wie Johann Jakob Bachofen (1815–1887) in seinem 1861 erschienenen Werk „Das Mutterrecht" nachgewiesen hat.

Übersicht über die Novellen des Siebenten Tages

Gianni Lotteringhi hört des Nachts an seiner Tür klopfen, weckt seine Frau und läßt sich von dieser weismachen, es sei ein Gespenst. Beide machen sich daran, es durch Gebet zu beschwören, und das Klopfen hört auf.

Peronella versteckt, als ihr Gatte plötzlich nach Hause kommt, ihren Geliebten in einem Weinfaß. Der Mann sagt ihr, er habe das Faß verkauft, sie antwortet aber, daß sie den Handel schon mit einem andern abgeschlossen habe, der eben hineingekrochen sei, um seine Festigkeit zu prüfen. Nun kommt dieser heraus, läßt das Faß vom Gatten ausschaben und in sein Haus tragen.

Bruder Rinaldo schläft bei seiner Gevatterin. Der Mann überrascht sie in der Kammer, und man macht ihm weis, daß jener seinem Patenkind die Würmer besprochen habe.

Tofano sperrt eines Nachts seine Frau aus dem Hause aus. Da sie auf ihre Bitten hin keinen Einlaß erhält, tut sie, als stürze sie sich in einen Brunnen, indem sie einen großen Stein hineinwirft. Tofano kommt hierauf aus dem Hause, die Frau schleicht sich hinein und sperrt nun ihn aus, wobei sie ihn zugleich ausschilt und verhöhnt.

Ein Eifersüchtiger hört, als Priester verkleidet, seiner Frau die Beichte. Sie macht ihm weis, sie liebe einen Geistlichen, der jede Nacht zu ihr komme. Während der Eifersüchtige diesem an der Tür auflauert, läßt die Frau ihren Liebhaber über das Dach zu sich kommen und vergnügt sich mit ihm.

Während Madonna Isabella den Lionetto bei sich hat, wird sie von Lambertuccio, der sie ebenfalls liebt, besucht. Da ihr Gatte zurückkehrt, schickt sie den Lambertuccio mit einem Dolch in der Hand aus dem Hause, worauf ihr Mann den Lionetto heimbegleitet.

Lodovico offenbart Madonna Beatrice seine Liebe. Sie schickt Egano, ihren Gatten, in ihren Kleidern in den Garten, während Lodovico sie beschläft. Dann steht dieser auf und verprügelt im Garten den Egano.

Eine Ehemann wird eifersüchtig auf seine Frau. Sie wickelt sich einen Bindfaden um die Zehe, um gewahr zu werden, wann ihr Geliebter kommt. Der Mann merkt es. Während er aber den Liebhaber verfolgt, legt die Dame an ihrer Statt eine andere ins Bett, die vom Manne geprügelt wird und die Haare abgeschnitten bekommt. Dann eilt er zu ihren Brüdern, die ihn ausschelten, als sie finden, daß alles unwahr sei.

Lydia, die Gattin des Nikostratus, liebt den Pyrrhus. Um an ihre Liebe glauben zu können, fordert er drei Dinge von ihr, die sie alle vollbringt. Überdies ergötzt sie sich in Anwesenheit des Nikostratus mit ihm und macht diesem weis, es sei nicht wahr, was er mit eigenen Augen gesehen.

Zwei Sieneser lieben eine Frau, die des einen Gevatterin ist. Der Gevatter stirbt, erscheint, seinem Versprechen gemäß, dem Gefährten und berichtet ihm, wie es dort im Jenseits zugeht.

SIEBENTER TAG, ZWEITE NOVELLE

Peronella versteckt, als ihr Gatte plötzlich nach Hause kommt, ihren Geliebten in einem Weinfaß. Der Mann sagt ihr, er habe das Faß verkauft, sie antwortet aber, daß sie den Handel schon mit einem andern abgeschlossen habe, der eben hineingekrochen sei, um seine Festigkeit zu prüfen. Nun kommt dieser heraus, läßt das Faß noch vom Gatten ausschaben und dann in sein Haus tragen.

Mit vielem Lachen wurde Emilias Geschichte vernommen und vor allem der Spruch der Tessa als wirksam und fromm gelobt. Am Ende dieser Erzählung aber hieß der König den Filostrato fortfahren, und dieser begann:

So zahlreich, ihr lieben Damen, sind die Streiche, welche die Männer, besonders aber die Ehemänner, euch spielen, daß ihr, wenn es einmal einer Frau gelingt, ihren Mann anzuführen, euch billigerweise nicht nur erfreuen solltet, daß dies geschehen oder euch von irgendwem erzählt worden ist; ihr solltet es vielmehr darauf anlegen, dergleichen aller Welt zu erzählen, damit die Männer erfahren, daß, wenn sie schlau sind, die Weiber ihnen an Pfiffigkeit nicht nachstehen. Solche Erkenntnis aber kann euch nur zum Vorteil gereichen, denn wer sich der Pfiffigkeit des andern bewußt ist, wird es sich zweimal überlegen, ehe er es unternimmt, diesen zu betrügen. Kein Zweifel, wenn die Männer erfahren sollten, was heute hier über diesen Gegenstand erzählt wird, legte dies ihrem Hang, euch anzuführen, einen wirksamen Zügel an, weil sie sich sagen müßten, daß, wenn ihr nur wolltet, ihr sie ebensogut hinters Licht führen könntet. Aus diesem Grund gedenke ich euch zu berichten, was für einen Streich ein junges Weibchen, obwohl von niederem Stande, fast in einem Augenblick zu ihrer Rettung ihrem Manne zu spielen wußte.

Vor gar nicht langer Zeit hatte in Neapel ein armer Mann ein hübsches und munteres Mädchen, namens Peronella, zur Frau genommen, und mit dem wenigen, das er durch sein Handwerk als Maurer, sie aber durch Spinnen verdiente, lebten sie kümmerlich genug von der Hand in den Mund. Nun geschah es, daß eines Tages ein junger Kavalier Peronella sah; und da sie ihm wohlgefiel, verliebte er sich in sie und umwarb sie so lange, bis er mit ihr vertraut ward. Um nun aber öfter beieinander sein zu können, trafen sie die Abrede, daß Giannello Strignario – denn so hieß Peronellas Geliebter – sich am Morgen in der Nachbarschaft aufhalten solle, um zu beobachten, ob ihr Ehemann, der in der Frühe auf Arbeit oder Arbeitsuche ging, wirklich das Haus verlasse. Geschehe dies, so solle Giannello, da ihre Straße, die Avorio hieß, sehr einsam und abgelegen sei, geradewegs zu ihr ins Haus kommen. Und so fügte es sich auch oft.

Eines Morgens aber trug es sich zu, als der gute Mann ausgegangen und Giannello gekommen war und sich mit Peronella ergötzte, daß plötzlich jener, der den ganzen Tag über nicht heimzukehren pflegte, vor der Zeit nach Hause kam und die Tür von innen verschlossen fand. Er klopfte, und als er eine Weile geklopft hatte, sagte er bei sich selbst: „Nun, Gott, dir sei noch immerdar Preis und Dank! Ar-

Das Thema des betrogenen Ehemanns ist ein beliebtes Schwankmotiv. Die Novelle problematisiert es: schon der gesellschaftliche Abstand zwischen dem jungen Adeligen und einer Spinnarbeiterin nehmen der Hörnung des Ehemanns allen Reiz. Der arme Maurer hat gegen den Rivalen keine Chance. Das Verhältnis zwischen Peronella und ihrem Liebhaber verstößt gegen die höfische Liebe. „Es ziemt sich nicht, eine Frau zu lieben, die zu heiraten man sich schämen würde", lautet die elfte Liebesregel des Andreas Capellanus („De amore et de amore remedio").

mut freilich hast du mir beschieden, dafür hast du mich aber mit diesem ehrbaren jungen Weibe gesegnet. Hat sie doch, als ich kaum vom Hause weg war, gleich die Tür verriegelt, damit niemand, der ihr zu schaffen machte, hereinkommen könne."

Als Peronella ihren Mann gleich an der Art des Klopfens erkannte, rief sie: „Weh mir, mein Giannello, ich bin des Todes! Da ist mein Mann, den der Kuckuck holen möge, schon wiedergekommen. Gott weiß, was das zu bedeuten hat, da er doch um diese Stunde noch nie nach Hause kam. Hat er dich gar gesehen, als du ins Haus kamst? Aber mag es sein, wie es will, verbirg dich hier in dem Faß; dann kann ich ihm aufmachen gehen, und wir werden ja hören, was seine Heimkehr so früh am Morgen zu bedeuten hat."

Giannello schlüpfte flink in das Faß; Peronella aber ging nach der Tür, öffnete ihrem Mann und sagte mit zorniger Miene: „Nun, was ist denn das für eine neue Art, daß du heute so früh heimkommst? Das sieht ja geradeso aus, als wolltest du heute müßig gehen, da du dein Handwerkszeug mitbringst. Wenn du es aber so treibst, wovon wollen wir dann leben, wo sollen wir Brot herkriegen? Meinst du etwa, ich würde mir's gefallen lassen, daß du mir den Rock vom Leibe versetzest und mein bißchen Wäsche aufs Pfandhaus trägst? Tag und Nacht tue ich nichts als spinnen, daß mir das Fleisch sich ganz von den Nägeln löst, nur um soviel Öl zu verdienen, wie wir in unserer Lampe brennen. Mann, Mann, alle Nachbarinnen können sich nicht darüber beruhigen, wie sauer ich mir's werden lasse, und machen sich lustig über mich. Und du kommst am frühen Morgen armeschlenkernd nach Hause, wo du bei der Arbeit sein solltest!"

Als sie so gesprochen hatte, fing sie zu weinen an und fuhr fort: „Ach, ich Unglücklichste, ach, ich Ärmste, zu meinem Elend bin ich geboren! Wäre ich lieber gar nicht auf die Welt gekommen. Solch einen wackeren Burschen hätte ich haben können und wollte nicht, nur um diesen Menschen zu heiraten, der gar nicht begreift, was er an mir hat. Ja, andere Weiber, die machen sich eine gute Zeit mit ihren Liebhabern. Da ist nicht eine, die ihrer nicht zwei, drei hätte, und ihren Männern reden sie ein, wenn der Mond scheint, es sei die Sonne. Aber ich Ärmste, weil ich so gut bin und nichts wissen will von solchen Geschichten, habe ich nichts davon als Unglück und Verdruß. Wahrhaftig, ich weiß nicht, warum ich mir nicht auch so einen Liebsten nehmen soll wie die andern. Damit du es nur weißt, Mann, es fänden sich genug Liebhaber, wenn ich nur wollte. Ich weiß genug, und vornehme Bewerber dazu, die mich liebhaben und mir nachgehen, die mir schon Geld in Menge haben bieten lassen oder Kleider oder Schmucksachen, mein Herz hat es nimmer zugegeben, denn ich bin keines Weibes Kind dafür, und nun kehrst du mir nach Hause zurück, indes du an der Arbeit sein solltest."

„Aber Frau, um Himmels willen, ereifere dich darüber nicht so sehr", sagte der Mann. „Glaube mir doch, daß ich recht gut weiß, was ich an dir habe, und du hast mir's eben nur noch deutlicher gemacht. Wahr ist's, daß ich vorhin auf Arbeit ausging. Du wußtest aber ebensowenig wie ich, daß heute St. Galeonsfest ist. Arbeit gibt es da nicht, und darum kehre ich zu dieser Stunde zurück. Aber trotzdem habe ich vorgesorgt, daß wir Brot für länger als einen Monat haben werden. Ich habe nämlich diesem Manne, den du hier bei

Der Ausgang des Geschehens hängt vorzugsweise an der Geistesgegenwart der Frau; jedoch muß auch der Liebhaber genau aufmerken, um sofort die Absicht Peronellas erraten und die zugedachte Rolle spielen zu können (über die Geistesgegenwart siehe „Themen" S. 105 ff).

mir siehst, das Faß, das du kennst und das uns schon lange im Wege steht, verkauft, und er gibt mir fünf Liliendukaten dafür."

Darauf entgegnete Peronella: „Nun ärgere ich mich erst recht. Du bist ein Mann, du kommst unter die Leute und solltest dich auf geschäftliche Dinge verstehen, und nun verkaufst du das Faß für fünf Liliendukaten, während ich armes Weib für das Faß, das uns doch nur zur Last ist, sieben Dukaten lösen konnte. Eben, als du nach Hause kamst, war ich mit einem Menschen, der jetzt hineingekrochen ist, um zu sehen, ob es fest ist, handelseins geworden."

Als der Mann dies hörte, war er mehr als zufrieden und sagte zu dem, welcher mit ihm gekommen war: „Guter Freund, geht mit Gott! Du hörst, daß meine Frau das Faß für sieben Dukaten verkauft hat, wo du nur fünfe geben wolltest." „Meinethalben", sagte der Biedermann und ging seiner Wege. Peronella aber sagte zu ihrem Mann: „Nun du einmal da bist, gehe selbst hin und mache die Sache mit dem Menschen richtig."

Giannello, der die ganze Zeit über die Ohren gespitzt hatte, um zu erfahren, wie die Sache abliefe und was er wohl zu tun hätte, sprang bei Peronellas Worten rasch aus dem Fasse und sagte, als wüßte er nichts von der Heimkehr des Gatten: „Nun, gute Frau, wo seid ihr?" Der Mann, der eben hereinkam, sagte: „Hier bin ich, was begehrst du?" „Wer seid denn Ihr?" sagte Giannello. „Ich suche die Frau, mit der ich den Handel wegen des Fasses schloß." Darauf sagte jener: „Macht es nur mit mir richtig, ich bin ihr Mann." „Fest ist das Faß schon", sagte Giannello, „doch Ihr müßt wohl Hefe darin gehabt haben. Es ist ja inwendig mit etwas so Zähem überzogen, daß ich es mit den Nägeln nicht abkratzen kann. Ich kann es aber nur brauchen, wenn es rein ist." „Nun", sagte Peronella, „darum braucht der Handel nicht rückgängig gemacht zu werden. Mein Mann wird das Faß schon gehörig säubern." „Warum auch nicht?" entgegnete ihr Mann, legte sein Werkzeug aus der Hand und zog die Jacke aus. Darauf ließ er sich ein Licht anzünden, kroch in das Faß und machte sich ans Schaben. Peronella aber beugte sich übers Faß, steckte, als wollte sie nach seiner Arbeit sehen, Kopf, Arm und Schulter durch das Spundloch, das eben weit genug dazu war, und sagte dabei: „Kratze hier und hier und auch dort drüben", und „Sieh, hier hast du noch ein bißchen übriggelassen."

Während sie aber so stand, ihrem Gatten zusprach und ihn anwies, verfiel Giannello, der an diesem Morgen, als der Ehemann heimkehrte, noch nicht vollkommen sein Verlangen befriedigt hatte und wohl einsah, daß er für diesmal nicht so konnte, wie er seine Sache abtun wollte, auf den Einfall, sein Ziel so zu erreichen, wie es eben ging. So trat er dicht hinter sie und befriedigte seine Jugendlust in derselben Art, wie in den weiten Steppen die zügellosen und brünstigen Rosse über die Stuten Parthiens herzufallen pflegen, und vollendete sie fast im selben Augenblick, da das Faß ausschabt. Dann machte er sich zurück, Peronella zog den Kopf aus dem Faß, und ihr Mann schlüpfte heraus. Nun sprach die Frau zu Giannello: „Nimm das Licht, guter Freund, und leuchte hinein, ob dir's rein genug ist." Giannello sah hinein und sagte, es sei gut und er sei schon zufrieden. Dann bezahlte er die sieben Liliendukaten und ließ sich das Faß nach seinem Hause tragen.

Bezeichnenderweise erhöht Peronella nicht auf fünfeinhalb oder sechs Dukaten, sondern gleich auf sieben. Sie hat somit ihren Liebhaber gezwungen, sich aus der Situation freizukaufen – und zwar zu einem von ihr selbst diktierten Preis. Peronella hat sich damit in den Bereich der Prostitution begeben.

Der Liebhaber hat das Prostitutionsverhältnis akzeptiert: er macht den Freikauf aus einer mißlichen Lage, der ihm ein unnützes Faß einbringt, wieder wett.

SIEBENTER TAG, SIEBENTE NOVELLE

Lodovico offenbart Madonna Beatrice seine Liebe. Sie schickt Egano, ihren Gatten, in ihren Kleidern in den Garten, während Lodovico sie beschläft. Dann steht dieser auf und verprügelt im Garten den Egano.

Diese Begebenheit wird von Filomena erzählt. Der erste Satz der Erzählung besteht im italienischen Text aus fünf zehnsilbigen Versen. Solche Stilmittel finden sich im „Decamerone" auf Schritt und Tritt, vornehmlich am Anfang und am Ausklang der Novellen.

Der Hinweis auf das bürgerliche Erwerbsleben eines Adeligen ist historisch aufschlußreich: im spätmittelalterlichen Norditalien bedeutete es keine Entehrung für einen Adeligen, dem Gelderwerb nachzugehen. Die Rückkehr zur alten Lebensweise war ihm dadurch nicht verwehrt.

Ein Motiv der Minnedichtung: der Ruhm einer Frau lockt den Verehrer an. Der Aufbruch des Jünglings nach Bologna gleicht einer Suche, wie sie die Ritter der Heldenlieder so oft auf sich nehmen müssen.

Liebreiche Damen, irre ich mich nicht, so werde ich euch eine List erzählen, die nicht weniger geschickt ersonnen war. Hört nur selbst.

Ihr müßt wissen, daß einst in Paris ein Florentiner Edelmann lebte, der aus Armut Kaufmann geworden und in seinen Unternehmungen so glücklich gewesen war, daß er bald großen Reichtum gesammelt hatte. Von seiner Frau hatte er einen einzigen Sohn, der Lodovico hieß. Damit dieser nun nach dem Adel und nicht nach der Kaufmannschaft seines Vaters sich bilde, hatte er ihn in keinen Laden tun wollen, sondern zu andern Edelleuten in den Dienst des Königs von Frankreich gegeben, wo der Jüngling denn auch feine Sitten und andere gute Dinge in Menge lernte.

Als nun Lodovico und seine Gefährten eines Tages über französische, englische und andere Schönheiten aus allen Weltgegenden sprachen, begab es sich, daß einige Ritter, die eben vom Heiligen Grabe heimgekehrt waren, dazukamen, und einer von ihnen, nachdem er dem Gespräch eine Zeitlang zugehört hatte, sagte, so weit er auch in der Welt herumgekommen sei und so viele Frauen er auch gesehen habe, so habe er doch keine erblickt, die an Schönheit der Gattin des Egano de' Galuzzi in Bologna, Madonna Beatrice geheißen, geglichen hätte. Und alle seine Gefährten, die mit ihm in Bologna gewesen waren, pflichteten ihm völlig bei.

Als Lodovico, der noch niemals ein Weib geliebt hatte, dies alles vernahm, entbrannte er in solchem Verlangen, sie zu sehen, daß er unfähig war, an anderes zu denken. Entschlossen, um ihretwillen nach Bologna zu gehen und dort zu verweilen, falls sie ihm gefalle, gab er seinem Vater gegenüber vor, er wolle das Heilige Grab besuchen, und erlangte mit vieler Mühe die Erlaubnis dazu.

So kam er denn unter dem angenommenen Namen Anichino nach Bologna und war glücklich genug, schon am folgenden Tag bei einem Fest jene Dame zu sehen, die ihm in der Wirklichkeit noch unendlich viel schöner erschien, als sie in seiner Phantasie gewesen war. Auf das glühendste in sie verliebt, beschloß er, Bologna nicht zu verlassen, bevor er nicht ihre Liebe erworben hätte. Indem er nun überlegte, welchen Weg er zu seinem Ziele einschlagen sollte, glaubte er, wenn er ein Diener ihres Mannes werden könnte – welcher deren viele hielt –, wohl am ehesten zu erreichen, was er begehrte. In dieser Absicht verkaufte er seine Pferde, brachte seine Leute unauffällig unter und befahl ihnen, sich so zu stellen, als kennten sie ihn nicht. Dann besprach er sich mit seinem Wirte und sagte ihm, daß er gern bei einem anständigen Herrn als Diener unterkäme, wenn er einen solchen zu finden wüßte. Darauf erwiderte der Wirt: „Du solltest einem Edelmann hier in Bologna, namens Egano, als Diener eben willkommen sein; denn er hält deren viele,

und jeder muß gut aussehen, wie du es tust. Ich werde mit ihm sprechen." Wie gesagt, so getan. Noch ehe der Wirt Egano verließ, hatte
er den Anichino bei ihm untergebracht, worüber sich dieser unsag-
bar freute.

Als er nun im Hause war und die Geliebte sehen konnte, sooft er
wollte, wußte er es Egano in allen Stücken recht zu machen, so daß
dieser ihn liebgewann, nichts ohne ihn tun mochte und sich und alle
seine Angelegenheiten nur von ihm leiten ließ.

Eines Tages, während Egano auf die Jagd gegangen und Anichino
zurückgeblieben war, begab es sich, daß Madonna Beatrice sich mit
ihm zum Schachspiele niedersetzte. Sie hatte noch keineswegs seine
Liebe zu ihr entdeckt, obgleich sie ihn und seine guten Sitten be-
trachtete, ihn im stillen lobte und Gefallen an ihm fand. Anichino
nun ließ sich im Verlangen, sie zu erfreuen, auf sehr geschickte Art
besiegen, und die schöne Frau war ganz glücklich darüber.

Da die Dienerinnen Beatrices, als sie beide spielen sahen, sich ent-
fernt und sie allein gelassen hatten, stieß Anichino einen lauten
Seufzer aus. Die Schöne sah ihn an und sagte: „Was fehlt dir,
Anichino? Ist dir's so leid, daß ich gewinne?" „Madonna", antwor-
tete Anichino, „es war etwas viel Ernsteres, um das ich seufzte."
„Nun", erwiderte sie, „so sage mir's, wenn du mich liebhast." Als
Anichino vernahm, wie sie, die er über alles liebte, ihn bei seiner
Liebe zu ihr beschwor, seufzte er wohl noch lauter als zuvor. Die
Dame bat ihn erneut, ihr zu sagen, was der Grund seiner Seufzer
sei. Anichino antwortete aber: „Madonna, ich fürchte sehr, wenn
ich es sage, möchte es Euch mißfallen, und dann sorge ich, daß Ihr
es wiedererzählen würdet." Die Dame erwiderte: „Ich werde es gewiß nicht übel aufnehmen, und niemand wird von dem, was auch
immer du mir sagst, mehr erfahren, als du selbst wünschest."
„Wohlan denn", sagte Anichino, „weil Ihr mir das versprecht, so
will ich's Euch gestehen." Und nun erzählte er ihr, schier mit Tränen in den Augen, wer er war, was er von ihr gehört, wie er sich in
sie verliebt hatte und warum er ihres Gatten Diener geworden war.
Dann aber bat er sie demütig, es möge ihr gefallen, Mitleid mit ihm
zu haben und sein geheimes und glühendes Verlangen zu erfüllen,
wenn sie es irgend vermöchte. Wollte sie aber nicht, so möge sie
ihm dennoch erlauben, so wie bisher zu bleiben, und gestatten, daß
er sie liebe.

O wunderbare Huld des bolognesischen Blutes! Wie warst du immerdar in solcher Drangsal zu preisen! Nie begehrtest du nach Seufzern und Tränen. Zu allen Zeiten warst du für Bitten empfänglich
und ergabst dich willig den Wünschen der Liebe. Genügte mein
Lob, um dich würdig zu preisen, nie sollte meine Zunge dessen
müde werden.

Während Anichino sprach, blickte die schöne Frau ihn an und
schenkte seinen Worten volles Vertrauen; und seine Bitten entfach-
ten in ihrem Herzen die Liebe zu ihm mit so plötzlicher Gewalt, daß
nun sie zu seufzen begann und nach einigen Seufzern antwortete:
„Mein süßer Anichino, sei guten Mutes. Niemals vermochten Geschenke, Versprechungen und Huldigungen von Rittern, Herren
und wem immer – denn viele trugen und tragen mir ihre Liebe an –
so viel über mich, daß ich je einen von ihnen geliebt hätte; doch

Die höfische Liebe erfordert
das offenherzige Liebesge-
ständnis; zwischen den Liebenden muß entschiedenste
Offenheit herrschen. Die
14. Liebesregel des Andreas
Capellanus warnt vor rascher
Hingabe:
„Leichte Eroberung entwertet
die Liebe; schwierige Eroberung steigert ihren Preis."
Wenn sie sich schon derart
schnell erobern läßt, darf Madonna Beatrice also nicht den
Eindruck erwecken, ihre
Liebe sei leicht zu haben.

Der Ablauf des Geschehens
ist von Beatrice genial eingefädelt (siehe „Themen"
S. 107). Sie gewinnt nicht nur
ein ungestörtes Schäfer-
stündchen, sondern den zukünftigen Handlungsspielraum
für ihre Liebe zu Lodovico –
das absolute Vertrauen des
Ehemanns auf die Treue der
Gattin und die Zuverlässigkeit
des Dieners.

während deiner kurzen Rede bin ich mehr dein als mein Eigen geworden. Ich erkenne, daß du meine Liebe zur Genüge verdient hast, und so schenke ich sie dir und verspreche, dir ihre Früchte zu gewähren, noch ehe die nächste Nacht ganz vergangen ist. Und damit dies wirklich geschehe, so richte dich ein, daß du um Mitternacht in mein Schlafgemach kommst. Die Tür werde ich offen lassen. Auf welcher Seite im Bett ich liege, weißt du. Dahin komme, und sollte ich schlafen, so rüttle mich, bis ich wach werde, und dann will ich dich trösten für die lange Zeit, da du Verlangen nach mir getragen hast. Damit du mir aber auch glaubst, so nimm diesen Kuß als Unterpfand." Dabei schlang sie den Arm um seinen Hals und küßte ihn voller Liebe, und er sie.

Nach diesem Gespräch verließ Anichino die Dame und ging seinen Geschäften nach, wobei er mit höchster Lust die Nacht erwartete. Egano kam von der Jagd zurück, und müde wie er war, ging er nach dem Abendessen zu Bett, wohin seine Frau ihm folgte und nicht vergaß, ihrem Versprechen gemäß die Tür offen zu lassen.

Anichino kam zur bestimmten Stunde, und nachdem er leise eingetreten war und den Riegel hinter sich zugeschoben hatte, ging er nach der Seite des Bettes, wo die Dame lag. Als er ihren Busen berührte, spürte er, daß sie nicht schlief. Sie aber ergriff, als sie seine Ankunft gewahr ward, seine Hand mit ihren beiden und warf sich dann, sie immer festhaltend, so lange im Bette hin und her, bis Egano davon aufwachte; worauf sie also zu ihm sprach: „Gestern abend wollte ich mich nicht äußern, denn du schienst mir müde; aber jetzt sage mir einmal, Egano, wen du im vollem Ernst von allen Dienern im Hause für den besten, rechtschaffensten und dir am treuesten ergebenen hältst." Egano erwiderte: „Frau, was soll's, daß du mich so fragst? Weißt du's denn nicht? Ich habe und hatte nie zu einem soviel Vertrauen und Liebe wie zu meinem Anichino. Doch weshalb fragst du danach?"

Als Anichino den Egano wach sah und von sich reden hörte, fürchtete er, von der Dame betrogen zu sein, und versuchte oftmals, die Hand zurückzuziehen und zu entfliehen, allein sie hielt ihn so fest, daß er sich auf keine Weise losmachen konnte. Inzwischen antwortete sie ihrem Gatten: „Das will ich dir sagen. Ich glaubte, daß es sich wirklich so verhielte, wie du sprichst, und er dir treuer wäre als irgendein anderer; aber mich hat er eines anderen belehrt. Während du heute auf der Jagd warst, blieb er hier, und als die Zeit ihm günstig schien, scheute er sich nicht, von mir zu begehren, daß ich ihm zu Willen sei. Damit ich dir nun diese Sache nicht erst lange zu beweisen brauchte, damit du sie mit Händen greifen könntest, antwortete ich ihm, ich wär es zufrieden und erwartete ihn heute nach Mitternacht in unserem Garten unter dem Pinienbaum. Ich für mein Teil gedenke nun freilich nicht hinauszugehen; solltest du aber Lust haben, die Treue deines Dieners kennenzulernen, so kannst du's leicht haben. Du brauchst dir nur eines meiner Oberkleider anzuziehen, einen Schleier umzutun und dort unten abzuwarten, ob er kommt; denn ich wette, er tut es."

Kaum hatte Egano dies gehört, so sprach er: „Nun, wahrlich, das muß ich sehen." Er stand auf und zog sich, so gut es im Dunkeln gehen wollte, ein Kleid seiner Frau an, tat einen Schleier über den

Kopf, ging in den Garten und wartete unter der Pinie auf Anichino.

Als aber die Dame Egano aufstehen und fortgehen gehört hatte, stieg sie aus dem Bett und riegelte die Tür von innen ab. Anichino hatte in der ganzen Zeit die schrecklichste Angst ausgestanden und sich nach Kräften bemüht, den Händen der Dame zu entgehen. Zu Anfang hatte er wohl hunderttausendmal sie und seine Liebe und sich selbst verwünscht, weil er so übereilt gewesen; als er aber sah, wie sie zuletzt tat, war er der Glücklichste aller Sterblichen. Wie nun seine Geliebte wieder ins Bett gestiegen war, entkleidete er sich ihrem Wunsche gemäß wie sie, und beide genossen aneinander eine gute Weile alle Lust und Freude.

Als die Schöne endlich glaubte, Anichino dürfe nicht länger verweilen, hieß sie ihn aufstehen und sich ankleiden und sprach: „Nun, mein süßes Herz, geh in den Garten und nimm einen tüchtigen Stock mit. Tue, als hättest du mich nur versuchen wollen, schelte den Egano aus, als hieltest du ihn für mich, und laß den Stock wakker auf seinem Rücken tanzen. Das soll uns noch unmäßige Freude und Ergötzen bringen."

Als Egano den Anichino, der aufgestanden war und mit einem Weidenstecken in der Hand herunter in den Garten kam, von ferner erblickte, erhob er sich und ging ihm zum freundlichen Empfang einige Schritte entgegen. Anichino aber rief: „O du verworfenes Weib, bist du also wirklich gekommen und hast glauben können, ich wollte an meinem Herrn freveln? Alles Unheil tausendfach über dich!" Und damit hob er den Stock und begann den Egano zu bearbeiten. Als dieser ihn so sprechen hörte und den Stock spürte, lief er davon, ohne ein Wort zu sagen. Anichino indessen war hinter ihm her und rief immerzu: „Lauf, du liederliches Weibsstück, und alle Teufel über dich! Morgen früh erzähle ich wahrhaftig alles deinem Gatten." Egano lief, was er konnte, um die Kammer zu gewinnen, mußte aber, bevor er sie erreichte, einige wohlgesalzene Hiebe einstecken.

Die Schöne fragte ihren Gemahl, ob Anichino in den Garten gekommen sei. „Wäre er lieber nicht gekommen", antwortete Egano; „denn weil er mich für dich hielt, hat er mich mit seinem Stock übel verbleut und mich ärger gescholten, als je eine schlechte Dirne ausgeschimpft ward. Es hätte mich auch sehr gewundert, wenn er mir zur Unehre derlei Reden gegen dich geführt haben sollte; aber weil er dich immer so aufgeweckt und scherzend sieht, hat er dich einmal prüfen wollen." „Gottlob", sagte die Dame, „daß er mich nur mit Worten, dich aber durch die Tat geprüft hat, und ich glaube, er wird mir nachrühmen, daß ich die Worte geduldiger ertrage als du die Tat. Aber weil er dir so treu ist, muß man ihn wohl liebhaben und ihm Ehre erweisen." Egano antwortete: „Wahrlich, du hast recht"; und nach diesem Ereignis glaubte er fest, die keuscheste Gattin und den treuesten Diener zu haben, die je ein Edelmann besessen.

Obgleich sie noch oft über diesen Vorfall lachten, verdankten Anichino und seine Dame ihm, solange es dem Jüngling gefiel, bei Egano in Bologna zu verweilen, größere Freiheit, das zu tun, woran sie Lust und Gefallen fanden, als ihnen sonst vermutlich gewährt worden wäre.

Übersicht über die Novellen des Achten Tages

Wolfhart leiht von Gasparruolo Geld und wird mit dessen Frau einig, für die gleiche Summe bei ihr zu schlafen. Er gibt es ihr und sagt in ihrer Gegenwart zu Gasparruolo, daß er ihr's gegeben hat, und sie muß einräumen, daß es wahr ist.

Der Pfarrer von Varlungo schläft bei Frau Belcolore und läßt ihr zum Pfand seinen Mantel zurück. Dann borgt er einen Mörser von ihr, schickt diesen zurück und fordert seinen verpfändeten Mantel wieder, den die gute Frau mit spitzigen Worten zurückgibt.

Calandrino, Bruno und Buffalmacco suchen im Flußbett des Mugnone nach dem Wunderstein Heliotrop, und Calandrino glaubt ihn gefunden zu haben. Mit Steinen beladen kehrt er nach Hause zurück. Die Frau schilt ihn aus. Erzürnt prügelt er sie und erzählt seinen Gefährten, was diese weitaus besser wissen als er.

Der Propst von Fiesole liebt eine Witwe, von der er nicht wiedergeliebt wird. Während er bei ihr zu schlafen glaubt, beschläft er ihre Magd, mit der ihn die Brüder der Frau von seinem Bischof ertappen lassen.

Drei junge Leute ziehen einem Richter aus der Mark die Hosen herunter, während er in Florenz auf der Gerichtsbank sitzt und Recht spricht.

Bruno und Buffalmacco entwenden Calandrino ein Schwein und lassen ihn daraufhin den Versuch machen, es durch Ingwerkuchen und Vernacciawein wiederzuentdecken. Ihm aber geben sie hintereinander zwei mit Aloe angemachte Hundekuchen, die er des bitteren Geschmacks wegen ausspuckt, so daß es scheint, als habe er selbst das Schwein gestohlen. Danach lassen sie ihn sich auch noch loskaufen, da er nicht will, daß seine Frau von der Geschichte erfährt.

Ein Gelehrter liebt eine Witwe, die in einen andern verliebt ist und ihn eine Winternacht hindurch im Schnee stehen und ihrer warten läßt. Dafür gibt er ihr einen Rat, der zur Folge hat, daß sie mitten im Juli einen ganzen Tag nackt auf einem Turme zubringen muß, den Fliegen, den Wespen und der Sonnenglut ausgesetzt.

Zwei Freunde verkehren miteinander. Der eine schläft bei der Frau des anderen; dieser merkt es und nötigt seine Frau, ersteren in eine große Truhe zu sperren, auf der er nun, während jener darin ist, mit dessen Frau sein Spiel treibt.

Meister Simon, der Arzt, wird von Bruno und Buffalmacco, welche ihn in eine Gesellschaft, die kursieren geht, aufzunehmen versprochen, nachts an einen Ort geschickt, von Buffalmacco in eine Dunggrube gestoßen und darin gelassen.

Eine Sizilianerin nimmt einem Kaufmann alles, was er nach Palermo gebracht hat, mit meisterhafter Geschicklichkeit ab; dieser stellt sich darauf, als sei er noch mit viel größeren Warenvorräten als zuvor nach Palermo zurückgekehrt, nimmt ihr das Geld durch Borg wieder ab und läßt ihr nichts als Wasser und Werg.

LA MAISON DIEU
THE TOWER OF DESTRUCTION

Die *Tarot-Karte* zeigt einen
Turm, in den der Blitz schlägt.
Sie bedeutet Katastrophe,
Unheil, Zusammenbruch.
Nicht zufällig wählte Boccaccio als Schauplatz für Hele-
nas Unglück einen Turm. Dieser versinnbildlicht die Kühn-
heit des menschlichen Pla-
nens. Der Stich links von
Gravelot (vgl. S. 185) zeigt
den Racheakt des einst in eisiger Kälte abgewiesenen Gelehrten: Er lockt mit dem Versprechen des ,,Liebeszau-
bers" die Witwe auf einen
Turm, wo sie den ganzen Tag
glühender Hitze ausgesetzt
ist. Der Gelehrte, der selbst
Opfer seiner ,,Tugendlosig-
keit" (Begierde) geworden
war, steht darin mit der Witwe
auf einer Ebene, hatte doch
diese, um begehrenswerter
zu erscheinen, ö f f e n t l i c h
Verliebtsein vorgetäuscht
und damit gegen die Regeln
der hohen Minne verstoßen,
welche unbedingte Offenheit
gegenüber dem Geliebten und
Zurückhaltung verlangt.
In breiter Argumentation
(Bittrede, Appell; ironisch-
rhetorische Fragen, Wider-
legung) diskutieren die beiden
Widersacher den Racheakt.
Ihre langen Reden sind Muster
vollsprachlicher Rhetorik. Der
Leser muß prüfen, ob
,,Erbarmen bei Rechtsfindung"
Neuschäfer, vgl. S. 113; S. 106)
angemessen ist.

Übersicht über die Novellen des Neunten Tages

Madonna Francesca wird von Rinuccio und von Alessandro geliebt. Da sie keinen von beiden wiederliebt, schafft sie sich beide klüglich vom Halse, indem sie dem einen aufträgt, als Toter in ein Grab zu steigen, dem andern aber, jenen als einen Toten daraus hervorzuholen, was beide nicht zustande bringen.

Eine Äbtissin steht eilig im Finstern auf, um eine ihrer Nonnen, die bei ihr verklagt worden ist, mit ihrem Liebhaber im Bett zu überraschen. Da sie aber selbst einen Priester bei sich hat, nimmt sie statt des Schleiers dessen Hosen um. Als die Angeklagte diese erblickt und die Äbtissin darauf aufmerksam macht, wird sie freigelassen und darf ungestört mit ihrem Geliebten verweilen.

Auf Anstiften Brunos, Buffalmaccos und Nellos macht Meister Simon dem Calandrino weis, er sei schwanger. Dieser gibt den Genannten zu seiner Heilung Kapaune und Geld, worauf er ohne Entbindung wieder genest.

Cecco di Messer Fortarrigo verspielt zu Buonconvento alles, was er hat, und das Geld des Cecco di Messer Angiulieri dazu. Dann läuft er diesem im Hemde nach, läßt ihn unter dem Vorwand, daß jener ihn beraubt habe, von Bauern ergreifen, zieht dessen Kleider an, besteigt sein Pferd und eilt davon, während Angiulieri im Hemd zurückbleibt.

Calandrino verliebt sich in ein junges Mädchen, und Bruno macht ihm ein Amulett, mit dem er sie berührt, worauf sie mit ihm abseits geht. Hier aber von seiner Frau überrascht, kommt er in schlimme Händel.

Zwei junge Männer herbergen bei einem Wirt. Der eine schleicht sich zu dessen Tochter, während die Wirtsfrau sich aus Versehen zu dem andern legt. Darauf steigt der, welcher bei der Tochter war, zum Vater ins Bett und erzählt ihm alles, in dem Glauben, er erzähle es dem Freunde. Darüber entsteht Lärm, die Frau merkt ihren Irrtum, schleicht zur Tochter ins Bett und beschwichtigt hier alles mit geschickter Rede.

Talano di Molese träumt, daß ein Wolf die Kehle und das Gesicht seiner Frau zerfleische, und rät ihr, sich in acht zu nehmen. Sie tut es nicht, und das Geträumte geschieht.

Biondello führt den Ciacco mit einer Mahlzeit an, wofür sich Ciacco listig rächt, indem er ihn tüchtig durchbleuen läßt.

Zwei junge Männer fragen Salomo um Rat, der eine, wie er geliebt werden, der andere, wie er seine widerspenstige Frau bessern könne. Dem ersten antwortet er, er solle lieben, dem zweiten, er solle zur Gänsebrücke gehen.

Don Gianni stellt auf Gevatter Pietros Bitten eine Beschwörung an, um dessen Frau in eine Stute zu verwandeln. Als er aber daran geht, ihr den Schwanz anzusetzen, verdirbt Pietro den ganzen Zauber, indem er erklärt, er wolle keinen Schwanz haben.

Neunter Tag, Sechste Novelle

Zwei junge Männer herbergen bei einem Wirt. Der eine schleicht sich zu dessen Tochter, während die Wirtsfrau sich aus Versehen zu dem anderen legt. Darauf steigt der, welcher bei der Tochter war, zum Vater ins Bett und erzählt ihm alles, in dem Glauben, er erzähle es dem Freunde. Darüber entsteht Lärm, die Frau merkt ihren Irrtum, schleicht zur Tochter ins Bett und beschwichtigt hier alles mit geschickter Rede.

Calandrino, der die Gesellschaft schon so oft lachen gemacht hatte, tat es auch jetzt wieder. Doch als die Damen über seine Abenteuer schwiegen, gebot die Königin dem Panfilo zu erzählen. Dieser aber sprach:

Ihr löblichen Damen, der Name der Niccolosa, der Geliebten Calandrinos, hat mir eine Geschichte von einer andern Niccolosa ins Gedächtnis gerufen, die euch zu erzählen mir gefällt, weil ihr in dieser Geschichte sehen werdet, wie die Geistesgegenwart einer wackeren Frau ein großes Ärgernis hinwegzuräumen imstande war.

In der Ebene des Mugnone lebte vor noch nicht langer Zeit ein guter Mann, der den Reisenden für ihr Geld zu essen und zu trinken gab und, obwohl er arm und seine Hütte klein war, doch bisweilen in dringenden Fällen zwar nicht jedermann, aber doch seine Bekannten beherbergte. Dieser hatte nun eine recht hübsche Frau zum Weibe, von der er zwei Kinder besaß. Eines von ihnen war ein hübsches und zierliches Mädchen von etwa fünfzehn oder sechzehn Jahren, das noch keinen Mann hatte, das andere ein kleiner Knabe von noch nicht einem Jahr, den die Mutter selbst nährte.

Auf dies Mädchen nun hatte ein hübscher und gefälliger junger Mann aus unserer Stadt, der häufig in der Gegend verkehrte, ein Auge geworfen und liebte es feurig. Sie aber, die es sich zu ihrem Ruhme rechnete, solch einen Liebhaber zu besitzen, verliebte sich, während sie ihn mit freundlichen Mienen in seiner Neigung zu erhalten versuchte, gleicherweise in ihn, und schon mehrmals hätte diese Liebe zur Freude beider Teile Erfolg gehabt, wenn nicht Pinuccio, so hieß der Jüngling, die Schande des Mädchens und seine eigene gescheut hätte. Als jedoch die Liebesglut sich von Tag zu Tag mehrte, flößte sie Pinuccio das Verlangen ein, sich mit jener zusammenzufinden. Dabei verfiel er auf den Gedanken, dies dadurch möglich zu machen, daß er bei ihrem Vater übernachtete, wobei er, der die Einrichtung jenes Hauses wohl kannte, hoffte, wenn er nur dort herberge, zu ihr gelangen zu können, ohne daß jemand es gewahr würde.

In der Tat führte er diesen Vorsatz ohne Aufschub aus. Begleitet von einem vertrauten Genossen namens Adriano, der von dieser Liebschaft unterrichtet war, nahmen sie eines Abends spät zwei Mietgäule, legten ihnen zwei Mantelsäcke auf, die vielleicht mit Stroh gefüllt waren, verließen Florenz und machten einen weiten Umweg nach dem Mugnonetal, das sie erreichten, als es schon Nacht war. Hier drehten sie um, so daß es schien, als kämen sie eben aus der Romagna, ritten auf das Haus zu und klopften an die

Die Vorlage dieser Novelle ist ein französisches Fabliau, „Gombert und die beiden Kleriker". Boccaccio folgt der Erzählung bis zu der Stelle, wo der eine Kleriker dem Wirt, den er für seinen Kumpanen hält, den Verlauf des Abenteuers mit der Tochter erzählt. Im Fabliau kommt es zu einer gewaltigen Schlägerei, zum allgemeinen Tohuwabohu, in dem die beiden Geistlichen Reißaus nehmen. Demgegenüber führt Boccaccio ein Schauspiel triumphierender Intelligenz vor. Die Frau des Wirts durchschaut die Situation und besitzt Geistesgegenwart genug, um blitzschnell die Lösung zu finden. Mit einem einzigen Zug verschafft sie sowohl sich selbst mitsamt der Tochter als auch den Gästen das entwaffnende Alibi. „In der Novelle wird also nicht mehr das Durcheinander thematisiert, sondern die menschliche Intelligenz, die aus dem Durcheinander den Schein der Ordnung hervorzuzaubern versteht und die sich damit in ironischer Freiheit über das Geschehen erhebt" (Hans-Jörg Neuschäfer).

Tür des guten Mannes, welcher, da er mit den beiden sehr bekannt war, sogleich öffnete. „Sieh", sagte Pinuccio zu ihm, „du mußt uns diese Nacht beherbergen. Wir glaubten noch nach Florenz hineinzukommen, haben uns aber doch nicht so zu beeilen gewußt, daß wir nicht zu so später Stunde, wie du siehst, hier angelangt wären." „Pinuccio", antwortete ihm der Wirt, „du weißt wohl, wie wenig ich eingerichtet bin, solche Herren wie euch bei mir aufnehmen zu können. Doch da euch einmal die späte Stunde hier überrascht hat und es keine Zeit mehr ist, anderswo unterzukommen, so will ich euch für die Nacht gern beherbergen, so gut ich eben kann." Die jungen Männer stiegen nun ab, traten in das kleine Wirtshaus ein, brachten erst ihre Pferde unter und speisten dann, da sie zum Abendessen etwas mitgebracht hatten, zusammen mit ihrem Wirt.

Nun hatte dieser nur eine einzige, ziemlich kleine Kammer, in welcher er drei Betten, so gut es sich tun ließ, aufgestellt hatte. Da nun zwei dieser Betten auf der einen Seite, das dritte aber ihnen gegenüber auf der andern Seite stand, so war nur so viel Raum übriggeblieben, daß man mit genauer Not hindurchgehen konnte. Von diesen drei Betten ließ der Wirt das am wenigsten schlechte für die beiden Reisegefährten richten und sie darin sich niederlegen. Bald darauf, als noch keiner von jenen schlief, obschon sie taten, als schliefen sie längst, hieß er seine Tochter in das eine der beiden andern Betten sich legen und bestieg mit seiner Frau das dritte. Die letztere stellte noch neben das Bett, in dem sie schlief, die Wiege, in der sie ihren kleinen Sohn hatte.

Nachdem diese Einrichtungen getroffen waren und Pinuccio, der alles wohl bemerkt hatte, nach Verlauf einer gewissen Zeit glauben konnte, daß sie alle eingeschlafen seien, stand er leise auf, ging zu dem Bette hin, wo sein geliebtes Mädchen ruhte, legte sich ihr, die ihn furchtsam und freudig zugleich empfing, zur Seite und verweilte bei ihr im Genusse der Lust, die sie beide vor allem ersehnt hatten.

Während Pinuccio so bei dem Mädchen lag, begab es sich, daß die Katze etwas umwarf, worüber die Frau erwachte und es hörte. Besorgt, was geschehen sei, stand sie im Finstern auf und ging, nackt wie sie war, dorthin, von wo sie das Geräusch vernommen hatte. Adriano, der hierauf nicht achtete, erhob sich inzwischen wegen eines körperlichen Bedürfnisses gleichfalls, und während er dies abzumachen ging, traf er auf die Wiege, welche die Frau dorthin gestellt hatte. Da er nun nicht vorüber konnte, ohne sie wegzunehmen, ergriff er sie, hob sie von der Stelle weg, wo sie stand, und setzte sie an der Seite des Bettes nieder, in dem er selbst schlief. Nachdem er verrichtet hatte, wozu er aufgestanden war, kehrte er zurück und legte sich, ohne weiter an die Wiege zu denken, wieder in sein Bett.

Die Frau, die unterdessen gesucht und gefunden hatte, daß das, was gefallen war, nicht das Vermeintliche gewesen, wollte nicht erst Licht anzünden, um zu sehen, was es gewesen sei, sondern schalt nur mit der Katze, kehrte dann in die Kammer zurück und ging tappend auf das Bett zu, worin ihr Mann schlief. Da sie jedoch hier die Wiege nicht fand, sprach sie bei sich selbst: „Oh, ich Ärmste! Seht nur, was ich eben zu tun im Begriff war! So wahr Gott lebt, ich ging

In der Pasolini-Verfilmung (vgl. S. 96) von Chaucers (1340–1400) *„Canterbury tales"* wird das Trio im Bett aufgeschreckt. „The Canterbury tales" (1387 ff, um 1478 gedruckt; vgl. S. 58) gehen auf Vorbilder wie Dante und Boccaccio zurück. „Pasolinis tolldreiste Geschichten" (deutscher Filmtitel) haben acht der zweiundzwanzig Versnovellen Chaucers zum Gegenstand und wurden an authentischen Schauplätzen in England gedreht. Mit dem Auftreten des allgegenwärtigen Todes kontrastiert, ähnlich wie in Pasolinis „Decamerone"-Verfilmung die Verschlagenheit der lebenslustigen, mitunter dubiosen Gestalten, deren Vitalität mittelalterlicher Religiosität und Mystik gegenüber sich geradezu aufrührerisch ausnimmt.

gerade auf das Bett unserer Gäste zu." Dann ging sie noch ein wenig weiter, fand endlich die Wiege und legte sich nun in das Bett, an dessen Seite sie stand, zum Adriano, während sie bei ihrem Mann zu liegen glaubte. Adriano, der noch nicht schlief, merkte dies, empfing sie gut und freudig, und ohne weiter ein Wort zu sagen, warf er zum großen Vergnügen der Frau mehr denn einmal Anker.

Während diese beiden so beschäftigt waren, fürchtete Pinuccio, daß der Schlaf ihn bei seiner Geliebten überraschen möchte, und da er die Freude genossen hatte, nach der er verlangte, erhob er sich von ihrer Seite, um in sein Bett zum Schlafen zurückzukehren. Als er dahin kam, traf er auf die Wiege und glaubte nun nicht anders, als dies sei das Bett des Wirtes, weshalb er ein wenig weiterging und sich zu dem Wirt legte. Dieser wachte von der Ankunft des Pinuccio auf. Pinuccio, der an der Seite Adrianos zu liegen glaubte, sprach nun: „Ich sage dir, wahrhaftig, nichts Süßeres gab es je in der Welt als diese Niccolosa! Beim Leibe Gottes, ich habe die größte Wonne genossen, die nur je ein Mann bei einem Weibe gehabt hat, und ich sage dir, sechsmal und öfter bin ich zur Stadt gefahren, seitdem ich von dir wegging." Als der Wirt diese Botschaft hörte, die ihm nicht allzu wohl gefiel, sprach er erst bei sich: „Was zum Teufel macht der denn hier?" Dann rief er, mehr vom Zorn als von der Klugheit geleitet: „Pinuccio, was du getan hast, ist eine große Schändlichkeit, und ich weiß nicht, wie du mir dies antun konntest. Aber beim Leibe Christi, du sollst mir dafür bezahlen."

Pinuccio, der nicht eben der Klügste war, versuchte keinerlei Ausrede, um seine Übereilung soviel wie möglich wieder gutzumachen, sondern fragte: „Wofür soll ich dir bezahlen? Und was kannst du mir tun?" Die Wirtsfrau, die bei ihrem Manne zu liegen glaubte, sagte nun zu Adriano: „O weh, hörst du unsere Gäste, die sich, wer weiß über was, miteinander streiten?" „Laß sie nur", antwortete Adriano lächelnd, „Gott schicke ihnen böse Zeit; sie haben gestern zuviel getrunken."

Die Frau, der es doch vorkam, als hätte sie ihren Mann zanken gehört, sah nun, als sie die Stimme des Adriano erkannte, wohl ein,
wo und bei wem sie gewesen war. Sofort stand sie als eine verständige Frau, ohne ein Wort zu erwidern, auf, nahm die Wiege ihres
kleinen Sohnes und trug sie, obwohl in der Kammer auch nicht
ein Schimmer von Licht zu sehen war, aufs Geratewohl zu dem
Bett hinüber, in welchem ihre Tochter schlief, und legte sich zu
dieser.

Dann aber rief sie ihren Mann, als wäre sie von dem Lärm, den er
machte, erwacht, und fragte ihn, was er mit Pinuccio für einen Streit
habe. „Hörst du nicht", antwortete der Mann, „was er sagt, das er
diese Nacht mit unserer Niccolosa gemacht?" „Da lügt er gründlich
in seinen Hals hinein", erwiderte die Frau, „denn bei der Niccolosa
ist er nimmer gewesen. Ich habe mich gleich gestern zu ihr gelegt
und seitdem nicht einen Augenblick schlafen können, und du bist
ein Tropf, wenn du ihm glaubst. Ihr Männer trinkt immer des
Abends so viel, daß ihr nachts träumt und hier und dort umhergeht,
ohne etwas von euch zu wissen, und dann glaubt ihr wunder was.
Schade nur, daß ihr euch nicht den Hals brecht. Aber was macht
denn Pinuccio dort, und warum liegt er nicht in seinem Bett?"

Adriano, der nun seinerseits erkannte, wie klug die Frau ihre eigene
Schmach und die ihrer Tochter zu verdecken wußte, sprach dazwischen: „Pinuccio, ich hab es dir schon hundertmal gesagt, du sollst
nachts nicht umhergehen, denn diese deine Untugend, im Schlaf
aufzustehen und dann den Unsinn, den du träumst, als Wahrheit zu
erzählen, wird dich noch einmal ins Unglück bringen. Komm zurück, oder Gott schicke dir eine üble Nacht." Als der Wirt vernahm,
was seine Frau und Adriano sagten, fing er an, völlig überzeugt zu
werden, daß Pinuccio träume. Darum nahm er ihn bei der Schulter,
rüttelte ihn und rief ihm zu, indem er sagte: „Pinuccio, wach doch
auf und geh in dein Bett zurück."

Pinuccio, der sich endlich zusammenreimte, was hin und her gesprochen worden war, fing nun nach Art eines Träumenden an, noch allerhand andern Unsinn zu schwatzen, worüber der Wirt in das herz-
lichste Lachen von der Welt ausbrach. Zuletzt aber tat er, als wache
er von jenem Rütteln auf, rief den Adriano und sagte: „Ist es schon
Tag, daß du mich weckst?" „Jawohl", antwortete Adriano, „komm
nur her." Jener verstellte sich ferner und spielte den Schlaftrunke-
nen, bis er endlich von der Seite des Wirtes aufstand und zu
Adriano ins Bett zurückkehrte.

Als der Tag anbrach und alle aufgestanden waren, lachte der Wirt
noch herzlich über ihn und hatte ihn wegen seiner Träume zum besten. Und so von einer Scherzrede zur andern richteten die jungen
Männer wieder ihre Pferde her, legten ihnen die Mantelsäcke auf,
tranken noch einmal mit dem Wirt, schwangen sich dann in den Sat-
tel und kehrten, nicht minder zufrieden mit der Art, wie sich die Sache zugetragen, als mit ihrem Erfolg selbst, nach Florenz zurück.

Später aber wußte Pinuccio andere Wege zu finden und traf noch
oft mit der Niccolosa zusammen, die ihrer Mutter beteuerte, er
müsse sicherlich geträumt haben. Diese aber, welche sich der
Umarmungen Adrianos erinnerte, dachte bei sich, sie allein sei die
Wachende gewesen.

Übersicht über die Novellen des Zehnten Tages

Ein Ritter hat dem König von Spanien gedient und glaubt, dafür schlecht belohnt worden zu sein, weshalb der König ihm durch eine sichere Probe beweist, daß dies nicht seine, sondern seines widrigen Geschickes Schuld ist, und ihn hierauf reichlich beschenkt.

Ghino di Tacco nimmt den Abt von Clugny gefangen, heilt ihn von seinem Magenübel und läßt ihn dann frei. Dieser kehrt an den römischen Hof zurück, versöhnt jenen mit Papst Bonifaz und macht ihn zum Hospitaliterritter.

Mithridanes, neidisch auf die Freigebigkeit des Nathan, bricht auf, um ihn zu töten, und begegnet ihm, ohne ihn zu kennen. Von ihm selbst über die Mittel unterrichtet, findet er ihn, wie ihm gesagt war, in einem Haine. Er erkennt ihn tief beschämt und wird sein Freund.

Herr Gentile da Carisendi rettet, von Modena kommend, eine Dame, die er liebte und die man als tot beigesetzt hatte, aus der Gruft. Ins Leben zurückgerufen, genest sie eines Sohnes, und Herr Gentile gibt sie und ihr Kind dem Niccoluccio Caccianimico, ihrem Gemahl, wieder zurück.

Madonna Dianora fordert von Herrn Ansaldo im Januar einen Garten so schön wie im Mai. Herr Ansaldo verpflichtet sich einen Schwarzkünstler und verschafft ihn ihr. Ihr Gatte erlaubt ihr, Herrn Ansaldo zu Willen zu sein. Dieser entbindet sie ihres Versprechens, als er die Großmut ihres Mannes erfährt, und der Schwarzkünstler verläßt Herrn Ansaldo, ohne etwas von ihm annehmen zu wollen.

Der siegreiche König Karl der Ältere verliebt sich in eine Jungfrau, schämt sich aber dann seines törichten Gedankens und vermählt sie und ihre Schwester ehrenvoll.

König Peter von Aragonien hört von der glühenden Liebe, welche die kranke Lisa für ihn hegt. Er spricht ihr freundlich zu, vermählt sie dann mit einem edlen Jüngling, küßt sie auf die Stirn und nennt sich fortan ihren Ritter.

Sophronia, welche die Frau des Gisippus zu sein glaubt, ist die Gattin des Titus Quinctius Fulvus und geht mit ihm nach Rom. Hier trifft Gisippus in ärmlichem Zustande ein, und da er sich von Titus verachtet glaubt, klagt er, um zu sterben, sich selbst an, einen Menschen getötet zu haben. Titus erkennt ihn wieder und gibt nun, um ihn zu retten, vor, er sei es, der jenen getötet, worauf der wirkliche Mörder sich selbst angibt. Danach werden alle von Octavian in Freiheit gesetzt. Titus gibt dem Gisippus seine Schwester zur Gattin und teilt sein gesamtes Besitztum mit ihm.

Saladin wird, als Kaufmann verkleidet, von Herrn Torello geehrt und bewirtet. Der Kreuzzug erfolgt. Herr Torello, der seiner Gattin eine Frist gesetzt hat, nach der sie sich wieder vermählen möge, wird gefangen und dadurch, daß er Falken abrichtet, dem Sultan bekannt. Dieser erkennt ihn wieder, gibt sich ihm zu erkennen und ehrt ihn hoch. Herr Torello wird hierauf krank und durch magische Kunst in einer Nacht nach Pavia versetzt. Hier wird er bei der Hochzeit, die seine Gattin eben feiert, von ihr erkannt und kehrt mit ihr in sein Haus zurück.

Der Markgraf von Saluzzo wird durch die Bitten seiner Leute genötigt, eine Frau zu nehmen. Um sie aber nach seinem Sinne zu haben, wählt er die Tochter eines Bauern und zeugt mit ihr zwei Kinder. Er macht sie glauben, daß er diese getötet habe, und sagt ihr dann, er sei ihrer überdrüssig und habe eine andere geheiratet. Zum Schein läßt er seine eigene Tochter nach Hause zurückkehren, als wäre diese seine Gemahlin, und verjagt jene im bloßen Hemde. Da er sie bei dem allem geduldig findet, nimmt er sie zärtlicher denn je wieder in sein Haus, zeigt ihr ihre erwachsenen Kinder, ehrt sie und läßt sie als Markgräfin ehren.

ZEHNTER TAG, SECHSTE NOVELLE

Der siegreiche König Karl der Ältere verliebt sich in eine Jungfrau, schämt sich aber dann seines törichten Gedankens und vermählt sie und ihre Schwester auf ehrenvolle Art.

Wer könnte die verschiedenen Gespräche ausführlich berichten, die unter den Damen darüber geführt wurden, wer, die Madonna Dianora betreffend, großmütiger gewesen sei, ob Gilberto, Herr Ansaldo oder der Zauberer? Es würde zu lang sein. Doch nachdem der König einiges Streiten zugelassen hatte, befahl er, Fiammetta einen Blick zuwerfend, dieser, dem Streit durch ihre Erzählung ein Ende zu machen. Sie aber begann ohne allen Aufschub folgendermaßen:

Ihr stattlichen Mädchen! Es war immer meine Meinung, daß man in Gesellschaften wie der unsrigen ausführlich genug erzählen müsse, damit nicht die zu große Knappheit Anlaß zum Streit über die Absicht des Erzählten gebe. Denn ein solcher ist weit mehr in den Schulen und unter den Scholaren am Platze als unter uns, die wir kaum für Rocken und Spindel ausreichen. Da ich euch schon über das Erzählte streiten sehe, lasse ich Geschichten beiseite, die ich vielleicht im Sinne hatte und die gleichfalls Zweifel hervorrufen könnten, und erzähle euch dafür, wie nicht etwa ein Mann von niederem Stande, sondern ein tapferer König wahrhaft ritterlich gehandelt hat, ohne dabei seiner Ehre im mindesten nahezutreten.

Jede von euch wird schon von König Karl dem Älteren oder Ersten reden gehört haben, der durch sein kühnes Unternehmen und sodann durch seinen glorreichen Sieg über König Manfred die Vertreibung der Gibellinen aus Florenz und die Rückkehr der Welfen veranlaßte. Aus eben diesen Gründen verließ ein Ritter, Herr Neri degli Uberti, mit seiner ganzen Familie und vielem Gelde die Stadt. Doch wollte er nirgendwo andershin flüchten als unter die unmittelbare Gewalt König Karls, und um an einem einsamen Ort zu weilen und hier in Ruhe sein Leben zu enden, begab er sich nach Castello a Mare di Stabia.

Hier nun kaufte er, vielleicht einen Bogenschuß weit von den andern Häusern der Stadt entfernt, unter Oliven, Nußbäumen und Kastanien, an denen die Gegend reich ist, eine Besitzung, auf der er ein schönes und bequemes Wohnhaus errichten ließ und daneben einen anmutigen Garten einrichtete, in dessen Mitte er nach unserer Art, da es an Quellwasser nicht fehlte, einen schönen und klaren Teich anlegte und diesen ohne Mühe mit vielerlei Fischen anfüllte. Während er nun an nichts anderes dachte, als seinen Garten mit jedem Tage zu verschönern, geschah es einst, daß König Karl, um sich in der Sommerhitze etwas zu erfrischen, sich nach Castello a Mare begab. Als er hier von der Schönheit von Herrn Neris Garten hörte, wünschte er diesen kennenzulernen. Da er nun zugleich vernahm, wem er gehöre, so hielt er es für angemessen, weil der Ritter der ihm entgegengesetzten Partei angehörte, sich diesem um so freundlicher zu zeigen, weshalb er ihm melden ließ, daß er am folgenden

Karl I. von Anjou (1220–1285), Bruder Ludwigs IX. (des Heiligen) von Frankreich, war bis 1265 Graf der Provence. Papst Clemens IV., ehemaliger Jurist Ludwigs IX., beauftragt den Königsbruder, die staufische Herrschaft in italien zu vernichten. Er belehnte den Grafen im Juni 1265 mit Neapel und Sizilien. Karl marschiert, das gute Wetter ausnützend, gegen alle Bräuche der Kriegsführung mitten im Winter gegen Neapel.

In der Schlacht von Benevent siegt er über den Staufer Manfred, der fällt. Im Gegensatz zum brillanten Manfred (siehe Dantes Charakterzeichnung: „Purgatorio" III) war Karl von stumpfem, unempfindlichem Naturell, dazu geizig und bar jedweder Großmut gegen besiegte Gegner. Als der siebzehnjährige Konradin, der letzte Hohenstaufer, aus seinen schwäbischen Stammlanden auszog, um das Reich des Großvaters zurückzuerobern, und 1268 bei Tagliacozzo durch eine Kriegslist von Karl besiegt wurde, nahm dieser den Skandal auf sich, den Jüngling öffentlich hinrichten zu lassen.

Das Thema des Zehnten Tages ist die Großmut. Diese adelige Tugend ist eigentlich ein verpflichtender Verzicht: der Stärkere verzichtet darauf, gegen den Schwächeren Gewalt auszuüben, und steht ihm statt dessen in irgendeiner Weise bei. Der Verzicht, die eigene Gewalt zu gebrauchen, hat etwas Bestechendes durch die Gebärde der Verschwendung, des großherzigen Weggebens (einer Gelegenheit). Keine Tugend ist daher besser geeignet, die Macht zu verklären. In der Novelle kehrt sich das herkömmliche Verhältnis um. Karl von Anjou, von grobem Naturell, ist dem feinsinnigen Spiel des zum Augengenuß inszenierten Eros nicht gewachsen. Er enträt zu sehr der persönlichen Souveränität, um großmütig zu sein.

Lage und Reichtum des Königreichs Neapel erlaubten Karl, mediterrane Großmachtpolitik zu betreiben. Seine Kriegsvorbereitungen zielten bereits auf die Eroberung von Byzanz, als der plötzliche Zusammenbruch einsetzte. Am 30. März 1282 begann in Sizilien der Aufstand gegen die unbeliebte französische Herrschaft („Sizilianische Vesper"). Peter III. von Aragon wurde zum König von Sizilien gekrönt. Der Verlust dieser Insel stempelte das Königreich Neapel schlagartig zur zweitklassigen Macht. Noch zweimal, 1283 und 1284, versuchte der Anjoine, Sizilien zurückzuerobern; doch beide Male schlug Peter III. die neapolitanische und französische Flotte vernichtend. Den katastrophalen Ausgang der dritten Expedition erlebte Karl I. nicht mehr: 1285 starb er, enttäuscht und verbittert. Den Zeitgenossen war diese Herrscherfigur alles andere denn ein Vorbild in Sachen Großmut (siehe auch Dantes abschätziges Urteil: „Purgatorio" VII, 124 ff).

Die Erzählung greift hier ein des öfteren behandeltes Thema auf: der Herrscher verliebt sich in eine badende Frau, die ihm rechtens unerreichbar bleibt, die er sich aber kraft der herrscherlichen Macht verschafft. Das bekannteste Beispiel ist die Geschichte von König David und Batseba, deren Mann Urija in den Tod geschickt wird, damit David freie Hand bekommt (2 Samuel 11).

Abend mit vier Gefährten ganz still bei ihm in seinem Garten speisen wolle. Herrn Neri war dies sehr erwünscht, und nachdem er alles prächtig angeordnet und mit seiner Familie verabredet hatte, was geschehen solle, empfing er den König so freundlich, wie er nur wußte und konnte, in seinem schönen Garten.

Nachdem der König den Garten und das ganze Haus des Herrn Neri beschaut und belobt hatte, wusch er sich die Hände und setzte sich an einen der Tische, die am Rande des Teiches aufgestellt waren. Dann befahl er dem Grafen Guido von Montfort, der einer seiner Begleiter war, sich ihm an die eine, und Herrn Neri, sich an die andere Seite zu setzen. Drei andern aber, die mit ihnen gekommen waren, gebot er, sie nach der Ordnung zu bedienen, welche Herr Neri vorgeschrieben habe. Köstliche Speisen wurden aufgetragen, und die Weine waren vorzüglich und kostbar. Die Anordnung war schön und sehr lobenswert, und weder Lärm noch Unruhe störten. Alles dies wurde vom Könige sehr gelobt.

Während er nun in dieser Weise noch fröhlich speiste und sich der Stille des Ortes erfreute, siehe, da traten zwei Jungfrauen ein, die etwa fünfzehn Jahre alt sein mochten und deren blondes, goldnen Fäden gleichendes Haar reich geringelt und über den frei niederfallenden Locken von einem leichten Kranz von Immergrün umwunden war. Im Antlitz glichen sie eher Engeln als irgend etwas anderem, so zart und schön waren ihre Züge. Bekleidet waren sie mit nichts als dem feinsten schneeweißen Linnen, das sie auf dem bloßen Leibe trugen. Über dem Gürtel war dies Gewand enganliegend, unter demselben aber erweiterte es sich gleich einem Zeltdache und reichte bis auf die Füße. Die Vorangehende trug auf ihren Schultern ein paar Fangnetze, die sie mit der linken Hand hielt, während sie in der rechten einen langen Stab trug. Die andere, welche ihr folgte, hatte auf der linken Schulter eine Pfanne, unter derselben ein kleines Bündel Reisig und in der Hand einen Dreifuß, während sie in der andern Hand einen Ölkrug und eine brennende Fackel trug. Als der König sie sah, erstaunte er und erwartete neugierig, was dies zu bedeuten habe.

Ehrbar und schüchtern traten die Jungfrauen vor, machten dem König ihre Verbeugung und begaben sich dann dahin, wo man in den Teich hinabstieg. Die eine, welche die Pfanne trug, setzte diese und danach die andern Dinge nieder und ergriff den Stab, welchen die andere trug, worauf beide in den Teich hinabstiegen, dessen Wasser ihnen bis an die Brust reichte. Einer der Diener des Herrn Neri zündete schnell das Feuer an und setzte die Pfanne auf den Dreifuß, und nachdem er das Öl hineingetan hatte, erwartete er, daß die Jungfrauen ihm Fische zuwürfen. Inzwischen störte die eine mit ihrem Stab die Fische an den Stellen des Teiches auf, wo sie sich, wie sie wußte, zu verbergen pflegten, die andere aber hielt ihnen dann die Netze entgegen, und so fingen sie zum großen Vergnügen des Königs, der aufmerksam zusah, in kurzer Zeit eine Menge von Fischen.

Einige von diesen warfen sie dem Diener zu, der sie beinahe noch lebend in die Pfanne tat. Dann aber begannen sie, wie sie angewiesen waren, immer noch schönere zu fangen und diese auf die Tafel vor den König, den Grafen Guido und ihren Vater hinzuwerfen. Die

Fische schnellten sich auf dem Tisch umher, woran der König das größte Ergötzen hatte und einige davon ergriff, um sie den Jungfrauen huldreich wieder zurückzuwerfen, und so scherzten sie eine Weile, bis der Diener diejenigen zubereitet hatte, die ihm gereicht worden waren. Diese wurden mehr als ein Zwischengericht denn als eine seltene und kostbare Speise, wie Herr Neri befohlen hatte, dem König vorgesetzt.

Als die Jungfrauen den Fisch bereitet sahen und zur Genüge gefischt hatten, verließen sie den Teich, wobei ihr weißes und zartes Gewand sich so fest an ihren Körper schmiegte, daß fast nichts von ihrem zarten Leibe dadurch verborgen blieb. Dann nahm jede die mitgebrachten Sachen wieder auf, und schamhaft vor dem König vorüberschreitend, zogen sie sich ins Haus zurück.

Der König, der Graf und die übrigen, die bei Tische bedienten, hatten die Jungfrauen eifrig betrachtet, und jeder hatte sie bei sich als schön und wohlgebildet, zugleich aber auch als anmutig und gesittet gelobt. Vor allen andern aber hatten sie dem König sehr gefallen. Als sie aus dem Wasser kamen, hatte er jeden Teil ihres Körpers so aufmerksam betrachtet, daß, sollte ihn jemand in diesem Augenblick gestochen haben, er es nicht gefühlt hätte. Während er nun immerzu an sie dachte, ohne noch zu wissen, wer sie waren und welcher Art seine Gedanken, fühlte er im Herzen ein so brennendes Verlangen erwachen, ihnen zu gefallen, daß er wohl erkannte, er sei im Begriff sich zu verlieben, wenn er sich nicht davor hüte. Welche von beiden ihm am besten gefallen hatte, wußte er selbst nicht zu sagen, so ähnlich waren sie einander in allen Stücken. Nachdem er jedoch etwas in solchen Gedanken verweilt hatte, wandte er sich zu Herrn Negi und fragte ihn, wer diese beiden Mägdlein seien. „Gnädiger Herr", antwortete ihm Neri, „es sind meine Töchter, beide zusammen geboren, von denen die eine Ginevra die Schöne, die andere Isotta die Blonde heißt." Der König lobte sie von neuem sehr und forderte ihn auf, sie zu vermählen. Herr Neri entschuldigte sich jedoch mit der Bemerkung, daß er das in seinen jetzigen Umständen nicht könne.

Die Abbildung oben gibt ein italienisches *Fresko* des 14. Jahrhunderts wieder, das eine damalige *Badeszene* zeigt.

„Zwillingspaare haben wegen des Wunderbaren der Ähnlichkeit und vielfältigen Zusammengehörigkeit zweier Menschen überall auf der Erde ... stets die größte Beachtung auf sich gezogen, und so die Phantasie der Erzähler wie der Dichter stark beschäftigt" (Wolfgang Schadewaldt: „Griechische Sternsagen").

273

Neri choreographiert auf der erlesensten Bühne – in seinem Garten – die Aufführung des allerfeinsten Eros: des jugendlichen nämlich, dem die kindliche Unschuld ästhetisch noch zugemutet werden darf und der doch bereits körperliche Verlockung ausstrahlt. Daß der Ritter für dieses Spiel seine Töchter aussieht, ist ein äußerster Vertrauensbeweis gegenüber dem antighibellinischen König.

Die Mahnrede des Grafen Guido enthält den Appell, der König solle „den Kopf behalten". Der Konflikt zwischen dem Kopf (als Sitz des Willens und Geistes) und den Begierden findet in der Kunst seinen Niederschlag vor allem in Enthauptungsdarstellungen. Das auf der gegenüberliegenden Seite wiedergegebene Gemälde „Judith" von Christofano Allori (1577–1621) nimmt auf eine in der Bibel berichtete mystische Episode Bezug: Als das „Heer Nebukadnezzars" unter Holofernes die israelitische Stadt „Betulia" belagert, begibt sich eine schöne Witwe namens Judit als scheinbare Verräterin in sein Lager. Bei einem Gelage bestellt Holofernes sie zu sich; als er einschläft, ergreift sie sein Schwert: „Und sie schlug zweimal mit ihrer ganzen Kraft auf seinen Nacken und hieb ihm den Kopf ab" (Judit 13,8). Mit ihrer Magd bringt sie das Haupt in die Stadt; die Israeliten greifen die führerlosen Assyrer an und vernichten sie. Die Judit-Darstellungen waren zwar immer eine Mahnung an die Männer, den Begierden nicht kopflos nachzugeben; aber bis zum 16. Jahrhundert blieb Judit selber „rein". Doch dann wurde sie zum Inbild einer dirnenhaften, gefährlichen Verführerin. Der Gesichtsausdruck (Allori hat eine Frau abgebildet, in die er unglücklich vernarrt war) zeigt eine Mischung von postkoitaler Sättigung, Überdruß und erneuter Einladung.

Während nun von dem, was zum Mahl gereicht werden sollte, nichts mehr ausstand als die Früchte, kamen die beiden Jungfrauen, in zwei Jäckchen vom schönsten Zindeltaffet gekleidet, mit zwei großen silbernen Schüsseln in der Hand, die voll der verschiedenartigsten Früchte waren, wie die Jahreszeit sie brachte, und setzten sie vor dem König auf die Tafel. Als sie dies getan, traten sie etwas zurück und stimmten einen Gesang an, dessen Worte folgendermaßen beginnen:

> Wohin, o Amor, du mich hast geführt,
> Das ist mit Worten nicht zu sagen . . .

und sangen diesen so hold und anmutig, daß es dem König, der sie mit Entzücken ansah und anhörte, nicht anders war, als wären alle himmlischen Heerscharen herniedergestiegen, um zu singen. Als das Lied zu Ende war, knieten sie ehrerbietig vor dem König nieder und baten um ihre Entlassung. So leid ihm nun auch ihr Abschied tat, so bewilligte er ihnen denselben doch mit heiterer Miene. Nachdem sodann das Mahl geendet und der König mit seinen Begleitern wieder zu Roß gestiegen war und Herrn Neri verlassen hatte, kehrte die Gesellschaft von diesem und jenem sprechend, ins königliche Hoflager zurück.

Hier hielt der König seine Neigung zwar verborgen, doch keine wichtige Staatsangelegenheit, die sich ereignete, machte ihn die Schönheit und Anmut Ginevras der Schönen vergessen, der zuliebe er auch die ihr so ähnliche Schwester liebte, und so fest verstrickte er sich bald in den Liebesbanden, daß er beinahe keinen andern Gedanken mehr zu fassen wußte. So unterhielt er denn unter allerlei Vorwänden eine enge Verbindung mit Herrn Neri und besuchte gar häufig dessen schönen Garten, nur um Ginevra zu sehen.

Als er diese Qualen nicht mehr zu ertragen vermochte und als es ihm in Ermangelung eines andern Auswegs in den Sinn gekommen war, nicht nur eine, sondern beide Jungfrauen ihrem Vater zu rauben, offenbarte er dem Grafen Guido zugleich seine Liebe und diesen Vorsatz. Dieser aber war ein ritterlicher Mann, und deshalb erwiderte er dem König: „Gnädiger Herr, was Ihr mir sagt, versetzt mich in großes Staunen; und dieses Staunen ist deshalb in mir um vieles größer, als es bei irgendeinem andern wäre, weil ich Eure Gesinnung von Kindheit an bis zu diesem Tage besser als irgendein anderer gekannt zu haben glaube. Doch nie habe ich in Eurer Jugend, in welcher doch die Liebe leichter über Euch hätte Macht gewinnen sollen, solche Leidenschaft in Euch wahrzunehmen geglaubt. Deshalb scheint mir, was ich von Euch höre, daß Ihr, dem Alter schon nahe, in leidenschaftlicher Liebe entbrannt seid, so neu und seltsam, daß es mich fast ein Wunder dünkt. Käme es mir zu, Euch deshalb zu tadeln, so wüßte ich wohl, was ich Euch mit Rücksicht darauf zu sagen hätte, daß Ihr, noch mit den Waffen in den Händen, in dem neugewonnenen Reiche unter einem Euch wenig bekannten Volke weilt, das voller List und Verrat ist, sowie darauf, daß Ihr, hinreichend beschäftigt mit großen Sorgen und den wichtigsten Angelegenheiten, Euch noch nicht einmal zur Ruhe habt niedersetzen können, und unter so ernsten Umständen dennoch einer schmeichlerischen Liebe Raum geben konntet. Dies ist nicht die

Weise eines hochherzigen Königs, sondern die eines kleinmütigen Jünglings. Überdies aber sagt Ihr mir, was noch weit schlimmer ist, daß Ihr beschlossen habt, dem armen Ritter seine beiden Töchter zu entreißen, der Euch in seinem Hause über sein Vermögen geehrt hat und Euch diese, um Euch noch höher zu ehren, fast nackend hat sehen lassen, indem er hierdurch bezeugte, wie groß das Vertrauen war, das er auf Euch setzte, und wie zuversichtlich er überzeugt war,

Alloris „Judith" (vgl. Kommentar der Seite gegenüber) versinnbildlicht die Auseinandersetzung des Menschen mit seinen Begierden.

daß Ihr ein König und kein räuberischer Wolf seid. Wie, ist Euch schon so bald entfallen, daß es gerade die Gewalttaten Manfreds waren, die Euch den Eingang in dieses Reich öffneten? Und welch ein Verrat ward je begangen, der einer ewigen Strafe würdiger wäre als dieser, durch den Ihr dem, der Euch geehrt hat, seine Ehre, seine Hoffnung und seinen Trost raubtet? Was sollte man von Euch sagen, wenn Ihr das tätet? Vielleicht haltet Ihr es für eine hinreichende Entschuldigung, wenn Ihr sagt: Ich tat es, weil er ein Gibelline ist! Doch ist das die Gerechtigkeit eines Königs, daß die, welche sich, wer immer sie auch seien, unter seinen Schutz begeben haben, also behandelt werden? Ich erinnere Euch daran, o König, daß es Euch zu großem Ruhm gereicht, Manfred besiegt zu haben, daß es aber zu noch viel größerem Ruhm gereicht, sich selbst zu besiegen. Darum besieget Ihr, der Ihr andere zu lenken und zu strafen habt, zuerst Euch selbst, zügelt diese Begierde und beschmutzt nicht mit einem solchen Schandfleck, was Ihr so ruhmreich gewonnen habt.''

Diese Worte verwundeten das Gemüt des Königs tief und betrübten ihn um so mehr, je mehr er sie für wahr erkennen mußte. Deshalb sprach er nach manchem inbrünstigen Seufzer also: ,,Graf, wahrlich erkenne ich jetzt, daß jeder andere Feind, wie stark er auch sei, dem erfahrenen Krieger im Vergleich zu seiner eigenen Begierde schwach und leicht zu besiegen scheint; doch wie groß auch mein Schmerz sei, und wie unermeßlich die Kraft, deren es bedarf: Eure Worte haben mich so angespornt, daß, bevor viele Tage vergehen, ich durch die Tat beweisen will, wie ich nicht nur andere zu besiegen verstand, sondern auch Herr über mich selbst zu werden vermag.''

Nicht einmal die Mitgift für die Töchter ist großmütig und uneigennützig; der König verschafft sich durch diesen konventionellen Akt eine äußere Bremse, da es ihm an innerer Selbstbeherrschung fehlt.

In der Tat vergingen nach diesen Worten nicht viele Tage, daß der König, der nach Neapel zurückgekehrt war, sich entschloß, die beiden Jungfrauen wie seine eigenen Töchter zu vermählen, um sich so selbst die Möglichkeit zu nehmen, übel zu tun, und auch Ritter Neri die Bewirtung zu lohnen, die er bei ihm empfangen hatte. Und er tat es, so schwer es ihm auch wurde, einen andern zum Besitzer dessen zu machen, was er für sich selber glühend begehrte.

Mit Bewilligung des Herrn Neri stattete er sie glänzend aus und gab dann Ginevra die Schöne dem Herrn Maffeo da Pallizzi und Isotta die Blonde dem Herrn Guiglielmo della Magna, die beide edle Ritter und große Herren waren, zu Gattinnen. Nachdem er sie diesen übergeben hatte, ging er mit unbeschreiblichem Schmerz nach Apulien. Dort bewältigte er durch unaufhörliche Anstrengungen seine wilde Glut dergestalt, daß er, nachdem der diese Liebeskette gesprengt und zerbrochen hatte, von solcher Leidenschaft frei blieb, solange er noch lebte.

Vielleicht wird es nicht an solchen fehlen, die behaupten, es sei für einen König ein kleines, zwei Jungfrauen verheiratet zu haben. Ich werde das zugeben; allein für groß, ja für sehr groß werde ich es immerdar halten, daß ein liebender König dies tat, daß er die verheiratete, die er liebte, ohne von seiner Liebe Blatt, Blume oder Frucht geerntet zu haben oder sich zu nehmen. So aber handelte dieser großmütige König, indem er den edlen Ritter hoch belohnte, die geliebten Jungfrauen auf lobenswerte Weise ehrte und sich selbst tapfer überwand.

Zehnter Tag, Zehnte Novelle

*Der Markgraf von Saluzzo wird durch die Bitten seiner Leute genö-
tigt, eine Frau zu nehmen. Um sie aber nach seinem Sinne zu haben,
wählt er die Tochter eines Bauern und zeugt mit ihr zwei Kinder. Er
macht sie glauben, daß er diese getötet habe, und sagt ihr dann, er sei
ihrer überdrüssig und habe eine andere geheiratet. Zum Schein läßt er
seine eigene Tochter nach Hause zurückkehren, als wäre diese seine
Gemahlin, und verjagt jene im bloßen Hemde. Da er sie bei dem
allem geduldig findet, nimmt er sie zärtlicher denn je wieder in sein
Haus, zeigt ihr ihre erwachsenen Kinder, ehrt sie und läßt sie als
Markgräfin ehren.*

Als die lange Geschichte des Königs, die dem Anschein nach allen
gefallen hatte, zu Ende war, sprach Dioneo lächelnd: „Der gute
Mann, der vorgehabt hat, in der kommenden Nacht den gehobenen
Schweif des Gespenstes zu demütigen, hätte wohl keine zwei Heller
für all das Lob gegeben, das ihr Herrn Torello spendet." Dann aber,
da ihm bewußt war, daß nur er noch zu erzählen hatte, begann er:
Meine gefälligen Damen, wie es mir scheint, hat der heutige Tag nur
Königen, Sultanen und dergleichen Leuten gehört. Um mich also
nicht allzu weit von euch zu entfernen, will ich euch von einem
Markgrafen erzählen; doch nicht eine großmütige Handlung, sondern eine törichte Roheit, wiewohl sie am Ende ihm zum Guten
ausschlug. Indes rate ich niemandem, ihm darin zu folgen; denn
wahrlich, es ist sehr zu bedauern, daß diesem gar Gutes daraus zuteil wurde.
Schon lange ist es her, daß unter den Markgrafen von Saluzzo das
Haupt des Hauses ein junger Mann war, der Gualtieri hieß und
unbeweibt und kinderlos seine Zeit mit nichts anderem verbrachte
als mit der Jagd und dem Vogelstellen und nicht daran dachte, eine
Frau zu nehmen und Kinder zu haben, weshalb er für sehr weise zu
halten war. Seinen Leuten gefiel dies jedoch keineswegs, und öfters
baten sie ihn, sich zu vermählen, damit nicht er ohne Erben und sie
ohne Herrn blieben. Auch erboten sie sich, ihm eine Gemahlin zu
suchen, von solchen Eigenschaften und von solchen Eltern stam-
mend, daß man Gutes von ihr erhoffen könnte, ihrem Gemahl aber
durch sie nur Freude erwüchse.
Doch Gualtieri erwiderte ihnen: „Meine Freunde, ihr nötigt mich,
zu tun, was niemals zu tun ich fest entschlossen war, indem ich
erwog, wie schwer es sei, ein Weib zu finden, das mit den Gewohnheiten des Gatten wohl übereinkommt, welch ein Überfluß am
Gegenteil vorhanden sei und welch trauriges Leben der führe, der
auf eine Gattin trifft, die nicht zu ihm paßt. Zu sagen, daß ihr euch
getraut, an den Sitten der Väter und Mütter die Töchter zu erkennen, und daraufhin zu glauben, daß ihr mir eine aussuchen könntet,
die mir sicher gefallen werde, ist eine Torheit. Ich wenigstens weiß
nicht, wie ihr die Väter erkennen und die Geheimnisse der Mütter
entdecken wollt, und selbst wenn ihr es vermöchtet, wie oft sind die
Töchter den Vätern und Müttern unähnlich! Weil ihr mich aber
einmal in diese Ketten schmieden wollt, so will ich es zufrieden sein.

Damit ich mich jedoch, wenn es übel ausschlagen sollte, über niemand anders als über mich selbst zu beklagen habe, so will ich selbst der Finder sein. Zugleich aber versichere ich euch, wenn die, welche ich wählen werde, sei sie auch, wer sie wolle, von euch nicht als eure Herrin geehrt wird, dann sollt ihr zu eurem großen Schaden erfahren, wie schwer es mir fällt, mich gegen meinen Wunsch zu vermählen." Die wackeren Männer erwiderten, daß sie damit zufrieden seien, wenn er sich nur entschließen wolle, eine Gemahlin zu nehmen.

Schon lange hatte Herr Gualtieri Wohlgefallen an einem armen Mädchen gefunden, das in einem Dorfe nahe bei seinem gewöhnlichen Aufenthaltsort wohnte, und da er sie auch schön fand, glaubte er, daß er mit ihr ein recht zufriedenes Leben werde führen können. Ohne daher weiter zu suchen, beschloß er, diese zu ehelichen. Er ließ sich den Vater rufen und wurde mit diesem, der ein ganz armer Mann war, einig, sie zur Frau zu nehmen. Alsdann ließ Gualtieri alle seine Freunde aus der Umgegend zusammenrufen und sprach zu ihnen: „Meine Freunde, es hat euch gefallen und ist noch immer euer Wunsch, daß ich mich entschließe, eine Frau zu nehmen. Nun bin ich dazu entschlossen, mehr um euch gefällig zu sein, als weil ich nach einer Frau verlangte. Ihr wißt, was ihr mir versprochen habt, daß ihr nämlich, wen ich auch zur Frau nehmen möchte, zufrieden sein und sie als Herrin ehren wollt. Nun ist die Zeit gekommen, wo ich im Begriff stehe, mein Versprechen zu halten, aber auch verlange, daß ihr das eurige haltet. Ich habe eine Jungfrau nach meinem Herzen nahe von hier gefunden, die ich zur Gattin zu nehmen und daher in wenigen Tagen in mein Haus zu führen gedenke. Tragt daher Sorge, wie das Hochzeitsfest glänzend zu veranstalten und die Braut ehrenvoll zu empfangen sei, damit ich mit eurem Worthalten mich ebenso zufrieden erklären könne, wie ihr Grund haben sollt, mit dem meinigen zufrieden zu sein."

Die guten Männer erwiderten voller Freude, das sei ihnen genehm und sie sähen die Erwählte, möchte sie auch sein, wer sie wolle, für ihre Herrin an und ehrten sie in allen Stücken als Herrin. Hierauf rüsteten sie sich alle, das Fest schön, groß und fröhlich zu machen, und dasselbe tat Gualtieri. Er ließ die Hochzeit auf das prächtigste und schönste vorbereiten und viele seiner Freunde und Verwandten und vornehme Edelleute und andere Nachbarn dazu einladen. Ferner ließ er eine Menge schöner und reicher Kleider nach dem Maße eines Mädchens zuschneiden, das ihm von der gleichen Gestalt zu sein schien wie die Jungfrau, die zu heiraten er beschlossen hatte. Auch besorgte er Gürtel und Ringe und einen reichen und schönen Brautkranz samt alledem, was einer Neuvermählten sonst noch gebührt.

Als nun der Tag gekommen war, den er zur Hochzeit bestimmt hatte, stieg Gualtieri in der zweiten Morgenstunde zu Pferde und mit ihm alle die, welche ihn zu ehren gekommen waren, und nachdem er alles Nötige angeordnet hatte, sprach er: „Ihr Herren, nun ist es Zeit, die Braut zu holen." Darauf machte er sich mit seiner ganzen Begleitung auf den Weg, und als sie das Vaterhaus des Mädchens erreicht hatten, fanden sie diese in großer Eile mit Wasser vom Brunnen zurückkehren, weil sie dann mit anderen Frauen

Ausschnitt aus einer *Illustration der Griselda-Erzählung* von *Francesco Pesellino* (1422–1457). Indem der Künstler den Vater in die Mitte stellt, macht er aus dem Geschehen eine ganz gewöhnliche Trauszene (siehe S. 170). Im Text selbst stellt aber Gualtieri die Frage, die eigentlich die Beamte zu stellen hätte. Der Künstler fügt noch Griseldas Mutter hinzu (da sie zwischen Griselda und dem Betrachter steht, hätte sie ein wenig nach unten versetzt werden müssen). Damit wird nicht nur die Bildkomposition ausgewogener und die Brutalität der Gegenüberstellung einer nackten Frau und einer bekleideten männlichen Gruppe (siehe auch S. 252/53) gemildert, sondern auch das Weibliche in seinen beiden Aspekten innerhalb der patriarchalischen Ordnung dargestellt: als erotisches Objekt (jung und nackt) und als betende Matrone – in beiden Fällen passiv.

Millicent J. Marcus unterstreicht die Bedeutung der Öffentlichkeit und Gualtieris Macht über dieselbe: „Wie fast jedes Ereignis in dieser Erzählung ist Gualtieris anfängliche Begegnung mit Griselda ein öffentliches Ereignis, und bevor sie dazu kommt, sich vom Schock seines Angebots zu erholen, wird sie öffentlich entkleidet, öffentlich eingekleidet und öffentlich vermählt."

ausgehen wollte, um die Braut des Herrn Gualtieri kommen zu sehen. Als Gualtieri sie erblickte, rief er sie bei ihrem Namen, nämlich Griselda, und fragte sie, wo ihr Vater sei. Verschämt antwortete sie ihm: „Mein Gebieter, er ist im Hause."

Nun stieg Gualtieri vom Pferde, befahl jedermann, ihn zu erwarten, trat allein in die ärmliche Hütte, wo er ihren Vater fand, der Giannucole hieß, und sagte zu ihm: „Ich bin gekommen, um die Griselda zu freien. Zuvor will ich jedoch in deiner Gegenwart sie über etwas fragen." Und nun fragte er sie, ob sie, wenn er sie zur Frau nähme, immerdar bestrebt wäre, ihm zu Gefallen zu leben und sich über nichts, was er auch sagen und tun möchte, zu erzürnen, ob sie gehorsam wäre und viele ähnliche Dinge, welche sie sämtlich mit Ja beantwortete. Hierauf nahm Gualtieri sie bei der Hand, führte sie hinaus, ließ sie in Gegenwart seiner ganzen Begleitung und aller übrigen Personen sich nackt auskleiden und ihr dann die Kleider anlegen, die er für sie hatte machen lassen und die auf seinen Befehl herbeigebracht worden waren, ließ sie beschuhen und auf ihr Haar, so verworren es auch war, einen Kranz setzen. Dann aber sprach er, während sich noch alle über dieses Verfahren wunderten: „Ihr Herren, diese ist es, die nach meiner Absicht meine Frau werden soll, wofern sie mich zu ihrem Manne will." Dann wandte er sich zu ihr, die zweifelnd und sich schämend dastand, und sagte: „Griselda, willst du mich zu deinem Manne?" Sie aber antwortete: „Ja, mein Gebieter." „Und ich", sprach er, „will dich zu meiner Frau." Und so verlobte er sich mit ihr in aller Gegenwart. Dann hieß er sie ein Roß besteigen und führte sie ehrenvoll begleitet nach seinem Hause.

Hier war die Hochzeit groß und prächtig und die Festlichkeiten nicht anders, als wenn er die Tochter des Königs von Frankreich heimgeführt hätte. Die Braut aber schien mit den Kleidern auch Gesinnung und Sitten gewechselt zu haben. Sie war, wie wir schon sagten, schön von Antlitz und Gestalt, und so schön sie war, so anmutig, gefällig und gesittet wurde sie nun, so daß man nicht mehr geglaubt hätte, sie sei die Tochter des Giannucole und eine Schafhirtin gewesen, sondern das Kind eines adeligen Herrn, wodurch sie denn einen jeden in Erstaunen versetzte, der sie vorher gekannt hatte.

Dabei war sie ihrem Manne so gehorsam und so dienstbeflissen gegen ihn, daß er sich für den glücklichsten und zufriedensten Menschen auf der Welt hielt; gegen die Untertanen ihres Gemahls aber war sie so freundlich und wohlwollend, daß keiner darunter war, der sie nicht mehr als sich selbst geliebt und ihr mit Freuden Ehrfurcht bewiesen hätte. Alle beteten für ihr Wohl, ihr Glück und ihre Erhebung, und diejenigen, welche sonst häufig gesagt hatten, Gualtieri habe unverständig gehandelt, sie zur Frau zu nehmen, beteuerten nun, er sei der verständigste und scharfsinnigste Mann auf der Welt gewesen, weil kein anderer als er vermocht hätte, ihre hohe Tugend, versteckt unter ärmlichen Lumpen und bäuerischer Kleidung, zu erkennen.

Und kurz, nicht nur in ihrer Markgrafschaft, sondern überall wurde, ehe eine lange Zeit verstrichen war, von ihrer Tugend und ihren guten Werken rühmend gesprochen, und alles, was man vielleicht

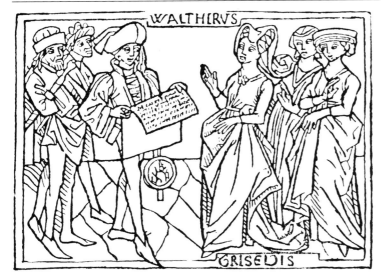

Holzschnitt aus einer Ausgabe von *Giovanni Boccaccios „De claris mulieribus"* („Über berühmte Frauen") des Ulmer Druckers Johann Zainer aus dem Jahr 1473. Gualtieri liest den fingierten päpstlichen Scheidebrief vor. Die überlangen spitzen Schuhe entsprechen der damals vorherrschenden Mode des burgundischen Hofes. –

Der Psychoanalytiker Otto Rank weist darauf hin, daß in zahlreichen Sagen dieses Motiv (Text unten) vorkommt: der Vater nimmt der Mutter die Tochter weg, um jene zu prüfen, und geht, um die Prüfung auf die Spitze zu treiben, eine Scheinehe mit der Tochter ein. Rank kommt zum Schluß, daß all diesen Erzählungen ein Inzest zugrunde liegt: der Vater verstößt die Mutter, um sich die Tochter anzueignen. Jedoch das „aller Logik hohnsprechende Zeitintervall bis zur Reifung der Tochter" beweise, daß das ursprüngliche Inzestmotiv selbst bei Boccaccio nicht gänzlich ausgelöscht werde. Rank zitiert ein paralleles isländisches Volksmärchen: „Am Abend, als man sich zur Ruhe begibt, will auch der König mit seiner neuen Königin (seiner Tochter!) sich niederlegen; er befiehlt der Grishildur (seiner ehemaligen Frau und Mutter der neuen Gemahlin) ein kleines Licht zu nehmen, es anzuzünden, zwischen den Fingern zu halten und sie beide zu Bette zu begleiten.
Grishildur tut so und leuchtet ihnen, während sie sich niederlegen. Die neue Königin steigt zuerst ins Bett und der König tut es ebenfalls. Da war das Licht, das Grishildur hielt, so weit herabgebrannt, daß es an ihren bloßen Fingern brannte. Der König fragte, ob sie sich nicht brenne. Grishildhur antwortete:
,Es schmerzen die brennenden Finger.
Aber noch mehr schmerzt das trauernde Herz.'
Und sie vergoß Tränen. Da ertrug es der König nicht länger . . ."

gegen ihren Gemahl gesagt haben mochte, als er sie zur Braut erwählte, verwandelte sich in das Gegenteil.

Nicht lange war sie mit Gualtieri vermählt, als sie guter Hoffnung ward und zur gebührenden Zeit eine Tochter gebar, über welche Gualtieri die größte Freude hatte. Bald darauf verfiel er jedoch auf den seltsamen Gedanken, durch langwierige Erfahrung und fast unerträgliche Proben ihre Geduld prüfen zu wollen. Zuerst fing er an, sie durch Worte zu kränken, indem er unwillig tat und sagte, seine Untertanen seien um ihrer niederen Geburt willen sehr unzufrieden mit ihr, am unzufriedensten aber, seit sie sähen, daß Griselda ihm Kinder bringe, wie sie denn über die Tochter, welche sie geboren, voller Mißvergnügen unablässig murrten.

Als die Frau diese Worte vernahm, sprach sie, ohne den Ausdruck ihrer Züge oder ihre guten Vorsätze im mindesten zu ändern: „Mein Gebieter, tue mit mir, was deinem Glauben nach deiner Ehre und Ruhe am förderlichsten ist. Ich werde mit allem zufrieden sein, da ich erkenne, wieviel geringer ich bin als jene und wie wenig ich der Ehre würdig war, zu der du mich durch deine Güte erhoben hast." Diese Antwort war dem Gualtieri sehr angenehm, da sie ihm zeigte, daß die Ehre, welche er oder andere ihr erwiesen, auch nicht den kleinsten Stolz in ihr erweckt hatte.

Kurze Zeit darauf schickte er jedoch, nachdem er mit ganz allgemeinen Worten seiner Frau mitgeteilt hatte, seine Untertanen wollten die von ihr geborene Tochter nicht dulden, einen insgeheim unterwiesenen Diener zu ihr, der mit gar betrübten Gebärden zu ihr sagte: „Madonna, wenn ich nicht sterben will, muß ich tun, was mein Herr mir geboten hat. Er hat mir befohlen, diese Eure Tochter zu nehmen und sie . . ." und mehr sagte er nicht. Als die Dame diese Worte vernahm, das Antlitz des Dieners sah und zugleich sich der Worte ihres Gemahls erinnerte, erriet sie, daß jenem befohlen sei, ihr Kind zu töten. Rasch nahm sie es daher aus der Wiege, küßte und segnete es, und so groß auch der Schmerz war, den sie im

Das auf der gegenüberliegenden Seite wiedergegebene Gemälde *„Hiob im Elend lobt Gott"* von *Ippolito Scarsella* (1551–1620) bezieht sich auf die Preisung: „Der Herr hat gegeben, der Herr hat genommen; gelobt sei der Name des Herrn" (Ijob 1,21). Hiob (Ijob) sagt dies, nachdem er seinen ganzen Reichtum und seine Kinder verloren hat. Die stoische Weisheitslehre kommt dem sehr nahe. Der römische Philosoph Seneca (4–65 n. Chr.) hält den für weise, der alles als vom Schicksal geliehen betrachtet: „Er darf nicht furchtsam noch schrittweise gehen; er hat nämlich so großes Selbstvertrauen, daß er nicht zögert, dem Schicksal entgegenzugehen, noch jemals ihm ausweicht. Und er braucht es an keiner Stelle zu fürchten, weil er alles, was das Leben teuer macht – nicht nur Sklaven, Besitz und gesellschaftlichen Rang, sondern auch seinen eigenen Körper, Augen, Hand – und sogar sich selber unter das Geliehene rechnet. Er lebt, als sei er sich selber geliehen, und wird, wenn man zurückfordert, ohne Traurigkeit alles wieder aushändigen" („Über die Seelenruhe" XI,1). Wogegen sich Seneca aber verwahrt, das ist die von manchen griechischen Stoikern befürwortete Unerschütterlichkeit der Seele (Ataraxie), die völlige Leugnung des Schmerzes. Diese hält er für widernatürlich: „Die Vernunft dürfte genug leisten, wenn sie aus dem Schmerz das, was im Übermaß und Überfluß vorhanden ist, herausschneidet. Daß sie überhaupt keinen Schmerz entstehen lassen soll, darf man weder hoffen noch verlangen . . . Fließen sollen die Tränen, aber ebenso wieder aufhören . . ." („Ad Polybium de Consolatio" XVIII,6). Zu Griseldas völliger Selbstbeherrschung und Weisheit siehe „Themen" S. 110f. u. 114 f.

Herzen fühlte, so legte sie dennoch, ohne die Miene zu verändern, dem Diener das Kind in den Arm und sprach: „Nimm sie hin und tue alles, was dein und mein Herr dir geboten hat. Nur dafür trage Sorge, wenn er dir nicht ausdrücklich das Gegenteil befohlen hat, daß nicht Tiere oder Raubvögel sie verschlingen." Der Diener nahm das Kind, und als er Herrn Gualtieri berichtete, was seine Gattin gesagt hatte, staunte dieser über ihre Standhaftigkeit und schickte den Diener mit der Kleinen nach Bologna zu einer Dame seiner Verwandtschaft, welche er bat, sie sorgfältig zu erziehen und auszubilden, ohne ihr jedoch je zu entdecken, wessen Tochter sie sei.

Nach einiger Zeit geschah es, daß die Frau von neuem schwanger wurde und zur rechten Zeit ein Söhnlein gebar, was Herrn Gualtieri sehr erwünscht war. Da ihm aber, was er getan hatte, immer noch nicht genug dünkte, sprach er eines Tages, um sie mit noch größerem Schmerz zu verwunden, zornigen Angesichts zu ihr: „Frau, seitdem du diesen Knaben geboren hast, weiß ich mit meinen Leuten auf keine Art mehr auszukommen, so bitter beschweren sie sich darüber, daß ein Enkel des Giannucole nach mir über sie regieren solle. Daher fürchte ich, wenn ich nicht vertrieben werden will, gezwungen zu sein, wieder ähnlich zu handeln wie früher, und schließlich werde ich noch dich wegschicken und eine andere Frau nehmen müssen."

Die Dame hörte ihn mit geduldigem Mute an und antwortete nur: „Mein Gebieter, sorge nur, deine Ruhe zu gewinnen und deinem Wunsche zu genügen. Meinetwegen aber mache dir keinerlei Gedanken, denn alles ist mir lieb, wenn ich sehe, daß es dir gefällt."

Wenige Tage darauf sandte Gualtieri in derselben Art, wie er nach der Tochter verlangt hatte, nach dem Sohn, und auf die gleiche Weise machte er sie glauben, daß er ihn getötet habe, während er ihn, wie die Tochter, heimlich nach Bologna schickte, um ihn dort aufziehen zu lassen. Auch bei diesem Anlaß verriet die Frau weder in Worten noch in Gebärden mehr von ihrem Schmerz, als sie bei ihrer Tochter getan hatte, worüber Gualtieri sehr erstaunte und bei sich selbst beteuerte, kein anderes Weib vermöge Gleiches zu leisten. Hätte er nicht gesehen, wie zärtlich sie gegen ihre Kinder gewesen war, solange ihm dies gefiel, so hätte er geglaubt, sie handele so, weil sie sich nichts aus ihnen mache, während er jetzt in ihrem Benehmen ihre Weisheit erkannte.

Seine Untertanen glaubten, er habe die Kinder wirklich töten lassen, und tadelten ihn deshalb bitter. Wenn sie ihn aber für einen grausamen Mann hielten, so hatten sie mit der Frau das größte Mitleid. Diese jedoch erwiderte den Frauen, die vor ihr über ihre so getöteten Kinder wehklagten, immer nur: sie sei mit allem zufrieden, was dem gefalle, der die Kinder gezeugt habe.

Manche Jahre waren seit der Geburt der Tochter verstrichen, als es Herrn Gualtieri an der Zeit schien, die Geduld seiner Gattin einer letzten Probe zu unterwerfen. Er äußerte daher vor vielen der Seinigen, daß er es auf keine Weise mehr ertragen könne, die Griselda zur Frau zu haben und jetzt wohl einsehe, wie übel und jugendlich unbedacht er gehandelt habe, als er sie genommen. Daher wolle er nach Kräften versuchen, beim Papst eine Dispens zu erwirken, um eine andere Gattin wählen und Griselda verlassen zu können. Von

gar vielen wackeren Männern wurde er deshalb hart getadelt; allein er antwortete ihnen nur, daß es einmal so sein müsse. Als die Frau diese Nachrichten vernahm, machte sie sich darauf gefaßt, in ihr väterliches Haus zurückkehren und vielleicht, wie sie einst getan, die Schafe hüten zu müssen, dabei aber eine andere den besitzen zu sehen, den sie von ganzer Seele liebte. Wie sehr sie sich aber auch innerlich darüber betrübte, so schickte sie sich doch an, so wie sie die anderen Kränkungen des Schicksals ertragen hatte, nun auch diese mit fester Stirne zu bestehen.

Nicht lange darauf ließ Herr Gualtieri sich erdichtete Briefe einhändigen, als wären sie von Rom gekommen, und machte seine Untertanen glauben, der Papst habe ihm durch diese Dispens erteilt, daß er eine andere Frau nehmen und Griselda verstoßen könne. Deshalb ließ er denn diese vor sich kommen und sprach in Gegenwart vieler zu ihr: ,,Frau, durch die Erlaubnis des Papstes kann ich mir eine andere Gemahlin nehmen und dich verlassen, und weil meine Vorfahren Herren von hohem Adel und Gebieter dieses Landes gewesen sind, während die deinen nur Bauern waren, so will ich, daß du nicht länger meine Gattin seiest, sondern mit der Mitgift, die du mir zugebracht hast, nach Giannucoles Haus zurückkehrst. Ich aber werde eine andere heimführen, die ich als zu mir passend gefunden habe."

Als die Frau diese Worte vernahm, hielt sie nicht ohne große, die weibliche Natur übersteigende Kraft und Anstrengung ihre Tränen zurück und erwiderte: ,,Mein Gebieter, ich habe immer erkannt, daß meine geringe Geburt sich zu Euerem Adel in keiner Weise fügen will, und was ich im Verhältnis zu Euch gewesen bin, das habe ich immer als Eure und Gottes Gabe betrachtet, niemals aber für ein Geschenk angesehen und mir zugeeignet, sondern es stets nur als geliehen betrachtet. Es gefällt Euch nun, es zurückzufordern, und mir muß es gefallen und gefällt es, Euch dasselbe zurückzugeben. Hier ist Euer Ring, mit dem Ihr mich gefreit; nehmt ihn zurück. Ihr befehlt mir, daß ich die Mitgift mit mir nehme, die ich Euch zugebracht. Dazu werdet Ihr weder eines Zahlmeisters noch einer Börse oder eines Saumrosses bedürfen; denn es ist mir nicht entfallen, daß Ihr mich nackt erhalten habt. Und wenn es Euch geziemend dünkt, daß dieser Leib, in dem ich von Euch gezeugte Kinder getragen habe, von jedermann gesehen werde, so will ich nackend wieder fortgehen. Doch bitte ich Euch zum Lohn für meine Jungfräulichkeit, die ich Euch zubrachte und die ich nicht mit hinwegnehme, daß es Euch gefalle, mir wenigstens ein einziges Hemd über meine Mitgift hinaus zu gönnen."

Gualtieri, dem der Sinn mehr nach dem Weinen stand als nach sonst etwas, beharrte in strenger Gebärde und sprach: ,,So nimm denn ein Hemd mit."

Alle, die umherstanden, baten ihn, daß er ihr wenigstens ein Kleid schenken möge, damit man diejenige, die dreizehn Jahre und länger seine Gemahlin gewesen, nicht so armselig und schmählich aus dem Hause scheiden sehe, wie es wäre, wenn sie im Hemd ginge. Allein die Bitten waren umsonst, und so verließ die edle Frau im Hemde, barfuß und barhäuptig, nachdem sie alle Gott empfohlen hatte, sein Haus und kehrte unter den Tränen aller, die sie sahen, zu ihrem

---

Zum Thema Großmut schreibt Aristoteles: ,,Er (der Großmütige) ist der Mann, Wohltaten zu erweisen, doch solche zu empfangen scheut er sich . . . Empfangene Wohltaten erwidert er durch größere, denn so wird der, welcher den Anfang gemacht hat, sogar noch zum Schuldner . . ., denn der Empfänger ist gegenüber dem Wohltäter unterlegen, der Großgesinnte aber will überlegen sein . . . Art des Großgesinnten ist es auch, niemand zu bitten oder nur mit Überwindung" (,,Nikomachische Ethik" 1124). Der Graf benötigt die bedingungslose Unterwerfung Griseldas, um sein Selbstbewußtsein aufrechtzuerhalten. Er ist der Nehmende; und beim Thema des zehnten Tages (Großmut) kann es daher nicht um ihn gehen, sonderm um Griselda. Paradoxerweise fällt also der Preis der größten Tugend, der Großmut, der radikalen Humilitas (Demut) zu! Griselda erbittet nichts und stützt mit übermenschlicher Energie das Selbst des Grafen ab. Die dunkle Stelle der Novelle ist die Liebe Griseldas zu ihrem Peiniger; diese schwindet nicht, sondern scheint über alle Wechselfälle des Geschicks erhaben zu sein, ganz so als gehöre sie zu Griseldas innerstem Wesen. Diese Liebe verrät eine rätselhafte Komplizenschaft mit der Willkür: vielleicht ,,braucht" auch Griselda den Gualtieri, nämlich als Herausforderung an die ungeheuren eigenen seelischen Energien.

Vater zurück. Giannucole aber, der es nie hatte glauben wollen, daß Gualtieri in Wahrheit seine Tochter als Frau behalten wolle, und der diesem Fall täglich entgegensah, hatte ihre alten Kleider aufgehoben, wie sie an dem Morgen, da Gualtieri sich mit ihr verlobte, sie abgelegt hatte. Diese brachte er ihr, und sie legte sie wieder an, übernahm aufs neue die kleinen Dienstleistungen im väterlichen Hause, die sie einst zu tun gewohnt war, und ertrug den furchtbaren Schlag des feindlichen Geschicks mit starker Seele.

Nachdem Gualtieri so getan hatte, gab er seinen Leuten gegenüber vor, er habe die Tochter eines Grafen von Panago zur Braut erwählt, und schickte, während er großartige Vorbereitungen zur Hochzeit traf, nach Griselda, daß sie zu ihm komme. Als sie kam, sprach er zu ihr: „Ich stehe im Begriff, die Braut heimzuführen, die ich neuerdings erwählt habe, und gedenke sie bei ihrer Ankunft zu ehren. Nun weißt du, daß ich im Hause keine Frauen habe, welche die Zimmer auszuschmücken und vieles andere so zu besorgen verständen, wie es sich für ein solches Fest ziemt. Du kennst diese häuslichen Angelegenheiten besser als sonstwer. Bringe du also alles in Ordnung, was hier nötig ist, und lasse die Damen dazu einladen, die du meinst, und empfange sie dann, als wärest du die Frau vom Hause. Nachher, wenn die Hochzeit vorüber ist, kannst du dann wieder heimgehen."

Wiewohl jedes dieser Worte ein Messerstich für Griseldas Herz war, da sie der Liebe, die sie für ihn hegte, nicht ebenso wie dem Glücke hatte entsagen können, so antwortete sie doch: „Mein Gebieter, ich bin willig und bereit." Und so kehrte sie mit ihren Kleidern von grobem Romagna-Tuch in dasselbe Haus zurück, das sie kurz zuvor im Hemde verlassen hatte, fing an, die Gemächer auszukehren und in Ordnung zu bringen, die Wandteppiche aufzuhängen, über die Bänke in den Sälen Decken auszubreiten, die Küche zu bestellen und nicht anders an alles Hand zu legen, als wäre sie eine geringe Magd des Hauses. Auch gönnte sie sich nicht eher Ruhe, als bis sie alles so besorgt und ausgerichtet hatte, wie es sich geziemte. Nachdem sie darauf in Gualtieris Namen alle Damen der Umgegend hatte einladen lassen, erwartete sie das Fest. Als der Hochzeitstag gekommen war, empfing sie, wie ärmliche Kleider sie auch trug, doch mit dem Mute und Anstand einer Edelfrau und mit heiterem Gesichte alle Damen, die zur Hochzeit herbeikamen.

Gualtieri, dessen Kinder in Bologna sorgfältig von seiner Verwandten erzogen worden, die in das Haus der Grafen von Panago vermählt war, hatte inzwischen, als die Tochter zwölf Jahre alt und das schönste Geschöpf war, das man je gesehen hatte, der Sohn aber sechs Jahre zählte, nach Bologna geschickt und seinen Verwandten gebeten, daß es ihm gefalle, mit eben dieser Tochter und dem Söhnlein nach Saluzzo zu kommen. Auch hatte er ihn ersucht, für eine schöne und ehrenvolle Begleitung Sorge zu tragen und jedermann zu sagen, daß er die Jungfrau dem Gualtieri als Gemahlin zuführe, ohne irgendwen erraten zu lassen, wer sie sei.

Der edle Mann hatte gehandelt, wie ihn der Markgraf gebeten, und gelangte, nachdem er sich auf den Weg gemacht, in einigen Tagen mit der Jungfrau, ihrem Bruder und einem stattlichen Gefolge um die Stunde des Imbisses nach Saluzzo, wo er alle Einheimischen und

Die ersten beiden Motive in Gualtieris Rede sind vorgetäuscht; denn die Untertanen haben Gualtieris Wahl gutgeheißen und Griselda immer hochgeachtet, und Griselda hat es zuallerletzt nötig, „belehrt" zu werden. Das dritte Motiv – „beständige Ruhe" – offenbart die Wahrheit: die patriarchalische Furcht, die Frau könne durch ihr Anderssein das männliche Selbstbewußtsein erschüttern. Diese Furcht ist ebenso grenzenlos, wie das patriarchalische Selbstbewußtsein unmäßig ist. Exemplarisch benennt Gualtieri die Konsequenz des Patriarchats: die Treue der Frau wird nicht gemessen an ihrem Verhalten, sondern erst an der völligen und bedingungslosen Willensabdankung festgestellt. Der Graf versteht sein Handeln als richtungweisend, daher die Betonung der Öffentlichkeit: das Exempel soll für alle gelten und muß sich daher vor aller Augen abspielen.

Gualtieri stilisiert sich im ersten Satz seiner Rede in der Rolle Gottes gegen Hiob. Diese Blasphemie bringt die Fassade seiner Persönlichkeit zum Einsturz: die Motive sind vorgespiegelt (Exemplum für die Untertanen, Lehre für die Gattin) oder entlarvend („beständige Ruhe"). Gerade die sprachliche Einkleidung der „Vorsehung" demaskiert diese als (erbärmliche) Willkür. Theologisch gewendet tut sich eine unheimliche Zweideutigkeit auf: das Problem liegt gar nicht in der kläglichen Blasphemie des Grafen, sondern im radikalen Verhalten Griseldas. An einem Menschen, der in unbedingter Ergebenheit jegliche Schicksalslast schultert, prallt jede „Prüfung" und folglich alle „Vorsehung" von vornherein ab. Einem solchen Menschen gegenüber wird sogar Gottes Vorsehung zur sinnlosen Willkür. Wenn er Gott zu diesem Eingeständnis zwingen kann, dann hat Hiob nicht bloß über alle Versuchung, sondern über G o t t selbst gesiegt.

Hiob und noch mehr Griselda (die mit dem Schicksal nicht rechtet, wie jener es tut) sind an einer Grenze des heldischen Menschseins angelangt: an ihnen zerbricht göttliche Vorsehung und menschliche Willkür. Sie überwinden nicht das Schicksal, sie sind „schicksalslos" wie die antiken Götter. Dabei hat Griseldas Selbstüberwindung nicht zur Abtötung des Selbst (Gefahr der „Seelenlosigkeit" durch Ataraxie, vgl. S. 282) geführt: sie weint vor Freude. Die desillusionierende Ironie liegt darin, daß die Menschenwelt Gualtieri fürderhin für weise hält. Diese dümmliche Verkehrung – durch die Öffentlichkeit! – ist ein Dolchstoß in den Rücken des Menschen, der mit seinem Gott / Schicksal kämpft.

viele Nachbarn aus der Umgebung versammelt fand, um Gualtieris neue Gemahlin zu erwarten. Als diese von den Damen empfangen worden und in den Saal gelangt war, wo die Tische gedeckt waren, trat Griselda, so wie sie war, ihr freudig entgegen und sprach: „Willkommen sei meine Gebieterin."

Die Damen, welche Gualtieri vielfach, aber umsonst gebeten hatten, daß er entweder Griselda in ihrer Kammer bleiben lassen oder ihr eines von den Kleidern leihen möchte, welche einst die ihrigen gewesen waren, damit sie nicht in solchem Gewand vor seinen fremden Gästen erschiene, wurden nun zu den Tischen geführt, und man fing an, sie zu bedienen. Von jedermann wurde die Jungfrau betrachtet, und alle Welt sagte, daß Gualtieri einen guten Tausch gemacht habe. Vor allem aber lobte Griselda sowohl sie als auch ihren kleinen Bruder.

Gualtieri schien es nun, als habe er von der Geduld seiner Gattin so viele Proben gesehen, wie er nur irgend wünschte. Da er wahrnahm, daß der Wechsel der Dinge sie nicht im mindesten verändere, obwohl er gewiß war, daß dies nicht aus geistiger Beschränktheit geschehe, denn er hatte sie als äußerst klug erkannt, glaubte er, daß es nun an der Zeit sei, sie von den bitteren Gefühlen zu erlösen,

welche sie, wie er wohl erriet, unter ihrem unveränderten Antlitz verborgen hielt. Deshalb ließ er sie in Gegenwart aller zu sich rufen und sprach lächelnd: „Nun, was hältst du von unserer neuen Gemahlin?"

„Mein Gebieter", antwortete Griselda, „ich halte viel Gutes von ihr, und ist sie so verständig, wie sie schön ist, was ich glaube, so zweifle ich durchaus nicht, daß Ihr als der zufriedenste Herr von der Welt mit ihr leben werdet. Doch ich beschwöre Euch, soviel ich vermag, erspart ihrem Herzen die Stiche, welche die andere, die einst Euer war, von Euch erhielt. Denn ich glaube kaum, daß sie dieselben zu ertragen vermöchte, teils weil sie jünger ist, teils weil sie in einem bequemen Leben aufgewachsen ist, während jene von klein auf in beständigen Mühen gelebt hatte."

Als Gualtieri sah, daß sie fest daran glaubte, jene solle seine Gattin werden, und dessenungeachtet in allen Stücken nur gut von ihr sprach, befahl er ihr, sich neben ihn zu setzen und sprach: „Griselda, es ist endlich Zeit, daß du die Frucht deiner langen Geduld genießest und diejenigen, die mich für grausam, ungerecht und vernunftlos erachtet haben, nun erkennen, daß ich alles, was ich auch unternahm, nur für einen vorausbestimmten Zweck tat, näm-

Das Gemälde eines *anonymen italienischen Meisters* aus dem 15. Jahrhundert stellt eine *Griselda-Szene* dar: die gedemütigte Gattin und nun Dienerin ist ganz links im Vordergrund zu sehen. Bald wird der Graf sie wieder als Gemahlin annehmen. Zunächst aber müssen noch all die Gäste eintreffen, die im Hintergrund mit Wimpeln und Packpferden herannahen und rechts in Empfang genommen werden. Der Maler verlegt – um alle Szenen in einem Bild logisch verknüpfen zu können – das Geschehen vom Schloß weg in eine Arkadenhalle in freier Landschaft; jedoch fällt diese Versöhnung von Kultur und Natur zugunsten der Kultur aus: die karge Landschaft ist dieser schmucken Architektur nicht ebenbürtig.

lich dich zu lehren, Frau zu sein, sie aber, eine solche zu wählen und zu behandeln, und mir selbst, solange ich mit dir zu leben hätte, beständige Ruhe zu bereiten. Als ich mich entschloß, eine Frau zu nehmen, hatte ich große Furcht, daß mir dies nicht gelänge, und dies war der Grund, weshalb ich, um dich zu prüfen, dich in so vielfacher Art, wie du weißt, gekränkt und verletzt habe. Weil ich aber niemals gesehen habe, daß du in Worten oder Taten dich von meinen Wünschen entfernt hättest, und weil ich überzeugt bin, daß ich durch dich das Glück erreichen kann, das ich begehrte, so gedenke ich dir auf einmal all das wiederzugeben, was ich dir einzeln zu vielen Malen raubte, und durch die höchsten Freuden die Wunden zu heilen, die ich dir zufügte. So empfange denn freudigen Herzens diese, die du für meine Braut hieltest, und ihren Bruder als deine und meine Kinder. Sie sind dieselben, welche du und viele andere seit langen Jahren grausam von mir ermordet wähnten, und ich bin dein Gemahl, der dich über alles liebt und glaubt, sich rühmen zu können, daß kein anderer lebt, der soviel Ursache hat, sich seiner Gattin zu freuen."

Nach diesen Worten umarmte und küßte er sie, und während sie vor Freuden weinte, stand er mit ihr vom Tische auf und ging dorthin, wo die Tochter saß, ganz erstaunt über alles, was sie hörte. Zärtlich umarmten beide sowohl sie als auch ihren Bruder und klärten sie und alle andern, die anwesend waren, über die Täuschung auf. Fröhlich erhoben sich die Damen von den Tischen und traten mit Griselda in ein Gemach, wo sie sie mit besserer Hoffnung entkleideten und ihr eines ihrer eigenen reichen Gewänder anlegten. Dann aber führten sie Griselda als die Edelfrau, als welche sie selbst in Lumpen erschienen war, in den Saal zurück. Hier freute sie sich ihrer Kinder unaussprechlich. Jeder andere war froh über dieses Ereignis, und Freude und Festlichkeit verdoppelten sich und währten noch mehrere Tage lang. Den Gualtieri aber hielt man von nun an für einen weisen Mann, wiewohl man die Proben, denen er seine Gattin unterworfen, für hart und unerträglich hielt. Vor allen aber ward Griselda für verständig gehalten.

Der Graf von Panago kehrte nach einigen Tagen heim nach Bologna, und Gualtieri nahm nun den Giannucole von seiner Arbeit hinweg und richtete ihn ein, wie es seinem Schwiegervater geziemte, so daß er geehrt und mit großer Freude lebte und sein Alter bei ihm beschloß. Später vermählte Gualtieri seine Tochter an einen Mann von hohem Stande und lebte lange und glücklich mit Griselda, die er stets in hohen Ehren hielt.

Was sollen wir hier nun anders sagen, als daß auch in die Hütten der Armen göttliche Genien vom Himmel niedersteigen, wie es in den Häusern der Könige solche gibt, die würdiger wären, Schweine zu hüten, als über Menschen zu herrschen? Wer außer Griselda hätte nicht nur mit trockenem, sondern auch mit heiterem Auge die rauhen, bis dahin unerhörten Proben zu bestehen vermocht, welchen Gualtieri sie unterwarf? Diesem aber wäre es vielleicht ein wohlverdienter Lohn gewesen, wenn er auf eine gestoßen wäre, die sich, als er sie im Hemd aus dem Hause jagte, von einem andern ihr Pelzlein so hätte schütteln lassen, daß ihr ein schönes Kleid daraus erstanden wäre!

ENDE DES ZEHNTEN TAGES

Die Erzählung des Dioneo war zu Ende, und viel hatten die Damen darüber gesprochen, hin und her, und die eine tadelte dies, während die andere damit Zusammenhängendes lobte. Da erhob der König den Blick zum Himmel, und wie er sah, daß die Sonne schon zur Abendstunde niedersank, begann er, ohne sich von seinem Sitz zu erheben, also:

„Wie ich glaube, wißt ihr, reizende Damen, daß die Weisheit der Sterblichen nicht allein darin besteht, sich des Vergangenen zu erinnern oder das Gegenwärtige zu erkennen, sondern, wie von den klügsten Männern für die größte Weisheit erachtet wird, aus dem einen und dem andern das Zukünftige vorherzusehen. Wie ihr wißt, sind es morgen vierzehn Tage, daß wir Florenz verließen, um uns zur Erhaltung unserer Gesundheit und unseres Lebens einige Erheiterung zu gewähren und dem Trübsinn, dem Schmerz und der Angst zu entgehen, die man in unserer Vaterstadt, seitdem diese traurige Pestzeit begonnen, beständig vor Augen hat.

Dies haben wir nun, meinem Urteil nach, in allen Ehren getan. Denn, habe ich recht zu beobachten gewußt, so ist trotz all der lustigen und vielleicht die Sinnenlust anregenden Geschichten, trotz unseres beständigen guten Essens und Trinkens, trotz Spielens und Singens — welches doch alles Dinge sind, die schwache Gemüter vielleicht zu minder ehrbaren Betragen verlocken könnten — doch keine Gebärde, kein Wort, keine Handlung, weder von eurer noch von unserer Seite vorgekommen, die zu tadeln wären. Vielmehr schien alles, was ich sah und hörte, mir nur von stetem Anstande, steter Eintracht und brüderlicher Vertraulichkeit zu zeugen. Ohne Zweifel ist mir dies um eurer und meiner Ehre und um unseres gemeinsamen Vorteils willen gar lieb. Damit aber nicht etwa durch die lange Vertraulichkeit entstehe, was zu Verdruß ausschlagen könnte, und niemand Grund habe, unser langes Verweilen zu bekritteln, so wäre ich der Meinung, daß es, so es euch genehm, nun angemessen sei, wieder dahin zurückzukehren, von wo wir geschieden sind, da doch ein jeder an seinem Tag an der Ehre, die noch bei mir ruht, seinen Anteil gehabt.

Überdies könnte, wenn ihr alles wohl erwägt, unsere Gesellschaft, von der schon mehrere andere Gruppen hier in der Gegend Kunde erhalten, sich leicht auf eine solche Weise vermehren, daß wir alle unsere Freude daran verlören. Billigt ihr daher meinen Rat, so will ich die mir überlieferte Krone bis zu unserer Abreise, die, wie ich denke, morgen früh sein soll, aufbewahren. Beschließt ihr aber anders, so habe ich schon jemanden im Sinne, den ich für den folgenden Tag krönen möchte."

Lange währte hierüber das Gespräch der Damen und der jungen Männer. Endlich aber erkannten sie den Vorschlag des Königs für nützlich und angemessen und beschlossen, so zu tun, wie er gesagt hatte. Er ließ daher den Seneschall rufen, um mit ihm über die Anstalten für den folgenden Morgen zu sprechen, entließ die Gesellschaft bis zur Essensstunde und stand auf. Die Damen und die anderen beiden jungen Männer erhoben sich gleichfalls, und nicht

Panfilo spielt auf die drei Tätigkeiten der „Klugheit" (Prudentia) an: Gedächtnis, Intelligenz und Vorausblick. Daher zieht bei Dante („Purgatorio" XXIX,130 ff) die Prudentia als dreiäugige Frau im Triumphzug mit.

Alle Höhepunkte sind von kurzer Dauer. Da dieser knausrigen Ökonomie des irdischen Daseins nicht zu entfliehen ist, zeugt es von Souveränität, die Idylle selber zu beenden, anstatt ihr Ende zu erleiden (Seneca: Über die Seelenruhe" X,7).

289

„Keine Liebe ohne Eifersucht." So lautet die zweite Liebesregel des Andreas Capellanus. Doch in der „Elegie der Dame Fiametta" zeigt Boccaccio, daß Eifersucht die Hölle ist: der Selbstverlust, der in jedweder Liebe lauert, gelangt in der Eifersucht ans äußerste Ende; der von Eifersucht Gehetzte hat seine Selbstmächtigkeit eingebüßt (siehe „Themen" S. 101 ff). Das erste Lied im „Decamerone" (S. 170/71) thematisiert die absolute Selbstbezogenheit, den Narzißmus. Das entgegengesetzte Übel kommt im letzten Lied zu Wort: zwischen beiden zu balancieren, in einer klugen Verknüpfung von Hingabe und Selbstbewahrung, darin liegt die Kunst der Liebe. Ein solches Gleichgewicht ist notwendigerweise prekär, seine Dauer demnach kurz. Der Konflikt von Sehnsucht nach Liebe und Souveränität der Person ist immer nur momentan auszugleichen. Bricht er wieder aus, so gilt es die Souveränität zu bewahren. –
Mit Anbruch des neuen Tages kehren die sieben Damen und drei jungen Männer nach Florenz zurück. Sie trennen sich in der Kirche Santa Maria Novella voneinander. Der Ausschnitt aus der Miniatur (rechts), die auf Seite 129 ganz abgebildet ist, zeigt noch einmal das *Zusammenkommen der zehn Erzähler in Santa Maria Novella* und ihren *Aufbruch zu den blühenden Gärten.*
Am Beginn der Rahmenhandlung stand eine „Begegnung im Tempel" (siehe S. 142). Auf einmalige Weise wird nun das Motiv umgekehrt: es ist ein „Abschied im Tempel", in voller Souveränität der Beteiligten. Eros war ständig anwesend und nie eine Gefahr; wenn die Rahmenhandlung der Idee der Initiation und der Figur des Labyrinths folgt (siehe „Themen" S. 125 ff), dann ist der „Abschied im Tempel" zugleich Rückkehr in den Alltag nach der Erlangung einer höheren spirituellen Stufe.

anders, als sie es gewohnt waren, überließ sich der eine diesem, der andere jenem Vergnügen.

Als die Stunde des Mahls gekommen war, versammelten sie sich mit großer Lust dazu. Danach begannen sie wieder mit Gesang und Spiel und Ringeltanz, und während Lauretta den Reigen anführte, befahl der König der Fiammetta, ein Lied zu singen. Diese sang also:

Wenn Eifersucht sich von der Liebe Wesen
Lostrennen ließe, dann
Wäre nie ein Weib so froh wie ich gewesen.

Wenn heitre Jugendblüte
Des schönen Liebsten die Geliebte freut,
Wenn unbefleckte Ehre, wenn Tapferkeit und Güte,
Wenn edle Sitte, Geist, Beredsamkeit,
So weiß ich, keine wäre
Mir gleich an Glück, weil ihn, den ich verehre
Und der mich liebgewann,
Zum Wohnsitz jede Tugend hat erlesen.

Doch muß ich mir ja sagen,
Daß andre Fraun nicht blinder sind als ich,
Und zittre drum vor Bangen.
Was sollten sie's nicht wagen,
Für den in Liebe zu entflammen sich,
Der mir mein Herz gefangen?
Drum, was beglückt mein liebendes Verlangen,
Hält mich zugleich im Bann
Und läßt mich nicht von meiner Furcht genesen.

Nie wär ich eifersüchtig,
Hätt ich so fest wie meine Liebe heiß
Zu meinem Herrn Vertrauen.
Doch Männer lieben flüchtig
Und folgen jeder, die zu locken weiß;

Drum mag ich keinem trauen.
Angst überfällt mich und ein tödlich Grauen,
Blickt eine ihn nur an;
Gleich fürcht ich, zündend sei der Blick gewesen.

So fleh ich denn, daß keine
Durch solchen Eingriff ihr Gewissen sich
Erdreiste zu belasten.
Doch unternimmt es eine,
Durch Schmeichelein, Wink' oder Worte mich
In diesem anzutasten,
Und ich erfahr es, nimmer will ich rasten,
Bis Mittel ich ersann,
Daß bitter sie bereut solch töricht Wesen.

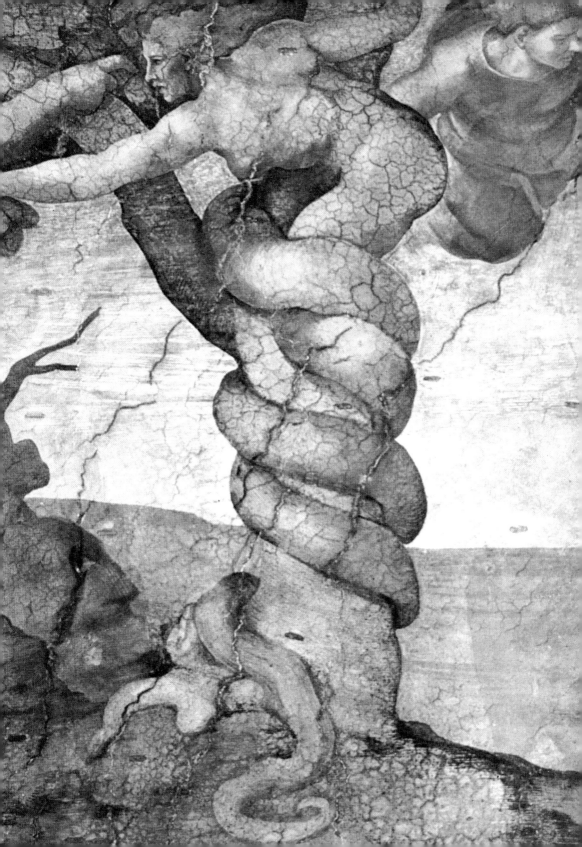

„Sündenfall und Vertreibung aus dem Paradies"; Fresko von *Michelangelo Buonarroti* (1475–1564) in der *Sixtinischen Kapelle* (vgl. vorangehende Doppelseite). „Keine Landschaft, keine Natur, keine Luft, keine Zärtlichkeit, fast nichts Menschliches. Ein Symbolismus vom Uranfänglichen ... Es hat etwas Tierisches und zugleich etwas Göttliches an sich" (Romain Rolland). Michelangelos massige Figuren verraten, wie sehr er gefesselt war von der rein körperlichen Kraft und wie ihm gleichzeitig die Schwere des Körpers als Last, als unsägliche Beschwernis vorkam. Entgegen Genesis 3,6 entlastet Michelangelo das Weib: beide Geschlechter übertreten das göttliche Gebot, Adam auf männliche Weise zupackend, Eva passiv empfangend. Es ist das erste Fresko des Zyklus, in dem sich die beiden Menschen aufeinander beziehen: ihre Körper wenden sich einander zu. Zum erstenmal fehlt Gott. Und er bleibt nun abwesend bis ans Ende der Zeiten.

SCHLUSS DES VERFASSERS

Edle Frauen und Jungfrauen, zu deren Erheiterung ich mich einer so langen Mühe unterzogen habe, ich glaube mit göttlichem Beistande, der mir, wie ich denke, auf eure mitleidigen Bitten hin, nicht aber auf Grund meiner Verdienste geschenkt ward, alles vollständig erfüllt zu haben, was ich zu Beginn des gegenwärtigen Werkes zu tun verhieß. Indem ich hierfür zuerst Gott und dann euch Dank sage, habe ich der Feder und der ermüdeten Hand nunmehr Ruhe zu gewähren. Ehe ich ihr jedoch diese bewillige, gedenke ich auf einige Sächelchen, welche vielleicht irgendeine von euch oder auch ein anderer gegen mich vorbringen könnte, als auf stillschweigende Fragen kurz zu antworten. Denn mir scheint es durchaus keinem Zweifel zu unterliegen, daß diese meine Arbeit kein besonderes Vorrecht vor den andern Dingen genießt, vielmehr erinnere ich mich, im Eingang zum vierten Tage schon erwiesen zu haben, daß dem nicht so ist.

Vielleicht werden einige unter euch sein, die behaupten, ich habe mich beim Niederschreiben dieser Erzählungen zu großer Freiheit bedient, wenn ich die Frauen Dinge sagen und noch viel öfter anhören ließ, welche gesitteten Frauen weder zu sagen noch zu hören recht geziemen will. Dies leugne ich jedoch, weil es nichts so Unehrbares gibt, daß es, mit ehrbaren Worten vorgetragen, für irgendwen unschicklich sei. Solche Ausdrücke glaube ich aber ganz zweckmäßig und gut gewählt zu haben. Doch setzen wir auch, daß dem so sei – denn ich beabsichtige nicht, mit euch zu hadern, da ihr mich doch nur besiegen würdet –, so sage ich, daß mir, um zu ant-

worten, warum ich so getan habe, Gründe genug bei der Hand sind. Zuerst, wenn sich dergleichen in der einen oder andern Geschichte findet, hat die Natur der Erzählungen dies gefordert, an welchen einsichtsvolle Leute, die sie mit verständigem Auge betrachten, deutlich erkennen werden, daß sie nicht anders erzählt werden konnten, wollte ich sie ihrer wahren Gestalt nicht völlig berauben. Und ist vielleicht dennoch in diesen Geschichten hin und wieder ein Wort oder eine Schilderung freier als gerade nötig, die irgendeiner Betschwester nicht genehm, weil sie mehr Gewicht auf die Worte als auf die Taten legt und mehr bemüht ist, gut zu scheinen als es zu sein, so behaupte ich, daß es für mich nicht unanständiger ist, sie geschrieben zu haben, als es ganz allgemein für Männer und Frauen unanständiger ist, tagaus tagein Worte zu gebrauchen wie Spalt und Keil, Mörser und Stößel, Loch und Pflock und andere dergleichen. Überdies muß auch meiner Feder nicht weniger Freiheit erlaubt sein als dem Pinsel des Malers, der ohne einigen oder wenigstens ohne gerechten Tadel – davon zu schweigen, daß er Sankt Michael die Schlange mit Schwert oder Lanze und Sankt Georg den Drachen überall verwunden läßt, wo es ihm gefällt – auch unseren Herrn Christus männlich und Eva weiblich bildet, und der selbst dem, welcher zum Heil des Menschengeschlechts am Kreuz sterben wollte, die Füße bald mit einem, bald mit zwei Nägeln an jenem befestigt. Sodann kann man aber auch leicht erkennen, daß alle diese Dinge weder in der Kirche erzählt sind, von deren Angelegenheiten man nur mit ehrfuchterfülltem Gemüt und ehrbaren Worten reden soll – wiewohl unter ihren Geschichten sich noch ganz andere als die von mir erzählten in Menge finden –, noch in den Schulen der Weltweisheit, wo die Ehrbarkeit nicht weniger als anderswo not tut, noch auch anderswo unter Geistlichen und Philosophen, sondern in Gärten und Lustplätzen und unter Leuten, die, obwohl noch jung, doch schon reif und durch Erzählungen nicht mehr zu verführen waren, und das in einer Zeit, wo es selbst den Anständigsten nicht unanständig schien, mit über den Kopf gestülpten Hosen die Flucht zu ergreifen, um sich selbst zu retten.
Wie diese Erzählungen nun auch seien, so können sie freilich gleich allen andern Dingen je nach Beschaffenheit des Zuhörers schaden oder nützen. Wer weiß nicht, daß der Wein, wie Cinciglione, Scolajo und viele andere bezeugen, eine für die Lebenden heilbringende Sache und dennoch dem schädlich ist, der das Fieber hat! Sollen wir darum, weil er dem Fieberkranken schadet, sagen, daß er schlecht sei? Wer weiß ferner nicht, daß das Fieber höchst nützlich, ja den Sterblichen unentbehrlich ist: sollen wir nun darum, weil es Häuser, Städte und Dörfer verzehrt, sagen, daß es schädlich sei? Die Waffen verteidigen in gleicher Weise das Heil derer, die friedlich zu leben wünschen, wie sie häufig die Menschen töten; nicht jedoch weil sie an sich böse wären, sondern durch die Schuld derer, die sie auf böse Weise anwenden. Kein verdorbener Sinn verstand jemals ein Wort in der rechten Bedeutung, und so wie einem solchen die anständigen Worte nichts nutzen, so können auch diejenigen, die nicht ganz anständig sind, den wohlgearteten Sinn nicht mehr beflecken als der Schmutz die Sonnenstrahlen oder die irdische Unreinigkeit die Schönheit des Himmels.

Die *Vertreibung aus dem Paradies* wird von einem Engel vollstreckt. Die Windungen des Schlangenleibs sind nur dann logisch, wenn man annimmt, daß die Schlange zwei Beinschwänze besitzt – oder daß der Engel ebenfalls in einem Schlangenleib übergeht, der mit der Verführerin verschlungen ist. Schlange und Engel wären dann die zwei Gesichter Gottes: dem Menschen fallen sie auseinander, in Wahrheit sind sie eins. Die Geschlechter haben den Fall unterschiedlich verkraftet: im Paradies hatte Adam etwas Affenartiges (Beinhaltung!), Eva dagegen war vollkommen schön. Nun richtet sich Adam zu schmerzlicher Größe auf, während die Frau entstellt und katzenartig wirkt. Das Menschenpaar ist bei der Vertreibung nackt, entgegen Genesis 3,21; Michelangelo bleibt also der neoplatonischen Auffassung treu, daß die Nacktheit – als Zustand des paradiesischen Menschen – höher stehe als die Verhüllung. Danach ist die körperliche Schönheit das Pfand für den göttlichen Funken im Menschen. Schönheit erinnert die Seele an ihre eigene göttliche Herkunft; dieses Wiedererkennen der eigenen Göttlichkeit führt zur qualvollen Einsicht, daß die Seele auf Erden im Exil weilt. Daher erweckt die Schönheit im Liebenden ein unstillbares metapysisches Heimweh – ein Heimweh nach dem Paradies. Die platonische Liebe, der keiner so gehuldigt hat wie Michelangelo, ist die vollendete Gestalt dieses Heimwehs:

„Als mir Verheißung kündet'
Dein erster Blick, war ich
dem Tod geweiht,
Hätt' nicht die Seele schon
die Glut gekannt.
Nun schauen wie gebannt
Nach ihr die Augen, mir zur
Qual, allzeit;
Doch klag ich nicht mein
Leid,
Denn was du nicht vermagst,
mußt du versagen.
Wem deine Huld du spendest,
Des Leben du entwendest . . ."

Welche Bücher, welche Worte, ja welche Buchstaben sind heiliger, erhabener und ehrwürdiger als die der Heiligen Schrift? Und doch hat es Menschen genug gegeben, die durch ein falsches Verständnis derselben sich und andere ins Verderben gestürzt haben. Jedes Ding ist an sich zu irgend etwas gut, schlecht angewendet aber kann es zu vielem schädlich sein, und ebendies sage ich von meinen Geschichten. Wer schlechten Rat oder schlechte Tat aus ihnen schöpfen will, dem werden sie, wenn sie dergleichen vielleicht in sich tragen oder, um es zu bieten, verdreht und mißdeutet werden, es nicht wehren können. Wer aber Nutzen und Frucht von ihnen begehrt, auch dem werden sie beides nicht vorenthalten, und werden sie nur zu den Zeiten und von den Leuten gelesen, für welche sie erzählt wurden, so wird sicher niemand sie für anders als nützlich und anständig halten oder erklären können. Wer Paternoster zu sagen oder seinem Beichtvater Blutwurst oder Kuchen zu bereiten hat, der lasse sie liegen; sie laufen niemand nach, um sich von ihm lesen zu lassen; wiewohl auch die Frommen mitunter wunderliche Dinge sagen und tun.

Desgleichen wird es andere geben, welche sagen, es seien einige unter diesen Geschichten, von denen es besser wäre, sie wären nicht darunter. Zugegeben! Allein ich konnte und durfte nur diejenigen aufschreiben, die erzählt wurden; so brauchten denn nur die Erzählenden schönere vorzutragen, und ich hätte schönere aufgeschrieben. Wollte man aber auch voraussetzen, daß ich zugleich der Erfinder und Schreiber derselben sei, was ich nicht bin, so sage ich, daß ich mich nicht schäme, wenn nicht alle schön sind; denn außer Gott wird kein Meister gefunden, der alles schön und vollendet machte. Auch Karl der Große, welcher der erste Stifter der Paladine war, konnte deren nicht so viele schaffen, daß er nur aus ihnen ein Heer hätte bilden können. In der Menge der Dinge müssen sich deren verschiedene Eigenschaften finden. Kein Feld war je so wohlbestellt, daß sich in ihm nicht Nesseln, Disteln oder einige Dornsträucher unter die besten Kräuter gemischt fänden. Überdies wäre es, da ich zu einfachen Mädchen, wie ihr der Mehrzahl nach seid, zu reden hatte, Torheit gewesen, hätte ich lange umhersuchen und mich abmühen wollen, um außerordentliche Dinge zu erfinden, und große Sorgfalt darauf verwenden wollen, sie mit aller Gemessenheit zu erzählen. Übrigens möge doch, wer in diesen Geschichten liest, diejenigen liegen lassen, die ihm anstößig sind, und nur die lesen, welche ihn ergötzen. Sie tragen, um niemand zu täuschen, an die Stirn geschrieben, was sie in ihrem Schoß verborgen halten.

Mancher, glaube ich, wird ferner sagen, daß einige darunter zu lang sind. Diesem antworte ich, daß, wer etwas anderes zu tun hat, eine Torheit begeht, diese Geschichten zu lesen, wären sie auch noch so kurz. Denn ist auch viele Zeit vergangen, seit ich anfing zu schreiben, bis zu dieser Stunde, wo ich an das Ende meiner Mühe gelange, so habe ich darum doch nicht vergessen, daß ich diese meine Arbeit den Müßigen und keinen andern dargeboten habe. Dem aber, der liest, um sich die Zeit zu vertreiben, kann nichts zu lang sein, wenn es nur bewirkt, wozu es ihm dienen sollte. Ein kurzer Stil ist weit angemessener für Scholaren, welche nicht die Zeit zu vertreiben, sondern vielmehr sie nützlich anzuwenden bemüht sind, als für euch

Frauen, die ihr alle Zeit übrig habt, welche ihr nicht auf die Freuden der Liebe verwendet. Überdies mußte ich zu euch, von denen keine nach Athen, Bologna oder Paris ging, um zu studieren, weitläufiger reden als zu denen, die durch Studien ihren Geist geschärft haben.

Auch zweifle ich nicht, daß es solche geben wird, welche sagen, in das Erzählte seien zu viel Geschwätz und zu viele Possen eingestreut, und es stehe einem geprüften und ernsten Manne übel an, also geschrieben zu haben. Diesen bin ich zu danken verpflichtet, und ich tue dies hiermit, weil sie, von löblichem Eifer bewogen, um meinen Ruf zärtlich besorgt sind.

Auf ihren Einwand aber antworte ich also: ich gestehe, daß ich ein geprüfter Mann bin und oft in meinen Tagen geprüft ward. Darum aber sage ich zu denen, die mich nicht selbst geprüft haben, daß ich keineswegs gewichtig erfunden, sondern vielmehr so leicht bin, daß ich auf dem Wasser schwimme. In Betracht aber, daß wir die Predigten, welche die Mönche halten, um in den Menschen Gewissensbisse ob ihrer Sünden zu erwecken, heutzutage fast alle so voller Wortspiele, Possen und Narrheiten sehen, habe ich gemeint, daß dergleichen auch in meinen Geschichten, welche geschrieben wurden, um den Frauen die schlechte Laune zu vertreiben, nicht am unrechten Orte wären. Sollten sie jedoch zu viel darüber lachen, so können das Klagelied des Jeremias, die Passion des Heilandes und die Buße der heiligen Magdalena sie leicht davon heilen.

Wer möchte endlich daran zweifeln, daß auch solche sich finden werden, die behaupten, ich hätte eine spitze und giftige Zunge, weil ich an einigen Stellen die Wahrheit über die Mönche sage? Denen, die so reden, muß man verzeihen, denn es ist nicht zu glauben, daß ein anderer als ein guter Grund sie dazu bewegt. Auch sind die Mönche gute Leute, die um der Liebe Gottes willen die Mühseligkeiten meiden, mit gestautem Wasser mahlen und nichts wiedersagen; und wäre nicht der Umstand, daß sie alle etwas bockig röchen, so stünde ihre Sache noch weit erfreulicher. Ich bekenne jedoch, daß die Dinge dieser Welt keinerlei Bestand haben, sondern in stetem Wechsel begriffen sind, und so könnte es denn auch mit reiner Zunge geschehen sein. Zwar traue ich meinem eigenen Urteil nicht und meide es in meinen Angelegenheiten nach Kräften; allein noch ist es nicht lange her, daß eine Nachbarin zu mir sagte, ich hätte die beste und sanfteste Zunge von der Welt. Als dies geschah, waren in der Tat nur noch wenige von den obigen Geschichten zu schreiben. Weil aber diejenigen, die so reden, als Feinde urteilen, so will ich, daß ihnen das Gesagte zur Antwort genüge.

So lasse ich denn nun jede reden und glauben, was ihr gefällt. Mich aber dünkt es an der Zeit, meine Worte zu schließen, indem ich dem demütig danke, welcher nach so langer Mühe mich mit seiner Hilfe zu dem ersehnten Ziele geführt hat. Ihr aber, anmutige Damen, bleibet mit seiner Gnade in Frieden und erinnert euch meiner, wenn es vielleicht der einen oder andern von euch . . . . ein wenig frommen sollte, diese Geschichten gelesen zu haben.

Hier schließt der zehnte und letzte Tag des Buches, genannt Dekameron und beigenannt der Erzkuppler.

Filmographie

Die chronologische Übersicht über die (mehr oder weniger „werkgetreuen") Verfilmungen von Novellen aus Boccaccios „Decamerone" mit teilweise biographischen Motiven nennt in der Regel den jeweiligen Filmtitel, das Herstellungsland und -jahr, den Regisseur (R), den Drehbuchautor (B) sowie einige Darsteller und deren Rollen. In Angleichung an die internationale Fachliteratur sind die Filmtitel in Großbuchstaben gesetzt. Die Filme ab 1952 sind Farbfilme, ausgenommen „La Bambole" (1964) und „Hry Lásky Sálivé" (1972).

ANDREUCCIO DA PERUGIA
Italien 1910
Produktion: Cines

DECAMERONE
Italien 1912
1. Serie:
ANDREUCCIO DA PERUGIA
IL CONTE DI ANGUERSA
IL PALAFRENIERE E LA PRIN-
CIPESSA
Produktion: Vesuvio Film

BOCCACCIOS LIEBESNÄCHTE
(Boccaccios Liebesabenteuer)
Österreich 1919/20
R: Michael Kertezs; B: Paul Frank,
Friedrich Porges; Ica von Lenkeffy

BOCCACCIOS LIEBES-
ABENTEUER
(Liebeslist und Lust)
Deutschland 1922
R: Reinhard Bruck; B: Reinhard
Bruck; Claire Lotte, Carl de Vogt,
Leopold von Ledebour, Margarete
Kupfer, Eugen Thyssen

DEKAMERON-NÄCHTE
Deutschland 1924
(nach dem Bühnenstück von
R. McLoughlin)
R: Herbert Wilcox; B: Herbert Wil-
cox, Noël Rhys; Werner Krauss
(Sultan), Lionel Barrymore (Saladin,
sein Sohn), Hanna Ralph (Violante),
Xenia Desni (Teodora)

DECAMERON NIGHTS
England 1924
(nach dem Bühnenstück von
R. McLoughlin und dem Buch von
B. Lawrence)
R: Herbert Wilcox; B: Herbert Wil-
cox, Noël Rhys; Xenia Desni (Teo-
dora), Hanna Ralph (Lady Violante),
Randle Ayrton (Ricciardo), Ivy Duke
(Perdita), Werner Krauss (Sultan
Saladin), Lionel Barrymore (Sala-
din, sein Sohn)

BOCCACCIO
Deutschland 1936
(nach der gleichnamigen Operette
von Franz von Suppé)
R: Herbert Maisch; B: Emil Burri,
Walter Forster; Willy Fritsch (Pe-
truccio, Schreiber am Stadtgericht),
Heli Finkenzeller (Fiametta, seine
Frau), Albrecht Schoenhals (Cesare
d'Este, Herzog von Ferrara)

LATTJO MED BOCCACCIO
(Lattjo med Svend Asmussen)
Schweden 1949
R: Gösta Bernhard; B: S. Bergen-
dorff, Gösta Bernhard; Stig Järrel
(Sten Rampe/Theaterdirektor/Kom-
ponist/Dioneo/Selabeatto), Svend
Amussen (Svend Blom/Revue-Au-
tor/Pamfilo), Git Gay (Nea Linde/
Modesalon-Direktrice/Pampinea)

DECAMERON NIGHTS
(Boccaccios Liebesnächte)
(Boccaccios große Liebe)
England 1952
Titel der Episoden:
1. MAIN STORY
2. PAGANINO THE PIRATE
3. WAGER FOR VIRTUE
4. THE DOCTOR'S DAUGHTER
R: Hugo Fregonese; B: George Op-
penheimer; Joan Fontaine (Fiamet-
te/Bartolomea/Ginevra/Isabella),
Louis Jordan (Boccaccio/Paganino/
Giulio/Bertrando)

BOCCACCIO 70 / BOCCACE 70
(Boccaccio 70)
Italien/Frankreich 1961

1. Episode:
LE TENTAZIONO DEL DOTTOR
ANTONIO / LES TENTATIONS DU
DOCTEUR ANTONIO
(Die Versuchung)
R: Federico Fellini; B: Federico Fel-
lini, Ennio Flaniano, Tullio Pinelli;
Anita Ekberg (Fotomodell), Peppino
de Filippo (Doktor Antonio)

2. Episode:
IL LAVORO / LE TRAVAIL
(Der Job)
R: Luchino Visconti; B: Suso Cecchi
D'Amico, Luchino Visconti; Romy
Schneider (Poupée, das "call-girl"),
Thomas Milian (Graf Oktavio, ihr
Mann), Romolo Valli
3. Episode:
LA RIFFA / LA LOTERIE
(Der Hauptgewinn)
R: Vittorio De Sica; B: Cesare Zavat-
tini; Sophia Loren (Zoe, die Schöne
aus der Schießbude), Luigi Giuliani

ARCHANDĚL GABRIEL A PANI
HUSA
Boccaccio: Erzengel Gabriel und
Frau Gans (DDR-Titel)
ČSSR 1964 (Puppenfilm)
R: Jiři Trnka; B: Jiři Trnka

LE BAMBOLE / LES POUPEES
Italien/Frankreich 1964
1. Episode:
LA TELEFONATA / LE COUP DE
TELEPHONE
(Das Telefongespräch)
R: Dino Risi; B: Rodolfo Sonego; Vir-
na Lisi (Luisa) Nino Manfredi (Gior-
gio), Alicia Brandet (Armenia)
2. Episode:
IL TRATTATO DI EUGENETICA /
LE TRAITE DE GENETIQUE
(Mann nach Maß)
R: Luigi Comencini; B: Luciano Sal-
ce, Steno, Tullio Pinelli; Elke Som-
mer (Ulla), Piero Focaccia (Valerio),
Maurizio Arena (Massimo)
3. Episode:
LA MINESTRA / LA SOUPE
(Die Suppe)
R: Franco Rossi; B: Rodolfo Sone-
go, Luigi Magni; Monica Vitti (Gio-
vanna), Orazio Orlando
4. Episode:
MONSIGNOR CUPIDO / MONSEI-
GNEUR CUPIDON
(Die Versuchung)
R: Mauro Bolognini; B: Leo Benve-

nuti, Piero De Bernardi; Gina Lollo-
brigida (Beatrice), Akim Tamiroff
(Vincenzo), Jean Sorel (Monsignore
Arcudi)

IL DECAMERONE / DECAMERON /
DECAMERON
Italien/Frankreich/BRD 1970
R: Pier Paolo Pasolini, Ass.: Sergio
Citti; B: Pier Paolo Pasolini; Franco
Citti (Ciappelletto), Silvana Manga-
no (Madonna), Ninetto Davoli (An-
dreuccio v. Perugia), P. P. Pasolini
(Maler Giotto)

DEKAMERON 40
Polen 1971
(nach der Erzählung „Der Scheintod
des Ruggieri von Jeroli")
R: Jan Dutkiewicz, Andrzej Wajda;
Marcena Trybala (Angela), Petyr
Slabakov (Ruggieri), Hanna Skar-
zanka

BOCCACCIO (RACCONTA)
(Boccaccio)
Italien/Frankreich 1971/72
R: Bruno Corbucci; B: Mario Amen-
dola, Bruno Corbucci; Enrico Monte-
sano (Buffalmacco), Sylvia Koscina
(Fiammetta), Pascale Petit (Giletta,
Prostituierte), Bernard Blier (Doktor
Mazzeo)

L'ULTIMO DECAMERON – LE PIU
BELLE DONNE DEL BOCCACCIO
(auch: DECAMERON NO 3 – LE PIU
BELLE DONNE DEL BOCCACCIO)
Italien 1971/72
R: Italo Alfaro (Antonio Margheriti?);
B: Luigi Russo; Beba Loncar, Femi
Benussi, Angela Covello, Marina
Malfatti

DAS GLÖCKLEIN UNTERM
HIMMELBETT BRD 1970
(nach „Das bayerische Dekameron"
von Oskar Maria Graf)
R: Hans Heinrich; B: Georg Laforet;
D: Hansi Kraus (Ludwig Steinbei-
ßer), Christine Schuberth (Fran-
ziska Kloiber), Alexander Golling
(Johann Baptiste Kloiber), Horst
Frank (Pater Guardian)

(IL) DECAMERON(E) N. 2:
LE ALTRE NOVELLE DEL
BOCCACCIO
(Decamerone – Abenteuer der Wol-
lust) Italien 1972
R: Mino Guerrini; B: Luigi Russo;
Enzo Pulcrano (Pietro), Claudia
Bianchi (seine Frau), Salvatore Gio-
condo (der Liebhaber), Mario Brega,
Mariangela Giordano

IL DECAMERONE NERO
(Africa-Erotica)
Italien/Frankreich 1972
(nach dem Buch von Leon Frobe-
nius)
R: Piero Vivarelli; B: Ottavio Alessi,

Piero Vivarelli; Beryl Cunningham
(Königin Bella), Djbril Diop (Simoa,
der Junge aus dem Dschungel), Li-
ne Senghor (Maude, Prostituierte)

GLI ALTRI RACCONTI DI CANTER-
BURY
Italien 1972
(nach Pietro Aretino, Sabatino degli
Arienti, Giovanni Boccaccio, Geoff-
rey Chaucer, Margarete von Navar-
ra, Franco Sacchetti und Lodovico
Ariosto)
R: Mino Guerrini; Enza Sbordone,
Antonio Di Leo, Alida Rosano, Gian-
franco Quadrini

DECAMERON(E) '300
Italien 1972
R: Mario Stefani; Rosalba Neri,
L. Linder

DECAMERONE PROIBITO
(Das Liebesnest; früher: Hattu
Keuschheitsgürtel muttu knabbern)
Italien 1972
R: Carlo Infascelli; B: Ugo Moretti,
Mario A(r)mendola, Gastone Ra-
mazzotti, Antonio Racioppi, Carlo
Infascelli; Dado Crostarosa, Carlos
de Cervalho, Orchidea De Santis

DECAMERON(E) PROIBITISSIMO
(BOCCACCIO MIO STATTE ZITTO)
Italien 1972
R: Franco Martinelli; B: Mario Amen-
dola, Bruno Corbucci; Franco Ago-
stini, Enzo Andronico, Bruna Beani

LE CALDE NOTTI DEL
DECAMERONE
Italien 1972
R: Gian Paolo Callegari; B: Gian
Paolo Callegari, Alessandro Moretti,
Ivano Gobbo, Giuseppe Bellecca;
Don Backy, Femi Benussi, Orchidea
De Santis, Krista Nell

UNA CAVALLA TUTTA NUDA
Italien 1972
(nach Franco Sacchetti)
R: Franco Rossetti; B: Franco Rossetti, Francesco Milizia, Nelda Mi-
nucci; Don Backy, Barbara Bouchet,
Renzo Montagnani

DECAMEROTICUS Italien 1972
R: Pier Giorgio Ferretti; B: Giorgio

Mariuzzo; Orchidea De Santis, Riccardo Garrone, Aldo Bufi Landi, Pu-
po De Luca

BELLA ANTONIA, PRIMA MONACA
E POI DIMONIA
(dt. Verleihtitel „Wehe, wenn die
Lust uns packt")
Italien 1972
(nach „Ragionamenti Capricciosi"
von Pietro Aretino)
R: Mariano Laurenti; B: Carlo Veo;
Edwige Fenech, Piero Focaccia,
Riccardo Garrone, Marisa Longo

HRY LÁSKY ŠÁLIVÉ
ČSSR 1972
(auch nach Motiven von Margarete
von Navarra)
R: Jiří Krejčík; B: Jiří Krejčík,
Zdeněk Mahler
1. Geschichte:
ARABSKÝ KŮŇ
(dt. „Das Vollblut" oder „Das arabische Pferd")
Miloš Kopecký (Messer Francesco
Vergellesi), Božidara Turzonovová
(seine Frau Sandra), Jozef Adamo-
vič (Ricciardo)
NAUŠNICE (dt. „Die Ohrringe")
(dt. „Die Ohrringe")
Jiří Sovác (der Herr), Slavka Budi-
nova (die Dame), Magda Vašáryo-
vá (die Zofe), Pavel Landovský (der
Diener)

DECAMERONE NO 4:
LE PIU BELLE NOVELLE DEL
BOCCACCIO
Italien 1973
R: Paul Maxwell; B: Paolo Bianchini;
Mariangela Giordano, Ciccio Anto-
nacci, Nico Museo

BEFFE, LICENZE E AMORI DEL
DECAMERONE SEGRETO
Italien 1973
R: Walter Pisani; B: Antonio Racioppi, Gastone Ramazotti; Marisa Lon-
go, Patrizia Viotti, Antonella Patti,
Claudia Bianchi

LOVE BOCCACCIO STYLE
USA 1977
R: Sam Phillips; B: Marcelllo Zoltan
Rienzi; Vincent Hall, Lindis Guin-
ness, Patti Lee

A ZSARNOK SZIVE AVAGY BOC-
CACCIO MAGYARORSZAGON
Ungarn/Italien 1981
R: Miklós Jancsó; B: Giovanna Ga-
gliardo; Ninetto Davoli (Filippo),
László Gálffy (Gáspár), Thérèse-
Ann Savoy (Katelin)

Personenregister

Im Schrägsatz gedruckte Namen beziehen sich auf Gestalten, die Boccaccio geschaffen hat, oder auf Personen, die in den im vorliegenden Band enthaltenen Auszügen aus seinen Werken erwähnt werden, wobei auch die Seiten verzeichnet sind, auf denen diese Personen in anderem Zusammenhang vorkommen. Nicht aufgenommen wurden die in der Filmographie, den Literaturhinweisen sowie Inhaltsübersichten erwähnten Personen. Ein (W) hinter einer Seitenzahl gibt an, daß hier ein Werk des betreffenden Künstlers abgebildet ist; ein (A) verweist auf eine Darstellung der betreffenden Gestalt oder Person. Boccaccio-Bildnisse befinden sich auf den Seiten 42, 75, 79, 89, 94. Die in Klammern gesetzten Angaben über das Verwandtschaftsverhältnis beziehen sich auf Giovanni Boccaccio.

Bildnachweis

Museen und Bibliotheken

Berlin (Ost): Staatliche Museen 10/11. Berlin (West): Staatsbibliothek Preußischer Kulturbesitz 35, 42, 72, 86, 89, 185, 210, 263. Bologna: Museo Civico 45. Budapest: Ungarische Nationalbibliothek 56. Florenz: Biblioteca Nationale 80. Hamburg: Kunsthalle 252/253. Hannover: Landesmuseum 283. Köln: Schnütgen-Museum 134. London: British Library 33, 75 (u.); Courtauld Institute Galleries (Courtauld Collection) 248; National Gallery: 286/286. Madrid: Prado 236/237. Mailand: Biblioteca Trivulz 119. München: Alte Pinakothek 190/191; Bayerisches Nationalmuseum 212; Staatliche Antikensammlung und Glyptothek 221. Neapel: Galleria Nationale 23. Paris: Musée du Louvre 75 (o.); Bibliothèque Nationale 129, 132, 162/163, 187, 202, 243, 244, 291. Rom: Galleria Nazionale d'Arte Moderna 139; Museo e Galleria Borghese 194/195. Stuttgart: Württembergische Landesbibliothek 81, 82, 281. Wien: Österreichische Nationalbibliothek 83; Kunsthistorisches Museum 87, 222/223. Wiesbaden: Deutsches Institut für Filmkunde 96.

Bildarchive und freie Fotografen

Archiv für Kunst und Geschichte, Berlin (West) 249. Flaig 127, 137, 168, 174, 263. Karkosch 268. Kolb 14, 144. Pabst 166/167. Scala 36, 48/49, 60/61, 78, 79, 140, 155, 218/219, 275. Schnierle 18, 74 (2), 94, 95. Schuster 53. Traut 241. V-Dia-Verlag 40.

304